EL ARTE DESDE EL PASADO FRACTURADO PERUANO

Cynthia E. Milton
editora

EL ARTE DESDE EL PASADO FRACTURADO PERUANO

IEP
INSTITUTO DE
ESTUDIOS
PERUANOS

Serie: Estudios sobre Memoria y Violencia, 10

Horacio Urteaga 694, Lima 11
Telf.: (51-1) 332-6194
www.iep.org.pe

ISBN: 978-9972-51-690-0
ISSN: 2226-9576
Impreso en Perú

Primera edición: Lima, mayo de 2018
1000 ejemplares
Hecho el depósito legal en la Biblioteca Nacional del Perú: 2018-07019
Registro del proyecto editorial en la Biblioteca Nacional: 31501131800476

Corrección:	Oscar Hidalgo
Asistente editorial:	Yisleny López
Diagramación:	Silvana Lizarbe
Carátula:	Gino Becerra
Cuidado de edición:	Odín del Pozo
Fotografía de carátula:	Débora Correa en la obra de Yuyachkani «Sin Título». Fotografía de Elsa Estremadoyro

BIBLIOTECA NACIONAL DEL PERÚ
Centro Bibliográfico Nacional

700.985
A

El arte desde el pasado fracturado peruano / Cynthia E. Milton, editora.-- 1a ed.-- Lima: Instituto de Estudios Peruanos, 2018 (Lima: Tarea Asociación Gráfica Educativa).
348 p.: il., mapas; 23 cm.-- (Estudios sobre memoria y violencia; 10))

Bibliografía: p. [321]-348.
D.L. 2018-07019
ISBN 978-9972-51-690-0

1. Arte - Aspectos políticos - Perú 2. Memoria colectiva en el arte 3. Violencia política en el arte 4. Perú - Política y gobierno - 1985- I. Milton, Cynthia E, 1971-, editora II. Instituto de Estudios Peruanos (Lima) III. Serie

BNP: 2018-129

ÍNDICE

Para CARLOS IVÁN DEGREGORI,
nuestro querido maestro sabio,
siempre presente

AGRADECIMIENTOS

Este proyecto empezó una tarde en que paseaba por la plaza central de Ayacucho un día antes de que la Comisión de la Verdad y Reconciliación llegara para presentar su *Informe final* en agosto de 2003. La plaza estaba rodeaba por alfombras de pétalos dibujadas con tizas por escolares y grupos locales. Más allá, carteles que mostraban imágenes y comentarios de los visitantes acerca del conflicto. En la esquina, un enorme escenario diseñado en forma de retablo. Cerca, una exposición de arte presentaba algunos de los recuerdos del conflicto interno. En ese día, y los que siguieron, me sorprendió lo visualmente rico que fue el conflicto y sus secuelas, y cómo los peruanos se comprometieron con su reciente pasado fracturado. Como historiadora, me pregunté qué historias y recuerdos habían surgido de estas representaciones. Algunos de nosotros pensábamos en cuestiones similares: Olga González, Jonathan Ritter, María Eugenia (Makena) Ulfe y Víctor Vich, entre otros. Pronto se puso de manifiesto que dicha diversidad y su alcance requerían de un acercamiento complejo y colectivo que hiciera posible comprender la multitud de las respuestas culturales al conflicto. El resultado es la edición de este volumen. Sin embargo, el trabajo está lejos de ser completo. Toda una nueva generación de peruanos y peruanas sigue cuestionándose sobre el impacto cultural y los medios para abordar el conflicto peruano.

Los orígenes intelectuales de este libro también se remontan a un taller en Robben Island, organizado por el Grupo de Investigación sobre los Legados del Autoritarismo (LOA, por sus siglas en inglés) de la Universidad de Wisconsin-Madison. Con su infame historia como excolonia de leprosos, lugar de acogida para inmigrantes y, posteriormente, prisión del Apartheid, la isla se ha transformado en un museo de la memoria y en un centro educativo. En junio de 2000, activistas, artistas, practicantes, comisionados de la verdad, académicos, periodistas y estudiantes se reunieron para reflexionar sobre la oscura herencia del gobierno autoritario. En el transcurso de esos pocos días, el arte como medio de expresión de la verdad y las prácticas creativas necesarias para la transición de los regímenes autoritarios se pusieron de manifiesto. El resultado de nuestras conversaciones fue un libro que trató de exponer visualmente las posibilidades del compromiso artístico con pasados difíciles, *The Art of Truth-Telling about Authoritarian Rule*. Agradezco a Leigh A. Payne, Ksenija Bilbija y Jo Ellen Fair por esta experiencia, y a Louis Bickford también por incluirme en el proyecto mayor.

Otra raíz de este libro se halla en el Sciences Research Council (SSRC), con su proyecto de formación e investigación dirigido por los profesores universitarios Elizabeth Jelin, Carlos Iván Degregori, Eric Hershberg y Steve J. Stern, entre otros. Solo participé indirectamente del proyecto del SSRC (a través del Grupo de Investigación LOA), y solo un colaborador de este texto, Ponciano Del Pino, tuvo un papel oficial en dicho proyecto que formó toda una generación de académicos latinoamericanos y norteamericanos dedicados al estudio de las secuelas de las dictaduras en el Perú y el Cono Sur. El trabajo del SSRC influyó en este libro, y muchos de nosotros nos hemos beneficiado de la energía y el dinamismo de este proyecto que continúa sintiéndose en la región.

Muchas personas han contribuido a este libro en conversaciones y presentaciones públicas (en particular en un panel sobre este tema realizado en el encuentro de la Latin American Studies Association [LASA] realizado en Montreal en 2007 y en la conferencia realizada en Lima el año 2008, coorganizada por el Instituto de Estudios Peruanos [IEP] y el Instituto de Derechos Humanos de la Pontificia Universidad Católica del Perú [IDEHPUCP] cinco años después de la Comisión de la Verdad y Reconciliación). Nombro solo a algunas personas que han participado en las discusiones que llevaron a la creación de este texto: Carlos Aguirre, Claudio Barrientos, Karen Bernedo, Ralph Buchenhorst, Jo-Marie Burt, Gisela Cánepa, Peter Dietsch, Eduardo González, Olga González, Elizabeth Jelin, Richard Kernaghan, Catherine LeGrand, Erica Lehrer, Salomón Lerner, Lika Mutal, Nelly Plaza, Félix Reátegui, José Luis Rénique, Javier Torres, Alberto Vergara, María Inés Vásquez y Markus Weissert. Otros son reconocidos en los siguientes capítulos. Expreso mi gratitud a todos los artistas cuyas obras están incluidas aquí y a las diferentes organizaciones que han concedido permiso para su inclusión, especialmente a los Servicios Educativos Rurales. También reconozco sinceramente a aquellas personas que han ayudado con la complicada mecánica de reunir esta mezcla de idiomas, textos e imágenes: a Jen Akers, Elizabeth Becker, Jane Remick y Katherine Saunders-Hastings por su asistencia en varias etapas de la traducción; a Andrea García, Socorro Naveda, Vera Lucía Ríos y Sofía Vera por la información que me ayudaron a reunir; a Bill Nelson por los mapas; y a Lori Curley por el índice. Gracias a Geneviève Dorais, Marc Drouin, Marie-Christine Dugal, Steve Lamarche, Tuong-Vi Nguyen, Louis Otis, Nicolás Rodríguez, Hélène Rompré y Guillaume Tremblay por sus comentarios dentro y fuera del aula. Monica Eileen Patterson (otro contacto en LOA) y Camille Boutron también comentaron las primeras versiones. Agradezco a Raúl H. Asencio y Patricia Zárate por su amistad y por la supervisión temprana de este proyecto desde que comenzó como una idea suelta. Stephan Rinke del Latin American Institute en la Freie Universität y Barbara Göbel del Ibero-Amerikanisches Intitute en Berlín me proporcionaron el escenario ideal para completar este manuscrito. Soy afortunada al haber tenido lectores externos de este proyecto, uno anónimo; el otro, Paulo Drinot. Ambos aportaron comentarios perspicaces y más ejemplos a tener en cuenta. Paulo siguió participando en este proyecto hasta la versión final, así que merece un reconocimiento especial por su apoyo a este libro. Muchas gracias a Duke University Press por la version en inglés, en particular a Valerie Millholland, quien escuchó de este proyecto muchos años atrás y mostró su entusiasmo por él, y a Gisela Fosado, Jessica Ryan y Martha Ramsey por su ayuda para conducirlo a buen término. Agradezco al IEP, y Ludwig Huber, por apoyar la publicación en castellano, y a Nicolás Rodríguez y Carlos Bracamonte por su ayuda en la traducción.

Mi agradecimiento a los muchos organismos que han contribuido con el financiamiento de este libro y de los proyectos de investigación más amplios acerca de las verdades alternativas narradas por el arte en las secuelas de la violencia de la que este libro es solo una parte: el Social Science and Humanities Research Council of Canada, el Fonds Québécois de Recherche sur la Société et la Culture, el Canada Research Chairs Program, la Faculté des Arts et des Sciences de la Université de Montréal y la Alexander Von Humboldt Foundation.

Este libro está dedicado a Carlos Iván Degregori, quien ha sido un mentor sin fronteras para muchos de nosotros y una inspiración para todos. Él comprendió la importancia de la intersección entre la academia y la responsabilidad cívica. Por medio de su compasión e intelecto, Carlos Iván nos muestra cómo con una sola vida es posible tocar a muchas; escuchar, aprender y compartir con los demás.

Introducción

EL ARTE DESDE EL PASADO FRACTURADO

Cynthia E. Milton

En *Adiós Ayacucho*, Julio Ortega narra desde la perspectiva de Alfonso Cánepa, un líder comunitario del Departamento de Ayacucho, los trabajos para encontrar justica después de la muerte en un país que ofrece poca justicia para los vivos. Cuando se le acusó de ser un terrorista —en vez de un líder campesino—, los militares mutilaron su cuerpo y lanzaron lo que quedaba de él en un pozo, dejando por fuera muchos de sus huesos y negándole, así, la posibilidad de una adecuada sepultura y la paz eterna. Desde su muerte, Cánepa ha trabajado para reconstruir su cuerpo, tratando de conseguir una audiencia con el Presidente de la República bajo la esperanza de que el jefe de Estado le devuelva sus huesos. Ante el rechazo, sube a la tumba del conquistador Francisco Pizarro y toma algunos de sus huesos para completar su propio esqueleto. Escrita en 1986, esta novela evoca la tragedia y la brutalidad del conflicto en la sierra peruana, el racismo y la indiferencia que yace en el corazón del conflicto, y una violencia histórica de larga data, que se remonta a la llegada de los españoles.

La historia de Alfonso Cánepa, aunque ficticia, recuerda la experiencia de cientos de miles de peruanos cuyas vidas desde 1980 hasta mediados de la década de 1990 fueron convulsionadas por una guerra interna.[1] Según la Comisión de la Verdad y Reconciliación del Perú

1. En este libro, uso tres expresiones distintas para indicar esta época de la violencia: «conflito armado interno», «guerra» y «violencia política». Los tres entrañan

(CVR), que estudió los años desde el inicio de la «guerra popular» de Sendero Luminoso hasta la caída del gobierno de Fujimori en el año 2000, más de 69.000 personas murieron o desaparecieron, unos 4600 entierros clandestinos dejaron cicatrices en el país, más de 40.000 niños quedaron huérfanos, más de 20.000 mujeres quedaron viudas y cerca de 600.000 refugiados internos emigraron en busca de vidas más seguras.[2] La magnitud de la destrucción, la pérdida de familiares y seres queridos, el sufrimiento personal y la fractura de las trayectorias de vida y los lazos sociales dificultan cualquier comprensión posible. Sin embargo, la guerra interna del Perú requiere reflexión e historicización.[3]

El arte —como en la corta historia de Ortega— es un medio poderoso para narrar el pasado y para llegar a algún tipo de entendimiento. La capacidad del arte para hablar de la atrocidad ha sido objeto de

---

significaciones políticas de la memoria. La fecha del final del conflicto armado interno cambia dependiendo de la importancia dada a hechos concretos: el 12 de septiembre de 1992, el líder de Sendero Luminoso, Abimael Guzmán, fue capturado y, a su detención, siguió la de varios miembros de alto rango. En 1993, Guzmán propuso un «acuerdo de paz». En 1997, el Movimiento Revolucionario Túpac Amaru (MRTA) fue erradicado después de haber tenido rehenes durante varios meses en la residencia del embajador japonés. En 1999, el último miembro de la dirección de Sendero Luminoso que había rechazado el acuerdo de paz, «Feliciano» (Óscar Ramírez Durand), fue capturado. En el año 2000, Alberto Fujimori, quien se había convertido en el símbolo del régimen autoritario, renunció al gobierno. La continua presencia de Sendero Luminoso —aunque disminuida considerablemente— en las regiones productoras de coca pone en tela de juicio la idea de un era claramente «pos»-Sendero Luminoso.

2. La Comisión de la Verdad y Reconciliación del Perú (CVR) dio una cifra específica, 69.280, como estimación para los muertos y desaparecidos causados por el conflicto armado interno, basada en ecuaciones estadísticas utilizadas en Guatemala y Kosovo. El rango está entre 61.007 y 77.552. Véase CVR 2003a: anexo 2, 13. Los números para las viudas y los niños vienen de la versión *Hatun Willakuy* (CVR 2004: 385); sobre los refugiados internos véase CVR 2004: 386-388.

3. Las raíces de este proyecto se encuentran en la invitación de Steve Stern (1998) en su «Beyond Enigma» para construir un entendimiento histórico del conflicto interno que reproduzca una narrativa episódica. Una nueva generación de investigadores ha intentado historicizar este pasado. Por ejemplo, Del Pino 2017; González 2011b; Heilman 2010; La Serna 2012; Ritter [en prensa]; Scarritt 2008; Taylor 2006; Theidon 2004, 2012.

debate desde que Theodor Adorno señaló que escribir poesía después de Auschwitz era «bárbaro». Esta famosa observación a menudo se ha interpretado en el sentido de que es imposible, fáctica y moralmente, representar el Holocausto a través del arte, y tal vez más ampliamente cualquier atrocidad (Adorno 1981: 34).[4] Sin embargo, más tarde en su vida, Adorno reconoció que la poesía es un medio importante de comunicación, pues «el sufrimiento prolongado tiene tanto derecho de expresarse como un hombre torturado tiene de gritar».[5] Desde el Holocausto, hace medio siglo, una gran cantidad de obras de arte ha surgido para abordar lo difícil —en los significados de la sensibilidad *hacia* y la comprensión *de*— y nos ha permitido, décadas después, sobrepasar el tabú de representar y darle alguna expresión a los pasados vergonzosos y horribles.[6] El arte puede expresar lo que el lenguaje no (Scarry 1985, Friedlander 1992b: 5). Deberíamos reconocer el significativo papel que el arte puede desempeñar haciendo que los pasados difíciles sean comprensibles, aunque solo sea en parte. Así, en una reelaboración de las famosas palabras de Adorno, Steve J. Stern (2008) sugiere que no producir arte ante las secuelas del sufrimiento sería permitir que la barbarie reine sin restricciones.

En efecto, en América Latina, uno de los objetivos previstos del arte en respuesta a la atrocidad parece ser el siguiente: impugnar la barbarie cometida y restaurar la humanidad de los ciudadanos que han sido perjudicados. En la transición de la violencia de Estado a la democracia y en el periodo posterior a la transición, cuestiones de representación y

---

4. Sobre la descontextualización de la cita de Adorno, véase Huyssen 2003: 124, y, sobre sus diversas (mal)interpretaciones, Friedlander 1992, especialmente la introducción; y Rothberg 2009: 112-113. Para un análisis reflexivo de la importancia del predicado de Adorno en un contexto latinoamericano, véase aquí el epílogo de Stern.

5. Véase Koch 1989: 15. Véase también la yuxtaposición de posiciones relacionadas con el arte a la sombra del Holocausto en los trabajos de H. G. Adler y Theodor Adorno en Franklin 2011.

6. Los estudios de representaciones artísticas después del Holocausto son muchos. Por citar solo algunos: Alphen 1998; Farmer 2010; Friedlander 1992b; Hirsch 2012; Huyssen 2003; LaCapra 1998; Young 1994, 2000; Zelizer 2001.

memoria han pasado al primer plano de los análisis políticos y culturales, y de los debates sobre el conflicto y la represión en América Latina. El arte que protesta contra los regímenes autoritarios y la violencia le ha abierto el camino a un arte conmemorativo. En Argentina, por ejemplo, los *siluetazos* que destacan como protestas silenciosas y evocaciones de ciudadanos desaparecidos adornan ahora los sitios de memoria dedicados a los desaparecidos. Sin embargo, el arte puede mantener la continuidad en su función con independencia del tipo de régimen: ya sea bajo uno dictatorial o democrático, el arte se opone a cualquier visión totalizadora del poder del Estado. Durante las dictaduras, hacer arte podía ser un acto de resistencia, como cuando las mujeres chilenas hicieron las arpilleras cuyas imágenes denunciaban los abusos a los derechos humanos del régimen de Pinochet.[7] Así, también, en las democracias posconflicto, el arte le recuerda a las audiencias las tensiones no resueltas del pasado. Por ejemplo, las novelas posteriores a las guerras civiles en Centroamérica hacen referencia a la violencia de las décadas anteriores en el contexto de la inseguridad actual,[8] y la creatividad de los *escraches* (denuncias públicas de los perpetradores) hechos por la juventud argentina y chilena «nos recuerdan que mientras las dictaduras e incluso los regímenes democráticos han controlado estrechamente nuestra comprensión de lo real, las prácticas culturales subvierten constantemente ese orden discursivo» (Masiello 2001: 7).

El arte puede ayudar a lograr una expresión más plena y una mejor comprensión de los pasados difíciles y controvertidos. En una conversación entre el historiador Gonzalo Sánchez y la artista María Elvira Escallón, quien hizo una exposición de fotografía después del incendio de un club social en Bogotá, Sánchez reflexiona sobre los límites de los textos escritos y la narración de la violencia colombiana: «el texto ya no puede por sí solo decir todo el dolor que hay envuelto en nuestras

---

7. Las arpilleras se convirtieron en parte de un movimiento social contra la dictadura, y su producción textil fue reconocida internacionalmente como un arte que promueve los derechos humanos. Véase Agosin 1996, Adams 2002.

8. Por ejemplo, Gómez-Barris 2009, Jelin y Langland 2003, Jelin y Longoni 2005, Lazzara 2006, Longoni 2008, Masiello 2001, Moodie 2010, Richard 2007.

tragedias cotidianas y la necesidad de recurrir a la imagen y a las posibilidades múltiples del lenguaje artístico» (Sánchez y Escallón 2007). El arte puede ayudar no solo a los que han pasado por eventos traumáticos para darle forma y sentido a sus experiencias —para expresar, parafraseando a Sánchez, algo sobre el dolor—, sino que el arte también puede ayudar a que los que no han experimentado directamente tales eventos se acerquen y los reconozcan con mayor empatía. Como lo escribió Kyo Maclear para el Japón posterior a los bombardeos atómicos, el arte puede mover a los espectadores «emocional e intelectualmente hacia lo desconocido» (Maclear 1999: 24). Para algunos sobrevivientes, el arte surgió de la necesidad y el deseo de grabar lo que sucedió para las futuras generaciones: «incluso ahora [treinta años después] no puedo borrar la escena de mi memoria. Antes de mi muerte yo quería dibujarla y dejarla para los demás», dijo Iwakichi Kobayashi, un sobreviviente a la bomba atómica de Hiroshima de setenta años de edad (Corporación Japonesa de Radiodifusión-[NHK] 1977: 105). Así, el arte también les pide a los contemporáneos y a los que están por venir que sean testigos de los actos que testimonian los artistas.

La combinación de narrativa, testimonio y dibujo explorada aquí lleva a los otros hacia lo desconocido mediante la representación a través de distintos medios artísticos. Este libro considera el papel de las artes literarias, visuales, orales y dramáticas en el intercambio de memorias individuales y colectivas como medio para complementar nuestra comprensión histórica del pasado fracturado en el Perú. Esta combinación de formas artísticas de expresión es fundamental, ya que permite que una franja mucho más amplia de la sociedad participe en la reconstrucción y re-presentación del pasado de unos grupos a menudo marginalizados, que de otra manera serían excluidos de la corriente principal de medios y modos de comunicación (Brett 1986, González 2011b, Milton 2007, Strassler 2006). En sociedades en que la palabra escrita puede impedir la narración de las experiencias y en épocas en que la capacidad de hablar puede estar bloqueada, como consecuencia de una violencia severa (Scarry 1985), el arte puede ser uno de los pocos modos mediante los cuales la gente puede relatar el pasado. Por lo tanto, la recopilación de obras de arte en este libro representa una llamada para que el archivo se extienda hasta incluir diversos soportes depositarios de la memoria y la historia, más allá de los registros escritos producidos por el Estado y de los testimonios orales recopilados tanto por las investigaciones oficiales como por las comisiones de la verdad y otros procesos.[9]

Desde el conflicto interno a la batalla por las memorias

Gran parte del arte estudiado en este libro dialoga o tiene como punto de partida el trabajo de la Comisión de la Verdad y Reconciliación (CVR), un órgano oficial asignado para investigar el conflicto interno del Perú entre los años 1980 y 2000. Si bien los artistas habían estado produciendo arte durante este periodo, el surgimiento de una comisión de la verdad en el año 2001 amplió el alcance de la esfera pública e hizo posible discutir el pasado a través de otros medios.

Después de la repentina caída de Alberto Fujimori en noviembre de 2000, la opción de una comisión de la verdad —un mecanismo utilizado en otros países en el periodo posterior a la Guerra Fría— destacó como una de las formas en que el gobierno del Perú podría acelerar el cambio de régimen.[10] A diferencia de otras comisiones de la verdad en América Latina que habían investigado periodos durante los regímenes militares y autoritarios, la del Perú se dirigió a la violencia que se había producido principalmente bajo la dirección de gobiernos elegidos democráticamente: Fernando Belaunde Terry (1980-1985), Alan García Pérez (1985-1990) y Alberto Fujimori (1990-2000, con una disolución

---

9. La incorporación de imágenes y formas de arte en las metodologías de los historiadores y otros científicos sociales ha ganado credibilidad desde los debates de la década de 1980 sobre las representaciones en tanto que documentos históricos que nos permiten ver el pasado desde diferentes perspectivas y que deben ser tenidas en cuenta junto con los textos escritos y orales. Para consideraciones sobre fuentes alternativas y una expansión de los archivos de los historiadores véase Coronil 2004, Gómez-Barris 2009, LaCapra 1998, Stern 2004, Taylor 2003.

10. Greg Grandin y Thomas Klubock, en su «Editors' Introduction» (2006), sitúan las comisiones de la verdad como resultado de las cuentas con el pasado en la posguerra fría que sirvieron a fines políticos e institucionales. Sobre las comisiones de la verdad véase Hayner 2011[2001] y, sobre largos periodos de recuerdo, Collins 2010.

del Congreso en 1992). Además, mientras que otros mecanismos de búsqueda de la verdad en el Cono Sur reconocieron a las fuerzas estatales como autores principales, la comisión de la verdad del Perú encontró que el grupo armado Partido Comunista del Perú-Sendero Luminoso (PCP-SL) era el mayor responsable. Por otra parte, su mandato fue más amplio que el de sus vecinos. Por ejemplo, su alcance fue considerablemente mayor que el de la primera comisión de la verdad chilena, conocida como la Comisión Rettig, que en su momento solo podía investigar los casos que llevaran a una muerte y una desaparición.[11] En el Perú, la CVR investigó asesinatos y secuestros; desapariciones, torturas y otras heridas graves; daños contra los derechos colectivos de las comunidades andinas e indígenas, y otras violaciones de los derechos de las personas.[12] El mandato de la CVR fue determinar la responsabilidad en los abusos y violaciones, identificar e informar sobre las experiencias de las víctimas, y elaborar propuestas para reparaciones y reformas. La CVR envió equipos de investigación a recoger testimonios de las regiones remotas. Por otra parte, sostuvo audiencias públicas en las que los miembros de las comunidades locales podían participar, únicas entre las comisiones de la verdad de América Latina y tal vez una forma modificada de las sesiones sudafricanas para las víctimas y sus familias.[13] Como parte del interés en hacer accesible el pasado, su documentación se halla disponible en un archivo construido especialmente para albergarla (Aguirre 2009). Internacionalmente, la comisión de la verdad peruana se considera exitosa, debido a la profundidad y amplitud de su investigación, que se basó en casi 17.000 testimonios recogidos en veinticuatro departamentos del

---

11. En el año 2003, la Comisión Nacional sobre Prisión Política y Tortura, conocida como Comisión Valech, investigó los abusos a los derechos humanos contra personas que sobrevivieron a la dictadura de Pinochet.

12. El artículo 3 del Decreto Supremo N.° 065-2001-PCM.

13. La CVR realizó ocho audiencias públicas con víctimas o sus familiares, siete asambleas públicas y cinco audiencias temáticas (sobre temas como la legislación «antiterrorista», las personas desplazadas, las universidades, las mujeres y la enseñanza). A partir de estas audiencias públicas, la CVR reunió más de cuatrocientos testimonios sobre más de trescientos casos de violaciones graves de derechos humanos.

Perú, compilados y analizados por un equipo de más de quinientos miembros (González 2006: 70). Adicionalmente, la CVR remitió 47 casos al Ministerio Público para su seguimiento.

En el caso del Perú, la justicia y la verdad fueron objetivos de la CVR, con lo que se rompió el marco previsto de la justicia transicional de las décadas de 1980 y 1990, que asumió que los Estados podrían perseguir solo una en detrimento de la otra. Después de las fuertes protestas de la sociedad civil contra el tercer mandato de cinco años de Fujimori, que contribuyeron a su repentina renuncia, el posterior presidente Valentín Paniagua asumió, en su calidad de interino, proyectos paralelos de rendición de cuentas y búsqueda de la verdad. El gobierno de transición de Paniagua regresó al Perú a la jurisdicción de la Corte Interamericana de Derechos Humanos (CIDH) y estableció un comité *ad hoc* de la sociedad civil y estatal para que considerase la formación de una comisión de la verdad. Grupos de derechos humanos, que durante años habían estado en coalición bajo el paraguas de la Coordinadora Nacional de Derechos Humanos, jugaron un papel clave tanto en los grandes esfuerzos de la sociedad para derrocar a Fujimori como en el establecimiento de una agenda para la búsqueda pública de la verdad (González 2004: 56-57). Una serie de acontecimientos fundamentales se combinaron para crear un ambiente propicio a una comisión de la verdad. En primer lugar, la Corte Interamericana de Derechos Humanos resolvió que el Estado peruano era responsable de la muerte de los residentes de Barrios Altos en 1991 y derogó las leyes de amnistía de 1995, que protegían a las fuerzas de seguridad de la persecución por cualquier abuso cometido desde 1980. En segundo lugar, fueron filtrados videos que involucraban a los partidos de la oposición, los militares y los empresarios en la red de corrupción del gobierno de Fujimori. Estos eventos, en particular los videos incriminatorios, debilitaron a las élites políticas y militares, y reforzaron su decisión de distanciarse públicamente del régimen de Fujimori y de apoyar la nueva democracia.[14] Como lo notó Carlos Iván Degregori, en el Perú la Comisión de la Verdad, a diferencia de las de otros países de la región, no surgió de

---

14. Sobre este periodo transicional, véase González 2006: 71-75.

una «transición pactada» sino del vacío político dejado por el «colapso del régimen autoritario» (Degregori 2002: 79).[15]

A pesar de este entorno favorable para una comisión de la verdad de amplio alcance y del estímulo que suponían las experiencias de otros países, la CVR tuvo limitaciones: tenía un periodo de veinticuatro meses para llevar a cabo investigaciones sobre los veinte años anteriores, así como recursos limitados y dificultades con la traducción al español del quechua y otras lenguas indígenas.[16] Además, el público, aunque abrazó abiertamente el retorno a la democracia, tuvo una reacción ambivalente en relación con la convocatoria de una comisión de la verdad. Algunos sobrevivientes y grupos desconfiaban de esta nueva manifestación del Estado que los había perjudicado previamente; algunos evangélicos decidieron seguir adelante, sin mirar hacia atrás; y algunas personas cuestionaron tales gastos de dinero, entre otras preocupaciones (Coxshall 2005, Milton 2007, Yezer 2008: 286, n.° 10, 278). Con el cambio de presidente de Paniagua a Alejandro Toledo, la «reconciliación» se añadió a las tareas de la CVR, que se había centrado, inicialmente, en únicamente contar la verdad, con lo que tal vez se asentaron las bases de las expectativas frustradas y los miedos ante la impunidad y la amnistía (González 2006: 78). En sí, la CVR significó un compromiso, al reunir

15. «La trancisión por colapso» —en la cual las élites económicas y militares económica son menos capaces de controlar el proceso— pueden conducir con mayor probabilidad a procesos penales. Este fue el caso de Fujimori, que en abril de 2009 recibió una pena de veinticinco años por graves violaciones de los derechos humanos, hazaña que fue alcanzada en parte gracias a la documentación reunida por la CVR (Burt 2009).

16. Si bien el quechua ha sido uno de los idiomas oficiales del Perú desde 1993, ningún programa de estudios en traducción fue puesto en vigor, por lo cual no había profesionales capacitados como parte de la CVR. Como señaló Carlos Iván Degregori, las divisiones socioeconómicas, lingüísticas y de género de larga data fueron recreadas en la propia composición de la CVR: entre sus comisionados, solo uno hablaba y entendía el quechua, mientras que otro lo entendía parcialmente, con lo que se mantuvo una fuerte brecha lingüística entre los comisionados, principalmente de clase media y de sexo masculino (con excepción de dos mujeres), con sede en Lima, y el 75% de víctimas que hablaban quechua y otras lenguas indígenas (Degregori 2004: 82, n. 2).

diferentes sectores de la sociedad, incluidos los miembros del diverso espectro político peruano. Los comisionados nombrados procedían de diversos partidos políticos y grupos sociales, incluido un general retirado de la fuerza aérea, una ex congresista fujimorista, académicos, miembros de la Iglesia y grupos de derechos humanos.[17] Este compromiso, sin embargo, no fue tan marcado como el de los demás países en transición: desde que Sendero Luminoso y el Movimiento Revolucionario Túpac Amaru (MRTA) ya no representaban una amenaza, el gobierno interino no necesitaba negociar con un movimiento armado, ni debía hacer grandes concesiones, como una amnistía general a las élites políticas y militares, ya debilitadas por el escándalo.

El *Informe final* de la CVR, hecho público el 28 de agosto de 2003, intenta dar un relato de la violencia, de lo que pasó, y una explicación de la violencia, de por qué ocurrió (Regalado de Hurtado 2007).[18] Al mirar el periodo de conflicto que va de 1980 a 2000 (incluyendo los años de la captura del líder de Sendero Luminoso, Abimael Guzmán, en 1992 hasta el final del régimen autoritario de Fujimori en 2000), el *Informe final* de la CVR presenta datos del agudo sufrimiento de la nación, cuya intensidad había sido mucho mayor de lo que se imaginó en su momento.[19] Las conclusiones de la CVR se sumaron a una narrativa histórica que evidenció los problemas de racismo de larga data contra la población indígena de la nación, la centralización del poder en las manos de la élite mestiza predominantemente costera y la implementación del «gobierno a través del abandono», por lo que el Estado estaba

---

17. La composición original incluía siete comisionados en el año 2001. El presidente Toledo añadió otros cinco comisionados y un observador. El general retirado de la fuerza aérea se distanció más tarde del trabajo de la CVR al firmar con su nombre y el de otros oficiales militares retirados una declaración pública en la que cuestionaban las conclusiones de la CVR.

18. Para resúmenes previos de la labor de la CVR para una audiencia internacional, véase González 2006, Sánchez 2005.

19. Antes de las conclusiones de la CVR, las ONG, como la peruana Coordinadora Nacional de Derechos Humanos, estimaron en alrededor de 25.000 el número de víctimas del conflicto interno.

en gran medida ausente en grandes franjas del territorio nacional.[20] Tres de cada cuatro víctimas hablaban quechua u otros idiomas indígenas, muchos de los cuales no habían terminado la escuela primaria y eran poco alfabetizados, vivían en las regiones rurales y se dedicaban a la producción de agricultura.[21] Las regiones más afectadas fueron las pequeñas aldeas aisladas en la sierra peruana (en los departamentos de Ayacucho, Huánuco, Huancavelica, Apurímac, Junín y San Martín), que representan el 85% de las víctimas. Muchos eran, literalmente, pueblos perdidos, pequeños pueblos olvidados y caseríos con difícil acceso a los centros urbanos. La violencia afectó a las víctimas de una manera diferenciada no solo en cuanto a la región y el grupo étnico, sino también en cuanto a la edad y el género: más del 55% de las víctimas eran hombres (la mayoría entre las edades de 20 y 49) y constituían blanco tanto de Sendero Luminoso como de las Fuerzas Armadas estatales, y la mayoría de las mujeres que murieron (casi el 20% de todas las edades) fueron víctimas de la violencia indiscriminada y las masacres dirigidas contra las comunidades (CVR 2004: 52-55). Casi todos los casos de violencia sexual reportados a la CVR fueron cometidos contra mujeres, sobre todo rurales.[22] Fueron estas profundas divisiones de clase, étnicas y de género las que, en última instancia, explican por qué, de acuerdo con el presidente de la CVR, el doctor Salomón Lerner «que desaparezcan decenas de miles de ciudadanos sin que nadie de la sociedad

---

20. Esta expresión es de Jaymie Patricia Heilman (2010). El tema de la negligencia y el racismo también es central en los estudios realizados por Marisol de la Cadena (2000) y Cecilia Méndez (2005). Los trabajos clave anteriores sobre Sendero Luminoso son de Nelson Manrique (2002), Deborah Poole y Geraldo Rénique (1992), Steve Stern (1998), Carlos Iván Degregori (1989a, 1990) y David S. Palmer (1992).

21. Sobre guerra y educación, véase García 2005. El 68% de las víctimas no tenían educación secundaria, en comparación con el 40% del promedio nacional. El 79% de las víctimas eran de las regiones rurales, y el 56% eran agricultores (mientras que, en el censo de 1993, solo el 29% de los peruanos vivían en las zonas rurales regiones, y entre la población nacional solo el 28% se dedicaba a la agricultura), VIII: «Conclusiones generales» (CVR 2003a).

22. Las mujeres proporcionaron la mayor parte de los testimonios ante la CVR (CVR 2003a, VIII: 89).

integrada, en la sociedad de los no exluidos, tome nota de ello» (Lerner 2004: 147).[23]

En sus conclusiones, la CVR repartió ampliamente la culpa por la violencia y su intensificación. Si bien condenó al grupo armado Sendero Luminoso como el principal autor de la violencia (en el 54% de los casos de muerte y desaparición) y, en un grado mucho menor, al MRTA de base urbana (1,5%), también atribuyó responsabilidad a los consecutivos gobiernos (Belaunde, García y Fujimori) y partidos políticos que cedieron la autoridad a las Fuerzas Armadas y la policía (responsables del 29 y el 7% de las muertes y desapariciones, respectivamente).[24]

Gracias a la labor de la CVR, ahora tenemos más testimonios, estadísticas y estudios de caso que contribuyen a nuestro conocimiento de los hechos duros del conflicto y las verdades históricas.[25] La comisión de la verdad peruana fue el principal esfuerzo nacional por reconstruir lo

---

23. Drinot (2011: 237) también cita a Lerner como adelantando el argumento histórico de la exclusión.

24. El restante 7% de la violencia se atribuyó a actores desconocidos. Se debe tener en cuenta que estas cifras provienen de la CVR (CVR 2003a, VIII: «Conclusiones generales»; 2003a, II: 232). Incluso dentro del *Informe final* estos números pueden variar. Por ejemplo, la CVR (2003a, II: 232), establece que Sendero Luminoso fue responsable de 53,68% de las muertes y desapariciones; las Fuerzas Armadas, del 28,73%; y las fuerzas policiales, del 6,6%; mientras que el anexo 2 atribuye el 46% de las muertes y desapariciones a Sendero Luminoso, el 30% a los agentes del Estado y el 24% a otros actores (grupos de autodefensa, MRTA, paramilitares o agentes no identificados) y circunstancias, (como el morir en combate). Véase CVR 2033a, anexo 2: 13, 17. En *Hatun Willakuy* (CVR 2004), la violencia cometida por «agentes del Estado-Fuerzas Armadas y policía» se agrupa con los grupos de autodefensa (rondas) y paramilitares para dar cuenta del 37% de las muertes y desapariciones, de las que «las fuerzas armadas son responsables de poco más de los tres cuartos de los casos». Véase CVR 2004: 19.

25. Sobre la base de su experiencia como miembro de la comisión de la verdad del Perú, Eduardo González describe los debates internos sobre la elección entre la búsqueda de «verdades judiciales», o pruebas que podrían ser utilizadas por los tribunales, y «verdades históricas», que ayudarían a construir una nueva narrativa sobre la violencia que serviría para socavar la narrativa de fujimorista que negó los crímenes cometidos. Sin tomar una decisión específica, la CVR trató de preparar y proporcionar tanta información como fuese posible para que los tribunales prosiguieran. Véase González 2004: 61-63.

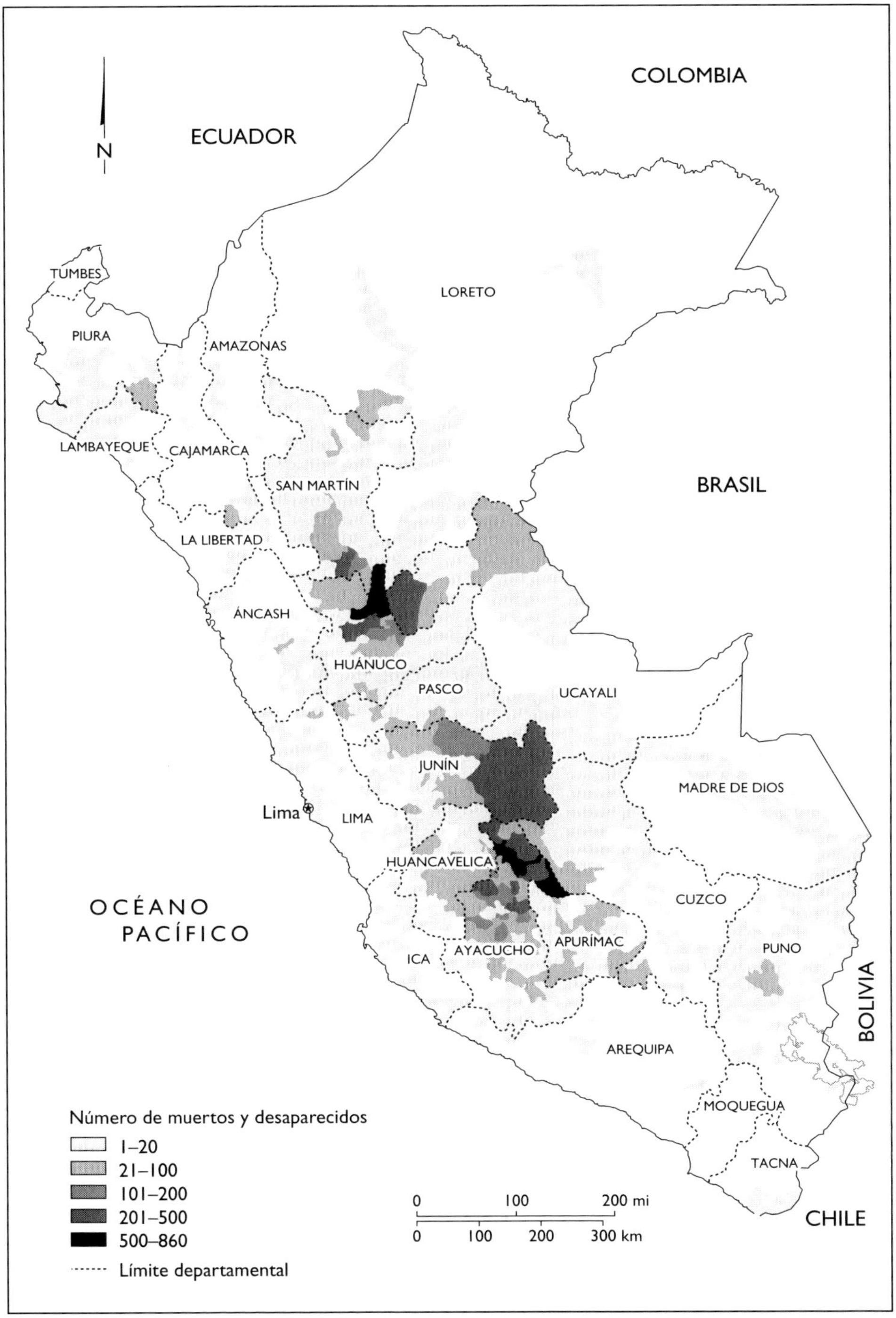

Mapa 1. Muertos y desaparecidos según la Comisión de la Verdad y Reconciliación, *Informe final*, tomo 1, p. 146.

que había pasado y crear una nueva narrativa (potencialmente nacional) sobre el conflicto interno. Sin embargo, probablemente como en todas las regiones donde hubo conflicto, la historia sigue siendo impugnada, lejos de cualquier tipo de consenso o versión única. La dificultad proviene, quizá, de tratar de dar una explicación de por qué sucedieron los acontecimientos y de encadenar los años de violencia en una narrativa histórica coherente, con un inicio, un nudo y un desenlace. Según la CVR, las violaciones de los derechos humanos sufridas durante este periodo «superan el número de pérdidas humanas sufridas por el Perú en todas las guerras externas y civiles en sus 182 años de vida independiente», y eso hace más difícil la comprensión (CVR 2003a, VIII: «Conclusiones generales»).

Sin embargo, a pesar de la falta de una única y coherente narrativa, la mayoría de los peruanos probablemente está de acuerdo, a pesar de los vagos contornos del conflicto interno, con que la nación sufrió una ola de violencia que afectó predominantemente a las comunidades de la sierra y la selva, y que, hacia la década de 1990, esta violencia se podía sentir en Lima (sobre todo después del atentado con coche bomba de julio de 1992 en la calle Tarata, en Miraflores, un barrio de clase media alta en Lima). No obstante, gran parte del acalorado debate se alimenta de versiones que compiten en los detalles sobre el conflicto (e incluso sobre si llamarlo conflicto, guerra o violencia política) y, fundamentalmente, sobre quién fue responsable de la violencia y en qué medida. Estas batallas de la memoria siguen haciendo estragos en la actualidad.

Sería demasiado simple decir que hay una versión oficial del conflicto que compite con una versión no oficial, ya que existe una gran cantidad de campos, cada uno con sus propias experiencias y recuerdos. Dicho esto, las dos narraciones más prominentes que circulan de este periodo pueden caracterizarse como una «memoria de salvación» y una «memoria de los derechos humanos».[26] En la primera, promovida

26. Las categorías de «la memoria de salvación» frente a «la memoria de los derechos humanos» corresponden, más o menos, a «la memoria heroica» y «la memoria disidente» en Stern 2004. Paulo Drinot (2009: 24-27) extrapola dos versiones principales en circulación en el discurso nacional de por qué ocurrió la violencia: un campo ve a Sendero Luminoso como individualmente responsable de la vio-

principalmente por las Fuerzas Armadas y las élites neoliberales, las violaciones de los derechos humanos fueron cometidas por unos pocos elementos de las Fuerzas Armadas; la mano dura de Fujimori y el desprecio por los derechos humanos fue el precio pagado para acabar con Sendero Luminoso; este mismo grupo subversivo, en tanto que instigador, fue el único responsable de la violencia; y «nosotros», en Lima, no supimos realmente el alcance de lo que estaba pasando (y con esta falta de conocimiento viene una especie de absolución). Este relato presenta a Fujimori como el salvador económico y físico de Perú: salvó a los peruanos de la hiperinflación de García; capturó a Abimael Guzmán y, por lo tanto, decapitó efectivamente a Sendero Luminoso; y, más tarde, aplastó el último y más pequeño grupo de la MRTA, tras la resolución de la dramática crisis de una toma de rehenes de cuatro meses.[27]

La narrativa de la «memoria de los derechos humanos», apoyada por muchos grupos de derechos humanos y por organizaciones de familiares afectados, no retrata el final del conflicto interno como una victoria sobre el terrorismo, pero sitúa la violencia como una extensión de los legados en curso de las desigualdades sociales y políticos de las cuales Sendero Luminoso era un síntoma y por las que fue capaz de construir su movimiento. Sendero Luminoso, el autor principal de la violencia, lanzó un conflicto agravado por las tácticas de «guerra sucia» de las Fuerzas Armadas, que no respetaron el estado de derecho.[28] Esta

---

lencia debido a que los senderistas son inherentemente violentos; el otro campo ve la erupción más reciente de violencia como una extensión de la violencia estructural que es inherente a la sociedad peruana y que habría dado lugar a Sendero Luminoso y a la exacerbada respuesta del Estado, las élites y los ciudadanos de clase media. Véase, asimismo, Degregori 2002, Theidon 2003.

27. Un ejemplo entre varias publicaciones que adelantan esta memoria de salvación es el del coronel retirado Morán Reyna, *Complot contra los militares: las falsedades de la CVR*, un libro publicado en el año 2006 en defensa de «mis compañeros que actuaron legalmente, y en la actualidad están obligados a demostrar su inocencia» (s. p.).

28. El uso de los tropos narrativos tomados de los países del Cono Sur —de la dictadura a la democracia, y guerra sucia— puede ser engañoso en el contexto peruano. La experiencia peruana no es de redención —de la dictadura a la democracia (aunque hay un poco de esto)— y no implica una «guerra sucia» librada por un Estado autoritario contra su población civil, ya que la mayor parte de la violencia

narrativa subraya el papel de la sociedad civil, las patrullas de autodefensa (rondas) y los actos individuales de heroísmo. La «memoria de los derechos humanos» apunta hacia lo que borra la «memoria de la salvación»: el fracaso de Fujimori para erradicar las causas de la fuerza de Sendero Luminoso (pobreza endémica, racismos y acceso desigual a los recursos económicos y sociales, y a los beneficios de la inclusión dentro del Estado-nación). Esta narrativa le asigna claramente la culpa de la intensificación de la violencia a dos fuerzas que compiten —Sendero Luminoso y el Estado—, pero tiende a centrarse más en la violencia cometida por el Estado y presenta a los peruanos como atrapados entre estos «dos fuegos». Este enfoque en la responsabilidad es ligeramente diferente del *Informe final* de la CVR, que hace hincapié en la violencia de Sendero Luminoso y reconoce los abusos contra los derechos humanos de las Fuerzas Armadas, pero también señala con el dedo a los actores no violentos en la sociedad peruana por haber producido una «gramática de la violencia» (Drinot 2009: 26) que fomentó las injusticias que yacen en el corazón de la violencia.

El *Informe final* de la CVR es lo más parecido que tiene Perú a una versión oficial del conflicto. Sin embargo, a pesar de que la CVR era gubernamental por mandato, ninguna administración la reclamó como suya, con lo que se evitó, así, cualquier autorreflexión por parte del Estado sobre los cambios recomendados en el *Informe final*. El trabajo de la CVR —cuyo impacto continúa mientras avanza lentamente un programa de reparaciones, los casos llegan ante el Poder Judicial y toma forma la propuesta de un museo nacional de la memoria (Lugar de la Memoria, la Tolerancia y la Inclusión Social, LUM)— ha ocurrido en el contexto de las relaciones antagónicas con las administraciones pos-

---

ocurrió durante gobiernos elegidos democráticamente (excepto durante el periodo del «autogolpe» de Fujimori por el que disolvió el Congreso). En el Perú hubo inicialmente una verdadera amenaza de los grupos armados; por lo tanto, al menos hasta la captura de Abimael Guzmán y el posterior derrumbe del MRTA, el Estado no necesitaba inventar o exagerar una oposición armada. Sin embargo, las Fuerzas Armadas sí actuaron de formas que replicaron las tácticas de guerra sucia de otros países contra sus ciudadanos. Para una discusión sobre el significado de «guerra sucia» véase el epílogo de Stern en este libro y Rénique 2010.

teriores. Por lo tanto, no es del todo exacto referirse al *Informe final* de la CVR como «la historia oficial»; es una historia «oficial» con la que la mayoría de los funcionarios están incómodos.

En el plano interno, la Comisión se enfrentó a serios desafíos en la difusión de sus hallazgos, en particular por parte del partido político Alianza Popular Revolucionaria Americana (APRA), algunos fujimoristas, miembros altos de la Iglesia y las Fuerzas Armadas, todos los cuales fueron nombrados como responsables de facilitar la violencia. Una campaña para desacreditar las conclusiones de la CVR llevó a acusaciones de conflictos de interés entre los comisionados, reclamos de malversación y el uso de la denominación «comisión de la mentira» (Milton 2007: 13-15). El Ministerio Público parecía reacio a continuar con los casos penales remitidos por la CVR y hacía declaraciones públicas que socavaron potencialmente la recepción pública de la totalidad del su trabajo (González 2004: 85, 91-92).[29] De manera importante, los hallazgos estadísticos, a pesar de que muy probablemente sirven como indicadores generales de las tendencias, permanecen en entredicho.[30] El *Informe final* ocupó el centro de atención durante un tiempo relativamente corto después de su publicación. De hecho, pudo haber estimulado un mayor debate antes de su publicación que inmediatamente después (Degregori 2004: 84). Después de haberse publicado, los medios de comunicación rápidamente pasaron a temas como el de la economía de la nación.

29. La politóloga Jo-Marie Burt, que ha seguido de cerca los casos ante el sistema judicial peruano, se ha dado cuenta de que el número de juicios con sentencias ha disminuido radicalmente desde los éxitos iniciales para hacer que los perpetradores respondan que culminaron en la sentencia a Fujimori en el año 2009. Véase Burt 2014.

30. En gran parte del debate inmediatamente posterior a la CVR se planteó que las estadísticas inflaban las responsabilidades de los militares en las muertes y desapariciones. Sin embargo, casi diez años después de la CVR, parece haber un sentimiento general entre investigadores y grupos de derechos humanos de que la escala de la violencia militar fue subestimada en el *Informe final.* Esta última observación se basa en mis conversaciones con varios investigadores y miembros de ONG peruanas, así como en mi propia investigación sobre las representaciones de la violencia, discutida en el capítulo de este libro del que soy autora. Véase también la recodificación de los testimonios de la CVR de Leiby 2009: 84, 91.

A los exmiembros y defensores de la CVR les ha sido difícil involucrar al público de una manera sostenida o conseguir que el *Informe final* sea adoptado como el recuento *nacional* de los años de conflicto, a pesar de los esfuerzos por difundir los hallazgos realizados a través de audiencias públicas; exposiciones de fotografía; talleres; la publicación del *Informe final* en versión impresa, como libro, bajo el título de *Hatun Willakuy*,[31] y un resumen bilingüe de cuarenta hojas, entre otras iniciativas. Sin embargo, el trabajo con este pasado y las memorias de la CVR siguen siendo centrales, a menudo de manera brusca, en los medios de comunicación nacionales —como sucedió durante los juicios a Fujimori, con ocasión del vandalismo al monumento a las víctimas de la nación *El Ojo que Llora* en Lima, y cuando el ala política de Sendero Luminoso (Movimiento por la Amnistía y Derechos Fundamentales [MOVADEF]) intentó registrarse como partido político oficial—.

La memoria de los años de la guerra en el Perú no parece en riesgo de convertirse en «memoria histórica inerte»[32] en el discurso público nacional o de emerger únicamente en forma episódica como «irrupciones de memoria» (Wilde 1999). Desde la publicación del *Informe final* en el año 2003, los trabajos de la memoria para una narrativa de los derechos humanos han avanzado a saltos y empujones, y los principales avances se han producido en la promoción de la discusión pública del pasado: la condena de Alberto Fujimori a veinticinco años de prisión por crímenes de lesa humanidad; el premio Oso de Oro de Berlín para la película *La teta asustada* (rebautizada como *Fausto*), acerca de los efectos intergeneracionales de la violencia; y la reacia aceptación del presidente García de la donación de fondos hecha por el Gobierno alemán para construir un museo de la memoria en Lima. De manera constante, una nueva generación de peruanos está activa en la creación de foros intelectuales para la discusión del pasado, como en las conferencias internacionales, el trabajo de los grupos de investigación y los blogs de Internet.

---

31. La CVR imprimió 20.000 copias de *Hatun Willakuy*, una versión de 477 hojas que resume los nueve volúmenes y los anexos del *Informe final*.

32. Esta expresión se toma de Laplante 2007: 444-445.

Y hay un auge en la producción cultural de los individuos y grupos afectados por la violencia, los ciudadanos interesados y las organizaciones no gubernamentales (ONG), pero este libro solo se aproxima a algunos de ellos. Esta producción cultural se expande más allá de las estatuas de los soldados caídos y el arte conmemorativo tradicional de las placas y monumentos a las víctimas, e incluye una gama de creativos compromisos con el pasado. *La Chalina de Esperanza*, de más de un kilómetro de largo, incorpora nombres e imágenes cosidas, trozos de ropa y, en ocasiones, los colores favoritos de los seres queridos desaparecidos de las mujeres (ahora en el LUM). Artistas y activistas jóvenes, principalmente de Lima, recorren el campo con sus exposiciones portátiles como parte del Museo Itinerante Arte por la Memoria.[33] *El Ojo que Llora* en Lima ha sido utilizado con éxito como un espacio para conmemorar y servir de punto de encuentro para las familias de las víctimas y grupos de derechos humanos. *Ojitos* y más generalmente un arte que promueve memoriales han surgido en la sierra en memoria de los muertos y desaparecidos de las comunidades.[34] Y el Perú se ha unido al auge internacional por construir museos de la memoria, si bien el de Lima avanza lentamente. Grupos afectados y comunidades han construido museos regionales, muchos de ellos con la ayuda de las organizaciones de derechos humanos y la asistencia financiera internacional, en Ayacucho (Huamanga), Huancavelica, Huanta, Putacca, Totos, Lucanamarca, Huamanquiquia, Pampachacra y otros lugares. Estas casas de memoria curan la difícil historia peruana a través de la exhibición de cerámica, textiles, pinturas, figuras de cera, retablos (cajas tridimensionales), ropa, extractos testimoniales, cartas, fotografías y mucho más en sus espacios expositivos, al adornar sus edificios con murales y al poner esculturas en jardines de la reflexión (Feldman 2012, Milton y Ulfe 2011, Weissert 2014).

---

33. Sitio web disponible en <http://arteporlamemoria.wordpress.com> (última consulta: 10/07/2013).

34. Como uno de los pocos lugares conmemorativos diseñados para un público nacional, *El Ojo que Llora* en Lima ha recibido mucha atención de las familias de las víctimas y otras partes interesadas, de los vándalos, de los políticos y de los académicos. Véase Drinot 2009, Hite 2012: 42-62, Milton 2011a, Moraña 2012.

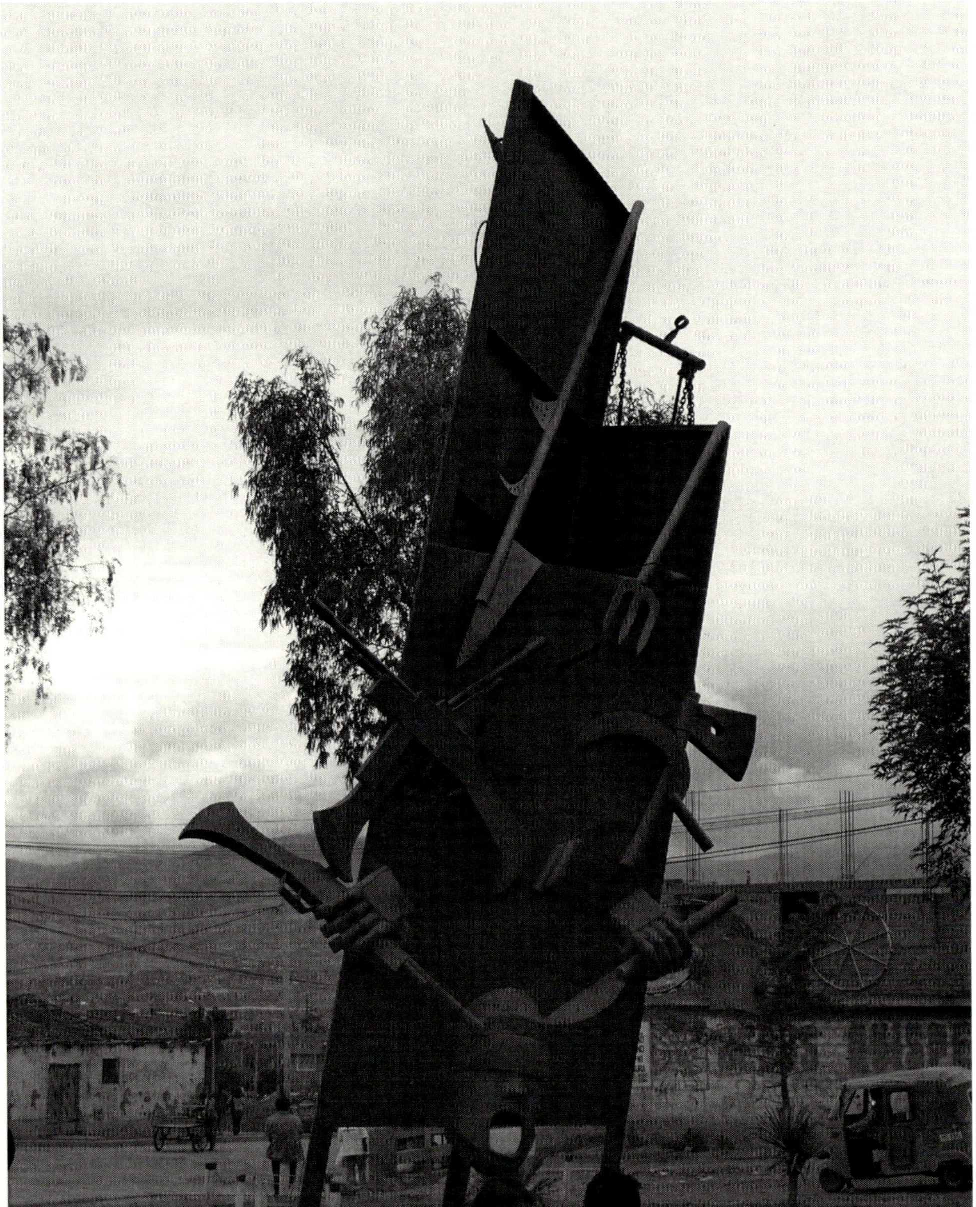

Figura 1. Escultura por el artista ayacuchano Wari Zárate en el «Parque de la memoria» frente al Museo de la Memoria de la ANFASEP (Asociación Nacional de Familiares de Secuestrados, Detenidos y Desaparecidos del Perú), Ayacucho. Foto: María Eugenia Ulfe.

Sin embargo, la pregunta sigue siendo a quién le hablan todos estos trabajos de la memoria y qué tan efectivo es este mensaje para llegar a los que no quieren saber o ver las cosas de otra manera. El éxito de los intentos por llevar un registro de los derechos humanos del pasado al presente se enfrenta a contranarrativas y memorias opuestas. Un ejemplo de maniobras continuas para borrar o reescribir el pasado fue el fallido intento de aprobar un decreto ley (Decreto ley N.° 1097) en el año 2010, un dispositivo legal que habría otorgado la amnistía *de facto* a los militares y policías procesados en tribunales peruanos por violaciones de derechos humanos cometidas antes de 2003.[35] En un espíritu similar, en el noveno aniversario del *Informe final* de la CVR, el presidente Ollanta Humala propuso una ley que podría haber llevado a ocho años de prisión por «expresar públicamente aprobación por, justificar, denegar o minimizar» los actos de terrorismo cometidos por Sendero Luminoso. El Congreso aprobó una versión menor de la ley propuesta.[36] Otros intentos de restringir la discusión pública sobre el pasado reciente son los continuos actos de mutilación contra *El Ojo que Llora*, uno de los pocos sitios nacionales conmemorativos dedicados a las víctimas del conflicto armado.[37] Zonas conflictivas reemergentes —como las productoras de coca en el valle del río Apurímac y Ene (VRAE), y los sitios mineros como Conga en el norte de Perú— y la respuesta estatal a estas trajo de vuelta preocupantes imágenes de décadas anteriores.[38] Quiere esto decir que las discusiones sobre la violencia pasada reposan incómodas junto a sus legados y continuidades.

---

35. Jo-Marie Burt, «1097: la nueva cara de impunidad», *NoticiasSER*, 9 de agosto de 2010. Disponible en: <www.noticiasser.pe> (última consulta: 15/07/2013), y de un autor desconocido, «La ONU advirtió que el DL 1097 tiende a que violadores de derechos humanos queden impunes», *El Comercio*, 8 de septiembre de 2010.

36. Human Rights Watch, «Peru: Reject "Terrorism Denial" Law», 9 de abril de 2012. Recuperado de: <http://www.hrw.org/news/2013/04/09/peru-reject-terrorism-denial-law> (última consulta: 23/05/2013).

37. Cuando aspiraba a ser un monumento para la nación, no era un proyecto del gobierno; se trataba, más bien, de una iniciativa privada del artista y arquitecto con el apoyo de diversas ONG y el gobierno municipal.

38. Sobre la producción de coca y las relaciones con Sendero Luminoso en el valle del Alto Huallaga, véase Kernaghan 2009.

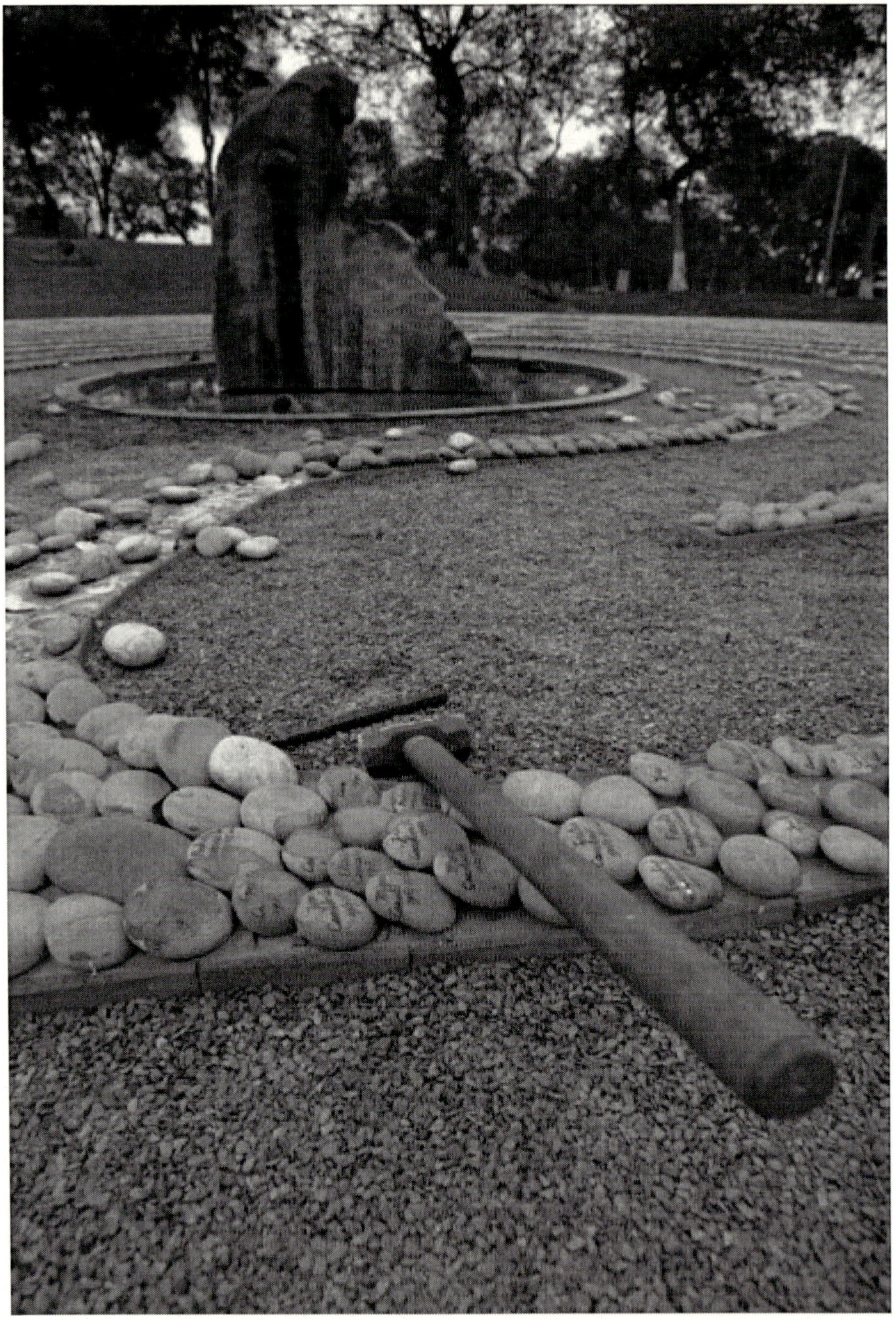

Figura 2. «El Ojo que Llora», monumento por Lika Mutal, Lima.
Dañado en septiembre de 2007. Foto: Yael Rojas.

Decir la verdad por otros medios

Los miembros de la CVR eran conscientes de la importancia de un compromiso cultural con sus resultados más allá de la publicación del *Informe final*. Para la CVR, la representación visual jugó un papel central al relatar una narrativa nacional. Según Lerner, el uso de medios audiovisuales para representar eventos requiere una reconsideración de la relación entre ver, conocer y poder: «un saber que surge del ver apela principalmente a intuiciones, sensaciones, sentimientos, que no son necesariamente irracionales ni anticientíficos y pueden más bien ampliar el ámbito de nuestros conocimientos».[39] La CVR se basó en organizaciones de base ya establecidas y en grupos comprometidos con anterioridad en la expresión visual y artística para promover una reflexión sobre el pasado. Por ejemplo, la exposición de fotografía *Yuyanapaq: para recordar* trató de apelar a la sociedad civil mediante la presentación de imágenes familiares para el público que las había visto en los periódicos nacionales. Esta curaduría artística de fotografías intercaladas entre brumosas sábanas blancas, ubicada en las ruinas desmoronadas de una casa anteriormente próspera, pretendía evocar la sanación de la nación (Lane 2009, Milton y Ulfe 2011: 213-216). La CVR también empleó al grupo de teatro Yuyachkani, que había estado haciendo activamente crítica política y social desde finales de la década de 1970, para ayudar a informar a los residentes de Lima y a las comunidades de la sierra de su trabajo y para animar a la gente a asistir a las audiencias públicas.[40]

La CVR entiende implícitamente que la apertura social que le fue otorgada también se extendió a la esfera pública de manera más amplia —a organizaciones de base no gubernamentales, grupos artísticos e individuos que habían expresado narraciones de la verdad y jurisprudencia

---

39. La CVR publicó la exposición fotográfica como libro con el mismo título del evento *Yuyanapaq: para recordar*. Véase Lerner, «El legado visual». Disponible en: <http://www.cverdad.org.pe/apublicas/p-fotografico/index.php>.

40. Sobre el papel de Yuyachkani en la impugnación de la violencia durante los años de la guerra y en la reconstrucción durante el periodo posterior al conflicto, véase Taylor 2003: 190-211, A'ness 2004. Asimismo, el capítulo de Garza aquí incluido.

alternativa de varias formas— (Laplante y Theidon 2007). La narración de la verdad por otros medios que no sean las investigaciones oficiales floreció a la sombra de la CVR: por ejemplo, en el arte visual y la actuación, los sitios de memoria, el cine, los cuentos, el humor, el rumor y la canción.[41] La aparición de la CVR señaló nuevas oportunidades de hablar más abiertamente sobre el pasado, dando una importante legitimidad a experiencias previamente rechazadas o silenciadas. En otras palabras, «narrar la verdad» se convirtió en parte del dominio público, incluso a veces en el ámbito nacional, en lugar de una cuestión de individuos o grupos.

El giro hacia el arte no era nuevo. Desde el periodo colonial, el arte ha sido un medio para impugnar los abusos locales de las autoridades. Uno solo tiene que pensar en las representaciones de Guamán Poma de la brutalidad de los españoles y su impacto en las culturas locales en su carta al Rey como un ejemplo de los primeros usos del arte para decirle la verdad al poder.[42] En el contexto de la guerra interna de Perú, el arte de protesta ha representado las realidades de las víctimas desde principios de la década de 1980 (Isbell 1988: 287).[43] Sin embargo, mientras

---

41. Estos ocho modos no oficiales de «narrar la verdad» se discuten para diversos países (como Sudáfrica, Guatemala, Chile, Argentina, Camboya, Filipinas, Tailandia y la antigua Yugoslavia) en Bilbija et ál. 2005. Véase también Bickford 2007, Jelin y Longoni 2005.

42. En su libro sobre el «arte popular» peruano, el historiador del arte Pablo Macera incluye un capítulo sobre el arte de protesta, un estudio de los mates burilados del siglo XVI que representan escenas de la conquista (Macera 2009). Véanse diversos artes de protesta de la década de 1980 en la Colección Andina Billie Jean Isbell, de la Biblioteca de la Universidad de Cornell. Disponible en <http://isbellandes.library.cornell.edu/protest.html> (última consulta: 10/07/2013).

43. Artistas profesionales como Juan Acevedo, Carlín, Claudia Coca, Natalia Iguíñiz, Claudio Jiménez Quispe, Luz Letts, Alfredo Márquez, Claudia Martínez Garay, Jorge Miyagui, Cuco Morales, Piero Quijano, Santiago Quintanilla, Hebert Rodríguez, Eduardo Tokeshi, Ángel Valdez y Ricardo Wiesse son solo algunos de los muchos artistas peruanos que hicieron arte de protesta dirigido específicamente a los años de guerra. Algunas de sus obras, y las de otros artistas, aparecen con reflexiones sobre el papel del arte en el recuerdo de la violencia en el Instituto de Estudios Peruanos, *Revista Argumentos* 3, n.º 4 (2009), esp. 30-51. Curadores peruanos, sobre todo Gustavo Buntix, han construido varias

que las formas culturales de conocimiento local siempre han estado presentes —por ejemplo, en tradiciones artísticas regionales como los retablos y las tablas de artistas de Ayacucho y Sarhua que representan la violencia, o en la letra de canciones populares (como los huaynos y pumpin) que dan un testimonio del abandono de tierras natales y las desapariciones de seres queridos—, estas formas adoptaron una nueva prominencia e inmediatez, y alcanzaron un reconocimiento público nacional después del lanzamiento de la CVR.

Académicos peruanos y de otros lugares están empleando cada vez más representaciones visuales y sonoras en su análisis del pasado.[44] Un giro hacia la inclusión del arte —definido acá ampliamente como prácticas culturales de representación estética— en nuestras investigaciones es tanto más apremiante para los grupos sociales para los que el registro escrito puede excluir o limitar la expresión de sus experiencias. Por otra parte, el registro escrito está estrechamente relacionado con el Estado y, en muchas comunidades de la sierra del Perú, su presencia es débil, y el mismo pudo haber sido un agresor. Por lo tanto, los ensayos de este libro tratan de rastrear algunas de las formas en que muchos peruanos utilizaron medios artísticos para describir su pasado, para entenderlo y, en cierto sentido, para lograr una justicia alternativa, una reparación social y un relato histórico.

---

exposiciones que abordan el conflicto de Perú: por ejemplo, sus exposiciones *Mallki: la exhumación simbólica del arte peruano, 1980-2000* (2002); *Carne viva: partes de guerra, 1980-2003* (2003); y *País de mañana: utopía y ruina en la guerra civil peruana, 1980-2000* (2004). Buntinx también dirige Micromuseo, <www.micromuseo.org.pe>, (última consulta: 10/07/2013), un proyecto de museo alternativo que organiza exposiciones de pequeña escala, muchas de las cuales han abordado eventos específicos durante el conflicto (como el bombardeo en la calle Tarata y el asesinato de nueve estudiantes y un profesor de Universidad La Cantuta).

44. Además de los capítulos de Ulfe y Ritter aquí incluidos, consultar González 2011b; Lemlij y Millones 2004; Ritter 2006 [en prensa]; Saona 2099; Ubilluz, Hibbet y Vich 2009; Vich 2002, y el trabajo de varios investigadores emergentes. Sobre formas de arte como testimonio de la historia, véase Burke 2001, Loew 2007: 24. Véase también la nota 9.

Como lo ha señalado acertadamente Gisela Cánepa (2010), la esfera pública peruana es excluyente: el quechua, por ejemplo, no es un idioma que se utilice en la política formal, pero se reconoce como válido en el ámbito de la producción cultural. Uno de los aspectos llamativos de las obras estudiadas aquí es la forma como el arte puede romper las barreras entre la política formal y la producción cultural. En otras palabras, el arte puede ser, a la vez, un espacio y una forma política de expresión.[45] De hecho, las esferas de la representación son prominentes en las actuales negociaciones de la memoria, precisamente a causa del limitado impacto político de la CVR y de su incapacidad para transmitir sus hallazgos como parte de la memoria colectiva peruana (Drinot 2009: 20).

Es difícil situar con precisión, dentro del campo del arte, muchas de estas representaciones visuales que emergen del conflicto político: ¿son acaso «artesanías»?, ¿«arte popular»?, ¿«productos artesanales»?, ¿«arte»? Estos esfuerzos por etiquetar y clasificar el trabajo no pueden sino reproducir las mismas jerarquías que están en la raíz de las injusticias del Perú. Estas formas de arte no representan epistemologías modernas que se opongan a las tradicionales, ni tampoco son fijas en el tiempo y en el espacio: circulan en la era global, son vendidas a los extranjeros y coleccionistas, y se exhiben en casas particulares y en museos.[46] Los propios artistas viajan para importar otros géneros al Perú, como ha ocurrido con las arpilleras chilenas.[47] Y los artistas, como muchos de

---

45. Tomar, por ejemplo, la masiva participación de la sociedad civil en la *performance* del año 2000 «Lava la bandera», en el que los participantes lavaron la corrupción de la bandera peruana, limpiando así la nación (Vich 2005: 66-69).

46. El estudio de Olga González sobre Piraq Causa, un conjunto de tablas de Sarhua en la colección privada de Pedro Gaupp, ilustra bien cómo el arte viaja a través de fronteras y medios de comunicación. Gaupp encargó las obras, hechas en un taller de Lima por artistas que habían huido de la violencia, y las trasladó a su casa en Costa Rica. Las obras han sido expuestas en el extranjero. González trajo las tablas de nuevo a la casa comunitaria de los artistas de Sarhua en tanto que fotocopias. Ahora las tablas se reproducen en láminas en color en su libro *Unveiling the Secrets of War in the Peruvian Andes* (González 2011b). Cualquiera puede pedir este libro a través de Internet.

47. Sobre la importación de la técnica de las arpilleras chilenas por parte de grupos de mujeres en el Perú, véase Isbell 1988: 287.

los sobrevivientes de la violencia, pueden haber abandonado sus tierras natales para reconstruir sus vidas en las capitales regionales, en Lima o en el extranjero. Como lo escribieron William Rowe y Vivian Schelling (1991), dicotomías como tradicional/contemporáneo, rural-popular/urbano-cultura de masas, ya no son útiles para analizar obras de arte en general, principalmente porque los medios de comunicación artística (retablos móviles, disco compactos, cuentos, pinturas, Internet, etc.) y sus creadores e intérpretes se mueven fácilmente a través de las fronteras geográficas y sociales.

Dar testimonio a través de la creación: una búsqueda de la verdad estética

Los ensayos que se presentan a continuación son solo una selección de las muchas y variadas maneras en las que los peruanos están dando testimonio de su pasado: dibujos, pinturas, cine, actos y lugares conmemorativos, literatura, música, actuación y formas de arte regionales. Sin embargo, el arte como un medio para dar testimonio y, con él, la conformación de percepciones culturales contemporáneas del pasado conllevan retos diferentes de los involucrados en los procesos de verdad históricos no artísticos, como el *Informe final* de la CVR y la recolección de testimonios orales. Estos últimos tienden a disfrutar de un lugar privilegiado como evidencia, ya que se consideran más cercanos a la experiencia de la víctima, mientras que el arte parece más distante y retirado por la fuerza del proceso de producción.[48] En otras palabras, el valor real del arte, la verdad o la falsedad de sus representaciones, se pone en tela de juicio por el mismo medio de expresión —el hecho de que el arte nace de la imaginación—. Para que el arte ofrezca un testimonio

---

48. Parte de nuestra desconfianza en el arte y las imágenes es la primacía que hemos concedido a la palabra escrita y hablada en el acto de dar un testimonio. Como lo han señalado Guerin y Hallas (2007: 7), «es cierto que las palabras se consideran con mayor frecuencia más cerca a la comunicación de sentimientos y la experiencias. Las palabras, en particular las del testimonio oral, todavía están conectadas al cuerpo de la víctima mientras que la imagen material implica una separación (espacial, temporal o ambas) de lo que capta».

del pasado debe ser visto como auténtico y exacto, exigencia quizá poco realista si se tiene en cuenta el paso del tiempo y el acto de creación.

Incluso cuando los testigos directos generan arte, ¿es posible que el arte sea una evidencia precisa? Las obras de arte son, después de todo, hechas, fabricadas, creadas; no son restos directos o artefactos del pasado. Hoy en día, los espectadores ven las fotografías con ojos desconfiados, a pesar de que una vez tuvieron una posición privilegiada al ser consideradas una observación directa, eso que Virginia Woolf describió como «una declaración cruda de los hechos dirigida a los ojos» (citado en Sontag 2003: 26); hoy las fotografías son una representación creada, que está bajo constante presión para demostrar su veracidad o valor factual si su autor desea que sirva como una expresión de la verdad histórica. ¿Podemos «confiar» en el arte y las imágenes para relatar el pasado? Sí y no. Las vicisitudes de la memoria están presentes en las representaciones artísticas, tal y como están en los testimonios orales. El debate existente sobre verdades psicológicas e históricas, narrado por el psicólogo Dori Laub, es ilustrativo. En un testimonio grabado por el Fortunoff Video Archive for Holocaust Testimonies, una mujer relató una rebelión que presenció en Auschwitz, que llevó, de acuerdo con su recuerdo de los acontecimientos, a la explosión de cuatro chimeneas. De hecho, solo una chimenea explotó, no cuatro. En este debate, los expertos pusieron en duda la validez histórica del testimonio de esta sobreviviente porque recordaba hechos específicos incorrectamente. Por el contrario, Laub (1992: 61) destacó la importancia de respetar lo que la testigo no sabía (o no podía saber) y lo que ella sentía que «sabía». Un debate similar se desató sobre la veracidad de un relato autobiográfico asistido de Rigoberta Menchú sobre el genocidio guatemalteco: su historia fue puesta en duda por inconsistencias y por relatar acontecimientos que ella misma no había presenciado como si hubiera estado presente (Arias 2001). Estas fuertes demandas por precisión ignoran el uso del «nosotros» como un pronombre inclusivo, como un esfuerzo para ofrecer un testimonio colectivo. Al igual que la sobreviviente de Auschwitz, Rigoberta Menchú narró lo que sabía como alguien que había sobrevivido para contar lo que había sucedido. Como argumenta Dori Laub (1992: 60), lo importante no es el número de chimeneas, sino «la realidad de un hecho inimaginable»: la ruptura del marco del campo de concentración para permitir una narrativa de «resistencia, pasar a una afirmación de la supervivencia, a la ruptura del marco de la muerte» (1992: 62).[49]

Al igual que los testimonios orales, el arte puede romper los marcos viejos y construir unos nuevos. Tal vez porque el arte está menos atado al pasado y a los hechos que otros medios para contar la verdad, puede hacer lo «inimaginable» imaginable y proveer nuevos marcos o cuadros con los que construir nuevas narrativas. El arte no traduce necesariamente una narrativa singular o incluso coherente; más bien, el arte puede escribir y promover múltiples recuerdos y significados, oponiéndose implícitamente a las tendencias homogeneizadoras de las memorias institucionales.[50] Como Jelin y Longoni (2005) mencionan, es a través de las palabras y las imágenes que las huellas del horror superan los límites de la expresión, aun cuando de manera incompleta o fragmentada. Es a través de estas huellas que el arte se convierte en «el triunfo de la palabra por sobre la ausencia».

A pesar de su importancia, los ensayos de este libro no están directamente relacionados con el valor de la verdad en el arte y la producción de narrativas coherentes. Más bien, en el fondo de su indagación común, los autores tienen la multiplicidad de interpretaciones y narrativas, las miles de maneras de ver, conocer y relacionarse que existen en las formas de arte en discusión. Si bien la mayoría de los autores aquí presentes tratan explícita o implícitamente representaciones artísticas como evidencias —de eventos que van desde experiencias concretas

---

49. La veracidad del *testimonio* es abordada de manera diferente en esfuerzos posteriores de académicos para ofrecer mayor coautoría participativa a los testimonios, tal y como se da entre Rosa Isolda Reuque Paillalef y Florencia Mallon (2002) en *When a Flower Is Reborn*. Sin embargo, los estudiosos todavía podrían tratar de cuestionar a los autores de los testimonios sobre las inconsistencias de sus recuerdos, desafiando así lo que dicen saber. Véase, por ejemplo, Lazzara 2011: esp. cap. 4.

50. Múltiples relatos podrían estar especialmente presentes en el caso del arte público como los monumentos y lugares conmemorativos en los que el arte se dirige a un público heterogéneo. Véanse Minow 1998: 138-139, Young 1994: 6.

a violencia generalizada—, ellos son conscientes de los peligros de la memoria, de la transformación que resulta de la intención del artista-sobreviviente al contar la historia de una manera determinada, de la estética de inspiraciones creativas e impulsos. Por otra parte, muchas de las obras de arte estudiadas aquí van más allá de los años de guerra y hablan de verdades históricas que no son reducibles al reciente conflicto y, por lo tanto, a la sola experiencia observable. Sin embargo, estas obras de arte también relatan la experiencia: son actos de testimonio y recuerdo, y son, como tales, fuentes válidas, indispensables para el esclarecimiento histórico.

¿Por qué estos artistas crean y para quién? La audiencia potencial puede ser fundamental para la producción misma de estas obras. Los artistas pueden desear que sus obras promuevan concientización, inspiren empatía y creen un sentido de obligación entre los espectadores. Sus representaciones exigen que miremos, que seamos testigos, a su vez, de los actos de testimonio y remembranza.[51] El arte puede tratar de llegar a los oyentes y espectadores que de otra forma estarían distantes de las experiencias representadas, y así servir como catalizador para el cambio en la percepción, el conocimiento y las acciones del público.[52] El objetivo inicial de un artista podría ser preservar un recuento del pasado por temor a que desaparezca, como se sugiere en los dibujos de Edilberto Jiménez (capítulo 2). Los artistas también podrían estar creando para sí mismos, para los miembros de su comunidad o para un público externo, como, por ejemplo, un panel de jurados que supervisan recreaciones de batallas entre miembros de la comunidad y de Sendero Luminoso (capítulo 7), jueces de un concurso de arte (capítulo 1) o miembros de la comunidad que animan en concursos de canciones (capítulo 9). Sus obras pueden llegar a las audiencias nacionales e internacionales, como, por ejemplo, los retablos de madera de la familia Jiménez (capítulo 3); las películas de Palito Ortega, que se producen y muestran en Ayacu-

---

51. Sobre varios esfuerzos para curar los pasados a partir de la promoción del testimonio, véase Lehrer y Milton 2011.

52. Isbell (1988: 284) se refiere al «gran avance dialógico» que se da entre los artistas y oyentes.

cho, Lima y en el extranjero (capítulo 6); y las actuaciones de *Sin título (técnica mixta)* de Yuyachkani en el Perú, Europa y América del Norte (capítulo 8).

Algunos artistas también pueden crear estas representaciones con la esperanza de contarle a alguien el pasado, así como para buscar algún tipo de justicia o reparación social. Por ejemplo, las obras de arte producidas para los concursos Rescate por la Memoria hablan de la violencia del pasado, la pobreza del presente y la necesidad de seguir adelante. Casi todos los participantes transmiten el clamor, al menos implícitamente, del «Nunca más», aunque muy pocas de las obras parecen proponer la reconciliación como una posibilidad (capítulo 1). Las películas más sociopolíticas de Ortega señalan los límites de los esfuerzos existentes para contar la verdad; en particular, *El rincón de los inocentes* (filmada en el año 2005) ofrece una narrativa alternativa de los años de violencia y una crítica a la oportunidad perdida de la CVR para involucrar a las comunidades afectadas, eso que el historiador Ponciano Del Pino llama articuladamente «una metáfora del desencuentro nacional» (capítulo 6). El estudio de Víctor Vich de *La hora azul* sugiere que el autor de la novela, un residente de Lima, está tratando de entender y asumir su papel cómplice y el de sus amigos limeños en la violencia y la naturaleza de la responsabilidad de las siguientes generaciones (capítulo 4). El colectivo implicado en la creación de *Rupay* aborda (e intenta tal vez enseñar a) la misma audiencia limeña, ilustrando el pasado a través de un mosaico de historietas, arte, testimonios, recortes de periódicos y fotografías (capítulo 5). Del mismo modo, Miguel Rubio y la producción de Yuyachkani *Sin título (técnica mixta)*, posterior a la CVR, cuestionan el impulso nacionalista detrás de la narrativa patriotera de la Guerra del Pacífico del siglo XIX y tratan de desentrañar la historia que se enseñó a varias generaciones de estudiantes peruanos. La obra muestra cómo las exclusiones sociales que dieron lugar a la derrota ignominiosa del Perú están en el fondo del conflicto con Sendero Luminoso (capítulo 8).

Muchos de los esfuerzos que se tratan en este libro se centran en la sierra, particularmente en Ayacucho. Este enfoque en Ayacucho refleja, en parte, las ricas expresiones culturales de la región del Altiplano después del conflicto. Ayacucho es donde Sendero Luminoso decidió lanzar su «guerra popular» y representa el 40% de las víctimas resultantes. Sin embargo, también refleja el predominio de Ayacucho en la literatura existente sobre el conflicto como si la región representara al país en su conjunto, cosa que no hace. En parte, este énfasis regional sobre Ayacucho revela las dificultades de llegar a una reflexión nacional más incluyente sobre los años de violencia. Con el surgimiento de una nueva generación de estudiosos y la producción de nuevos estudios, las diversas historias del conflicto están saliendo a la luz.[53]

Las obras de arte estudiadas aquí no son de la corriente de los que hablan en nombre de los «silenciados», como es el caso del trabajo de algunos artistas profesionales que presentan una estética del sufrimiento con el fin de documentar, educar y prevenir la repetición.[54] De hecho, gran parte de la literatura sobre el arte y el trauma hasta la fecha se centra en el trabajo de artistas profesionales, muchos de los cuales tienen fama internacional. Los ensayos que siguen no hacen una distinción de las obras entre arte profesional y de otros tipos. Más bien, la atención se centra en las representaciones de los artistas-sobrevivientes: obras producidas por los individuos y las colectividades que vivieron ellos mismos las experiencias y, por lo tanto, son testigos directos que se están involucrando en el arte como un medio para «dar testimonio» —un uso del arte que tanto Jonathan Ritter como yo exploramos (capítulos 1 y 9)—. Como dice Palito Ortega Matute en su entrevista, «teniendo esta experiencia vivida de cerca, yo creo que me da la potestad de contar

---

53. Por ejemplo los asháninka: aunque la CVR señaló que tuvieron una experiencia particular del conflicto político, a menudo quedan afuera de las conversaciones más amplias sobre los años de guerra. El Grupo Memoria del Instituto de Estudios Peruanos promueve estudios regionales de jóvenes investigadores. Véase <www.iep.org.pe/grupomemoria.html> (última visita: 10/07/2013). Asimismo, Rénique 2004.

54. Muchos artistas profesionales que no se discuten aquí presenciaron y experimentaron los años de guerra directamente. Un documental perspicaz, *Against the Grain: An Artist's Survival Guide to Peru* (2008) de la directora estadounidense de origen japonés Ann Kaneko, examina el arte y las prácticas del oficio del arte durante y después de los años de la guerra a través de la obra de cuatro artistas ubicados en Lima: Claudio Jiménez Quispe (originalmente de Ayacucho), Alfredo Márquez, Eduardo Tokeshi y Natalia Iguíñiz.

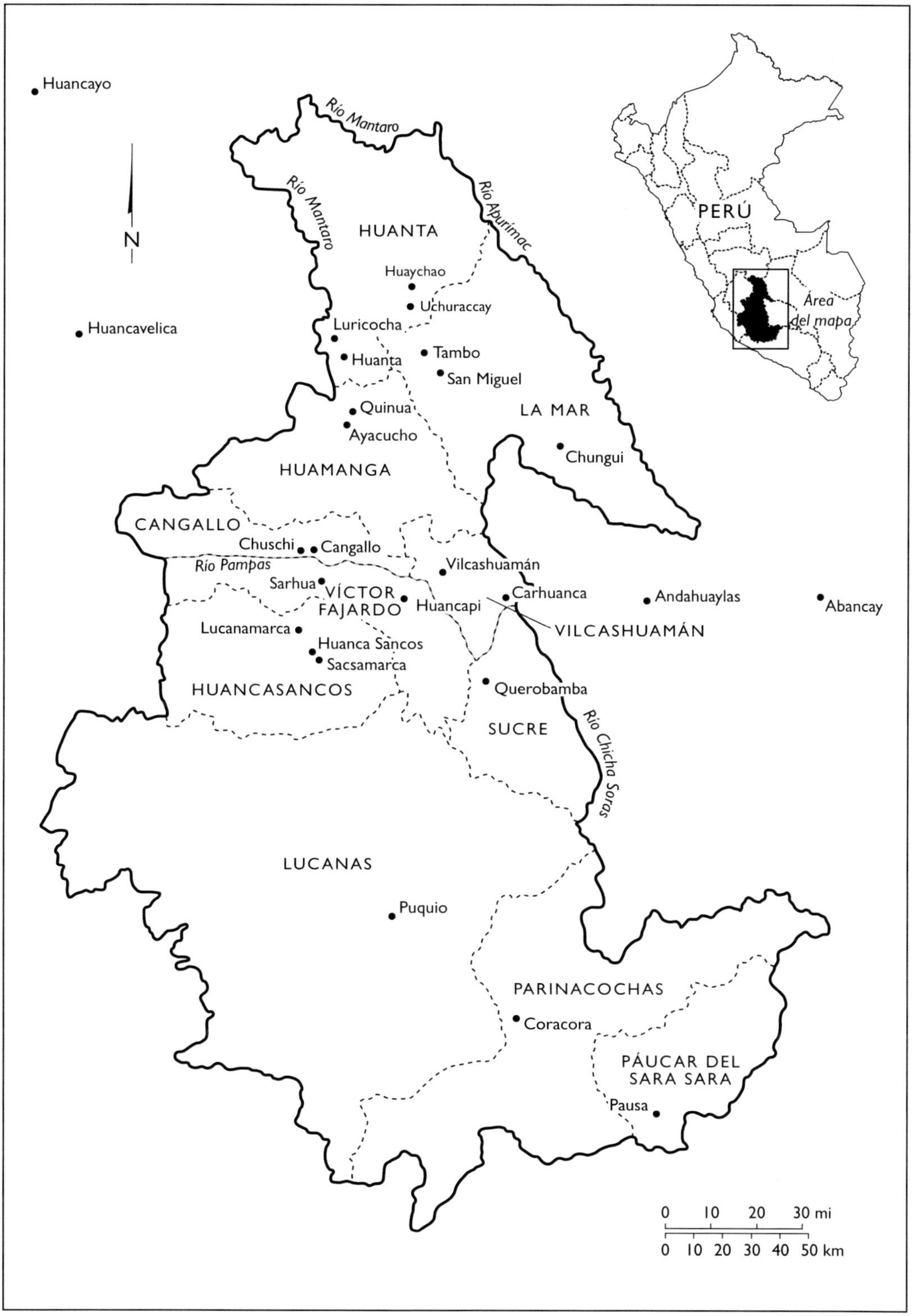

Mapa 2. El Departamento de Ayacucho. Cartografía por Bill Nelson.

esas historias como fueron. Tengo la obligación. Me llama la moral para poder contar las historias, sin manipular, sin maquinar, sin dibujar esta historia que pasó en Ayacucho» (capítulo 6). El capítulo de Edilberto Jiménez presenta una superposición interesante de testimonios/alteración: Jiménez es de Víctor Fajardo, pero su trabajo, al menos el aquí presentado, es parte de una colección más grande de relatos etnográficos visuales del distante Chungui (también en el Departamento de Ayacucho). Sus dibujos son un esfuerzo de colaboración única entre sus facetas de artista, etnógrafo y vecino de la región que también fue testigo de la devastación de la guerra, y los residentes de Chungui. El trabajo de artistas de Lima, como Yuyachkani y los autores de *La hora azul* y *Rupay*, puede reflejar sus propias experiencias y sentimientos acerca de los años de conflicto, tal vez también un sentimiento de remordimiento colectivo por haber vivido vidas paralelas o un deseo de entender lo que ocurrió durante esos años en una escala que era inconcebible para ellos antes de leer el *Informe final* de la CVR. Casi todos los artistas analizados en este libro parecen querer generar empatía entre los que no experimentaron directamente el conflicto interno y los que lo hicieron. Y tal vez la empatía que surja de que los primeros lleguen a entender las diferentes posiciones de los que experimentaron la guerra podría provocar una comprensión de la sociedad, tan inquietante como pudieron resultar las percepciones anteriores del pasado y las responsabilidades individuales.

Si bien la intencionalidad de los artistas en su trabajo es difícil de determinar, aún más esquiva es la recepción del público. Uno no puede asumir que estas obras son capaces de hablar por sí mismas. ¿Cuáles son las interpretaciones posibles de estas obras? ¿Cómo se recibieron? En ausencia de una profunda observación etnográfica de la recepción de la audiencia, el impacto y la comprensión de estas obras por parte de diferentes actores sociales es de difícil acceso. Como Deborah Poole e Isaías Rojas-Pérez señalaron para el caso de la exposición fotográfica *Yuyanapaq: para recordar*, que se realizó en el momento de la publicación del *Informe final* de la CVR, no se podía asumir que sus espectadores a lo largo de las divisiones regionales, étnicas y temporales interpretarían sus imágenes de la misma manera (Poole y Rojas-Pérez 2011). Por ejemplo, ¿quiénes compraron y leyeron novelas pos-CVR como *La hora azul* o la novela gráfica *Rupay*?, ¿quién posiblemente asistió a la puesta en escena *Sin título (técnica mixta)* de Yuyachkani?, ¿son las metáforas que se encuentran en las pinturas de un concurso de Rescate por la Memoria solamente obvias para las audiencias regionales o las pudieran comprender también audiencias nacionales?, ¿hay alguna diferencia entre la recepción urbana y rural de las películas de Ortega, como sugiere él en su entrevista, de modo que las audiencias urbanas prefieren películas que abordan directamente el conflicto (lo que él llama «películas de interés social») y las audiencias rurales prefieren las películas de terror basadas en figuras míticas que hacen alusión indirecta a los años de violencia? Un siguiente paso importante en el uso de representaciones artísticas como medio de esclarecimiento histórico es considerar su impacto y sus usos por diversos públicos del Perú.

Recordar a través del arte: los límites de la empatía y la verdad

El arte tiene el potencial de ayudarnos, a los que formamos parte de la audiencia, a acercarnos a una comprensión de lo que pasó. Tal vez es el único medio que nos permite mantener, en el mismo cuadro, muchas de las complejidades de esta tragedia. Sin embargo, *el arte no está obligado a la verdad*. El arte es un medio en el que demandas rivales sobre el pasado surgen y se relatan. Los riesgos para las producciones culturales sobre el pasado son altos. Las imágenes y narraciones del pasado presentadas a través de los medios de comunicación populares pueden ser más importantes para establecer una memoria colectiva del pasado o una potencialmente nacional que incluso una comisión de la verdad, los programas de reparaciones y los casos judiciales. En el Perú, las formas culturales de (re)presentar son el campo de batalla de hoy en día para las narrativas de la memoria. Una de las razones por las que la cita de Adorno sobre la poesía después de Auschwitz sigue siendo relevante hoy es que apunta a la importancia de la cultura en las batallas de la memoria.

Ya sea una virgen adornada de estiércol en una galería de arte en Brooklyn[55] o un silencioso memorial escondido en un parque público,

55. El trabajo mencionado aquí es del artista británico Chris Ofili, *The Holy Virgin Mary* (1996).

el arte puede provocar debate, tanto más cuando están en juego memorias impugnadas. El arte puede provocar empatía, pero puede también incitar lo contrario.[56] El arte público puede perturbar tanto como conmemorar (Minow 1998: 142). Los usos y abusos del monumento *El Ojo que Llora*, en el limeño Campo de Marte, ilustran bien esta dinámica: mientras que el padre de una desaparecida y la madre de un soldado caído podrían encontrar consuelo común en este monumento y reconocer el sufrimiento mutuo en tanto que padres, el monumento también evocó negaciones viscerales de parte de los vándalos de las víctimas y el derecho de sus familias a la rememoración (Hite 2012: 54-55). El arte en los espacios públicos no promueve necesariamente una memoria colectiva; de hecho, el arte puede poner de relieve la fragmentación de esta. Sin embargo, *El Ojo que Llora* cumple con una función común del arte: promueve la reflexión y el debate. Incluso en momentos de gran controversia, como la desfiguración del monumento, los esfuerzos para apagar la conversación solo sirvieron para encender el debate y, por tanto, llevaron a más rememoraciones de los hechos que dieron origen a este sitio conmemorativo (Milton 2011a).

También hay que reconocer que no todo el arte es necesariamente «bueno» en el sentido de servir a una función pública de la memoria —es decir, los usos en lugar de los abusos de un pasado compartido—. Como editora de esta compilación, he optado por resaltar los esfuerzos artísticos que incorporan una narrativa de los derechos humanos en el Perú y por poner en el centro las múltiples formas creativas de ver y relatar el pasado que retan las narrativas del olvido o la «salvación». Pero podría haber incluido representaciones artísticas de la memoria de la salvación, como la presentada por las «fuerzas del orden» y las élites peruanas neoliberales, o incluso memorias como las que fueron sostenidas entre los militantes de Sendero Luminoso.[57] De hecho, este tipo de

---

56. Si bien es importante para llegar a un entendimiento, la empatía puede también conducir a una sobreidentificación. Al respecto véase Bennett 2005, LaCapra 2001: esp. cap. 3.

57. Una entrada a los recuerdos de Sendero Luminoso es posible a través de los testimonios recogidos y analizados por José Luis Renique (2003).

estudios son necesarios si queremos entender más plenamente el ámbito cultural de las batallas por la memoria.[58]

En el Perú, la memoria no es sinónimo de derechos humanos. La «memoria» se ha convertido en el tropo utilizado por individuos y grupos que desean promover una narrativa heroica para las Fuerzas Armadas, y la cultura se ha convertido en el campo de batalla donde se cuestiona el significado de la «memoria» entre los que no ven su heroísmo. Por ejemplo, los actores armados estatales construyen sus propios «museos de la memoria». Los militares realizan una recreación anual de su rescate de los rehenes que el MRTA retuvo en la casa del embajador japonés en 1997.[59] Se promueven sesiones en los festivales internacionales de cine de la película *Vidas paralelas*, que representa a los militares como héroes intachables que defienden a las personas vulnerables de la sierra (Milton 2011b).[60] Estos esfuerzos para escribir y promover, a

---

58. De este modo, la publicación por los militares de su versión del conflicto interno, *En honor a la verdad: versión del Ejército sobre su participación en la defensa del sistema democrático contra las organizaciones terroristas*, y fuentes como las memorias de los actores estatales son útiles para el esclarecimiento de las diferentes versiones de este pasado compartido. El libro sobre sus recuerdos de Lurgio Gavilán (2012) muestra la dificultad de separar perfectamente los recuerdos en categorías como las del héroe, perpetrador o víctima, entre otras. Gavilán relata su infancia como senderista, después su adolescencia como soldado —periodos en los que daña a los demás y en los que él mismo parece sufrir— y termina con sus años de adulto como un fraile convertido en antropólogo.

59. Con motivo del decimoquinto aniversario del 22 de abril de 1997, fecha en que se produjo la liberación de los prisioneros del MRTA —y muerte de todos los secuestradores del MRTA—, un homenaje especial fue actuado y transmitido por la televisión estatal, junto con la recreación anual de la operación de rescate, conocida como «Chavín de Huántar». Para el homenaje de 2012, en presencia de residentes japoneses, exrehenes y representantes del Estado, los militares recrearon el exitoso rescate con explosivos, armas de fuego y mucho drama. El caso de las ejecuciones extrajudiciales de miembros del MRTA en la operación estatal «Chavín de Huántar» se encuentra actualmente siguiendo curso en la Corte Interamericana de Derechos Humanos. Para una incursión reciente en los usos de la cultura por parte de los actores armados estatales, en particular exposiciones en museos y recreación histórica, véase Milton 2014, 2018.

60. Sobre las Fuerzas Armadas y sus memorias ante los discursos de derechos humanos, véase Hershberg y Agüero 2005; Milton 2018.

través de medios culturales, una narrativa diferente de los años de la guerra ofrecen una alternativa (a veces sutil) a la presentada por la CVR: sí, este relato parece afirmar que hubo un conflicto político atroz que costó muchas vidas inocentes y fue una tragedia nacional, pero esta narrativa ofrece pocas lecciones para aprender que no sean la de no repetir. La reescritura seminegacionista del conflicto interno armado reafirma el rol de las Fuerzas Armadas sin buscar una reforma de la institución. Esta narrativa pretende una democracia y la paz sin reconocer los miles de fosas comunes por los que caminan peruanos o las raíces de la pobreza, el racismo y la exclusión que perpetúan el descontento continuo.

Es contra esta reescritura del pasado que los trabajos artísticos presentados aquí se oponen. Como lo dijo elocuentemente el sociólogo peruano Félix Reátegui Carrillo (2006: 449) en respuesta a lo que él ve como esfuerzos generalizados por ignorar el pasado fracturado de Perú, «¿Hay que olvidarnos de ellos?... Es posible, pero es también empobrecedor y obsceno. Nuestro diálogo público reclama la ficción. Necesitamos imaginar para entender».

1

IMÁGENES DE LA VERDAD:
rescatar las memorias del conflicto interno peruano a través del arte testimonial

Cynthia E. Milton

Una mujer solitaria limpia las lágrimas de sus ojos con una mano. En su otra mano sostiene, sin atención, un huso para hilar. Uno de sus zapatos está roto. Su espalda está ligeramente encorvada hacia adelante, no por el peso de su morral sino por el de su tristeza. Este dibujo, hecho en acuarelas en color pastel, se titula «Tras la sombra del dolor» (figura 1.1) (Colectivo Yuyarisun 2004: 17). No hay escenas de violencia y, sin embargo, su dolor es visible para nosotros. Tal es la capacidad del arte para relatar la experiencia.

El arte visual es un poderoso medio de expresión no verbal. El arte es también una de las muchas formas en que los individuos y los grupos forjan actos de recordación. A través del estudio de un corpus de obras artísticas que surgieron alrededor de la época de la Comisión de la Verdad y Reconciliación del Perú (CVR), este capítulo explora las maneras en que los años de conflicto y el pasado se relatan. Como preparación para el lanzamiento de las conclusiones de la CVR, y más tarde como parte de las reparaciones simbólicas que esta promovió, una serie de concursos de arte titulados «Rescate por la Memoria» se llevaron a cabo en los departamentos de Ayacucho (2003, 2004) y Huancavelica (2004).[1] Un consorcio de varias ONG llamado Colectivo Yuyarisun

1. En esta ocasión, solo estoy considerando dos categorías: los dibujos pintados y las historietas. Mi exclusión de las obras escritas (narraciones, ensayos y poesía)

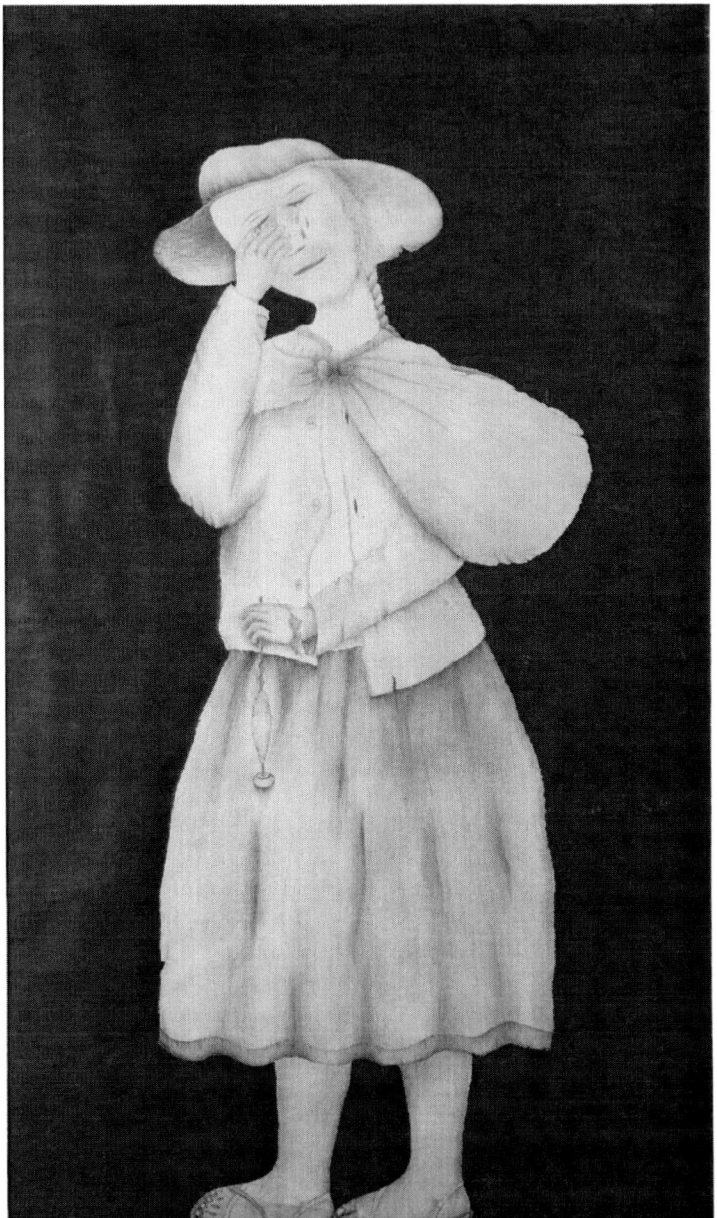

Figura 1.1. «Tras la sombra del dolor» por Luis Cuba Arango (Pampamarca, Vinchos). Reimpreso con permiso del Colectivo Yuyarisun, *Rescate por la memoria*, 17.

('estamos recordando') organizó el concurso inicial en un esfuerzo por difundir el conocimiento de los derechos humanos y establecer un proyecto de memoria colectiva.[2] Para el concurso inicial, que tuvo lugar en el Departamento de Ayacucho en el año 2003, justo antes de la publicación del *Informe final* de la CVR, los miembros del Colectivo Yuyarisun viajaron a las ferias de las comunidades en ocho provincias de Ayacucho, en las que invitaron jóvenes y adultos para expresar, a través del arte, sus pensamientos acerca de la verdad, la justicia, la reparación, la reconciliación y los años del conflicto interno. Carteles y cuñas de radio anunciaron este concurso y los que siguieron. Para el primer concurso, un total de 175 obras diferentes fueron presentadas en las categorías de poesía, cuento (historietas y cuentos cortos), canción y pintura. En respuesta al éxito del concurso inicial, a petición de las comunidades y con el apoyo de fondos internacionales, la Asociación de Servicios Educativos Rurales (SER) repitió los concursos de arte al año siguiente en la ciudad de Ayacucho (recibieron 301 aplicaciones) y en el Departamento de Huancavelica (con 129 aplicaciones). Derivados de estos, posteriormente varios concursos de arte regional se celebraron en Sacsamarca y Lucanamarca (Falconí, Jiménez y Alfaro 2007; SER 2005a, 2005b, 2007).[3]

---

no tiene la intención de perpetuar las percepciones que hay sobre las comunidades de la sierra como exclusivamente analfabetas. El concurso original, el de Ayacucho de 2003, tenía una categoría para «historieta» pero no una de «narración», que sí fue abierta en los concursos de Huancavelica y Ayacucho en el año 2004. Los tres concursos contaban con una categoría para canción, y tanto Huancavelica como Ayacucho 2004 contaron con una categoría para la fotografía. Las obras presentadas se reproducen en Colectivo Yuyarisun 2004; SER 2005a, 2005b.

2. El Colectivo Yuyarisun se formó en el año 2002 y estaba compuesto por la Federación Agraria Departamental de Áncash, la Federación Departamental de Clubes de Madres de Ayacucho, el Centro de Investigación Social de Ayacucho, el Instituto de Investigación y Promoción del Desarrollo y Paz de Ayacucho, y SER (Colectivo Yuyarisun 2004: 5). Los últimos concursos fueron organizados por SER.

3. El cuarto concurso se celebró en el año 2004, en Sacsamarca, para rendir homenaje a las víctimas de esta región y se discute en el capítulo de Caro.

Las más de seiscientas obras artísticas presentadas para los concursos Rescate por la Memoria en Ayacucho (2003 y 2004) y Huancavelica (2004) describen las experiencias de las personas en las regiones directamente afectadas por el conflicto. En este capítulo, la atención se centra en los dibujos pintados y las historietas. Gran parte de su contenido apoya las conclusiones del *Informe final* de la CVR. Sin embargo, el encuadre testimonial y el impacto visual de estas obras relatan el pasado de una manera diferente y quizá, al hacerlo, ofrecen perspectivas divergentes de la «verdad». Las imágenes de la verdad presentadas en los concursos enfatizan memorias colectivas de las comunidades de los artistas que hacen eco de las conclusiones de la CVR. Al mismo tiempo, revelan diferentes experiencias de sufrimiento individual y colectivo, según líneas divisorias étnicas y generacionales, así como de género. Las imágenes desafían la noción de una posible reconciliación nacional como la anunciada por la CVR y hacen demandas claras para el reconocimiento de la difícil situación de los que viven en las antiguas zonas de conflicto. Por lo general, los interpelados en estas obras de arte testimoniales son los recuerdos de infancia en un momento de gran incertidumbre, atrocidad y dificultades.

El arte que promueve los derechos humanos en la sierra

El arte como un medio para relatar la experiencia ha sido cultivado durante mucho tiempo por el gobierno y los grupos de derechos humanos, que han empleado a menudo diferentes medios artísticos para alentar a los residentes locales a representar su vida diaria. Por ejemplo, en la década de 1990, agrónomos les pidieron a los campesinos que hicieran mapas de sus aldeas y planificaran las prácticas agrícolas con el fin de proporcionar una mejor asistencia en desarrollo.[4] Una década después,

---

4. Por ejemplo, los organizadores de programas gubernamentales contra la pobreza dirigidos a comunidades de las zonas rurales, como el Programa Nacional para la Gestión de Cuencas Hidrográficas y la Conservación de Suelos (PRONAMACH). Se realizaron talleres para ayudar a los inmigrantes de la sierra en Lima, como los de dibujo de cómics con los residentes del barrio limeño de Villa El Salvador en la década de 1970. Véase Acevedo 1984: 11.

algunas ONG como el Instituto para la Investigación y Promoción de Desarrollo y Paz en Ayacucho utilizaron prácticas similares para fomentar la participación en las elecciones y como una forma de que los residentes indicaran potenciales problemas como la excesiva distancia entre sus hogares y los centros de votación. Algunos mapas tempranos fueron «dibujados» poniendo granos; más tarde, fueron usados papel y lápices. Adicionalmente, las ONG improvisaron juegos con los residentes con el fin de comprender mejor las relaciones entre las comunidades y sus necesidades. Con la intención de preparar a los individuos y grupos afectados por el conflicto interno para sus declaraciones ante la CVR, los miembros de SER convocaron talleres con líderes y miembros de la comunidad en los que hicieron mapas para escenas de la violencia en grandes hojas de papel blanco con rotuladores de colores; quedan pocos originales. Un segundo taller se realizó después de la CVR para registrar esta información en tanto que proyecto de memoria colectiva.[5]

En el Perú, el fomento de la descripción de la vida comunitaria a través del arte se remonta por lo menos a 1984, cuando varias ONG, con el apoyo de Oxfam, realizaron el Concurso Nacional Campesino de Dibujo y Pintura, dirigido a que la gente del campo ilustrara su vida cotidiana.[6] El primer concurso se celebró el 24 de junio, el Día del Campesino (también Día de San Juan). El concurso se llevó a cabo casi todos los años hasta 1996, cuando los fondos se agotaron; los diez concursos realizados generaron 7004 obras de arte. Uno de los objetivos era promover la conciencia y el respeto por diversas culturas. Durante los años en que estos concursos se llevaron a cabo había la sensación de que eran necesarios en un momento de extrema inflación, crecimiento de la pobreza y violencia en aumento (Bonilla et ál. 1990: 29). Una parte de esta colección, alrededor de 3500 obras, se encuentra en el

---

5. Conversación con los miembros de SER Ricardo Caro y Javier Torres (3 de noviembre de 2005).

6. Nueve ONG peruanas que trabajaban en desarrollo agrario lanzaron el primer concurso en 1984, con la participación del sindicato nacional campesino. Se celebraron concursos cada año desde 1984 hasta 1990, y luego en 1992, 1994, y 1996 (Kelleher 2008: 112). En 1990, en el séptimo concurso, participaron más de cincuenta grupos (Bonilla et ál. 1990: 35).

Centro Cultural de San Marcos, donde algunas han sido digitalizadas y sometidas a un proceso de restauración.[7]

La decisión sobre si privilegiar dibujo y pintura en los concursos nacionales por sobre formas artísticas locales de larga data —como retablos, mates burilados y tablas— le planteó cierta preocupación a los organizadores de los concursos nacionales. Eran conscientes de que el uso de papel y lápiz estaba conectado con la cultura exterior, la de los «conquistadores», y de que otras formas de arte como los textiles y las calabazas decorativas eran formas más establecidas de expresión cultural en la sierra. De hecho, una de las consecuencias de estos concursos de arte y otros talleres de las ONG puede haber sido la enseñanza de métodos occidentales de representación y estructura narrativa, tanto así que la forma de expresión influenció el contenido (Bonilla et ál. 1990: 31).[8] Además, si bien este tipo de tecnologías pueden resolver el problema de cómo habilitar la autorrepresentación, el hecho de que tales obras de arte fuesen producidas para consumidores específicos podría llevar a que los participantes y su trabajo se volvieran exóticos (Cánepa 2006: 12-13).

Cada año trajo una mayor participación en el concurso de arte nacional, a pesar de la crisis económica y la violencia.[9] Los organizadores pusieron anuncios en la radio, en programas como *Tierra fecunda*, y

---

7. El Centro Cultural de San Marcos exhibió algunas de estas obras entre el 23 de junio y el 26 de agosto de 2005. Véase Museo de Arte de San Marcos 2006.

8. Muchas piezas llegaron con descripciones escritas, ya sea como explicaciones de la obra o como textos para los que la obra era una explicación más detallada. Véase Ansión 1990: 22, 23. Karen Lizárraga (1990), entre otros, situó la tradición del dibujo en diálogo con los dibujos de Guamán Poma de Ayala en el siglo XVI. Aunque circulan variaciones de las imágenes de Guamán Poma ampliamente en el Perú, es a veces difícil considerar estas obras artísticas como emparentadas.

9. Durante los primeros seis años del concurso, 2469 personas participaron. Después de 1987, los concursos regionales hicieron una primera selección de las obras que se presentarían en el Concurso Nacional Campesino de Dibujo y Pintura. Por esta razón, el número real de participantes y obras supera esta cifra. Al respecto véase Bonilla et ál. 1990: 37, Kelleher 2008: 120.

distribuyeron carteles para publicitar el concurso.[10] Los participantes eran de todas las edades, venían de las regiones pobres y trabajaban en profesiones humildes: pequeños agricultores, trabajadores, amas de casa, carpinteros, artesanos, pastores, conductores, vendedores ambulantes, empleadas domésticas, pequeños empresarios, sastres, pastores, afiladores de cuchillos, albañiles, porteros, pescadores, lavanderas y verduleros (Bonilla et ál. 1990: 43, n. 3). Aunque se entregaron premios en diferentes categorías (para los materiales utilizados por los artistas, por ejemplo),[11] el factor de motivación de los participantes, por encima de la posibilidad de ganar, era la oportunidad de comunicar sus conocimientos, costumbres, problemas y anhelos (Bonilla et ál. 1990: 38). Como lo manifestó un participante de Áncash, «Quiero dar a conocer los momentos cruciales por el cual estamos atravesando todos los campesinos de nuestra provincia y del Perú en general» (en Ansión 1990: 21).

Las distintas ediciones del Concurso Nacional Campesino de Dibujo y Pintura fueron anteriores a los concursos Rescate por la Memoria que se celebraron durante la década siguiente en la sierra de la posguerra. De hecho, algunas de las organizaciones coordinadoras y sus miembros se superpusieron, incluidos SER y Oxfam. Sin embargo, mientras que la serie anterior de concursos pretendía incentivar al pueblo rural para que representara sus realidades sociales, históricas y culturales (incluidas la vida diaria, las fiestas, los cambios en las comunidades, los dramas personales y la violencia política), los concursos Rescate por la Memoria, celebrados durante y después del trabajo de la CVR, se centraron específicamente en el conflicto interno. En los concursos anteriores, ninguna de las obras que abordaron el tema de la violencia política fue galardonada con premios, al parecer debido a que no cumplieron con los criterios estéticos de los jueces (Ansión 1990: 23).[12] En los concursos Rescate por la Memoria, las obras ganadoras se

---

10. Conversación con Nelly Plaza, uno de los organizadores y fundadores del concurso (21 de junio de 2011).

11. De acuerdo con Nelly Plaza, había unas siete u ocho categorías de evaluación y cada categoría recibió sus premios (conversación del 21 de junio de 2011).

12. Pajuelo (2006) analiza algunas de estas imágenes.

escogieron no solo por su calidad estética, sino también por su visión de los acontecimientos hechos sucedidos durante el conflicto armado.[13]

El arte como testimonio

En el contexto de la búsqueda de la verdad por parte de la CVR, el concurso de arte, entendido como un foro, pasó de un medio para describir la vida cotidiana a uno que proporciona testimonios de la violencia específicamente. En parte, el cambio refleja los objetivos de las ONG participantes, que se desplazaron desde la promoción de políticas de desarrollo a la promoción de derechos humanos. El cambio también puede ser parte de una tendencia global en las prácticas de la justicia transicional frente al posconflicto, en las que el arte se usa cada vez más como una herramienta de construcción de paz, curación y reconciliación.[14]

Las piezas de los concursos Rescate por la Memoria combinan implícitamente la experiencia primaria del trauma con el testimonio. Si bien hay un campo de estudios del arte que trata la memoria traumática, no está claro a partir de estos concursos si la intención era usar el arte como herramienta para superar el trauma. El título del concurso sugiere el posible conocimiento de una condición psicológica o práctica, ya que la expresión «rescate por la memoria» denota «la recuperación de la memoria» (así como la «reclamación» de la memoria). Sin embargo, no parece que los organizadores del concurso hubiesen tenido la intención de recuperar recuerdos enterrados o reprimidos, como es el caso de los recuerdos de la infancia que salen a la luz en la edad adulta. Las obras sugieren, más bien, que estos recuerdos nunca fueron enterrados pero que eran desconocidos por la sociedad peruana en general.

Una sutil distinción debe hacerse entre lo que los estudios visuales y los estudios sobre el trauma consideran arte testimonial y las obras de arte aquí consideradas.[15] Estos dos campos consideran la literatura

---

13. Reynoso, «El concurso y los participantes», en SER 2005a: s. p.

14. Sobre tecnologías locales de reparación social, véase Riaño y Baines 2012.

15. Guerin y Hallas (2007) discuten el nexo entre los estudios visuales y los estudios

y el arte formal —es decir, el arte hecho por artistas profesionales— como un medio de dar testimonio de un acontecimiento y de salir de una experiencia traumática, individual o colectiva, como en las obras de Marcelo Brodsky en Argentina o Doris Salcedo en Colombia.[16] Las obras de los concursos Rescate por la Memoria son diferentes porque los participantes en su mayoría no son artistas profesionales y porque su objetivo tampoco parece que sea salir de una experiencia traumática (aunque los coordinadores de los concursos puedan haber esperado este resultado).[17] Las obras de los concursos sugieren, mejor, la necesidad de dar un testimonio, de denunciar o condenar injusticias (aunque los artistas profesionales puedan pretender lo mismo). En sus obras, los participantes dan fe de aquello de lo que fueron testigos directamente y de cómo sus vidas y comunidades han cambiado desde entonces, y estas memorias son estructuradas en narrativas artísticas. Debido a este énfasis en el testimonio y la narración ante la indiferencia y la injusticia, las formas de arte estudiadas aquí son similares al arte testimonial *hibakusha*, es decir, el arte de los sobrevivientes de los bombardeos atómicos de Hiroshima y Nagasaki, cuyo relato de la experiencia fue prohibida por el Estado de la posguerra. Miles de pinturas y dibujos, muchos en pequeños trozos de papel, representan escenas y efectos de la bomba atómica (Maclear 1999: 190, n.º 7; Brett 1986, cap. 4). Del mismo modo, el énfasis en los trabajos de los concursos Rescate por la Memoria parece estar puesto en el testimonio —la función del arte es contar y denunciar las experiencias a un público específico: los jueces que evalúan las

---

sobre el trauma en su introducción. Según LaCapra (2001), el arte testimonial es un tipo de actividad performativa de «escritura traumática o postraumática» (escritura en el sentido amplio del término, extendida a toda significación o inscripción). La conceptualización del arte testimonial de LaCapra (2001: 105) incluye tanto el testimonio como el trabajo a través del trauma.

16. El arte sobre el trauma se refiere a los artistas profesionales que utilizan el arte como «un vehículo para la transmisión interpersonal de una experiencia». Una experiencia que el artista no podría haber tenido de primera mano (Bennett 2005: 6-7).

17. Para una revisión de los orígenes y el debate académico sobre literatura testimonial, véase Mallon 2002.

obras, la comunidad de espectadores que no eran ni víctimas directas ni autores de la violencia, los que gobiernan y las futuras generaciones—.[18]

El significado de este arte testimonial cambia necesariamente según la forma en que lo interpreten posteriores espectadores, según si se trata de jueces del concurso, peruanos o investigadores. En otras palabras, los jueces (artistas y músicos locales, miembros de ONG y académicos) podrían evaluar el contenido testimonial y la calidad estética.[19] Un peruano viendo estas obras en línea o como parte de una exposición podría recibirlas como testigo secundario de los actos iniciales. Una investigadora, como yo, podría tratar de «leer» estos trabajos por su contenido testimonial y las construcciones narrativas del pasado.

Sin embargo, hay limitaciones para la evaluación crítica de estas obras en tanto que arte y prueba documental. Como lo escribió John Berger en referencia al arte *hibakusha*, uno no puede criticar las cualidades artísticas de estas imágenes que nos acosan porque «uno no analiza musicalmente los gritos» (en Maclear 1999: 17). También hay límites al tomar el arte como un conjunto de documentos auténticos y precisos, ya que se requiere que las imágenes artísticas estén atadas de alguna manera a la verdad (Guerin y Hallas 2007: «Introduction», Maclear 1999: 23).[20] La oscuridad de la memoria y el tiempo, así como el presente político en el que las imágenes fueron producidas, contribuyen al distanciamiento entre las imágenes artísticas y la realidad. Hay que tener un cuidado especial con cualquier suposición que lleve a considerar que estas imágenes y los artistas representan una «voz subalterna real», como si los grupos

---

18. En efecto, las obras de arte buscan, así, justicia y reconocimiento de una audiencia que va más allá de los jueces y comisionados, para incluir espectadores, así como otros juicios y comisiones de la verdad (Minow 1998: 74-79, 146).

19. Del mismo modo, los organizadores de los concursos Rescate por la Memoria se refieren a las obras como los «testimonios» de cientos de personas que vivieron la violencia de una forma u otra (Colectivo Yuyarisun 2004: 5).

20. Bennett (2005) considera «el arte relacionado con el trauma» como transaccional antes que comunicativo, debido a que «nos toca, pero no comunica necesariamente el "secreto" de la experiencia personal» (pp. 8-9). El arte sobre el trauma, por lo tanto, transmite «verdades», «dado que llega a través de nuestros sentidos» (Bennett 2005: 8-9).

marginados estuviesen de alguna manera más cerca de la realidad con sus «contundentes, gruesas, obvias, físicas» representaciones, y como si solamente las clases educadas urbanas tuviesen la capacidad del artificio estético (Maclear 1999: 21).[21] En efecto, algo central a la interpretación de estas pinturas es la tensión creada por el origen de su producción. Estos no fueron trabajos espontáneos.[22] Más bien, los colaboradores respondieron a una convocatoria de obras de arte sobre la temática de la guerra interna en concursos patrocinados por diversas ONG.

Además, también existe el problema de interpretar referentes culturales e históricos distintos: es difícil leer con habilidad la intención de las obras simbólicas sin un cierto nivel de inmersión cultural.[23] El símbolo del cóndor es un buen ejemplo de los límites de la interpretación. Un cóndor en una pintura podría ser la representación de una enorme ave de carroña, un helicóptero militar o algo completamente distinto. Un selecto grupo de las Fuerzas Armadas portaba camisas negras con la imagen de un cóndor en el pecho. Según Arianna Cecconi, algunos campesinos del Altiplano soñaban con cóndores justo antes de la llegada de helicópteros militares, y esos sueños constituían premoniciones de la violencia que estaba por venir.[24] Varios artistas hacen referencia al mismo evento mediante la inclusión de las representaciones de los helicópteros arrojando bombas: estas son las incursiones militares en Parco Chacapunco de 1986. Con todo, las numerosas apariciones de helicópteros en los dibujos pintados siguen siendo curiosas. Como

---

21. Esta desafortunada tendencia de ver el «arte popular» como más cercano a una realidad no estética es similar a la recepción nacional de los retablos descrita por Ulfe en su capítulo. Sobre los límites de la literatura testimonial para representar las auténticas voces subalternas, véase Beverley 1996, Mallon 2002.

22. Cánepa (2006: 12-13) presenta este mismo punto con respecto a las obras del anterior Concurso Nacional Campesino de Dibujo y Pintura.

23. En los concursos nacionales anteriores, las ONG instaron a los participantes a incluir letras en sus obras: «las letras son decisivas ya que muchas de ellas nos ayudan [a los peruanos que no son de la región, a los organizadores del concurso y los jueces] a entender mejor las imágenes, especialmente para aquellos que no tenemos los mismos orígenes étnicos» (Bonilla et ál. 1990: 162).

24. Conversación con Arianna Cecconi (20 de agosto de 2008). Además, Cecconi 2011.

señaló Ramón Pajuelo (2006: 96-97) en referencia al Concurso Nacional Campesino de Dibujo y Pintura, los helicópteros eran más bien raros en Ayacucho. La presencia repetida del helicóptero en estas pinturas puede resaltar de esta manera la brutalidad de los militares y el temor constante ante su continua llegada. Del mismo modo, la presencia del apu (el espíritu de la montaña) en estas obras de arte puede tener diferentes significados: según Cecconi, para los residentes en Chihua y Contay Apu «puede aparecer en los sueños para proteger o para castigar, para traer riqueza o para hacer desaparecer un animal, para seducir o para ocasionar enfermedades». También puede adoptar formas tan diversas como las de terrateniente, soldado, animal o cóndor, entre otras entidades poderosas. En la meseta de Waswantu, provincia de Víctor Fajardo (estudiada aquí por Jonathan Ritter en otro capítulo), un residente constata que los apus «son testigos de nuestro sufrimiento, de lo que le ha sucedido a la población» (Cecconi 2011: 409). A pesar de los posibles peligros de la malinterpretación y la sobreestimación de la capacidad de estas obras gráficas para representar «la realidad», quiero leerlas por su testimonio narrativo (la representación y el contenido), sin cuestionar totalmente los motivos de los testigos-artistas o lo incompleto de su memoria y representación. De hecho, es la elaboración y el encuadre de sus narrativas testimoniales para una audiencia específica, así como las tensiones motivadas por su producción y significado, las que son relevantes para su valor comunicativo, académico, estético y monumental.[25] Aun así, mediante el análisis de la narrativa testimonial no deseo descartar por completo los aspectos sensuales del arte o su capacidad para transmitir significado y emoción. De hecho, si bien el arte como un medio de comunicación puede representar acontecimientos con cierta exactitud, también puede «acercar otros ojos y corazones».[26]

---

25. Como lo ha argumentado Cánepa para la pintura campesina de los concursos nacionales, si miramos únicamente las representaciones figurativas de estas obras, perderemos la posibilidad de ver las «complejas dinámicas y negociaciones culturales, sociales y políticas que se llevan a cabo a través del lenguaje visual» (2006: 13).

26. Vergara (2005: 18) afirma esto como una de las razones clave por las que las imágenes gráficas de la violencia, independientemente de su contenido perturbador,

Encuadre testimonial

Las obras del concurso Rescate por la Memoria representan y denuncian los años de violencia y reclaman un alivio ante la continua dificultad. Los participantes narran sus historias y lo hacen a través de diversas técnicas de encuadre. En estas obras, el artista podría emplear un sistema de etiquetado de A, B, C. . . o 1, 2, 3. . . para que los espectadores sigan la secuencia prevista de eventos, una técnica similar a la del grabado que se encuentra en los mates burilados. Véase, por ejemplo, la obra ganadora del primer concurso de Ayacucho, *La gran señal de nuestros recuerdos* (*El cementerio del terror*, figura 1.2), de Manuel Huamán Gutiérrez de Quinua (Colectivo Yuyarisun 2004: 11).[27] En el marco de una cruz, las escenas «A» y «B» representan el asesinato y la violación de los militares, seguidas de una represalia brutal de Sendero Luminoso. La escena «C» ilustra a los sobrevivientes enterrando sus muertos. La última escena, la «D», presenta a los miembros de la comunidad abrazándose, en referencia quizás al retorno y la reparación, o, más probablemente, a la salida, como lo sugiere el camión en bajada, que es una representación de las olas de refugiados internos. Una obra similar, *La Realidad* (figura 1.3), de Pablo Huamán Gutiérrez, también de Quinua (están probablemente relacionados), muestra los mismos hechos en un formato numerado con algunas diferencias (Colectivo Yuyarisun 2004: 18). Añade una escena («5») con los militares que regresan después de Sendero Luminoso. En el último segmento («6»), la comunidad reconstruye sus casas y los miembros de la comunidad saludan a los emigrantes que han regresado recientemente. Flores similares a las encontradas en las puertas de los retablos adornan los bordes de este trabajo.

En el caso de las historietas o cómics, el encuadre de las escenas seriadas asegura que los lectores sigan el orden previsto. En la presentación

---

deben publicarse. Este sentimiento es compartido por Maclear, quien escribe que el arte también nos puede llevar, como espectadores, «emocional e intelectualmente hacia lo desconocido» (1999: 24).

27. Esta obra ganadora también se usó para ilustrar la portada del libro de Kimberly Theidon (2004).

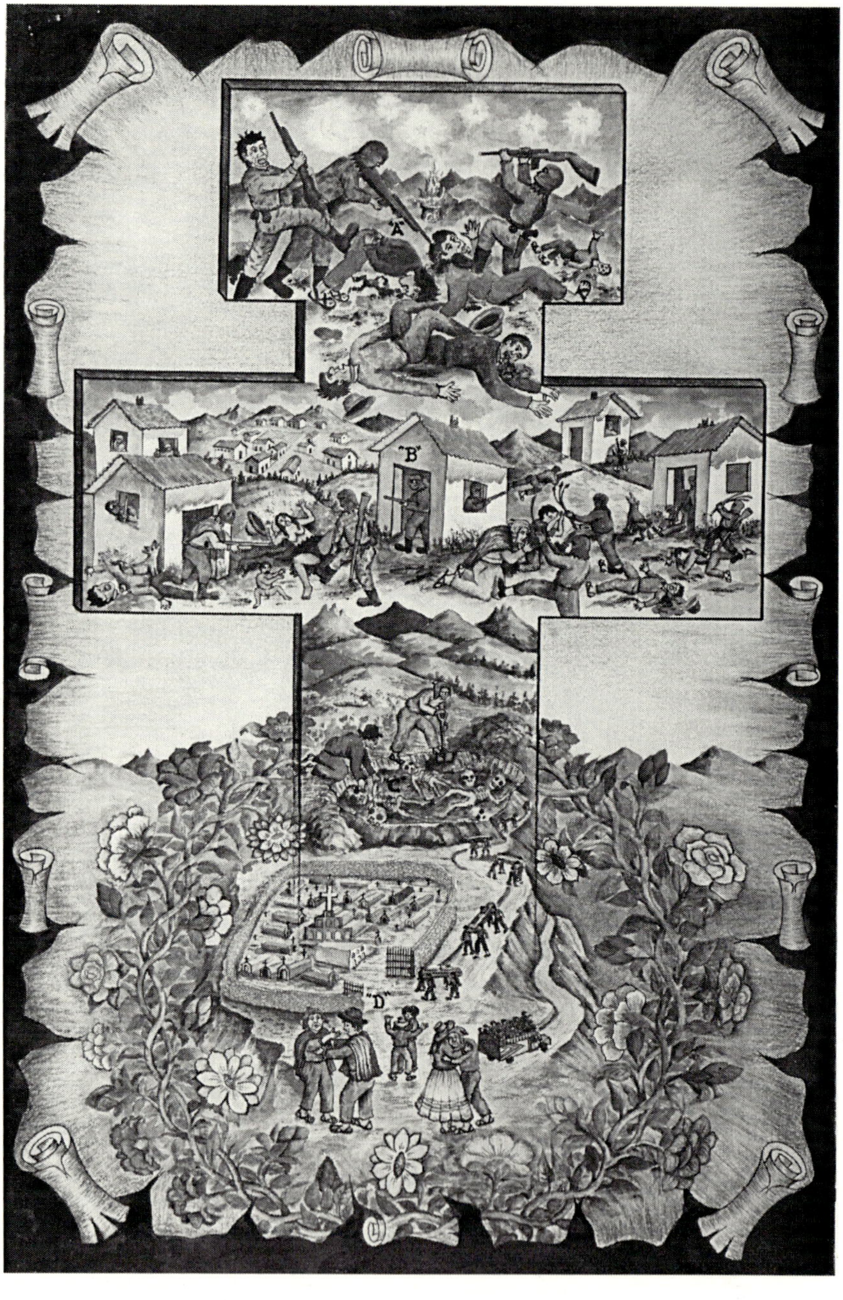

Figura 1.2. «La gran señal de nuestros recuerdos [El cementerio del horror]» por Manuel Huamán Gutiérrez (Quinua). Reimpreso con permiso del Colectivo Yuyarisun, *Rescate por la memoria*, 11.

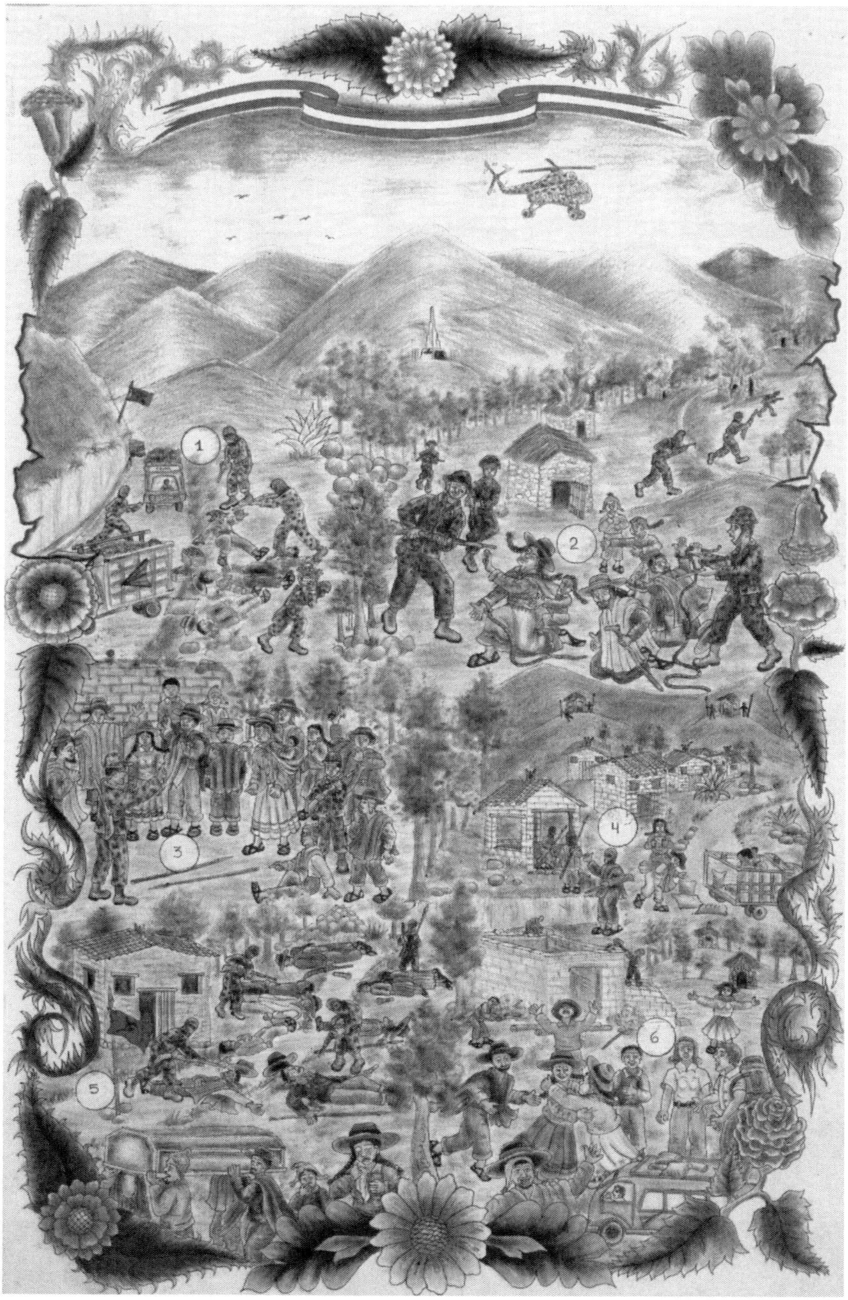

Figura 1.3. «La Realidad» por Pablo Huamán Gutiérrez (Quinua). Reimpreso con permiso del Colectivo Yuyarisun, *Rescate por la memoria*, 18.

de *Así comenzó la triste vida* (figura 1.4), Gonzalo Fernández Condoray cuenta su historia cronológicamente en cinco cuadros, utilizando la primera persona del singular (Colectivo Yuyarisun 2004: 89-91). La secuencia relata su vida durante el apogeo de la violencia entre 1982 y 1984, cuando su comunidad, Viscatampata Orccohuasi (Huanta), se vio obligada a esconderse de Sendero Luminoso y el Ejército en cuevas, durante más de un año. Eventualmente expulsados de las cuevas por el hambre, buscaron refugio en una base militar en Putis: «[...] En allí murieron cientos de personas hombres mujeres y niños, en mismo año estando poco tiempo con los militares. En aquí terminó mis familias como son: mis abuelos, mis tíos y tías, y muchos de mi comunidad y de otras comunidades». Las leyendas que acompañan las imágenes se leen como los textos de un diario. Estas descripciones pueden utilizarse para aclarar el contexto que rodea la obra, pero también fortalecen las afirmaciones de veracidad del artista. El uso de las fechas en las obras sugiere, además, una preocupación por documentar y señalar la especificidad de los recuerdos. Por ejemplo, en la pintura *Sangre que corre* (figura 1.5), de Edmundo Soto Vásquez de Concepción, en el trasfondo de tres hombres muertos, una mujer solitaria, dos soldados y uno tejados humeantes, el artista escribió en pluma: «En la Plaza de Pirhuabamba en el año 1993, el mes de 9 de octubre a las cinco de la tarde mataron a los quince ronderos. Quemadas casas» (Colectivo Yuyarisun 2004: 29). Al poner una fecha, los artistas afirman que unos hechos específicos ocurrieron en determinados momentos, en ciertos lugares, y que, a pesar del paso de tiempo, estos eventos no han sido olvidados y, por el contrario, constituyen imágenes grabadas en su memoria. Tales pretensiones de veracidad podrían ser una respuesta a la amenaza potencial del olvido, la indiferencia y el escepticismo de los espectadores. Y en efecto, mediante la incorporación de frases los artistas podrían estar expresando que saben que los textos escritos tienen una primacía por sobre el testimonio visual y oral, que corresponde a una poderosa dinámica de exclusión. La veracidad podría ser más fácil de establecer a través de la narrativa escrita que a través de la pictórica. Mientras que las anotaciones en sí mismas están basadas en los recuerdos individuales de los participantes, sus puntos de vista a menudo representan los de la

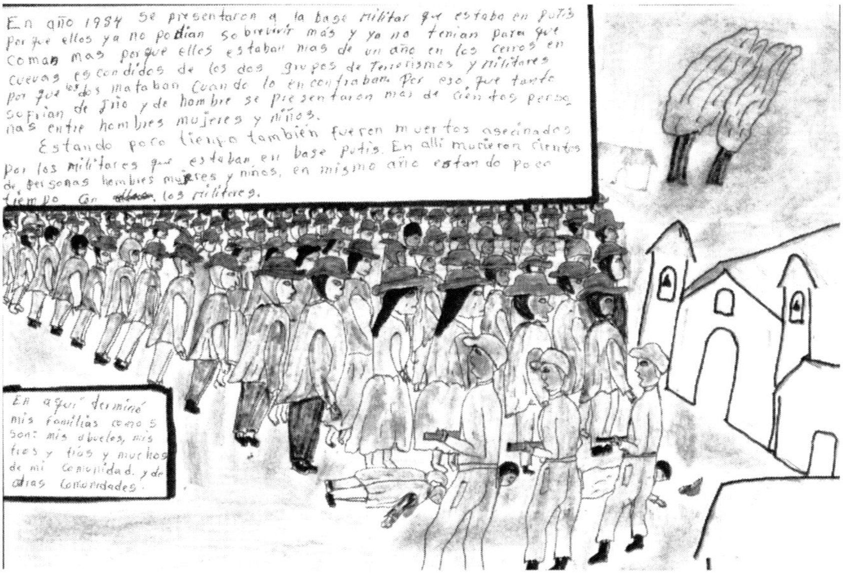

Figura 1.4. «Así comenzó la triste vida» por Gonzalo Fernández Condoray (Viscatampata Orccohuasi, Huanta). Reimpreso con permiso del Colectivo Yuyarisun, *Rescate por la memoria*, 91.

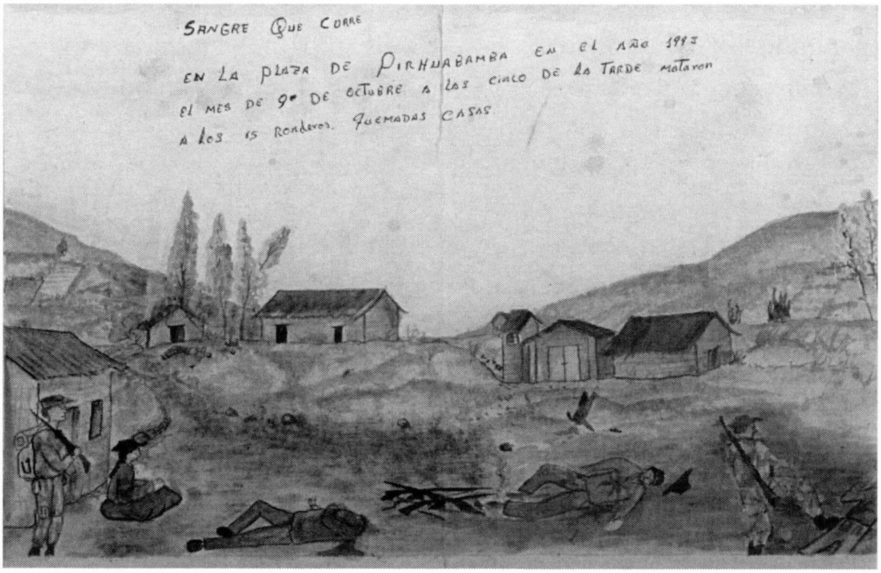

Figura 1.5. «Sangre que corre» por Edmundo Soto Vásquez (Concepción, Vilcashuamán). Reimpreso con permiso del Colectivo Yuyarisun, *Rescate por la memoria*, 29.

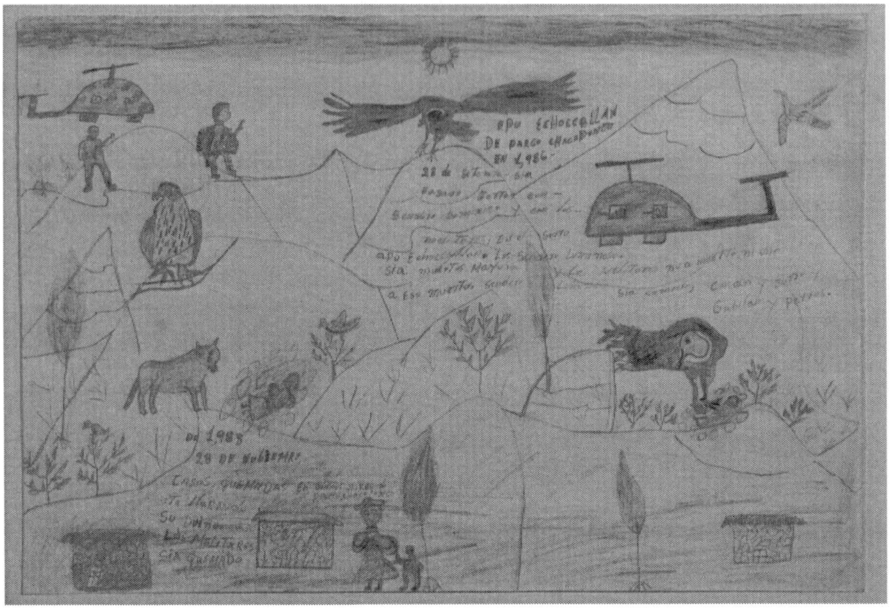

Figura 1.6. «Historia de 1986, Matanza de S.L.» por Santos Belito Unocc (Chacapunco). Reimpreso con permiso de la Asociación SER, *Rescate por la memoria*, Huancavelica, 24.

comunidad. De esta manera, la memoria individual y la memoria colectiva pueden encontrarse. El narrador toma una posición omnisciente (al no utilizar la primera persona o al hacer explícita la presencia del artista-testigo). Las escenas incorporadas son las de la aldea o un grupo. Muchas incluyen la plaza central o la iglesia. La perspectiva es la de la vista de un pájaro sobre la comunidad: en algunas obras, un cóndor, una paloma o un buitre pueden volar en la parte superior. En una obra para el concurso de Huancavelica, Santos Belito Unocc de Chacapunco puso el Sol y un cóndor en el centro de la parte superior (figura 1.6) (SER 2005b: 24). Entre el ave y el pico de la montaña escribió: «Apu Echoccallan de Parco Chacapunco en 1986, el 28 de septiembre». Aquí, el espíritu de la montaña (apu) también fue testigo de lo que le sucedió a la comunidad en este día.

Algunos artistas-testigos se distancian de los eventos al hacer que los protagonistas que narran los acontecimientos sean animales. En dos historietas del concurso de Ayacucho en el año 2003, aves y perros na-

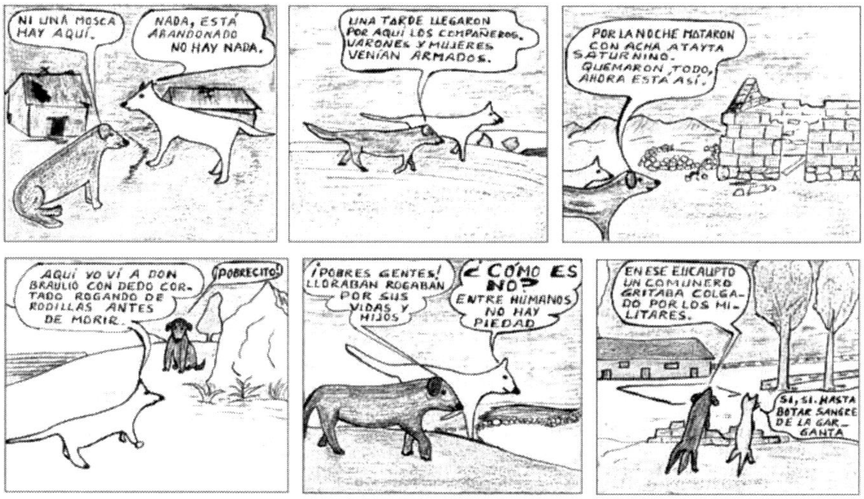

Figura 1.7. «Una vuelta por el pasado y entre el esfuerzo» por Luis Ayala Mamani (Chiara, Huamanga). Reimpreso con permiso del Colectivo Yuyarisun, *Rescate por la memoria*, 63.

rran la tira cómica. En la primera parte de la historieta *Una vuelta por el pasado y entre el esfuerzo* (figura 1.7), dos perros que se llaman entre sí con los términos racializados de «Zambo» y «Cholo» conversan sobre lo que pasó en la comunidad, que ahora está abandonada (Colectivo Yuyarisun 2004: 63-65). Nombran individuos específicos que fueron asesinados y los lugares donde pueden estar sus cuerpos. Plantean preguntas y dan respuestas. Por ejemplo: «¿Cómo puede ser esto? Entre seres humanos no hay piedad». Estos trucos narrativos le permiten al artista hacer comentarios y observaciones generales sin asumir la postura de autor que brinda la primera persona presencial. El protagonismo de los perros es más interesante. Los testigos ante la CVR se refieren a la forma en que fueron «tratados como perros» por el Ejército y Sendero Luminoso, y a que los cadáveres fueron dejados, también, para que los perros los devoraran. En otras obras del concurso Rescate por la Memoria, Sendero Luminoso y los militares se refieren a sus víctimas en términos raciales y deshumanizadores como perros.[28] En esta

28. Por ejemplo, un senderista grita «mueran como perros» en la obra titulada *Rescate por la memoria*, que representa una masacre de Sendero Luminoso, en Colectivo

historieta en particular, los papeles se invierten tan pronto los perros, al usar nombres humanos peyorativos para referirse entre sí, cuestionan la humanidad de los perpetradores.

Otro aspecto notable de estas obras de arte es que dan detalles de la ubicación de los actos de violencia. Muchas hacen mapas de la violencia pasada mediante el uso de marcadores espaciales que indican donde ocurrieron los acontecimientos. El uso de mapas para narrar la violencia podría ser un legado directo de ejercicios anteriores con las ONG, como los mapas agrícolas y electorales, y los talleres de preparación para la llegada de la CVR. La entrada de las técnicas de creación de mapas en las obras del concurso Rescate por la Memoria indica que los participantes en anteriores talleres con las ONG pueden haber comprendido este ejercicio no solo como un esfuerzo para transmitir información sino también como uno artístico. Del mismo modo, los artistas-testigos pueden haber entendido la realización de obras para los concursos Rescate por la Memoria como actividades artísticas que incluían el traspaso de información.

Los mapas de los concursos Rescate por la Memoria sitúan la violencia con marcadores físicos como carreteras, edificios, casas, corrales de animales, montañas, valles, ríos y plazas centrales. A través de estos marcadores, los artistas-testigos indican varios eventos temporales en un mismo plano. Por lo tanto, una representación de Sendero Luminoso y los militares en el mismo cuadro puede no significar necesariamente una confrontación directa entre los dos. En su pintura *La violencia y la paz* (figura 1.8), Leonidas Huamán Lolay representa tres días diferentes: el 15 de febrero de 1984 y el 7 de febrero de 1986 (durante el Carnaval), y el 9 de abril de 1990 (durante las elecciones generales) (SER 2005b: 29).[29] En algunas de las obras que ofrecen mapas de las memorias de la

---

Yuyarisun 2004: 14. A partir de sus entrevistas con sobrevivientes, Theidon relata cómo los miembros de la comunidad describieron la guerra usando términos deshumanizantes como «vivimos y morimos como perros» (2012: 54).

29. Dos descripciones acompañan este trabajo. Una explica lo que sucedió en los días de masacres (fiestas, carnavales y una elección general). Otra dice que «los terroristas [terrucos] dieron discursos al reunir a los residentes [comuneros] de

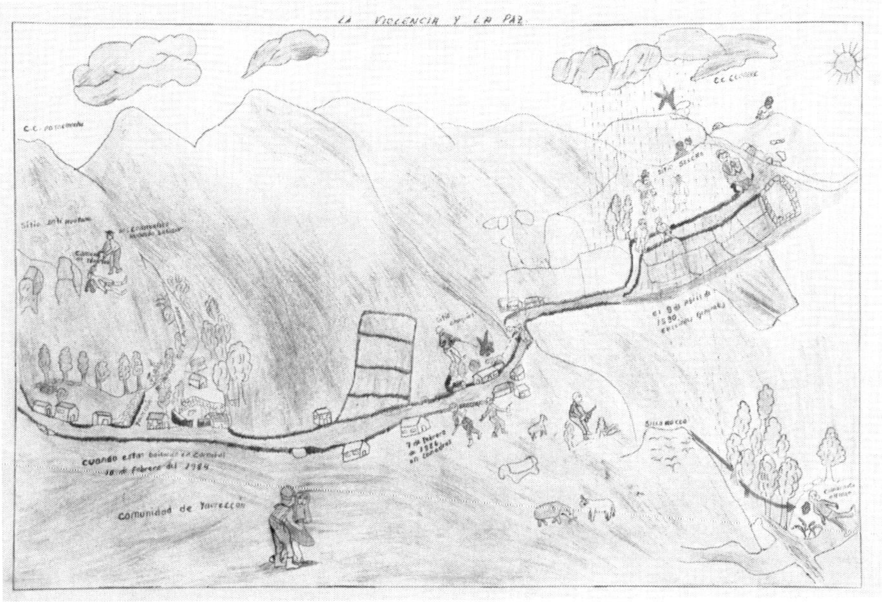

Figura 1.8. «La violencia y la paz» por Leonidas Huamán Lolay (Chaynabamba). Reimpreso con permiso de la Asociación SER, *Rescate por la memoria*, Huancavelica, 29.

violencia pasada, la estética es secundaria frente a lo que parece ser la necesidad urgente de documentar. Por ejemplo, Julio Gómez Aguilar de Churcampa dibujó toscamente carreteras, árboles y edificios en su obra *Maraypata* ('cesta plana') (SER 2005b: 45). También escribió los lugares donde murieron los miembros de la comunidad: «Aquí murieron Gregorio Quispe y [ilegible]».

De hecho, es sorprendente que muy pocas presentaciones en los concursos originales de Ayacucho (2003) y Huancavelica (2004) parezcan haber abordado su tema desde un enfoque puramente simbólico o abstracto. Este no fue el caso en el concurso urbano de Ayacucho en el año 2004, cuando muchos participantes dieron la impresión de haber intentado hacer «arte». Quizá la diferencia más grande entre los concursos en Ayacucho (2003) y Huancavelica (2004), por un lado, y el

Chaynabamba; de esta manera, [Sendero Luminoso] logró reclutar a los líderes, y les dieron [a los nuevos líderes] un libro que era como una credencial o una guía».

concurso en la ciudad de Ayacucho (2004), por el otro, es que los dibujos pintados han perdido parte de su carácter testimonial a favor de un aspecto mucho más pulido. Mientras que la mayoría de obras muestran escenas específicas de violencia, alrededor del 75% de las presentadas para el concurso de 2004 en Ayacucho incorporan cuadros generales de sufrimiento y violencia sin indicar eventos específicos. Un dibujo pintado recuerda a Jackson Pollock y su pintura salpicada.[30] Otro aspecto igualmente pulido es visible en la categoría de historietas del concurso en la ciudad de Ayacucho de 2004. Con figuras de superhéroes y efectos de sonido tipo «¡blam!», «¡bum!» y «ratatata», estas secuencias narrativas están más cerca en su estilo de los cómics de Marvel que de las historietas del concurso departamental de Ayacucho del año anterior, aunque su contenido narre tragedias similares. El cambio en el estilo artístico del concurso departamental de la parte urbana de Ayacucho podría deberse a que los participantes interpretaron el concurso de 2004 como una posibilidad de expresión estética por encima de una testimonial. También pudieron haber respondido a lo que pensaban que tendría mejores posibilidades de ganar.[31] Quizás artistas ya establecidos y en ciernes decidieron utilizar este nuevo foro de arte como un medio para llamar la atención sobre su trabajo. Si bien no tenemos información sobre las profesiones de los participantes en el año 2003, el concurso departamental de Huancavelica y el concurso de la ciudad de Ayacucho de 2004 evidencian diferencias importantes: en Huancavelica, ninguno de los participantes fue identificado como «artista» o «artesano»; en la ciudad de Ayacucho, estas dos categorías convocaron 11 de los 243 participantes, además de algunos que se describían a sí mismos como diseñadores gráficos. En ambos casos, los estudiantes fueron la categoría más grande (33 de 112 en Huancavelica, el 29%, y 123 de 243 en

30. «Tiempos de sufrimiento y dolor» de Percy Lozano Vivanco (SER 2005a: 65).

31. Los comentaristas de los concursos nacionales campesinos de dibujo y pintura señalaron que los ganadores del año anterior influirían en las presentaciones del año siguiente. Uno puede ver esto en los concursos Rescate por la Memoria: después de que el primer premio fue para una cruz estilizada (figura 1.2 aquí), al año siguiente, en Ayacucho y Huancavelica, varios concursantes propusieron cruces adornadas de manera similar.

Ayacucho, el 51%). Ninguno identificado como «agricultor» presentó un trabajo en el concurso urbano de Ayacucho, mientras que el 22% de los 2004 participantes de Huancavelica trabajaba la tierra (SER 2005a: s. p., 2005b: s. p.).[32]

Memorias generacionales, de género y racializadas

Al resumir el conflicto armado interno, el excomisionado de la CVR Carlos Iván Degregori describió a las víctimas como «pobres, rurales, indígenas y jóvenes» (2004: 81). Esta misma descripción podría utilizarse para describir a los participantes de los concursos Rescate por la Memoria: la mayoría de los participantes de los concursos tenían entre dieciocho y treinta años, y eran originarios de áreas rurales y pobres en la sierra, regiones consideradas tradicionalmente indígenas y campesinas. A pesar de que la presencia de jóvenes en los concursos Rescate por la Memoria podría ser un reflejo de la distribución demográfica de la posguerra y podría indicar la audiencia a la que le apuntaban los organizadores, también podría revelar quiénes estaban interesados en participar en un concurso como este: los estudiantes. Uno de los jueces del concurso, el antropólogo José Coronel, afirmó que los concursos Rescate por la Memoria les permitieron a «estos jóvenes andinos a multiplicar su capacidad expresiva».[33] De los 97 participantes en Huancavelica de los que se conoce la edad, la mitad (48%) tenían treinta años o menos.[34] De los 219 participantes en el concurso de la ciudad de Ayacucho (2004), 134 (61%) tenían menos de treinta años.[35] En ambos casos, la mayoría de mujeres que participaron eran menores de 25 años. Estos datos demuestran que de 1983 a 1986, durante el periodo de «militarización del conflicto» (frase usada por la CVR para

32. El Colectivo Yuyarisun (2004) no proporciona las edades y profesiones de los participantes.

33. Coronel, «Presentación», en Colectivo Yuyarisun 2004: 5.

34. En otras palabras, 47 participantes eran menores de treinta años y, de estos, 25 eran menores de veinticinco años (SER 2005b: s. p.).

35. De estos 134 participantes, 91 eran menores de veinticinco años de edad (SER 2005a: s. p.).

describir una mayor presencia del Ejército en la región), muchos de los participantes tendrían entre cuatro y doce años. Durante los tres peores picos de muertes y desapariciones forzadas (1984, 1989 y 1990), estos participantes eran niños (CVR 2013b, vol. 1: 10). Estas contribuciones a los concursos representan las memorias de una experiencia generacional. Son el testimonio de personas que eran niños o jóvenes cuando presenciaron la violencia cometida en sus comunidades por Sendero Luminoso y el Ejército: torturas, violaciones, asesinatos, desapariciones, hambre, masacres, ejecuciones, fosas comunes y desplazamiento forzado. Un ejemplo de esto es el del participante Vicente Unocc Sedano, quien denominó su trabajo *Cuando era niño*. En la descripción afirmó que, cuando tenía nueve o diez años, tres mujeres de su comunidad fueron asesinadas, mientras otras tres fueron heridas (1982); cuando tenía once años, el Ejército maltrató profesores, estudiantes y miembros de su comunidad, y «hombres, mujeres y niños fueron torturados en 1983»; cuando tenía catorce años, hubo un enfrentamiento entre Sendero Luminoso y el Ejército; y, cuando tenía quince años, el señor Satos Lara fue asesinado en las montañas por tres senderistas no identificados que le pusieron un letrero que decía «soplón». Como consecuencia de estos años de violencia, Unocc Sedano señala que «todos estábamos traumatizados» (SER 2005b: 23).

Quizás porque tantos participantes eran niños en el momento de la violencia, muchos de los trabajos reflejan nostalgia por la infancia y por el pasado antes de la guerra.[36] En el caso de la historieta titulada *Mi familia* (figura 1.9), Félix Chocce Belito describe al comienzo la felicidad de su familia en la comunidad de Parco Alto, donde tenían comida y una vaca para ordeñar. De repente, en el octavo cuadro, el Ejército aparece, como de la nada, y su padre les ruega por su familia. En el último cuadro de la historieta, dibuja una sola tumba (SER 2005b: 82-83). Esta nostalgia del pasado refleja la perspectiva de un niño de su

36. Por supuesto, cualquier grupo de edad puede experimentar la nostalgia. La forma en que opera la nostalgia después de los conflictos en América Latina es un campo para la investigación. En la actualidad, parece ser principalmente la preocupación de académicos que trabajan en la Europa poscomunista.

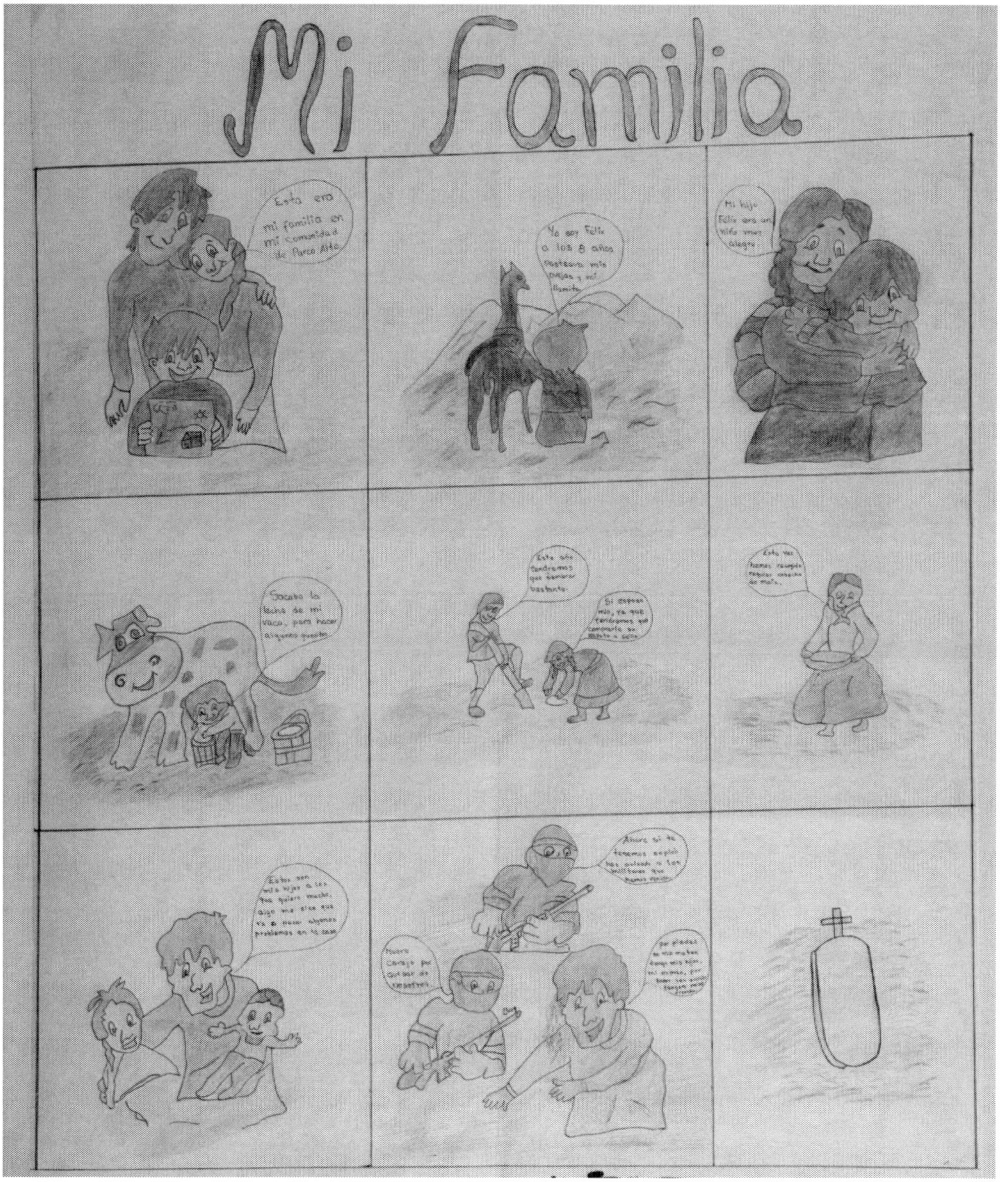

Figura 1.9. «Mi familia» por Félix Chocce Belito (Parco Alto). Reimpreso con permiso de la Asociación SER, *Rescate por la memoria*, Huancavelica, 82.

infancia en tiempos de paz, a pesar de las dificultades. Chocce Belito tenía 29 años cuando participó en el concurso, lo que implica que debía tener 9 años en 1984. Sin embargo, esta visión nostálgica de la época anterior a la violencia impide ver las raíces del éxito inicial de Sendero Luminoso y la pobreza endémica de estas regiones antes del conflicto. Una de las consecuencias más dolorosas fue la creación de huérfanos. De acuerdo con la CVR, los peruanos para los que la violencia tuvo las consecuencias más devastadoras fueron las viudas y los huérfanos. No solo perdieron familiares, recursos y pertenencias, sino que sufrieron daños psicológicos y sociales de larga duración (Larrabure 2007: 15). La antigua coordinadora de la unidad de salud mental de la CVR, Viviana Valz-Gen, describe la transformación de una persona en un huérfano por la violencia política como «una fractura en su proceso vital» que resulta en «elementos de rabia, de ruptura del orden del mundo, de pérdida del sentido más básico de todas las cosas» (en Larrabure 2007: 77). Esta experiencia de convertirse en un huérfano está reflejada en los trabajos de los concursos Rescate por la Memoria. La participante Rosario Milagros Laurente Chahuayo presentó un dibujo y una fotografía, la única en Huancavelica. Su dibujo en blanco y negro, en carboncillo, *Huellas en el Alma* (figura 1.10), muestra una niña llorando con un sombrero en sus manos (SER 2005b: 15). Su descripción del dibujo dice lo siguiente: «en la imagen vemos una niña de Huancavelica con un sombrero, recordando el dolor y la aflicción de una violencia inexplicable. Vemos el rostro del dolor y la perdida de personas inocentes. En el dolor no hay diferencias entre el día y la noche».[37] El participante ofrece dos versiones del mismo dibujo: el que se muestra aquí con carboncillo sobre papel blanco, y otro con lápiz blanco sobre papel

37. Una leyenda similar acompañó su obra fotográfica: «el dolor sin consuelo de un joven indígena de Huancavelica. Ella tiene un sombrero en sus manos, que hace que recuerde a sus seres queridos. Los gritos de dolor [llanto] la abruman y la idea de quedarse sola es su única compañía». De <yuyarisun.rcp.net.pe/yuyarisun.php?id=catalogo-dibuj02> (última consulta: 08/01/2008).

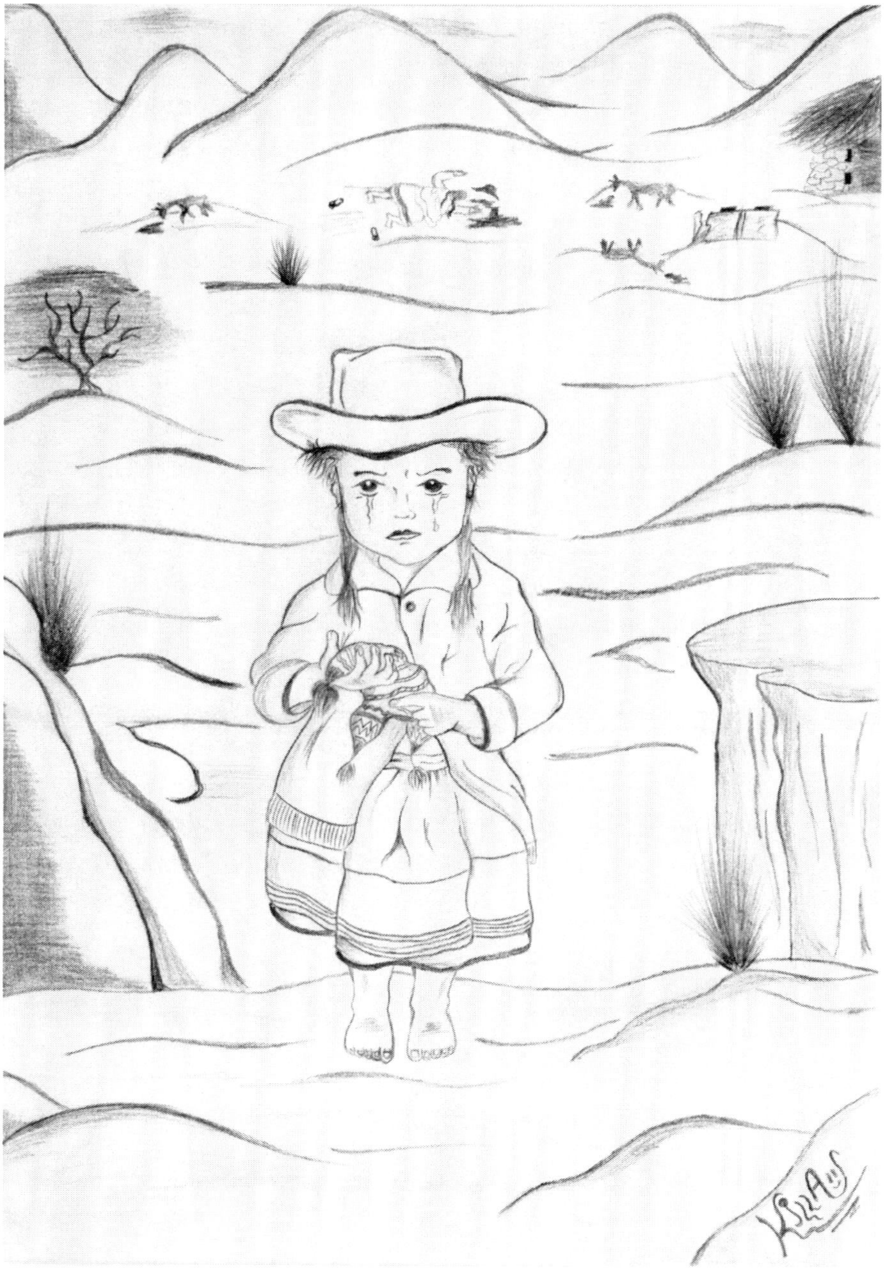

Figura 1.10. «Huellas en el alma» por Rosario Milagros Laurente Chahuayo (Huancavelica). Reimpreso con permiso de la Asociación SER, *Rescate por la memoria*, Huancavelica, 15.

negro, para enfatizar presumiblemente el desdibujamiento del tiempo y la extrapolación del día y la noche.[38]

Los jóvenes tuvieron una experiencia única en el conflicto interno. Sendero Luminoso reclutó jóvenes de las comunidades y, en caso de que no se presentaran voluntarios, los intimidó hasta que se unieran. Por otro lado, fueron etiquetados por los militares que sospechaban que podían ser senderistas o cuando menos simpatizantes de Sendero Luminoso. La sospecha oficial se dirigió principalmente a los estudiantes universitarios,[39] que fueron detenidos y llevados a la cárcel simplemente por asistir a clase o portar lecturas sospechosas.[40] Algunos nunca retornaron.[41] Por ejemplo, un estudiante de pregrado en la historieta titulada *Un día cualquiera de 1990*, de Paul Silvera Cuki de Huamanga, se pregunta por el paradero de sus compañeros de clase (Colectivo Yuyarisun 2004: 96). Sus vecinos le dicen que fueron detenidos por *terrucos* (terroristas). El protagonista se pregunta cómo es posible, «si son buena gente». Las obras también muestran diferencias de género en las experiencias del conflicto armado —una de las verdades de la violencia en las que la CVR y el arte convergen—. Los hombres y las mujeres se vieron afectados de manera diferente por la guerra interna: más del 75% de las víctimas eran hombres de más de quince años de edad (la mayoría entre los 20 y los 49) y eran líderes locales que fueron blanco de Sendero Luminoso o fueron asesinados o desaparecidos por fuerzas estatales; la mayoría de las mujeres que murieron fueron víctimas de violencia

38. El tema del día como indistinguible de la noche se repite en el dibujo de Jiménez *Como el día era la noche* en *Chungui* (2005: 170-171) y en las conversaciones de Cecconi (2011: 413) con ayacuchanos.

39. La inscripción en las universidades aumentó considerablemente en las décadas anteriores a la guerra. La Universidad Nacional de San Cristóbal de Huamanga (UNSCH) pasó de 228 estudiantes en 1959 a más de 6000 en 1980. Sobre el papel de la politización de Sendero Luminoso en UNSCH y otras universidades, véase CVR 2013a, vol. 3, cap. 3.6, y vol. 5, caps. 2.18 a 2.21.

40. Véase, por ejemplo, la historieta *Sin título* en el Colectivo Yuyarisun 2004: 97-99.

41. Uno de los casos de violaciones de derechos humanos de los que Alberto Fujimori fue declarado culpable fue la desaparición y muerte de nueve estudiantes y un profesor secuestrados en 1992 de la Universidad La Cantuta, en Lima.

indiscriminada y masacres dirigidas contra comunidades enteras. Debido a su género, las mujeres fueron sometidas a violaciones y forzadas a hacer tareas domésticas (como cocinar y cuidar a los miembros heridos de la oposición armada y a los militares) (CVR 2013a, vol. 8, cap. 2.1). La violencia sexual no se denunció en todos los casos ante la CVR, que tan solo registró 538 violaciones. De estos casos, todos menos once fueron cometidos contra las mujeres, y el 83% se atribuye a las Fuerzas Armadas. Que era un tabú hablar de la violencia sexual fue explícito en varias de las obras de los concursos Rescate por la Memoria (CVR 2013a, vol. 8: 64, 89; Leiby 2009: 86-88; Theidon 2007: 417-418).[42] Sin embargo, las presentaciones al concurso también demuestran que las mujeres, como los hombres, jugaron muchos papeles más allá del de víctimas. Algunas mujeres eligieron hacerse parte de Sendero Luminoso y otras organizaron sus comunidades en contra de Sendero Luminoso y las incursiones militares. Buscaron a sus parientes desaparecidos, pusieron a sus muertos a descansar cuando fue posible hacerlo y atendieron sus parientes sobrevivientes.[43] Las diferencias de género son evidentes en la elección de las categorías del concurso. Curiosamente, mientras que las mujeres solo constituían una cuarta parte de los participantes en el concurso original Rescate por la Memoria en el Departamento de Ayacucho (2003), representaron casi la mitad de los participantes en la categoría de «canción», y muchas también presentaron poesía, quizás como reflejo de la fuerte tradición oral y lírica de la región (Colectivo

42. Tanto Leiby (2009) como (Theidon 2007) escriben que las mujeres hablaban sobre todo en tercera persona cuando hablaban de violencia sexual. Del mismo modo, algunas de las imágenes más perturbadoras y gráficas de la violencia en el primer concurso de Ayacucho llegaron sin firma. Dibujos con estilos similares sugieren la mano de una artista que, con menos escenas gráficas de violencia, incluyó su nombre. Esta decisión de no firmar algunas de sus obras pero incluir su nombre en otras refuerza el punto señalado por Leiby y Theidon sobre el uso del anonimato y la tercera persona.

43. Por ejemplo, la obra sin título de Isabel Marquina Sulca representa en la parte superior de la esquina izquierda a una senderista relajada en una mesa, bebiendo y conversando con los demás (Colectivo Yuyarisun 2004: 36). *Escenas de horror* presenta a una mujer que camina con sus dos hijos pequeños a través de la violencia y a la luz de las velas (Colectivo Yuyarisun 2004: 20).

Yuyarisun 2004: 7). Al año siguiente, la poesía representó más de un tercio de todas las participaciones de las mujeres en Ayacucho, donde llegaron a ser la quinta parte de todos los participantes. En Huancavelica, la poesía representó casi un tercio de las participaciones de las mujeres, que representaron una cuarta parte de los participantes (SER 2005a: s. p., 2005b: s. p.). En los tres concursos, los hombres superaron de manera desproporcionada en número a las mujeres en la categoría de «narración». Además de estas experiencias de género y los enfoques para relatar las dimensiones del conflicto interno armado, también habría que considerar las dimensiones raciales y étnicas. El aspecto racial es visible no solo en la violencia cometida contra las mujeres, que eran casi que exclusivamente campesinas quechuahablantes,[44] y en las víctimas que no hablaban español y que representaban las tres cuartas partes de los muertos y desaparecidos, sino también en el contraste entre las Fuerzas Armadas mestizas de la costa y los habitantes de la sierra.[45] Las imágenes del concurso Rescate por la Memoria ilustran el abismo de poder y la distancia de extranjero que separa a los perpetradores de sus víctimas. El dibujo sin título de Fortunata Yance Flores (figura 1.11) muestra una diferencia de tamaño entre los sinchis (una división especial de las fuerzas de la policía) y los residentes locales. Si bien había como mucho 120 sinchis en Ayacucho, su capacidad para llegar rápidamente a diferentes lugares en helicóptero los hacía parecer más numerosos. Y en efecto, parecían más grandes. Esta es una exageración señalada por la CVR: «Como la mayor parte de sinchis eran costeños, para ellos

44. Bueno-Hansen (2010: 69-70) señala que la CVR tenía secciones separadas sobre género y raza, con lo cual desacoplaron dos categorías principales de análisis para la comprensión de la violencia contra las mujeres serranas y amazónicas.

45. En el Perú, la geografía «racializa» a la gente. Las dimensiones racializadas del conflicto fueron fundamentales para la CVR, que destacó la discriminación por parte de la élite mestiza y las agencias gubernamentales contra el Altiplano peruano y las poblaciones de las tierras bajas de la Amazonía, hecho que se reflejó en el tratamiento que les dio Sendero Luminoso a los mismos grupos. Sobre las complejidades de la raza y las identidades étnicas en Perú, véase De la Cadena 2003.

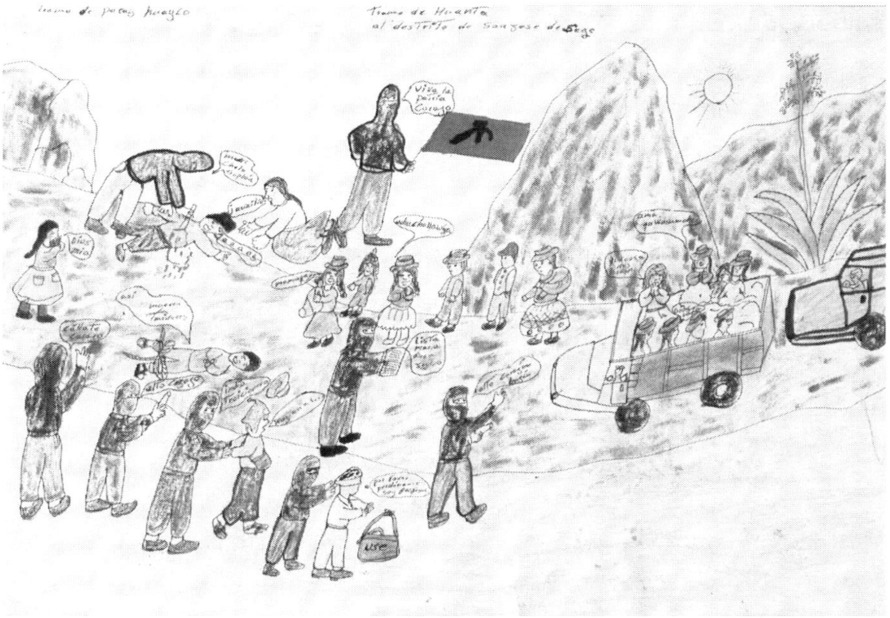

Figura 1.11. «Sin título» por Fortunata Yance Flores (Santillana, Huanta). Reimpreso con permiso del Colectivo Yuyarisun, *Rescate por la memoria*, 38.

llegar a Ayacucho significó un encuentro con un otro —el poblador andino y quechuahablante—, con una trayectoria cultural distinta. Del mismo modo, la población local vio a estos efectivos policiales como extranjeros. En su descripción, cuentan que eran altos y blancos; parecían americanos y estaban uniformados, camuflados. A ellos les decían los sinchis» (CVR 2013a, vol. 2: 148-149). El idioma también marcó una frontera étnica entre los de la costa y los de la sierra: en el dibujo de Fortunata Yance Flores, los soldados hablan en español y los campesinos en quechua, lo que refuerza la percepción de que hay una distancia cultural y física frente al «otro» (Colectivo Yuyarisun 2004: 38).[46]

46. Este es también el caso de las obras sin título de Crispín Villar Potosino y Magaly Cabrera Pereyra (Colectivo Yuyarisun 2004: 42, 43).

Memorias disonantes: representaciones locales frente a la CVR

Algunas memorias visuales son recurrentes en los trabajos del concurso Rescate por la Memoria. Son memorias que proporcionan un conjunto de referentes comunes. Muchas obras muestran animales, aves, símbolos religiosos, cráneos y huesos. Estos referentes testifican mayoritariamente violaciones de los derechos humanos. Sin embargo, no armonizan plenamente con la narrativa de la CVR, a pesar de su foco en las víctimas y su enorme trabajo de recopilación de testimonios. Las obras de arte presentadas como parte de los concursos Rescate por la Memoria ilustran principalmente dos agentes de violencia: las Fuerzas Armadas y Sendero Luminoso. Aunque algunos trabajos muestran que las comunidades están atrapadas entre ambos, como el trabajo titulado *Entre dos fuegos*, las obras representan, única y generalmente, o bien a las fuerzas del Estado o bien a Sendero Luminoso. Sin embargo, los participantes no los retrataron de la misma forma. Las ilustraciones que registran abusos cometidos por las Fuerzas Armadas son más numerosas que aquellas en las que aparece Sendero Luminoso.[47] De los 44 dibujos y pinturas del concurso de Ayacucho en el año 2003, 32 representan masacres, torturas, batallas u otras violaciones de derechos humanos. De estas, 17 representan abusos cometidos por las Fuerzas Armadas, 6 abordan la violencia de Sendero Luminoso, 8 la de los dos agentes y 1 la de los ronderos (grupos de defensa locales).[48] Los dibujos restantes son escenas generales del sufrimiento y la comunidad. El énfasis en los abusos contra los derechos humanos cometidos por actores armados no estatales contrasta con las conclusiones de la CVR. La comisión

---

47. Ramón Pajuelo (2006: 94) señala igualmente su sorpresa ante la fuerte presencia de imágenes que muestran a las fuerzas contrainsurgentes por sobre las de Sendero Luminoso en los Concursos Nacionales Campesinos de Dibujo y Pintura. De las 34 imágenes que analizó, la mayoría cayó en su categoría «incursión militar».

48. Estas cifras se basan en mis interpretaciones de los actores que aparecen en los dibujos y cuadros impresos en las publicaciones del concurso. En el concurso de Huancavelica, el MRTA también aparece como autor de una violencia y su impacto se representa a través de grafitis y de imágenes de torres eléctricas destruidas.

atribuyó a Sendero Luminoso el 54% de los casos que terminaron en la muerte o la desaparición. Las Fuerzas Armadas y la policía fueron encontradas responsables del 35,6% de los casos.[49] La razón por la que los participantes del concurso Rescate por la Memoria eligieron representar más escenas de violencia de las Fuerzas Armadas estatales que de Sendero Luminoso es complicada y permite muchas interpretaciones posibles. El abuso por parte de los militares, la policía y otros actores estatales puede haber sido mayor y pudo haber sido subestimado por la CVR. Los participantes podrían haber considerado que las ONG y los jueces que organizaron el concurso eran agentes capaces de transmitir sus quejas al Estado para ayudar a buscar reparaciones. Los participantes podrían haber considerado que era más probable que el público (incluidos los compañeros miembros de la comunidad) le pidiese cuentas por sus acciones a las Fuerzas Armadas que al esquivo Sendero Luminoso. O quizás la violencia cometida por el Estado parecía una injusticia mayor que la que comprometía a Sendero Luminoso, ya que las Fuerzas Armadas deberían proteger a los ciudadanos en lugar de hacerles daño, como se sugiere en el título *Las sombras de la injusticia.*[50] Al documentar y denunciar la violencia de Estado, los participantes del concurso presentan un mundo al revés, donde los ciudadanos son víctimas de la represión de aquel.[51] La brutalidad de las Fuerzas Armadas hizo que se parecieran a Sendero Luminoso. Así, en un dibujo pintado (figura 1.11), en el centro del marco hay un sinchi con capucha oscura de pie en la colina, que sostiene una bandera roja de Sendero y grita: «Viva la patria, carajo». Debajo de él hay una escena de devastación ocurrida en

---

49. Sobre los actores armados del conflicto, consultar CVR 2013a, vol. 2.

50. De Honorato Suane Yupanqui (Colectivo Yuyarisun 2004: 38).

51. Los concursos en Ayacucho y Huancavelica difieren del segundo homenaje a las víctimas y héroes en Sacsamarca, donde se les pidió a los participantes que representaran específicamente la victoriosa batalla de la comunidad contra Sendero Luminoso en mayo de 1983 y reflexionaran sobre ella. Curiosamente, como señala Ricardo Caro en su capítulo aquí incluido, a pesar de que la policía ayudó a sacar a Sendero Luminoso de Sacsamarca (y un policía murió junto con quince miembros de la comunidad de Sacsamarca), la presencia policial está notablemente subestimada (si es que no totalmente ausente) en las pinturas.

una comunidad indefensa (Colectivo Yuyarisun 2004: 38). Del mismo modo, la elaboración de *Las dos caras de la moneda* divide el lienzo en dos mitades, con Sendero Luminoso a la derecha y las Fuerzas Armadas a la izquierda, las dos cometiendo atrocidades.[52] Las imágenes que equiparan la violencia del Estado con la de Sendero Luminoso desafían los discursos sobre las Fuerzas Armadas como héroes, empañados por los excesos individuales cometidos por unos pocos elementos. Estas obras representan, en cambio, la utilización sistemática de asesinatos, la represión, la violencia sexual y el terror de los agentes estatales contra las comunidades peruanas.

Otra posible explicación de por qué hay más obras que retratan la violencia del Estado en lugar de la de Sendero Luminoso se encuentra en la categoría de «víctima» —una categoría que requiere de una definición clara desde que fue implementado un comité asesor para las reparaciones en el año 2007—. Los participantes pueden haber interpretado de una manera particular quiénes son las «víctimas aceptables», es decir, las víctimas dignas de simpatía (y tal vez de reconocimiento y reparación) en el discurso nacional y de las ONG. En el Perú posterior a Sendero Luminoso, hay poco espacio para una «víctima» que hubiese simpatizado *con* o participado *en* Sendero Luminoso en algún momento, o en los abusos dentro de las comunidades que los residentes cometieron el uno contra el otro como parte de la intensificación de la violencia.[53] De esta manera, las comunidades pueden haber acordado internamente no hablar abiertamente de las posibles conexiones con Sendero Luminoso en el pasado. Por el contrario, el tropo de la comunidad asaltada, una

52. De Leoncio Laura González (Chincho, Huancavelica) (SER 2005b: 19).

53. Theidon (2012: 159-194) cuenta la desgarradora historia de «la viuda en la cueva», sobre una mujer que presenció el asesinato de su esposo, cometido por sus vecinos. Ante el miedo por ella y sus hijos, se retiró a una cueva. Más tarde, cuando quiso relatar públicamente su experiencia a los representantes de diversas ONG, los miembros masculinos de la comunidad la silenciaron rápidamente como si no supieran de lo que estaba hablando. Esta historia no solo subraya quiénes son las «víctimas permitidas» dentro de las comunidades, sino también las dinámicas de género sobre quién está autorizado a decir las verdades locales. Doy las gracias a Steve Stern por compartir esta idea de la «víctima permitida».

comunidad pasiva golpeada por Sendero Luminoso o por agentes del Estado, es el tropo de victimización más fuerte, como se retrata en la obra *Entre dos fuegos*,[54] que muestra un helicóptero arrojando bombas y senderistas que disparan al cielo, mientras que una comunidad se queda estática. Un niño que es demasiado joven para que le atribuyan partidismo es otro tropo para la «víctima aceptable», como en el dibujo de *Los inocentes* (figura 1.12), que representa a una niña con los ojos vendados y una muñeca, mientras que desde lugares opuestos un senderista y un agente estatal le dirigen sus armas (SER 2005a: 68).

Quizá lo más sorprendente de las obras del concurso es la ausencia casi total del tema de la reconciliación. En el concurso original del Departamento de Ayacucho (2003), pocas obras hacen una referencia a la reconciliación. El dibujo en lápiz y papel titulado *Verdad, justicia, reparación y reconciliación* evoca la posibilidad de la reconciliación, pero es oscuro frente a cómo se podría garantizar: la imagen muestra una cruz, un cactus, una vela, un fantasma y una paloma (Colectivo Yuyarisun 2004: 35). En otra obra, *Yuraqurpicha* ('pequeña paloma blanca' en español), simplemente se pone una paloma de la paz en el centro (Colectivo Yuyarisun 2004: 22). El concurso en Huancavelica que se celebró un año después del trabajo de la CVR reveló más pesimismo sobre las posibilidades de la reconciliación: ni un solo trabajo presentado a ese concurso parece plantear abiertamente la posibilidad.

En lugar de centrarse en la reconciliación, muchos artistas-testigos optaron por abordar preguntas sobre la memoria, seguidas de la pobreza y los escombros sobre los que una nueva era debía ser construida. Una pintura repite el mensaje del recuerdo, *Recordando para no volver a vivirlo* (figura1.13), con una imagen brillante en tonos vivos de color púrpura, azul, verde y melocotón, que muestra a una mujer con un niño pequeño en brazos y rodeada de su recuerdos de sufrimiento, que contrastan con los de su hija, quien nació después de la guerra y, por lo tanto, solo piensa en cultivar y en la escuela (SER 2005b: 12). Otra pintura representa a la gente que sigue adelante, no a causa de haber llegado a una especie de reconciliación con su pasado o con los demás, sino gracias a la

54. De Jorge Luis Vera Lozano (Rancha, Ayacucho) (Colectivo Yuyarisun 2004: 40).

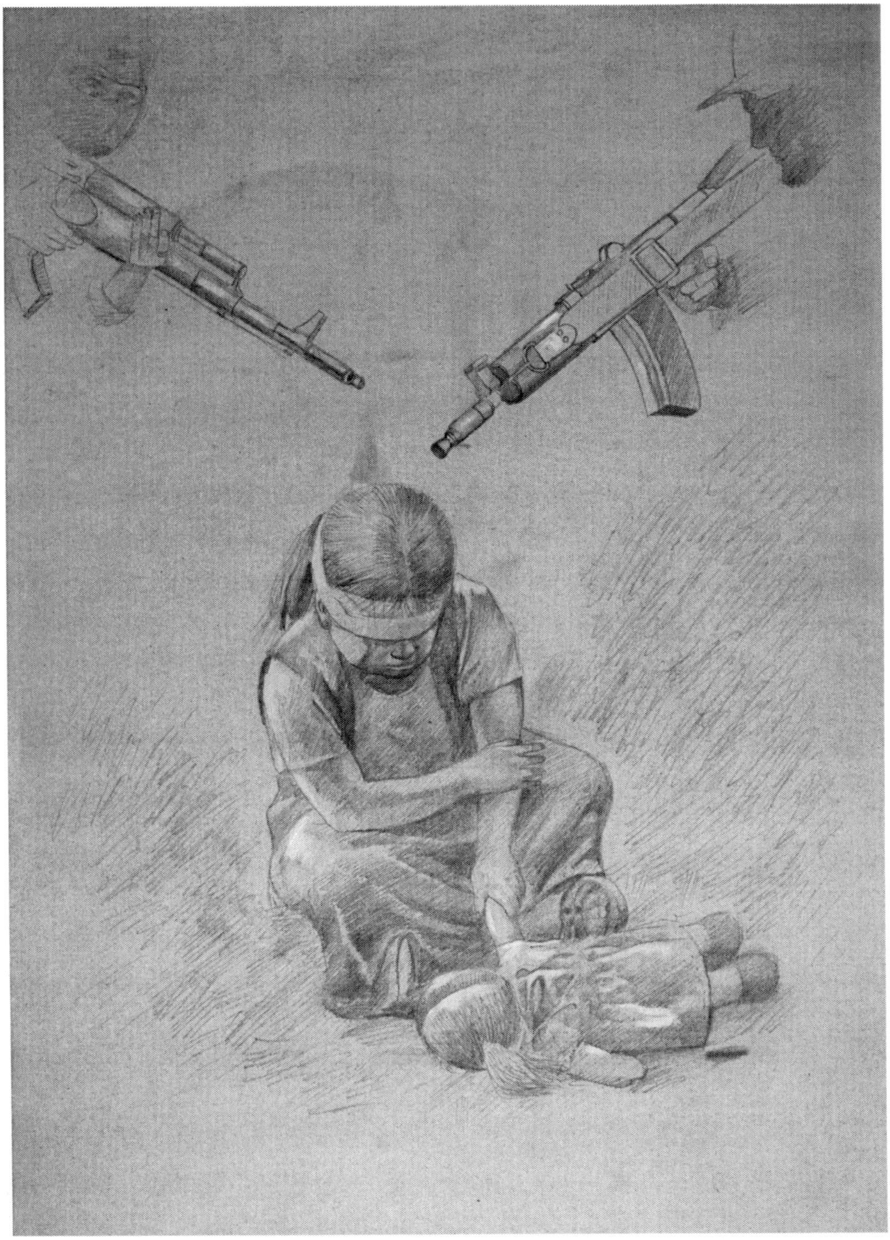

Figura 1.12. «Los inocentes» por Hernán Riveros Alvizuri (Ayacucho). Reimpreso con permiso de la Asociación SER, *Rescate por la memoria*, Ayacucho, 68.

siembra de cultivos sobre sus muertos: *Sembrando sobre nuestros muertos* (SER 2005b: 25). *La realidad* (figura 1.3) representa en el primer plano a unos residentes que reconstruyen sus hogares y pretenden regresar a los miembros de la comunidad: esta escena es sobre la reparación antes que sobre la reconciliación (Colectivo Yuyarisun 2004: 18). Una obra rechaza la posibilidad de la reparación: *Desgarros irreparables* muestra a un hombre con lágrimas en los ojos (quizá un autorretrato), una mujer que llora, un ataúd y las iniciales MRTA (Movimiento Revolucionario Túpac Amaru) (SER 2005b: 28).[55] La obra *Huérfano de Dios y entenado del diablo* (figura 1.14), hecha posiblemente por un miembro de la familia, es muy similar (SER 2005b: 27): muestra la misma mujer llorando en la parte inferior derecha. En esta pintura, sin embargo, el artista incluye la violación, la tortura y las ejecuciones hechas por las Fuerzas Armadas. En el fondo están las torres eléctricas que le proporcionan electricidad a Lima, en la mira de Sendero Luminoso. Las paredes están pintadas con grafitis del MRTA y Sendero Luminoso. En la parte inferior izquierda, compartiendo el primer plano con la mujer que llora, hay un pequeño niño, desnutrido, con una pierna amputada. Sobre él reposa una rasgada bandera peruana con la inscripción «Forjemos un Perú de paz, sin violencia», un llamado a la paz pero no necesariamente a la reconciliación.

Conclusión: el rescate de las memorias a través del arte testimonial para un nuevo Perú

Los recuerdos de los participantes de estos concursos todavía no encajan en una narrativa nacional de los años de violencia. Mientras que los símbolos, escenas y referentes de estas obras probablemente son reconocibles por la comunidad, en el ámbito nacional asumen la calidad de «saber local», cosas que los espectadores pueden haber oído pero en

55. Una descripción acompaña esta obra: «expresa a Perú desgarrado antes de la pérdida de un ser querido, matado injustamente en la guerra por el MRTA, Sendero y el Ejército; también [expresa] el dolor y el sufrimiento de una madre y un niño campesino». De <yuyarisun.rcp.net.pe/yuyarisun.php?id=catalogo-dibuj02> (última consulta: 08/01/2008).

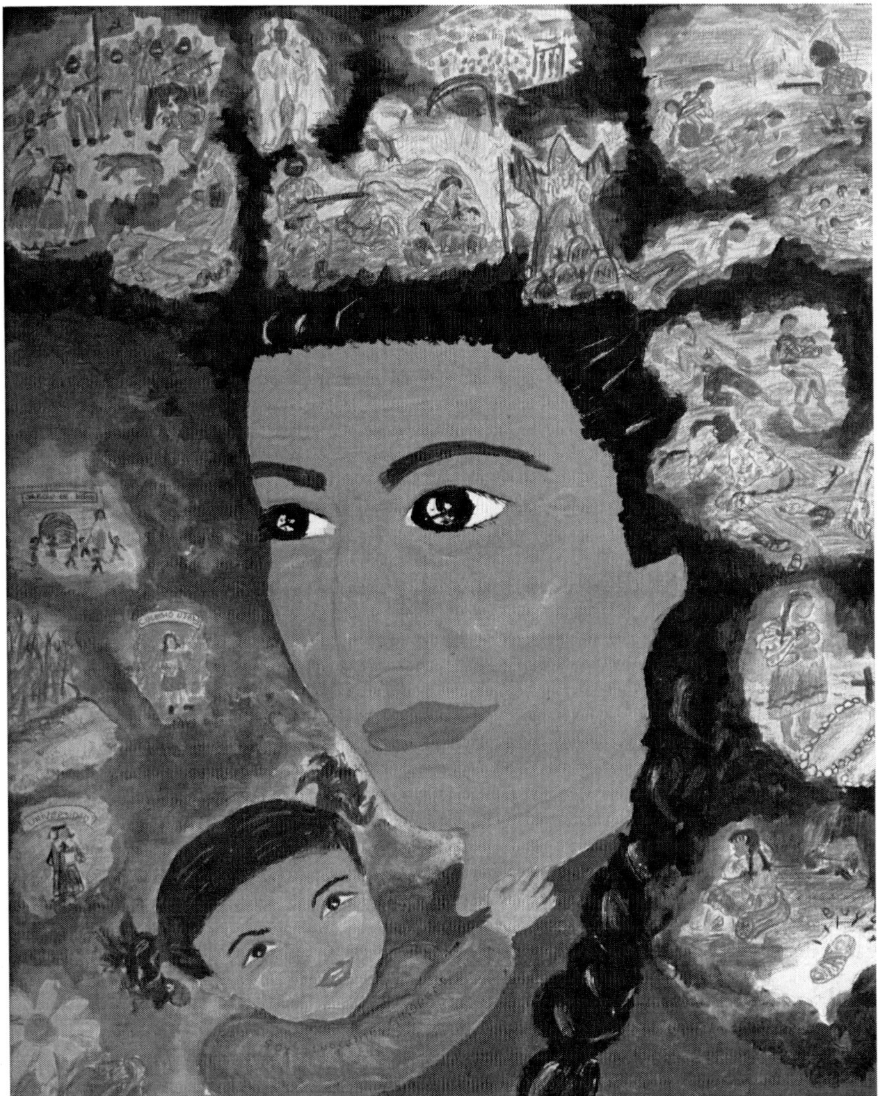

Figura 1.13. «Recordando para no volver a vivirlo» por Zoraya Zevallos Delgado (Lima). Reimpreso con permiso de la Asociación SER, *Rescate por la memoria, Huancavelica*, 12.

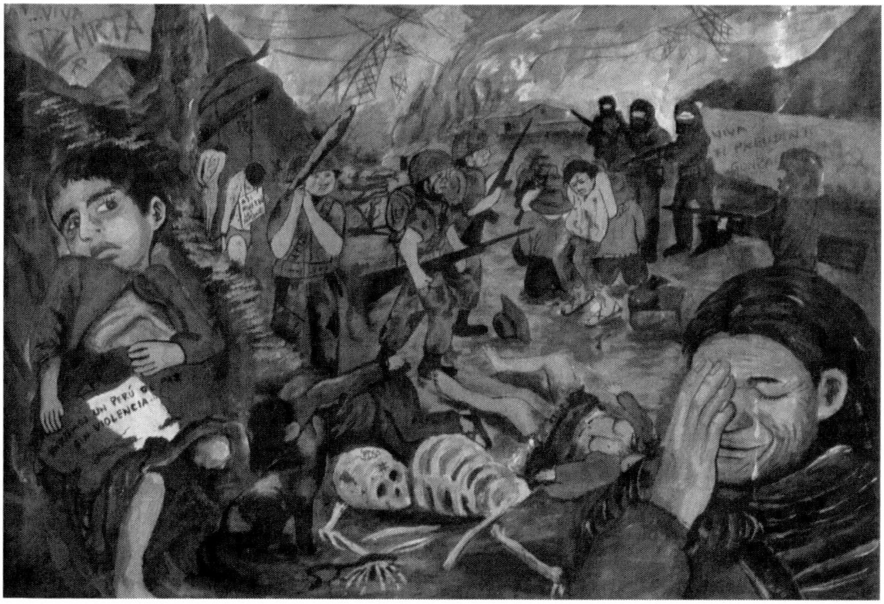

Figura 1.14. «Huérfano de Dios y entenado del diablo» por Edwin Montañéz Ángeles (Huancavelica y Lima). Reimpreso con permiso de la Asociación SER, *Rescate por la memoria, Huancavelica*, 27.

las que no creen totalmente (Stern 2004: esp. 130-131). Un ejemplo dramático de esto es la masacre, en diciembre de 1984, de 123 hombres, mujeres y niños de las aldeas cercanas a la base militar de Putis, en la que se refugiaron, únicamente para ser asesinados poco después de su llegada por sus anfitriones. Aunque aparece en el concurso Rescate por la Memoria (por ejemplo, en la historieta titulada *Así comenzó la triste vida* [figura 1.4]) y fue ampliamente detallada en el *Informe final* de la CVR, esta masacre no obtuvo ningún reconocimiento nacional hasta la exhumación de fosas comunes en mayo y junio de 2008. En la actualidad, Putis se ha convertido en un caso emblemático de la guerra interna, pues «muestra una realidad que va más allá de lo que se imaginaba» (Rojas 2008: 77). Estas obras de arte, por lo tanto, no revelan secretos, una característica a veces atribuida al testimonio.[56] Más bien, se trata

56. En el caso de los secretos conocidos que salen a la luz a través del arte, véase González 2011, especialmente el cap. 6.

de experiencias conocidas. Tampoco recuperan recuerdos perdidos; en cambio, rescatan experiencias que están en riesgo de marginalizarse en los discursos nacionales. Así, estas obras de arte indican cuál es su público: los testigos-artistas dibujan y pintan para la nación, en particular para aquellos que no experimentaron la violencia en carne propia.

A través representaciones visuales estéticas, los participantes dieron su testimonio y presentaron sus versiones de las verdades al espectador. Así, estos artistas-testigos parecen querer entrar en el debate nacional sobre los años del conflicto armado interno. Sin embargo, es cuestionable si estas obras de arte y los recuerdos que representan han contribuido al sostenimiento de un discurso nacional. En parte, el estatus marginal que siguen teniendo en tanto que «arte popular» refleja la falta de un relato incluyente de estos años. Y a pesar de que estas representaciones de recuerdos ofrecen imágenes de la verdad que se complementan con otras verdades históricas en circulación sobre los años de violencia, como las publicadas en el *Informe Final* de la CVR que salieron a la luz con la exhumación de fosas comunes, estas memorias de los artistas-testigos y de otras personas y comunidades afectadas por la violencia siguen siendo empujadas a los bordes de la discusión pública, solo para ser mencionadas por los que tienen el poder cuando es políticamente conveniente.[57] No es que estas memorias sean olvidadas; más bien, se enfrentan a la indiferencia nacional. En el clima político de la posguerra, los sucesivos gobiernos y las élites han ignorado en gran medida el conflicto interno o han intentado reescribir la narrativa como la de una tragedia nacional durante la cual las Fuerzas Armadas defendieron

57. Un ejemplo es el renovado interés del Gobierno peruano a partir de 2012 en la masacre de Lucanamarca cuando se creó el «Día Nacional contra el Terrorismo», el 3 de abril, día en que Sendero Luminoso masacró a unos 69 residentes de Lucanamarca en 1983. Sin embargo, no existe ningún proyecto equivalente a este para un día conmemorativo de Putis u otros casos de violencia estatal. De hecho, el día en que se conmemora el heroísmo de las Fuerzas Armadas estatales es «El Día del Coraje Militar», el 22 de abril, día en que los militares rescataron con éxito a los rehenes que el MRTA mantuvo durante casi cuatro meses. Sobre los usos políticos de la masacre de Lucanamarca, véase María Eugenia Ulfe y Vera Lucía Ríos, «Lucanamarca querido», *Noticias SER*, 14 de marzo de 2012, <www.noticiasser.pe> (última consulta: 30/06/2013).

la nación. El discurso dominante de este relato heroico hace que las memorias individuales y colectivas que se activan en su contra queden sueltas, dispersas y sin resonancia a gran escala.

Finalmente, estos artistas-participantes desafían esta indiferencia, la reescritura y el olvido. Reconocen la humanidad de los artistas y sus comunidades, y denuncian la maldad absoluta de la violencia cometida. Al actuar como un puente entre el pasado y el presente, estas obras de arte incentivan la esperanza en que algún día sus memorias contribuyan a la creación de una nación incluyente, en la que tal atrocidad no pudiese volver a ocurrir. En el dibujo de un artista optimista, un grupo sonriente de personas se reúne en torno a un posible país llamado «Un nuevo Perú». En esta pieza gráfica, las figuras le dicen al espectador cómo podría ser de buena la vida: «¡Basta de odios! ¡Unamos fuerzas para construir un país prometedor para todos los peruanos!» Este sería un país «que respeten todos por igual». «Todos queremos una vida mejor, sin marginación de ninguna clase». «¡Síiii que todos pongan de su parte y así avanzaremos!».[58]

Notas

Agradezco a Carlos Aguirre, Ricardo Caro, Raúl H. Asensio, Nelly Plaza, Ponciano Del Pino, Javier Torres y Sofía Vera, entre otros, por su ayuda en este capítulo. La Asociación de Servicios Educativos Rurales (SER) concedió generosamente el permiso para reproducir las imágenes presentadas en este capítulo. El Social Sciences Research Council de Canada, el Fonds de Recherche du Québec-Societé et Culture y la Canada Chairs Research Program ayudaron a financiar esta investigación.

---

58. *Antes... despúes* de Rubén Gómez Carrasco (Colectivo Yuyarisun 2004: 101).

2

CHUNGUI: dibujos etnográficos de la violencia y trazos de memoria

EDILBERTO JIMÉNEZ QUISPE

Entonces, mi pueblo era pues
un pueblo, no sé...
un pueblo ajeno dentro del Perú.

Primitivo Quispe, testimonio dado a la
Comisión de la Verdad y Reconciliación[1]

Nota de la editora: Este capítulo consta de doce dibujos y testimonios del libro *Chungui: violencia y trazos de memoria,*[2] de Edilberto Jiménez, artista y periodista graduado en antropología en la Universidad Nacional de San Cristóbal de Huamanga (Ayacucho). Jiménez es también un etnógrafo quechuahablante ayacuchano que ha usado su talento para atestiguar la violencia sufrida en el remoto distrito de Chungui, al sur de la provincia de La Mar (Departamento de Ayacucho). Chungui es un distrito caracterizado por la distancia que existe entre las pequeñas comunidades que lo integran. La forma geográfica de Ayacucho se asemeja a la de un perro sentado; en esa representación, Chungui —sobre todo su zona sureste— se halla en lo que vendría a ser la oreja de dicho perro. Por ello, el lugar es conocido bajo el apelativo de

1. Citado en Vergara, «La memoria de la barbarie», en Jiménez 2005: 17.
2. Hay dos ediciones del libro de Edilberto Jiménez. Este capítulo se basa en la edición de 2005.

«Oreja de Perro», zona cercada al oeste por el río Pampas y al este por el río Apurímac.[3] Chungui ha sido una de las regiones más afectadas por el conflicto armado interno. Alrededor del 17% de su población fue asesinada en la década de 1980 y mediados de la de 1990. Las huidas redujeron a la mitad su población.[4] El acceso a Chungui es difícil. El viaje dura unas diez horas desde la capital departamental de Ayacucho, sorteando una serie de difíciles senderos.

Edilberto Jiménez es quizá mejor conocido por su trabajo como retablista, un oficio de familia que aprendió a una edad temprana, con su padre, mientras crecía en la provincia de Víctor Fajardo al suroeste de Chungui.[5] En las décadas de 1980 y 1990, el tema de la violencia política fue motivo de sus retablos: *Huamanguino (hombre de Huamanga)*, *Masa* y *Flor de retama* son solo algunos ejemplos de cómo Jiménez utilizó el arte para hablar de lo que estaba sucediendo localmente, al mismo tiempo que situaba estas experiencias en un contexto de explotación nacional y global.[6]

Basado en sus propias observaciones y en la reunión de los testimonios de los residentes de Chungui, Jiménez presenta un relato visualmente inquietante y poderoso de la violencia. El artista conoce bien la comunidad de Chungui, ya que visitó el lugar en la década de 1990 como miembro del Centro de Desarrollo Agropecuario de Ayacucho (CEDAP, una ONG dedicada al desarrollo agrícola). Chungui había

---

3. Nota de la edición de 2009: una explicación sobre el apelativo «Oreja de Perro» se halla en la nota 1 del siguiente artículo: <http://www.noticiasser.pe/25/08/2010/memoria-y-memoriales/el-mayor-ayacuchano-memorias-de-la-guerra-en-chungui-y-oreja-de-perr>. Asimismo, en el siguiente post: <http://retabloayacuchano.blogspot.ca/2009/08/un-lugar-llamado-oreja-de-perro.html> (última consulta: 15/02/2017).
4. Entre 1983 y 1994, 1384 miembros de la comunidad de Chungui murieron y desaparecieron. Véase CVR 2003a, V: cap. 2.3.
5. Acerca de los retablos de Jiménez véase el capítulo de Ulfe en este libro; además, Golte y Pajuelo 2012. Sobre la música de la región de Víctor Fajardo, véase el capítulo de Ritter en este libro.
6. Sobre estos retablos véase el capítulo de Ulfe en este libro, así como Ulfe 2011 y Milton 2007: 21-26.

sido uno de los distritos beneficiarios de la reforma agraria de 1969, cuando el Estado expropió las tierras de los hacendados y se las entregó a los campesinos para su cultivo. Motivado por las historias que escuchó sobre el conflicto interno de la década de 1980 y al ver la devastación que sufrió la población de las comunidades, Jiménez dejó a un lado el pausado trabajo de los retablos y produjo representaciones visuales de los años del conflicto. El resultado fue un libro de 72 dibujos, publicado por primera vez en el año 2005 y reimpreso en el año 2009 con un orden secuencial diferente y 19 dibujos adicionales.

Posteriormente, el trabajo de Jiménez ha inspirado a otros. Por ejemplo, la historia de Chungui ha sido también narrada por Luis Rossell, Alfredo Villar y Jesús Cossio en su novela gráfica *Rupay*, que incluye cinco dibujos testimoniales de Jiménez, quien aparece en el sexto capítulo, «Chungui», como un testigo secundario que habla desde los márgenes, contando las historias que él mismo escuchó de los sobrevivientes.

La publicación original de *Chungui: violencia y trazos de memoria* (2005) se inicia dando cuenta de la naturaleza de esta comunidad y de su cultura antes del conflicto armado para contextualizar los años posteriores de la guerra y su legado continuo.[7] A través de los dibujos y de los testimonios, que incluyen las fechas y los lugares de los eventos descritos, aprendemos de las costumbres locales como de la tradición musical del *Llaqta Maqta*, un baile que alude al enamoramiento y al matrimonio, y donde los jóvenes de la ciudad participan (esta imagen no se muestra aquí). También representa cómo los profesores llegaron a Chungui, a mediados de la década de 1970, y enseñaron nuevas ideas que mezclaban los escritos del pensador peruano José Carlos Mariátegui con los de Mao Tse-tung, que estaban al centro de la ideología de Sendero Luminoso y su construcción de una «sociedad nueva» (fig. 2.1). Seguidamente, los dibujos explican de modo explícito la violencia de Sendero en la comunidad, los intentos de defensa y la brutal respuesta

---

7. Antes de publicar sus dibujos, Jiménez solía entregar versiones fotocopiadas. Esto muestra la urgencia que sentía para llamar la atención sobre la situación de Chungui, una región donde continúa trabajando como miembro de una ONG.

de los militares que habían llegado en el verano de 1984. Las imágenes son dramáticas: Sendero Luminoso tomando represalia contra la comunidad de Yerbabuena por haber formado comités de autodefensa (fig. 2.2). Sendero matando a los terratenientes y a las autoridades locales (fig. 2.3). Las madres obligadas a dejar a sus hijos para servir a Sendero Luminoso (fig. 2.5). La crueldad de las campañas antisubversivas de las Fuerzas Armadas (figs. 2.6, 2.7). Los grupos de autodefensa (rondas) que se unieron a las Fuerzas Armadas en sus asaltos y que también ofrecieron refugio (fig. 2.9). Sendero Luminoso exigiendo sumisión (figs. 2.3, 2.4, 2.5) y forzando a los miembros de la comunidad a esconderse en las montañas, donde soportaron hambre, peligros y condiciones insalubres, y se vieron plagados de pulgas y piojos (fig. 2.8). Los residentes de Chungui recuerdan esos años en las montañas, 1984-1987, como años en que vivieron y murieron como animales. Jiménez también incluye los testimonios de exsoldados que recuerdan sus experiencias con los militares de manera diferente, unos como heroicas y otros como brutales (figs. 2.10, 2.11).

Sin embargo, a pesar de estas memorias y representaciones crueles, la esperanza surge de las cenizas de la atrocidad. En la primera edición de *Chungui* (2005), la narración termina con un texto y una imagen final: la concertación (figura 2.12), que es un llamado a trabajar junto al Estado peruano para reconocer y dar a los miembros de la comunidad de Chungui sus derechos ciudadanos y materiales. En esta imagen final, los pobladores, evidentemente pobres y con ropas andrajosas, marchan por cientos para protestar contra la pobreza, el analfabetismo, la falta de atención sanitaria básica, el subdesarrollo, el abandono y la práctica del olvido del Estado. Su situación actual se halla en un marcado contraste con sus memorias de un periodo más pacífico antes de la guerra. No obstante, su llamado sigue sin respuesta: según una propuesta municipal de 2012 para ampliar el acceso al agua potable en el distrito de Chungui, el 85% de la población no tienen sus necesidades básicas satisfechas; el 15% vive en la miseria; el 34% de mujeres siguen siendo analfabeta; el 92% de la población no tiene agua potable; y el 100% de la región no tiene electricidad. Chungui es una región de gente joven; la población adulta fue diezmada a causa de la guerra: el 41% de la población tiene menos de 14 años de edad y el 31%, entre 15 y 35 años de edad.[8]

En términos metodológicos, el trabajo de Jiménez emplea un enfoque único de etnografía visual y observación participante. Incapaz de capturar los gestos de los sobrevivientes cuando demostraban cómo la gente sufría, dejó la grabadora y tomó los lápices (Vergara 2005: 18, n.° 8). Jiménez hizo sus dibujos consultando con los residentes locales y los revisó siguiendo sus comentarios. Los dibujos son un esfuerzo único de colaboración entre él mismo como artista/etnógrafo y los vecinos y miembros de la comunidad de Chungui. Sus representaciones artísticas alcanzan un grado de empatía y comprensión que pocos logran. Como señaló Carlos Iván Degregori: «El Perú y los peruanos tenemos una deuda pendiente con Chungui. Este libro es una forma de amortizarla a través de la etnografía y el arte» (Degregori 2005: 16). El trabajo de Jiménez es un intento por convertir pueblos como Chungui, considerados extranjeros dentro del Perú, en ciudades peruanas dentro de la tragedia de la nación.

8. Municipalidad Distral de Chungui, «Mejoramiento y ampliación del sistema de agua potable e instalación del sistema de alcantarillado y tratamiento de aguas residuales: el centro poblado de San José de Villa Vista, distrito de Chungui-La Mar-Ayacucho». Disponible en el sitio web del Ministerio de Economía y Finanzas, <http://ofi.mef.gob.pe/appFD/Hoja/VisorDocs.aspx?file_name=3328_OPI-MDCHUNGUI_201242_101222.pdf> (última consulta: 12/07/2013). Nota de la edición de 2018: según el Ministerio de Economía y Finanzas, esta obra ya fue finalizada, así como un grupo de obras que podría cambiar los porcentajes que cita sobre la situación social y educativa de Chungui. Véase <https://apps.contraloria.gob.pe/ciudadano/wfm_obras_mostrar_1.aspx?ID=Tfglk>; lista de obras en Chungui entre los años 2015 y 2016: <https://apps.contraloria.gob.pe/ciudadano/wfm_rpt_PteEntidad.aspx?RUC=20194772310> (última consulta: 15/02/2017).

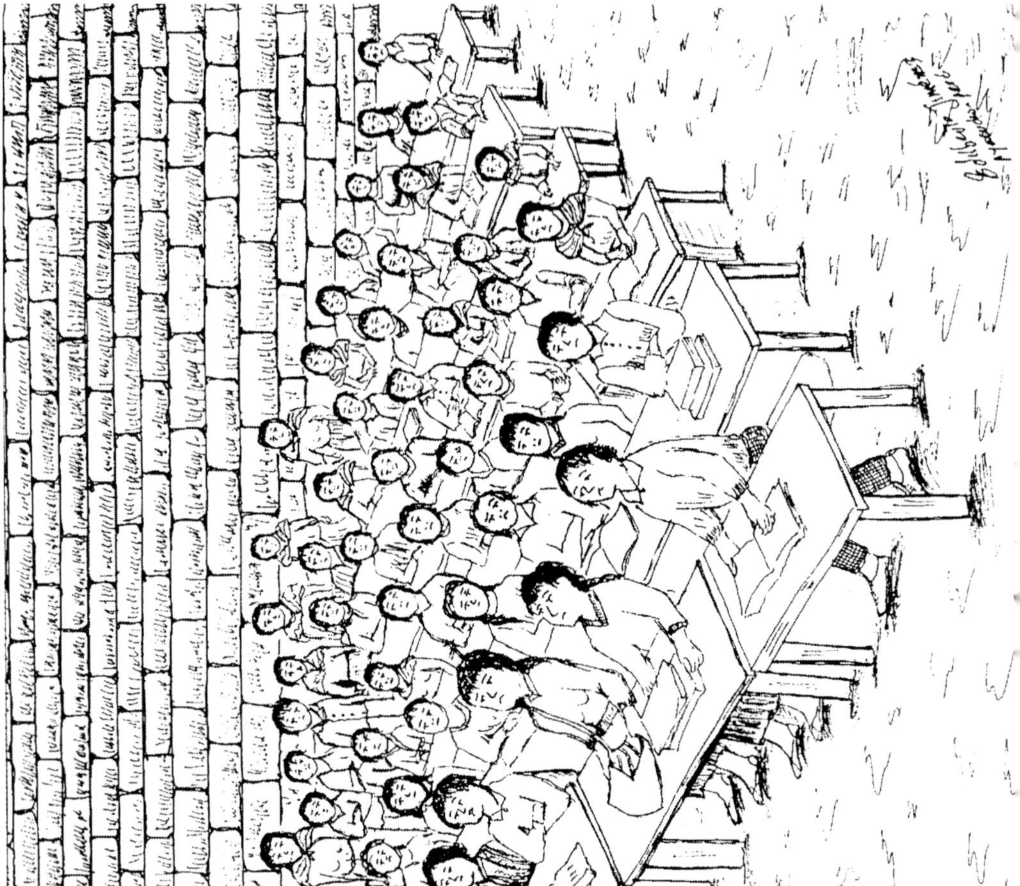

El colegio les puso nuevos pensamientos

«En 1967, llegué por primera vez a Oronccoy como profesor de la escuela estatal de educación primaria. Llegué por Andahuaylas, cruzando el río Pampas, caminando por cerros y cerros; era tan difícil llegar. Los comuneros todavía hablaban de los guerrilleros de 1965, se contaban como mataron a Miguel Carrillo, hacendado de Chapi, y después como escaparon los otros hacendados por el miedo. Decían que los guerrilleros eran buenos; en cambio, otros extrañaban a sus patrones y no querían todavía un profesor; decían que eso era para los ociosos. A mí también casi me matan los familiares del hacendado de Soccos, me apuntaron con un arma para matarme y me salvaron los campesinos de Oronccoy. Mis alumnos eran de 17, 18 y 20 años de edad y todavía estaban en primaria, tenían ganas de educarse y maldecían a los hacendados por no hacer escuelas.

En 1980, se crea el colegio «Nery García Zárate» en Oronccoy, llegaron nuevos profesores y nuevas enseñanzas. Los alumnos eran ya maduros y sus pensamientos también eran maduros. Ellos eran bien obedientes. Muy contento matriculé a mi hijo en el colegio de Oronccoy, pero la enseñanza no estaba bien. Mi hijo me contó después que dibujaban la hoz y el martillo, les hacían leer libros de Mariátegui y hablaban de Mao. Entonces, el colegio estaba politizado. Muy preocupado trasladé a mi hijo a un colegio de Andahuaylas. El director del colegio de Oronccoy era de Ayacucho; su esposa también enseñaba allí; estaban metidos con la política de Sendero. El colegio les puso nuevos pensamientos a los comuneros y a los estudiantes: ya eran rebeldes, ya no se podía confiar en ellos. Un profesor tenía un arma y hacía reuniones de noche con sus alumnos. Los alumnos ya pensaban diferente, hablaban mal del gobierno y, formando grupos de jóvenes, se iban a pueblos vecinos.

En 1978, en Chungui se llega a crear el colegio Túpac Amaru II, pues no había colegio para los hijos de la comunidad. Los profesores eran de Ayacucho y enseñaban política. Un profesor tenía su arma y llevaba siempre libros de política. Los alumnos ya sabían de la política de Sendero».

Lugar: Oronccoy, Chungui
Fecha del evento: 1982
Testimonio: S. P. y F. C.

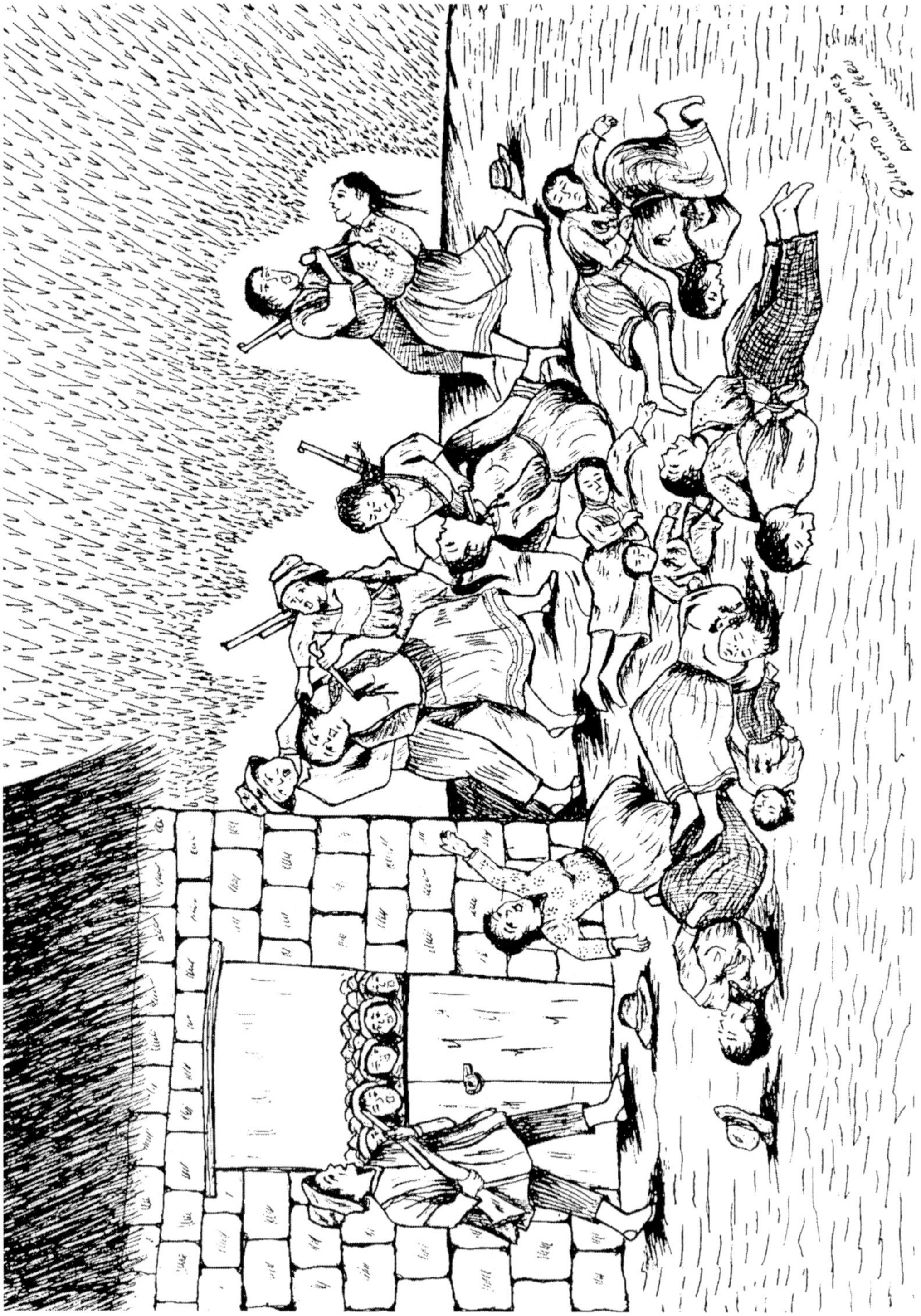

Los senderistas segaron Yerbabuena

«Los miembros del Ejército organizaron a los comuneros en los comités de autodefensa civil, para enfrentar a los senderistas.

En mayo de 1983, un centenar de senderistas ingresaron al pueblo de Yerbabuena, hacia la medianoche, cuando los comuneros dormían reunidos en el local de la escuela. Los senderistas inmediatamente los tomaron prisioneros y los mancornaron, también a las mujeres y los niños. Los senderistas les increpaban por haber formado la ronda; luego, sacándolos uno por uno, los comuneros fueron entregados a una columna de senderistas que esperaba fuera del local.

Estos los golpeaban y luego los acuchillaban. Murieron muchos padres y madres de familia junto con sus hijos. La matanza duró más de cuatro horas. Luego, en la madrugada, los senderistas revisaron y saquearon las casas. Después se retiraron del pueblo imponiendo y nombrando a un comunero como responsable de Sendero».

Lugar: Comunidad de Yerbabuena, Chungui
Fecha del evento: 12 de mayo de 1984

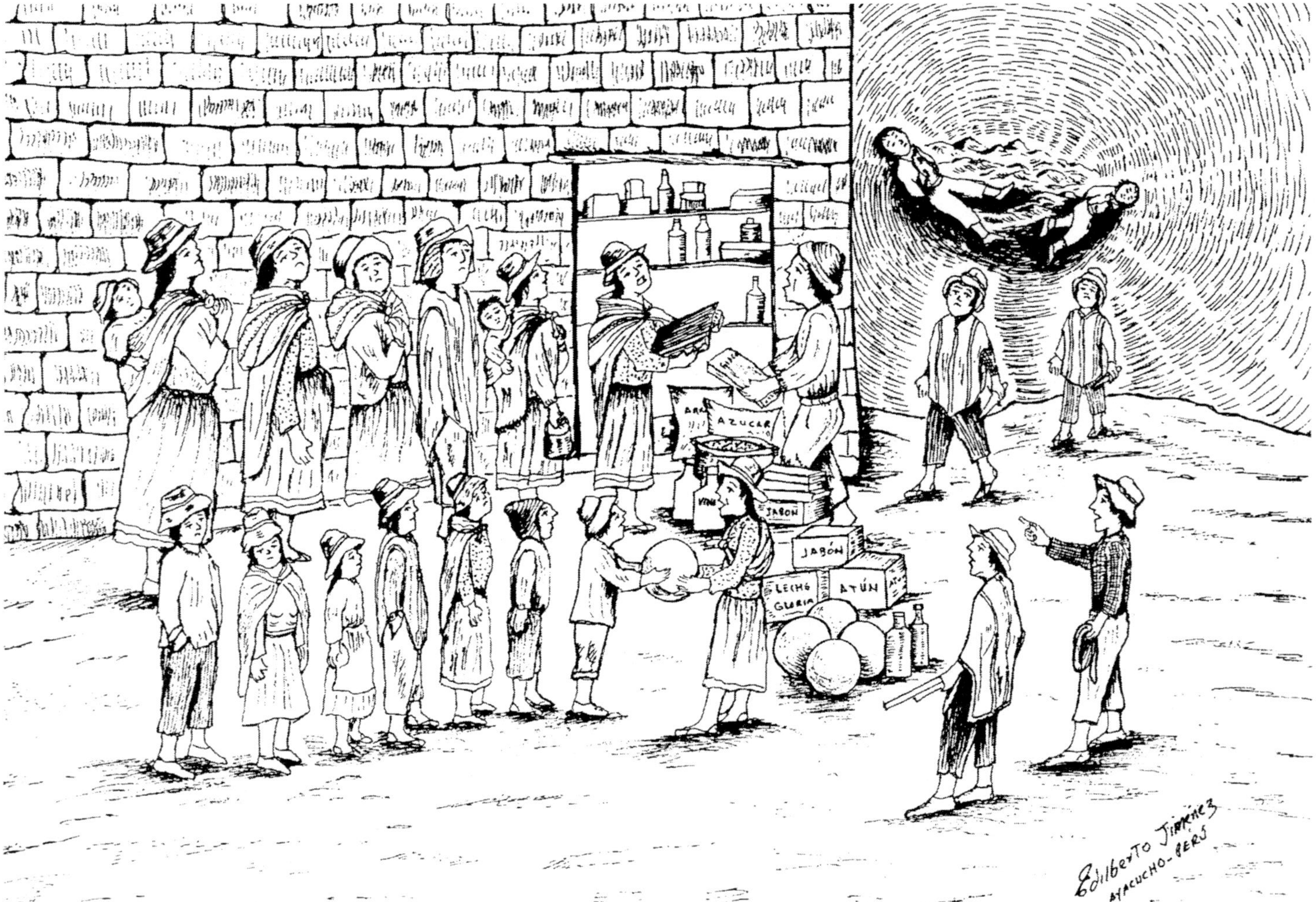
AZUCAR
JABON
JABÓN
ATÚN
LECHE GLORIA
VINO
Edilberto Jiménez
Ayacucho-Perú

Compañeros, dos de los miserables ya se fueron donde San Pedro

«Los senderistas llegaron a Chungui en diciembre de 1983 y después se fueron a la hacienda (Oreja de Perro). Habían caminado matando en los pueblos: en Churca, habían matado al señor Zenobio Argumedo y a su esposa diciendo que era gamonal; en Santa Rosa de Marco, mataron al señor juez don Justiniano López diciéndole abusivo.

Regresaron a Chungui el 14 de diciembre en la mañana y me dicen: "Compañera, a las 4 de la tarde todos a la plaza; va a haber asamblea". Y avisaron a toda la gente. Dicen que estos senderistas ya habían recibido quejas y vigilaban al señor Andrés Raúl Juárez Fuentes y al presidente Leonidas Roca Lizana por no renunciar a su cargo de presidente de la comunidad campesina.

En la asamblea hablaron: "Compañeros, con el partido no habrá ricos, ni pobres; todos seremos iguales; todos comeremos carne, arroz, pan; ya no va a haber desigualdad. No habrán abusivos, ni explotadores; para eso es la lucha armada, para eso es el Partido".

Hemos estado todos en la plaza, ya no dejaban salir a nadie; estaban armados. Después, ya tardecito, nos dicen: "Compañeros, dos de los miserables ya se fueron donde San Pedro; el partido castigará a los abusivos, a los desobedientes". Luego obligaron a toditos a formar una fila solo de niños y otra de personas mayores; después entraron a la tienda de Raúl Juárez y sacaron las cosas de la tienda y las repartieron a toditos: azúcar, aceites, jabones, ropas, zapatillas, sombreros, velas; y luego empezaron a beber licor y a emborracharse haciendo tocar música.

Buscamos a don Raúl y a don Leonidas Roca. Ya estaban muertos. Como a las cinco de la tarde los habían matado. Encontramos a Raúl Juárez en su casa, cubierto con pellejos de vaca, bien acuchillado en medio de un charco de sangre; a don Leonidas Roca, en la casa municipal antigua, también muerto con cuchillo. Habían matado a Raúl, diciendo que era gamonal abusivo; luego, al presidente, por no renunciar a su cargo.

Fue la primera matanza, los enterramos llorando y después todos teníamos miedo a los compañeros; y, por el miedo, todos hemos estado con ellos hasta que llegaron los militares y formaron Defensa Civil».

Lugar: Chungui
Fecha del evento: 14 de diciembre de 1983
Testimonio: C. V.

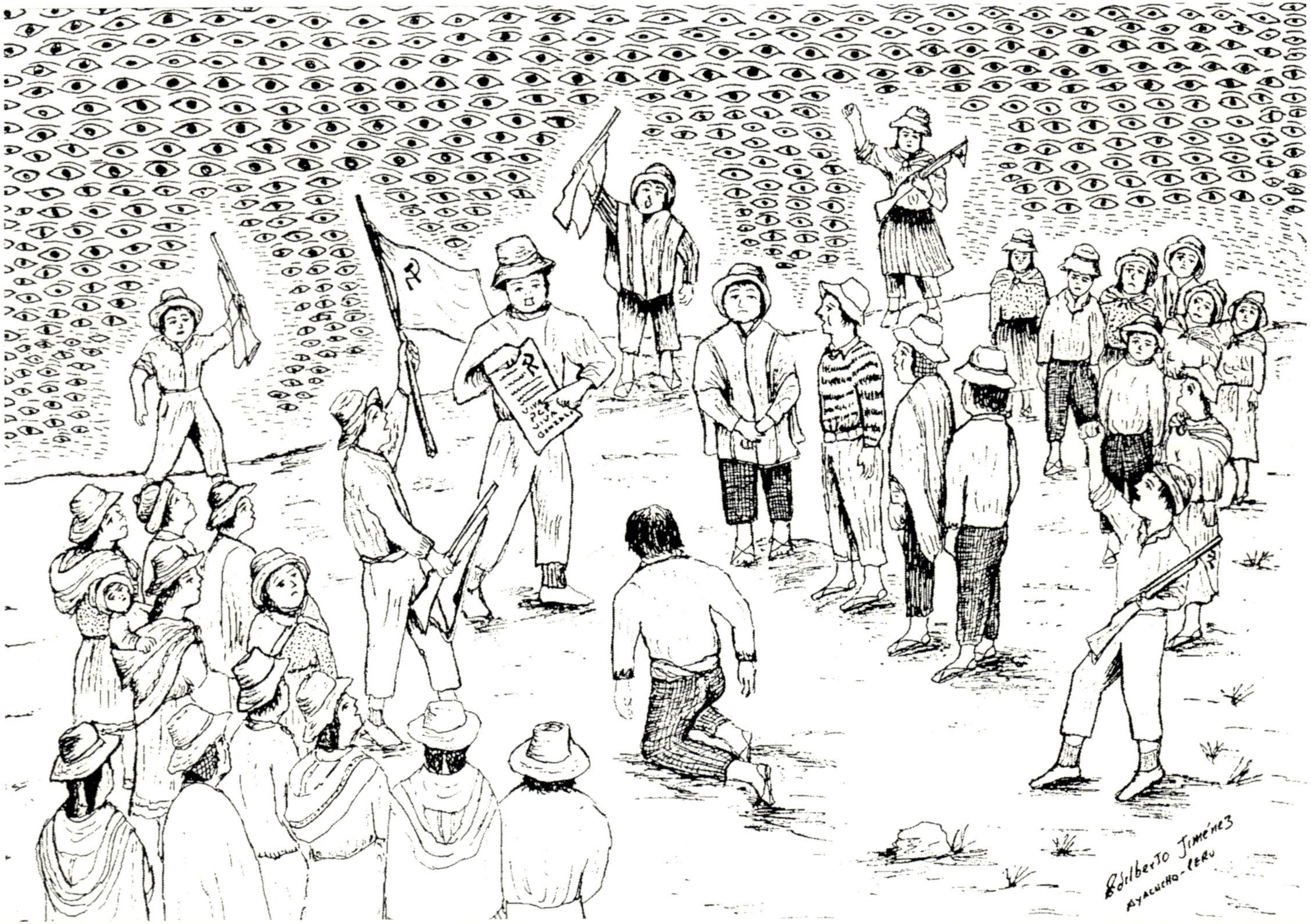
VIVA
PCP
VIVA
Edilberto Jiménez
Ayacucho-Perú

Dijeron: «Deben obedecer a los responsables»

«En la tarde, llegaron más de treinta compañeros a Chillihua, reunieron en la casa comunal a los pobladores y dijeron que ellos estaban luchando por los pobres, que ellos eran el nuevo gobierno, ellos ponían el orden, ya no servía el gobierno de Belaunde, el presidente es el camarada Gonzalo.

Obligaban a todos a unirse al partido y dijeron que solo los ricos odiaban al partido, teníamos que matar a los ricos. El partido tenía mil ojos y mil oídos, nadie podia burlarse del partido de los pobres. Hablaban maravillas y advirtieron que los enemigos del pueblo eran los corruptos, violadores, rateros, brujos, y debían ser aniquilados.

Estos caminantes eran foráneos, no eran de Chungui; sus jefes hablaban puro castellano. Entonces, calladitos, se tenía que aceptar. Escuchamos que los caminantes mataban a los que los rechazaban: en Chupón ya habían matado a las autoridades, había mucho miedo.

Nos daban sus folletos para pertenecer al partido y nombraban a los responsables en cada pueblo.

En Chillihua, también nombraron a tres responsables; luego, dijeron: "Deben obedecer a los responsables, son autoridades del pueblo". Los nuevos nombrados, muy callados, se arrodillaron y agradecieron, y todos vivaron al partido: ¡Viva el partido comunista del Perú!, ¡Viva el presidente Gonzalo!, ¡Viva la lucha armada!, y alzaron sus puños. En el grupo de los compañeros, habían [sic] mujeres y jovencitos.

La bandera era de color rojo con la hoz y el martillo; decían que la hoz era del campesino y el martillo de los obreros; y luego se fueron en la noche con dirección a Occoro. Después, los nuevos responsables eran los mandos del partido: ellos obligaron a realizar las retiradas. Después llegaban los otros jefes de fuerza principal, de fuerza local, y todo conversaban con nuestros responsables».

Lugar: Chilligua, Chungui
Fecha: 1984

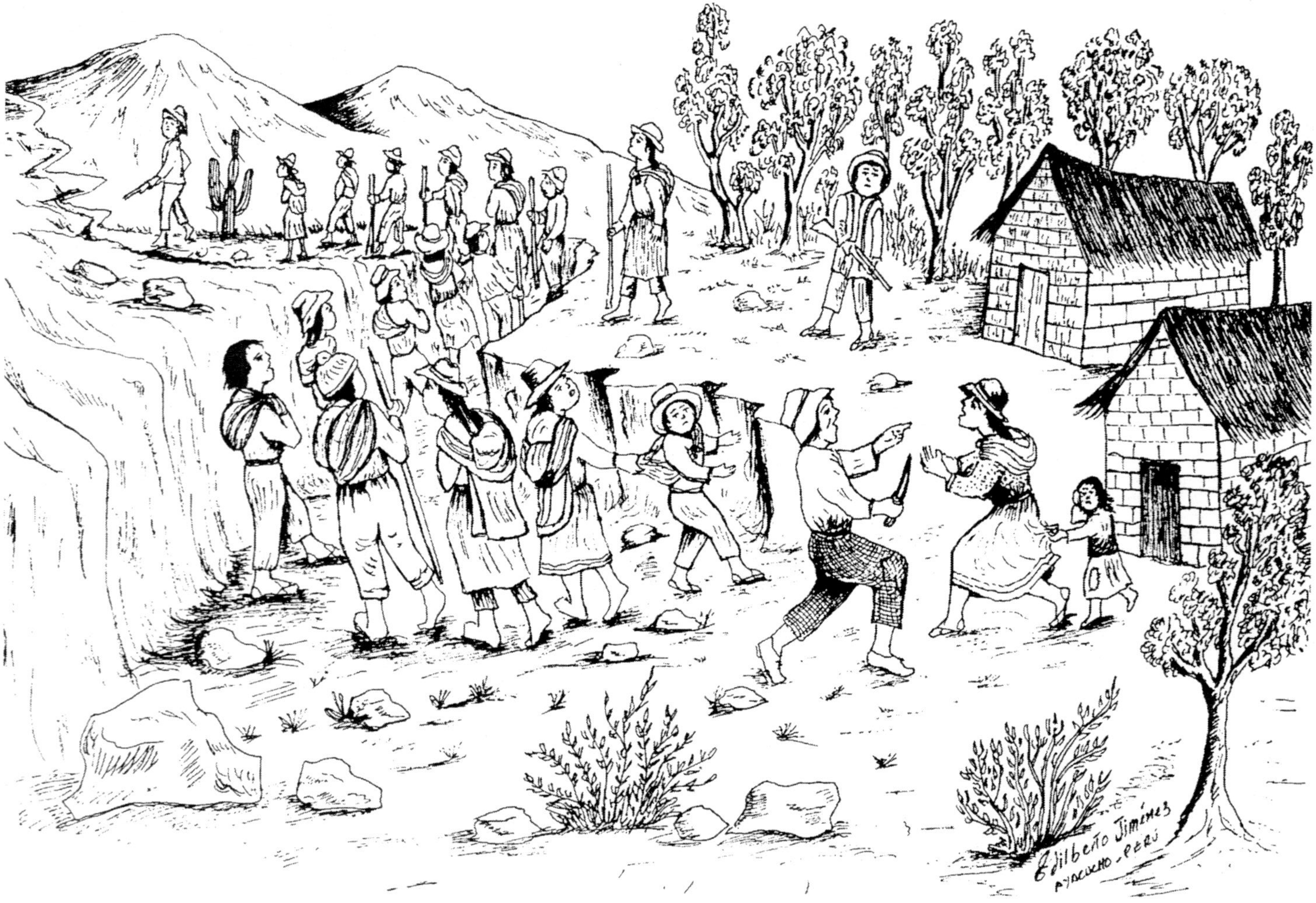
Edilberto Jiménez
Ayacucho, Perú

Querían matarnos si no íbamos con ellos

«Sendero Luminoso ingreso a los pueblos y con amenazas de muerte recluta a los niños sin que nada pudieran hacer sus padres o familiares:

"Yo apenas tenía 11 años y mi hermanita 14, y recién había llegado de Lima a visitarnos. Junto con mis padres nos fuimos a Lechemayo (Anco) para vender nuestro cacao y maní.

Una mañana entraron los compañeros gritando y mataron a mi papá: amarrándole las manos con soga, le punzaron con cuchillo en su pecho diciéndole 'miserable'. Luego nos agarran y querían matarnos si no íbamos con ellos; mi mamá les rogaba llorando, ya casi se desmayaba pero también querían matarla, por lo que aceptamos ir junto con mi hermana. Mi mamá no pudo hacer nada y se quedó llorando y rogando que no nos hagan daño y lloraba junto con mi hermanita de cinco añitos.

No podíamos escapar: nos cambiaron de nombre y nos pusieron nombre de compañero a todos los niños. Yo ya era Raúl y mi hermanita Carmen, y nos obligaron a tener una bolsa, la hicimos de tela y, en ella, bordamos la hoz y el martillo. Caminamos con nuestras bolsas de pueblo en pueblo y allí llevamos nuestros folletos o fiambres.

Un mañana muy tempranito llegamos a un pueblito de Anco, no recuerdo su nombre; también llegó el otro grupo de nuestros compañeros, pues nos juntamos dos grupos; éramos numerosos. Pero el camarada separó al otro grupo a muchas de mis compañeros y a mi hermana la obligaron a que se una al otro grupo. Allí por última vez nos miramos y nos despedimos; desde ese momento, ella ha desaparecido.

Muy triste he quedado por mi hermana; no he podido llorar, estaba prohibido llorar. Durante un año, he pasado mucho sufrimiento con los de fuerza principal del partido. La misión de los chiquitos siempre era gritar: ¡Viva Gonzalo, viva la lucha armada, viva el partido comunista del Perú!"».

Lugar: Chungui
Fecha: 1985
Testimonio: L. M. L.

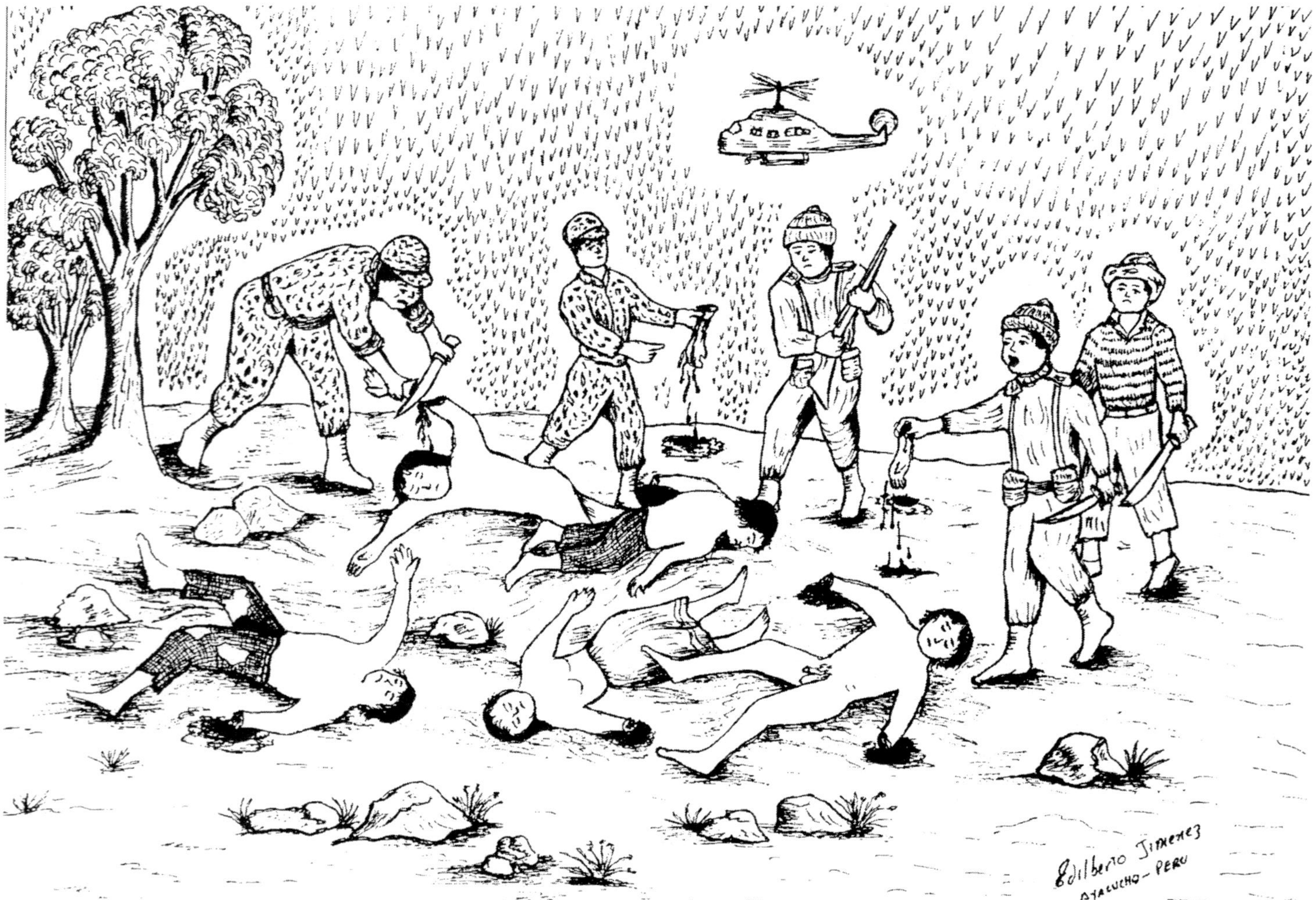
Edilberto Jiménez
Ayacucho - Perú

Cortaban manos y orejas para dar cuenta al señor Gobierno

«Ay vida, es difícil recordar; yo ya no quiero recordar esa vida de muerte. Vivíamos como vizcachas en los huecos. Cuando había cualquier cosa, a ocultarse, como podías tenías que escapar y ocultarte. Si venían helicópteros, a esconderte para que no te vean. Los helicópteros traían a los soldados, a los sinchis, y estos nos buscaban como a venados para matarnos, para abusar de las mujeres, quemaban nuestras casas, nuestras siembras de maíz y papa.

Fueron como hijos del diablo. Si nos encontraban, nos mataban como a perros, como a sapos nos botaban a los abismos, no respetaban a mujeres, niños, ni ancianos. Después de matar, todavía cortaban sus manos, orejas, y se las llevaban en helicóptero para dar cuenta al señor gobierno. Cuando entregaban manos y orejas dicen que el gobierno les pagaba mucha plata.

He visto como los sinchis mataron a don Ismael Huamán, en Limonpuquio-Chapi, y después le cortaron sus manos y se las llevaron.

Los sinchis, después de matar, cortaban sus manos y orejas para dar cuenta a sus superiores y dicen que también era un orgullo, para ellos, tener una mano, una oreja, como trofeo en sus cuartos y, por eso, cortaban a sus muertos.

La vida no valía nada: ellos andaban en los helicópteros y nosotros ocultándonos. Nadie nos protegía, nos cazaban como a los animales y hasta ahora vivimos olvidados.

He visto a mi familia en Toqaruwuay-Oronqoy. Los militares y los civiles mataron a Pedro Casa y le cortaron las dos manos y su oreja. Estos, dicen, cortaban para decir que han matado a los terroristas y, entonces, sus jefes les subían de grado por matar y, por eso, cortaban estos miserables».

Lugar: Oronccoy, Chungui
Fecha: 1985
Testimonio: J. C. C., T. B y R. O.

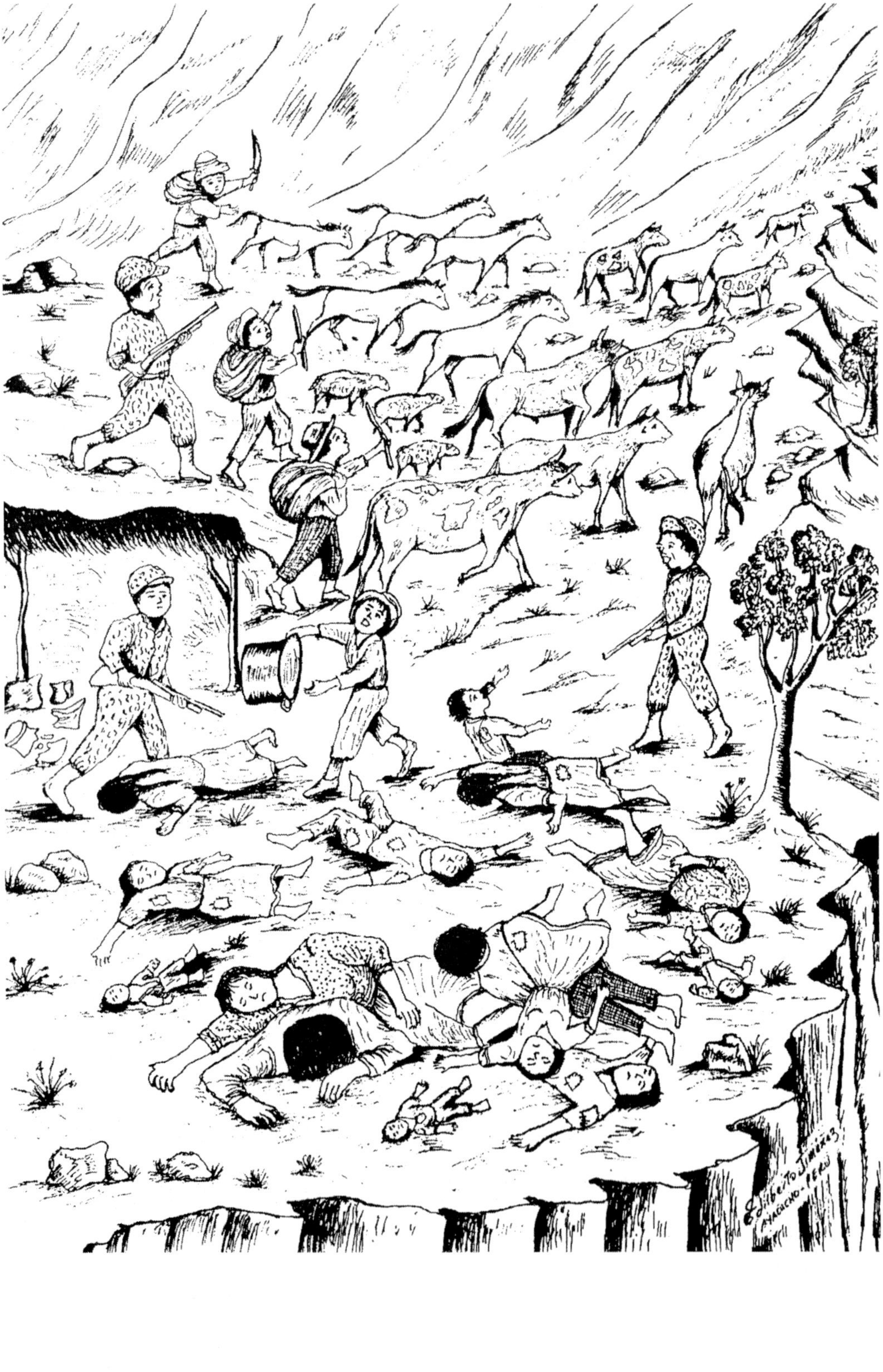
Edilberto Jiménez
Ayacucho-Perú

Estos sinchis los mataron para robar su ganado

«Nuestra vida ya no era vida; no había nadie quien nos socorriera. Para seguir viviendo teníamos que irnos a los montes, huaycos, cuevas, a todo sitio, como venados correr a esconderse, porque los sinchis y los civiles nos buscaban para matarnos y se llevaban nuestras pertenencias y nuestro ganado.

Mis tíos, mis familias y varios de mis copoblanos, más de treinta personas, se habían escapado al sector de Cabracancha, mientras yo estuve en Mollebarnba-Oronqoy con mi esposa enferma y mis hijos menores.

Cabracancha está más abajo de Oronqoy; es difícil llegar si uno no conoce bien el camino: está entre arbustos, bloques de piedra y abismos, desde allí fácil uno puede llegar al río Pampas. Ahí estuvieron con sus vaquitas, caballos y ovejitas, pensando que estaban seguros, pero esos civiles y los sinchis de Mollebamba llegaron tempranito donde me encontraba, salté al barranco y logré escaparme, pero mataron a mi esposa y a mis hijitos.

Corrí y corrí para avisar a mis dos tíos que estaban en Amanqaykuchu; no llegué a tiempo: los sinchis ya los baleaban. Murieron más de 25 personas con sus hijitos, como mi tía Felipa Balboa, Agustina Rimachi y Eusebia Lima Pahuara.

Luego traté de llegar a Cabracancha para darles aviso. Todo ha sido en vano: los sinchis ya habían llegado con un capturado que les servía de guía. En Cabracancha, los acorralan y, sin piedad, a toditos los balearon y murieron en el acto; pocos se habían aventado a los abismos y murieron, unos cuantos lograron escaparse.

Los sinchis miserables, a niños, mujeres y ancianos, los han matado y todavía como los gentiles han destrozado sus ollas, envases, porongos; todo baleados y rotos los dejaron. Después de matar a todos, reunieron todo su ganado, vaquitas, ovejitas, sus caballos, y se llevaron a Mollebamba; los civiles cargaron sus quesos, sus mantas, y como rateros se fueron.

La gente era inocente; estos sinchis los mataron para robar sus ganados. Recuerdo a los muertos en Cabracancha, a mi tía Catalina Rimachi (55), Esteban Rimachi (40), Concebida Lima Rimachi (32), Aurora Lima (28), Santona Lima Rimachi (14), Jerónimo Lima Rimachi (18), Estela Rimachi Casa (38), Carlota Casa Azpur (40), Soraida Rimachi Urbano (5), Benedicta Urbano Escarcena (35), Paulina Lima Rimachi (9), Simeón Rimachi Ventura (5), Esteban Rimachi Urbano (20), Sabina Rimachi Casa (48), Félix Cuadros Huamán (30), Fausta Ramírez Huamán (32), Santiago Lima, Guillermina Tello, Josefina Ramírez, Carmina Ccaicuri y otros».

Lugar: Oronccoy, Chungui
Fecha: mayo de 1985
Testimonio: D. R.

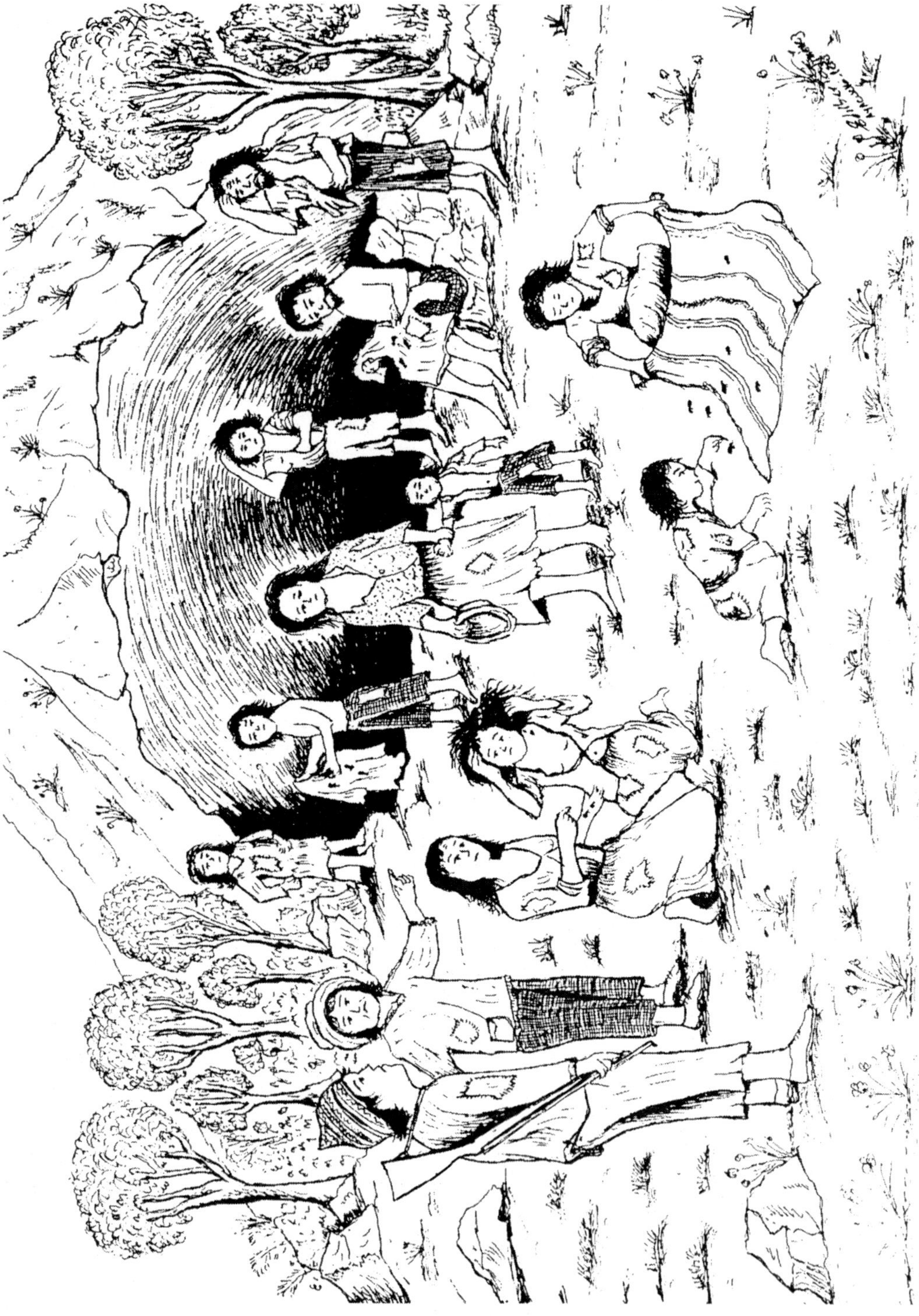

Nos exterminaban los piojos blancos y negros

«Hemos estado más de cuatro años en el monte, ya casi sin ropa. Los de Fuerza Principal ya no traían nada. Cuando alguien estaba pensativo o creían que quería capitular, lo mataban y su ropa te la daban para que la utilices manchada con sangre; eso era un sufrimiento. Comíamos cualquier cosa por hambre.

No teníamos sitios seguros para permanecer, solo trasladándonos de un lugar a otro. No podíamos asearnos, hemos estado apestando, no teníamos jabón ni Ace. Nuestro cuerpo sucio, nuestras ropas sucias, estaban apestando.

Nuestros pelos crecían: nos cortaban con cuchillo, pues era difícil encontrar tijeras. Nuestro jabón eran los *suyrurus,* fruto de árboles grandes, cenizas, el bulbo de la flor de San José o también moliendo la raíz de la planta taqsana; y, con eso, lavábamos nuestras ropas, pero no hacían salir la suciedad como el jabón o el Ace. Siempre hemos sufrido de ropa y jabones; por eso, los piojos nos llenaban y piojosos estuvimos. Los niños huérfanos eran más piojosos y, por eso, a veces hacían hervir en una olla grande la ropa de los huérfanos para que mueran los piojos.

En nuestras cabezas también estaban los piojos negros como de chanchos, porque nuestros cabellos eran grandes y sucios. Las pulgas nos llenaban y teníamos que sacarnos nuestras ropas para matarlas; a veces dejábamos solear nuestras frazadas o mantas para que salten con el calor del sol. Al vivir como animales en cuevas, montes, y por dormir juntos como perros o chanchos, nos exterminaban los piojos blancos y negros. En nuestros cuerpos, los piojos blancos. Nuestro mal olor se sentía a lo lejos; hemos estado sucios».

Lugar: Huallhua, Belén Chapi-Chungui
Fecha: 1986
Testimonio: V. C. Q. y T. B. P.

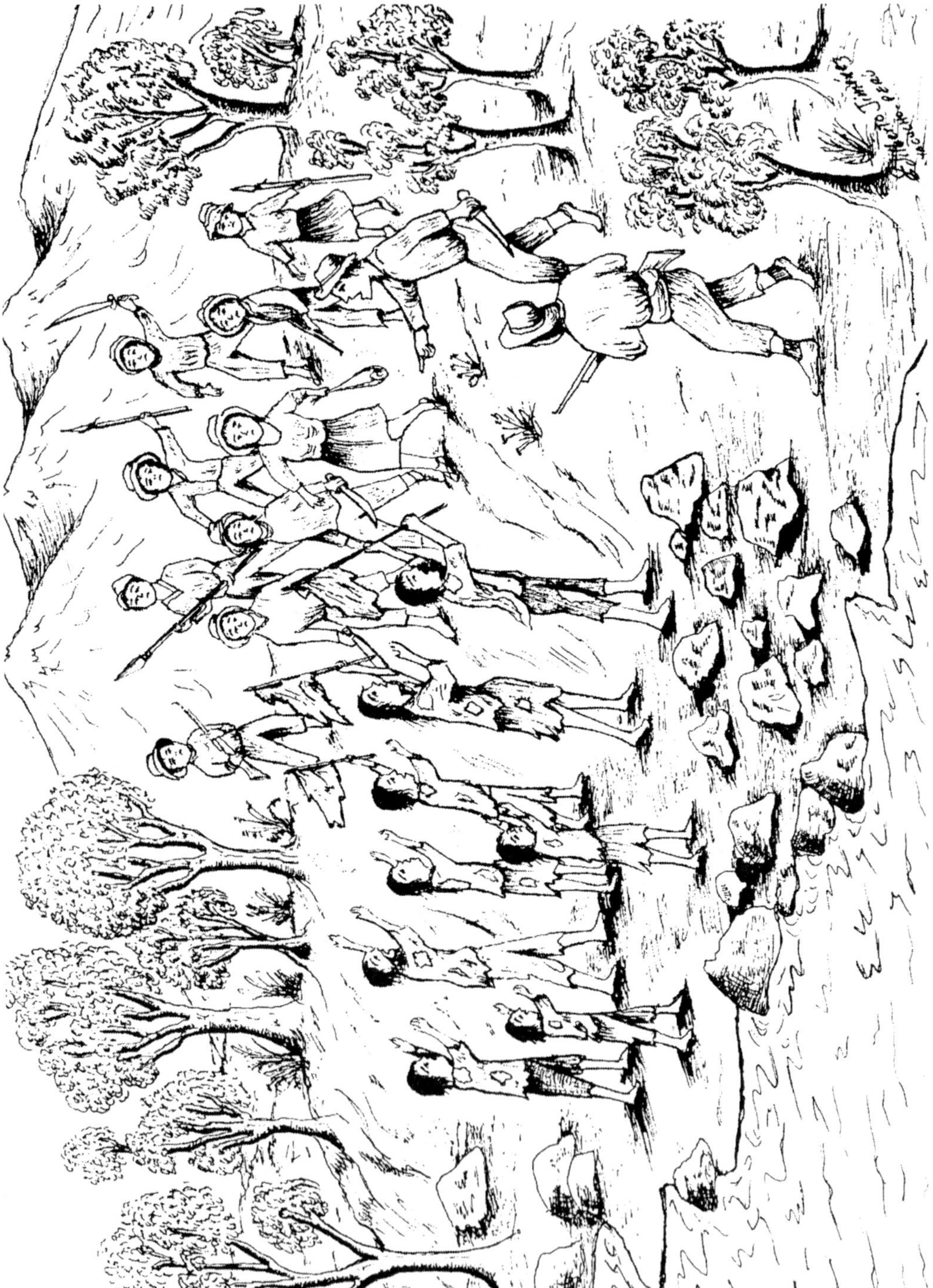

Nos entregamos a los ronderos de Ocobamba

«Los de Defensa Civil ya tenían el nombre de ronderos y cada vez eran más asesinos. Llegaban noticias [de] que los ronderos de Andahuaylas eran más humanos que los de Chungui y decidimos presentarnos a los ronderos de Ocobamba. Escapamos de los senderistas más de veinte personas; a duras penas cruzamos el río Pampas, haciendo nuestras balsas de tronco en dos días cuando el río estaba caudaloso, pues era el mes de las lluvias.

Nuestra peripecia era cómo presentarnos a los ronderos, pensamos; seguro que nos matan. Decidimos amarrar nuestras camisas y trapos blancos en palos, y esa era nuestra seña de que éramos inocentes, era nuestra bandera.

Nos vio una persona e inmediatamente montó en su caballo y se fue a todo galope por el camino, y nuestra suerte parecía que estaba echada. Después de unos minutos aparecieron más de cincuenta ronderos de Ocobamba, todos con sus machetes, hondas y lanzas, listos para matarnos. Ellos nos acorralaron y les tratarmos de explicar nuestra suerte con las manos arriba y con banderas blancas; las mujeres suplicaban llorando que nos ayuden; "nos escapamos de las manos de los terroristas", les decíamos; nos miraban de pies a cabeza: estábamos flacos, haraposos, llenos de piojos y con hambre. Por suerte, vieron a los senderistas que nos seguían para matarnos; creyeron lo que contamos, nuestra verdad; nos llevan al pueblo de Ocobamba. Su autoridad hizo preparar comida y comimos una sopita con sal después de cuatro años.

Les contamos toda nuestra historia. Ellos nos pidieron que les ayudemos en sus quehaceres y pasteamos sus ganados, ayudamos en sus chacras y salimos a vigilar junto con los ronderos. Nuestra vida había cambiado».

Lugar: Ocobamba, Andahuaylas
Fecha: 1986
Testimonio: E. C.

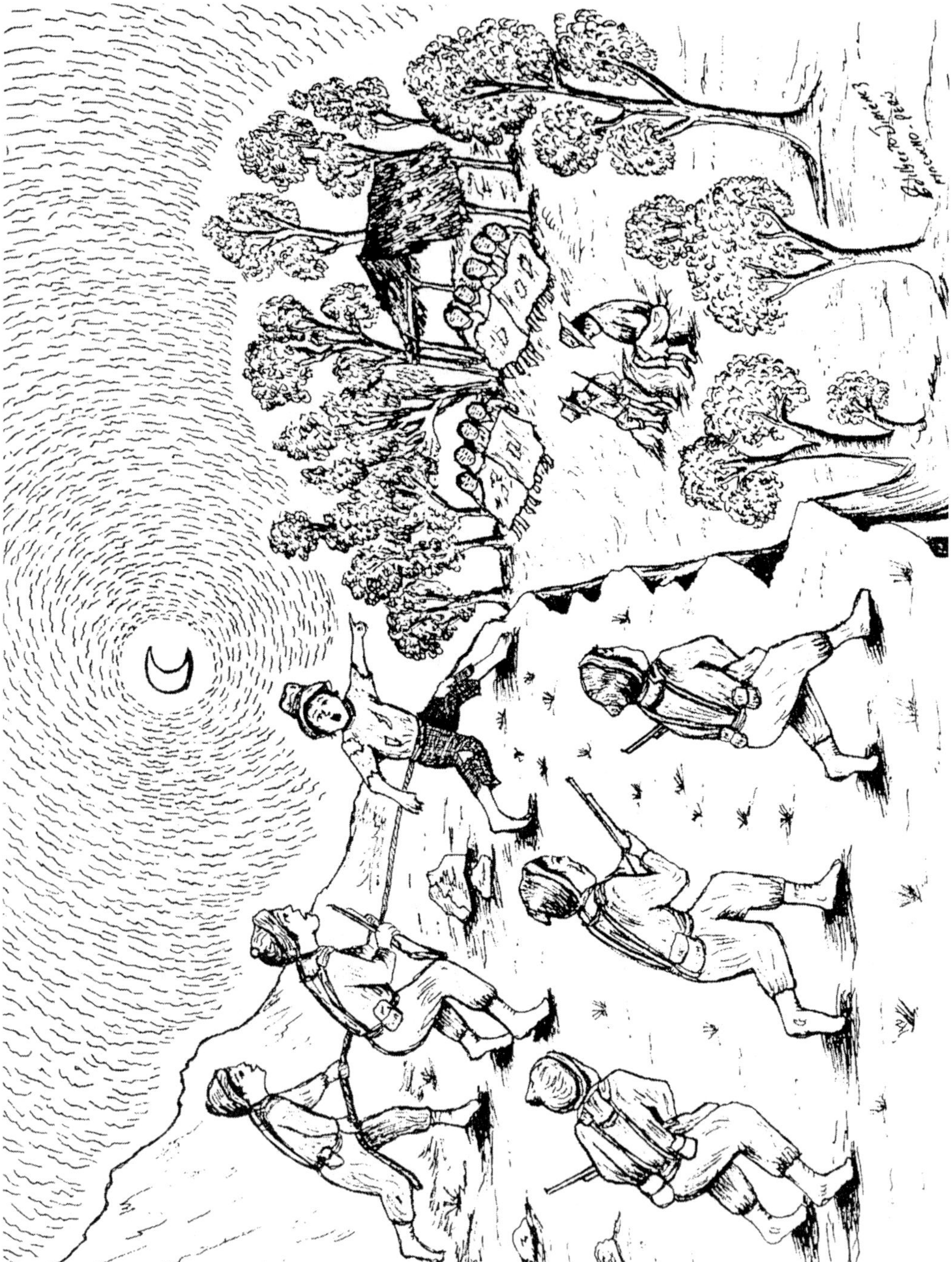

Llegamos bien preparados a capturar a los subversivos

«El 11 de mayo de 1986, me agarra la leva y me llevan al cuartel de Caraz (Áncash); el 12 de mayo, me traen al fuerte Rimac, de Lima; después, el 27 de mayo, estoy en Ayacucho; y el 15 de junio nos embarcan a cien reclutas para Andahuaylas. Estuve cerca de tres meses en puro entrenamiento en el cuartel de Andahuaylas. Siempre se hablaba de Chungui, que era una zona roja, y del camarada Aurelio, jefe de la base 14 de los distritos de Chungui y Anco. Había noticias de la muerte de soldados y había temor de ir allí. Un capitán que era médico del cuartel me pide que viaje a Chungui, por ser sanitario. Viajé el 8 de abril de 1987, por primera vez, con el grado de sargento. Me decían Trampero porque era especialista en hacer trampas para capturar a los subversivos.

En Chungui estuve como sanitario de la base. Los recién llegados estuvimos con cierto temor, pues era una zona peligrosa y roja. Nuestro pensamiento era vencer o morir antes de bajar del helicóptero. No podíamos confiar en nadie, ni en la gente de defensa civil, pues nos traicionarían. Llegamos bien preparados a capturar a los subversivos. En octubre, salimos de la base de Chungui con una patrulla de quince soldados bien pertrechados: cada soldado con cien balas, a la cabeza el capitán Búster, más cincuenta civiles que llevaban sus lanzas, cuchillos y hondas, a la zona de Chapi. Yo llevaba los primeros auxilios para hemorragias, para el paludismo, tifoidea y suturas. En Chapí, con nuestro largavistas, observamos que, en el sector de Incahuasi, estaban una mujer y un muchachito como vigías senderistas. De inmediato los rodeamos y los capturamos. Para sorpresa nuestra, era un varón vestido de mujer; era el camarada Melesio y se le aseguró con una soga. Lo castigamos y nos ofrece llevarnos a su campamento. En la noche, Melesio nos lleva a su campamento, muy cerca de Vista Alegre. En el camino capturamos a dos vigías nocturnos que se habían quedado dormidos. Junto con los dos detenidos, llegamos al campamento y observamos que estaban durmiendo una cantidad de senderistas al igual que sus vigilantes; rodeamos el campamento e hicimos que el detenido los despierte. No tenían escapatoria: nos miraban y nos pedían que no los matemos. El capitán les explica que colaboren, y sus vidas estarían garantizadas; solo los que traten de escapar serán ejecutados. Llevamos como a 35 personas a nuestro campamento de Chapi y allí les brindamos los primeros auxilios. En la noche, salimos a capturar nuevos campamentos en Vista Alegre y Panto.

Casi en una semana, capturamos un total de 190 subversivos entre niños, mujeres y varones, totalmente desnutridos, enfermos, con sus ropas rotosas, piojosos, niños llenos de parásitos intestinales y sarnas. Los llevamos sin maltratarles a la base militar de Chungui, de donde muchas salieron solo con una garantía y para el bien de ellos».

Lugar: Belén Chapi, Chungui
Fecha: enero de 1987
Testimonio: C. A. V.

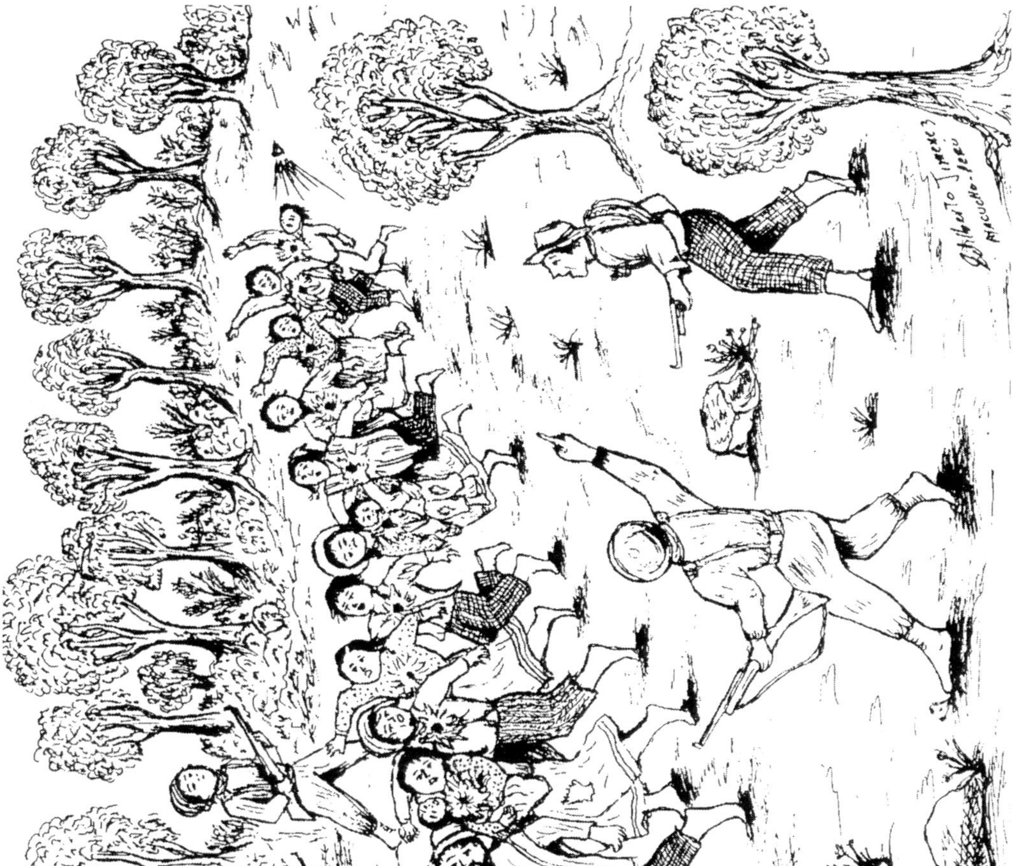
Edilberto Jimenez
Ayacucho-Peru

Toditos murieron con una sola bala

«Soy licenciado de infantería. He servido al Ejército en Lima, soy de caballería. Conozco bien Lima. Cuando los militares llegaron a Chungui, siempre nos llamaron a los que servimos al Ejército; decían "quiénes son los licenciados, que se presenten", y teníamos que presentarnos. Después hemos sido sus guías para todas partes; en casa contrario nos tildaban de terroristas. La obediencia era calladita, no podías decir no, sino eras un terruco y te mataban.

En abril de 1984, vino el capitán Rivas a Chungui con la misión de terminar a los terroristas y nos organizaron en defensa civil, y me obligó a ser el guía y nos encaminamos con la patrulla militar a la zona de Chapi. Caminamos más de una semana, de día descansamos y de noche buscamos a los terroristas sin hacer ruidos, calladitos teníamos que caminar entre árboles. Un día, como a las cuatro de la mañana, capturamos a unos terroristas vigías en el camino, pues el sueño les había vencido y se habían quedado dormidos. Eran dos varones y una mujer. Los militares les interrogaron a golpes y les amenazaron con matarles, pero los detenidos se ofrecen a llevarnos a su escondite que estaba muy cerca. Llegamos a su campamento muy tempranito; se encontraba en el sector de Chaupimandor.

Los encontramos techando sus casuchas con hojas de plátano y las mujeres estaban preparando sus comidas; eran más de 35 personas entre mujeres, ancianos y niños. De inmediato, los acorralamos y, con las manos arriba, todos al suelo, ya no pudieron escapar; solo rogaban diciendo que los senderistas les habían obligado a ocultarse en los montes, lloraban para no matarles. Los militares no les creían, pues, para ellos, todos eran terroristas y debían de morir. Ordenaron que de inmediato formen una sola fila toditos, que se carguen sus hijos al lado del pecho.

Pobrecitos, se formaron pensando que los llevaríamos a Chungui; yo también decía, en mi pensamiento, seguramente los vamos a llevar como capturados. Pero después ese teniente miserable corrió delante de la fila con su fusil grande de AKM y les dispara una sola bala; esa bala les traspasó a toditos los de la fila: cayeron al suelo muriendo en el acto y otros entre dolores. A la mayoría les destrozó sus pechos, vientres, cabezas. Toditos murieron con una sola bala y nadie se ha salvado.

Después de matarles, los dejaron botados sin enterrarlos. Me ha dado un dolor humano ver como murieron niños, mujeres y varones con una sola bala en un charco de sangre como cualquier animal. Los militares decían que los terrucos debían morir; hay pena de muerte para ellos».

Lugar: Belén Chapi, Chungui
Fecha: enero de 1985
Testimonio: J. N. A.

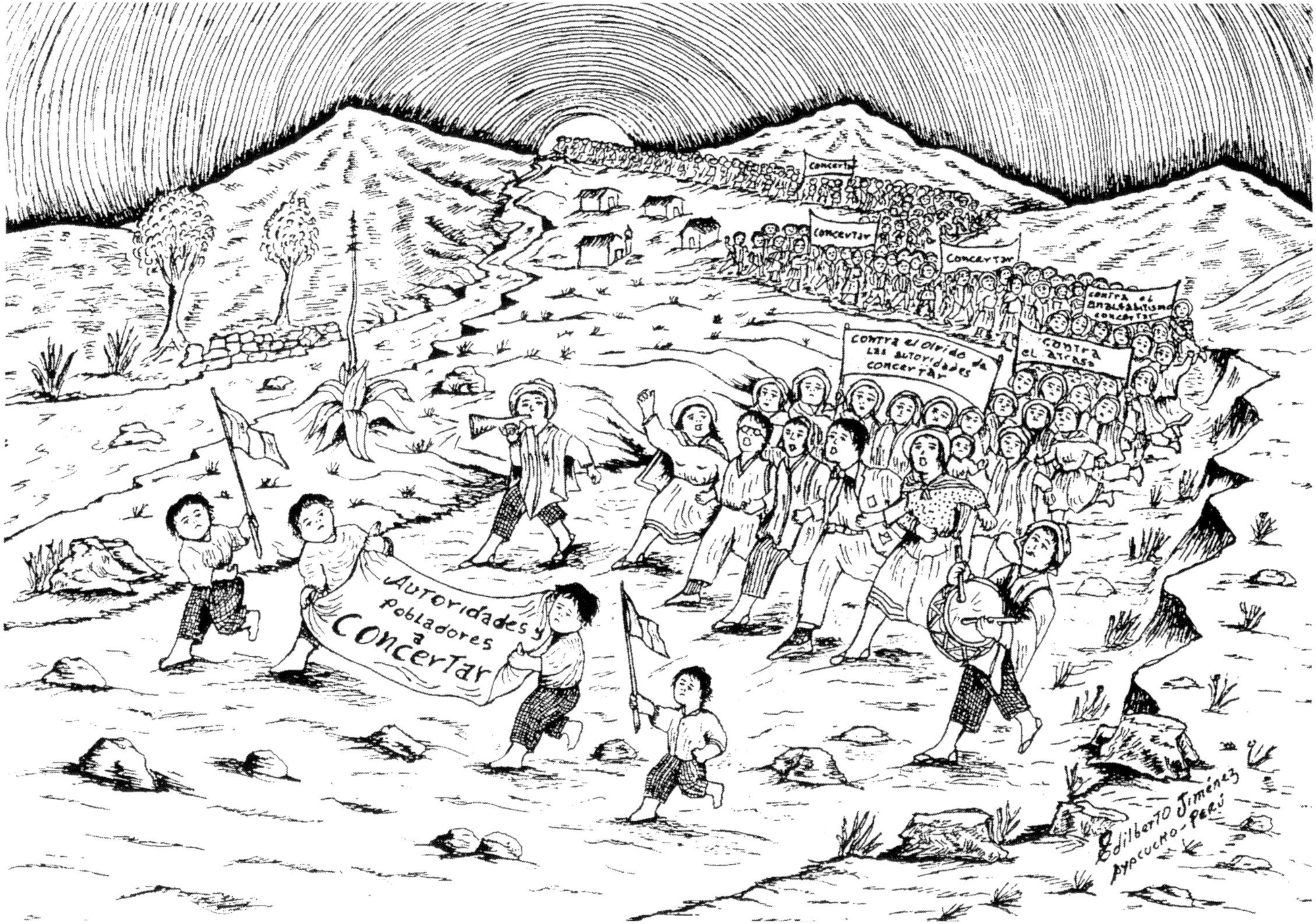
Concertar
Concertar
Concertar
Contra el analfabetismo concertar
Contra el olvido las autoridades a concertar
Contra el atraso
Autoridades y pobladores a concertar
Edilberto Jiménez
Ayacucho - Perú

Concertación

Después del conflicto armado interno, las comunidades campesinas siguen en la marginación y el olvido por parte del Estado. Por ello, el dibujo refleja que las autoridades y las poblaciones deben concertar para erradicar la pobreza, el analfabetismo, las enfermedades y el atraso, y así lograr el desarrollo de sus pueblos

3

NARRANDO HISTORIAS, REPRESENTANDO MEMORIAS: retablos y violencia en el Perú

María Eugenia Ulfe

Era el viernes 29 de agosto de 2003. Durante los cinco días previos, más o menos cincuenta personas estuvieron trabajando para construir un escenario en la plaza principal de Huamanga, Ayacucho.[1] Justo el día anterior los miembros de la Comisión de la Verdad y Reconciliación (CVR) había presentado su *Informe final* en Lima. A la mañana siguiente, el 29 de agosto, los doce comisionados y el filósofo Salomón Lerner Febres (quien presidió la Comisión), viajaron a Huamanga para presentar su informe, que describe los veinte años de violencia de Sendero Luminoso (1980-2000), la represión militar y el autoritarismo del régimen fujimorista (1990-2000). Una multitud de personas comenzó a reunirse en la plaza central de Huamanga, también conocida como Parque Sucre por la escultura en homenaje al general que participó en la independencia del Perú. La multitud se agolpa esperando bajo el sol ardiente. Había en el aire una especie de anticipo de emoción elaborada y suspendida en contraste con las solemnes vigilias ocurridas allí la noche

1. Huamanga es el nombre colonial de la capital del Departamento de Ayacucho. El nombre actual es Ayacucho, el mismo que el del departamento. Mucha gente usa todavía el nombre colonial antiguo para distinguir la ciudad del departamento, aunque muchas usan indistintamente los dos nombres. Véase también Huber 2002: 37. Este capítulo es una versión resumida de Ulfe, *Cajones de la Memoria.*

anterior. Aunque hubo algunos enfrentamientos menores organizados por grupos que impugnaban el trabajo de la CVR, la ocasión, en general, era festiva, con botellas de agua y helados que se vendían para refrigerar a la multitud. Al mediodía, los comisionados subieron solemnemente al escenario y presentaron su informe, tanto en español como en quechua, con la ayuda de un traductor.[2] Salomón Lerner comenzó su discurso con una referencia a la reciprocidad: dijo que, durante los últimos dos años, los comisados habían recibido el testimonio de ayacuchanos y de otros peruanos, y que la CVR volvía para dar «testimonio de su propio viaje» como comisionados (Lerner 2004: 163). De esta forma, Lerner entregó el informe de la CVR al pueblo de Ayacucho, a aquellos peruanos que más habían sufrido durante los años de violencia y represión.

El lugar que los comisionados de la CVR eligieron para presentar su *Informe final* es de gran importancia simbólica, ya que el Partido Comunista del Perú Sendero Luminoso, de orientación maoísta, comenzó su lucha armada en 1980 allí, en Ayacucho. Solo Ayacucho dio cuenta del 40% de las víctimas de un conflicto que no terminó ni en 1992 ni en 2000, ya que algunas zonas del norte seguían aún en estado de emergencia. Pero, la elección del estrado para este homenaje público también fue simbólico ya que se trató de un gran retablo-estrado de dos pisos con las puertas abiertas fue construido a un lado de la plaza para la entrega del *Informe final*. En la realización de esta obra monumental participaron integrantes del grupo cultural Yuyachkani y otros artistas locales.

Pero esta pieza de arte andino fue transformada con la participación de los comisionados. Comisionados y escenógrafos ampliaron el uso del retablo, que en ese momento dejó de ser solo una forma de arte regional que representaba temas locales y se convirtió, más bien, en una plataforma nacional para el debate sobre los años de guerra. Aunque el formato de presentación era novedoso, el retablo ya había sido utilizado como una canal de comunicación y construcción de la verdad. Junto con otras propuestas de arte andino, el retablo ya había sido utilizado como un medio para contar diversas experiencias de vida y las trans-

2. Estos eventos se describen en Milton 2007: 153-156.

formaciones políticas y sociales del lugar desde la década de 1970 en adelante.[3] Es interesante, sin embargo, que la CVR eligiera enmarcar su ceremonia de entrega del *Informe final* dentro de una caja de retablo monumental y así convertir una forma de arte regional en una pieza nacional que hablase sobre verdad y memoria.

¿Por qué un retablo, un objeto de cultura material, se utilizó como una plataforma para hablar sobre la verdad en el Perú? En su sentido literal y simbólico, el retablo se convirtió en el engranaje utilizado para abordar la política contemporánea y cultural en el Perú. ¿Qué hace a los retablos, una expresión de arte tradicional andino y en particular ayacuchano, tan especiales como para ser empleados en este importante acto simbólico y político? ¿Son los cajones de retablos suficientemente maleables para hacer frente a una audiencia nacional, a pesar de que en su trayectoria histórica han estado relegados al papel de arte popular (casi «folclor») o de «hermano menor» de las bellas artes (implícitamente «nacionales»)? Más importante aún: ¿qué nos dice el uso del *retablo* sobre la construcción y transmisión de verdad(es)?, ¿qué nos dice sobre las luchas políticas en la construcción de identidades sociales que se viene llevando a cabo en el Perú de hoy?

Este capítulo se centra en el arte de los retablos y sus funciones políticas, problematizando la polaridad entre arte popular y bellas artes con el fin de contribuir al debate sobre la construcción de la memoria a través del arte visual.

La transformación de las cajas de santeros a retablos

El retablo tiene una larga historia como práctica cultural que pretende hablar a las audiencias de las tierras andinas. Sus orígenes se remontan a los esfuerzos de los misioneros españoles para convertir a los pueblos indígenas al cristianismo mediante el uso de imágenes.[4] En su trabajo

---

3. Véase también el libro de Olga González (2011b) sobre las tablas de Sarhua como otro ejemplo de formas de arte tradicionales que cambiaron para abordar la violencia política.

4. Un catálogo de exhibición de 1992 describe los retablos como «Arte peruano a través del cual todas las sangres se hacen evidentes». Véase IEP 1992: 3. «Todas las sangres» es una referencia al trabajo de José María Arguedas sobre el mestizaje.

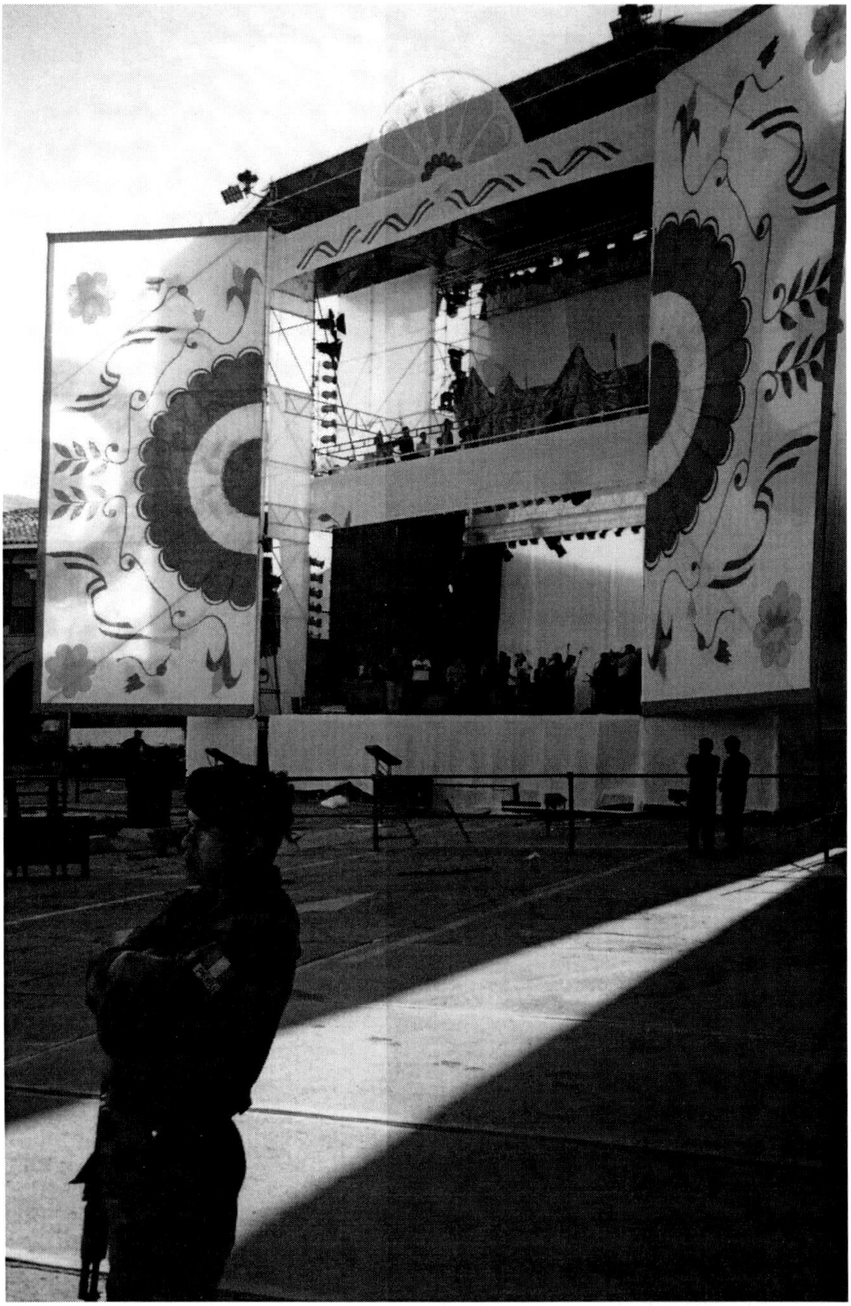

Figura 3.1. Preparación del escenario del retablo para la ceremonia simbólica por el lanzamiento del *Informe Final* de la Comisión de la Verdad y Reconciliación Nacional (Agosto 2003). Foto: Cynthia E. Milton.

sobre el Mé [illegible] ial, Serge Gruzinski estudia la manera en que los
sacerdotes [illegible] uras, esculturas y grabados para comunicar los
principios [illegible] dogma cristiano (citado en Augé 1998: 36-38).

En los [illegible] só la capilla de santero para evangelizar. Este era
un altar de [illegible] nivel único con la imagen central de un santo o
una virgen. [illegible] dinos transformaron las capillas de santeros en
capillas de S [illegible] cuando colocaron al santo patrón San Marcos en
el centro de [illegible] vel de una caja con dos pisos. Por ello, la gente de
Ayacucho [illegible] stas piezas como caja de sanmarcos o como *misa.*
Este últim [illegible] roviene de la época colonial y refiere al periodo
en el que e [illegible] an llevadas a las comunidades alejadas como re-
presentaci [illegible] isa católica. Pero estas mismas cajas también se
utilizan en [illegible] ontextos: el ritual de las herranzas o marcaciones
de ganado, [illegible] onias de curación o sanación de *wamani* ('espí-
ritu de la [illegible] hí el vocablo *misa* se confunde con *mesa*, que se
refiere a la [illegible] En la transformación de las capillas de santeros
en cajas de [illegible] los artistas adoptaron la imaginería religiosa ca-
tólica, aun [illegible] alteraron los significados y usos del objeto. En
este proces [illegible] e sanmarcos se convirtieron en algo diferente de
lo que era [illegible] cipio, ya que fueron dotados de nuevo conteni-
do y prop [illegible] forma, las cajas de sanmarcos tienen dos pisos.
Varios estu [illegible] ideran este esquema espacial como una metáfora
de la divisi [illegible] mundo superior, o el cielo, y este mundo, una
interpretac [illegible] ne su base en el concepto andino de un sistema de
tres mund [illegible] o superior o *hanan,* este mundo y el inframundo
o *hurin.*[6]

En su [illegible] , imágenes de los santos patronos de animales,
acompaña [illegible] óndor que representa al *wamani* (a veces, este se
percibe co [illegible] anjero) decoran el primer nivel del retablo. De la
misma ma [illegible] ntos patrones y sus animales hacen lo propio en el

---

5. Un ejem [illegible] es analizado por Thomas Cummins (2002), quien estudió los quer [illegible] beber) —una forma de arte inca reinterpretado durante el periodo [illegible]
6. Véanse [illegible] 003, Razetto 1982, Urbano Rojas y Macera 1992.

segundo nivel: San Marcos, patrono de los toros; Santa Inés, patrona de las cabras; San Juan Bautista, patrono de los ovinos; San Lucas, patrono de los leones; San Antonio, patrono de los caballos, mulas y viajeros; y, a veces, San Santiago, santo patrono del trueno y dueño del ganado.[7] Si los santos patronos habitan el nivel superior, el nivel inferior de los sanmarcos puede mostrar historias religiosas como «la Pasión» o puede recrear las diferentes etapas de la herranza o el ritual de la herranza.

Esta es una forma de arte que continuó respondiendo a las realidades de los artistas y sus comunidades. En los sanmarcos, artistas locales empezaron a incorporar escenas que iban más allá de las prácticas agrícolas y religiosas, y se convirtieron en vehículos para la comunicación de otras prácticas culturales (matrimonio, mercados, fiestas, etc.) y para la expresión de opiniones políticas. Así es como los sanmarcos se fueron transformando en retablos. Este proceso tuvo tres etapas marcadas que van desde la caja de santero, pasando por los sanmarcos, hasta los retablos. Este proceso ilustra la adaptación andina a los cambios socioeconómicos y políticos en los ámbitos tanto local como nacional.

El retablo como un objeto de arte popular

Los retablos logran inicialmente captar la atención nacional cuando Joaquín López Antay, el primer retablista,[8] logró notoriedad más allá de tierras alto andinas. En 1941, López Antay conoce a la pintora indigenista Alicia Bustamante, quien introduce sus retablos en la escena artística limeña. Hasta ese momento, estas cajas de madera de dos pisos, habitadas en su interior por figuras de santos y animales, solo podían encontrarse en los Andes. Su introducción a Lima marcó un momento importante en el desarrollo y comecialización de este objeto de arte.

Los cambios en el retablo y las luchas de los retablistas por adaptarse a la vida urbana reflejan, en parte, las transformaciones nacionales

---

7. Citado en Arguedas 1980 [1964]: 153-154.
8. Los fabricantes de sanmarcos y otras imágenes religiosas y cruces fueron llamados *imagineros*, creadores de imágenes. Joaquín López Antay fue primero conocido como *imaginero* y después como *retablista*.

más grandes ocurridas en los últimos años en el Perú. La aparición de retablos en la escena del arte peruano coincide con un periodo de gobiernos que optaron por la modernización. Entre los años 1930 y 1940 se dieron dos procesos importantes: por un lado, la migración desde las zonas rurales hacia la costa y, por otro lado, el indigenismo, un movimiento intelectual de élite que pretendía reivindicar la presencia de los «indios» en la nación peruana.[9] El historiador Carlos Contreras describe el periodo comprendido entre el final de la Guerra del Pacífico (1884) y la crisis económica de la década de 1930 como de modernización de la agricultura de exportación y la minería. Contreras describe cómo otros sectores productivos, con la excepción del comercio de lana y caucho, también comenzaron a operar bajo una lógica capitalista.

Esta circunstancia afectó a las poblaciones locales de varias maneras: la urbanización (entre 1876 y 1940, las poblaciones urbanas crecieron de 17 a 27%), la modernización de servicios urbanos, la expansión de las instituciones del Estado y la introducción de las leyes de inmigración para atraer trabajadores migrantes extranjeros a las haciendas (Contreras 2004). A través de diversos medios, el Estado intentó cambiar y llegar a las comunidades locales, promoviendo la educación como una misión civilizadora (Contreras 1996).[10] Esto se llevó a cabo expandiendo la construcción de caminos y obras de infraestructura que facilitaron una mayor comunicación entre las tierras altoandinas y la capital (Contreras 1996). El historiador Paulo Drinot considera la presidencia de Augusto Leguía (1919-1930) como un periodo de intento de renacimiento de la nación peruana, tal como lo indica la concepción de Leguía de una «Patria Nueva». Para Drinot (2011), Leguía incorporó el indigenismo de manera instrumental, considerando selectivamente el pasado que ofrecía un Imperio inca dorado y glorioso y desarrollando, al mismo tiempo, prácticas políticas paternalistas y culturales a través de instituciones como la División de Asuntos Indígenas y el Patronato de la Raza Indígena.

---

9. Por ejemplo, véase De la Cadena 2000.
10. Véase también Glave y Urrutia 2000.

Este proceso de modernización habría influido indirectamente en la comercialización de los sanmarcos. Antes de la década de 1930, solo comerciantes viajeros (conocidos como arrieros) eran quienes vendían sanmarcos a lo largo de sus rutas entre los pueblos que visitaban. La construcción de las carreteras, la aparición de nuevos mercados, la urbanización y la migración debilitaron el papel de estos arrieros como los distribuidores de sanmarcos, y eso afectó, a su vez, la producción de sanmarcos y otras imágenes religiosas que realizaban artistas como Joaquín Lopez Antay.

En cierto modo, con el cambio del medio de distribución, el encuentro entre el artista Joaquín López Antay y la coleccionista de arte y pintora indigenista Alicia Bustamante fue providencial para la supervivencia de esta forma de arte. Indigenistas, como Bustamante, elogiaron el papel de los «indios» en la configuración de la idea de la nación peruana, un tema que se refleja en la política nacional de reforma agraria (Ansión 1986, Lauer 1982). Este encuentro no solo atrajo la atención hacia los retablos, sino que también redefinió totalmente este arte.

Pero el encuentro devino en una serie de procesos de descontextualización de las piezas —los retablos— y sus artistas —los retablistas—. En primer lugar, Bustamante cambió el nombre de estas cajas de sanmarcos a retablos. La traducción literal de retablo es «altar», ya que se asemejan bastante a los altares de las iglesias. Junto con el nuevo nombre, surgieron una serie de otros cambios: se representaron nuevos temas y escenas; se le asignó un valor monetario a la pieza; los artistas empezaron a firmar sus piezas; y los retablos fueron vendidos, solicitado y exhibidos dentro y fuera del país. Sin embargo, hubo un cierto paternalismo en el patrocinio de indigenistas como Bustamante. Al mismo tiempo que apreciaba como arte estas cajas de las tierras altoandinas, introdujo y guió algunos de cambios que se dieron en esta forma de arte. Y después, en 1977, parecía menospreciar el valor que ella había ayudado a establecer para estos: ella, junto a otros artistas que habían elogiado una vez el arte de López Antay, consideraba su trabajo como artesanal y folclórico. Al colocar este arte como folclórico y artesanal, Bustamante y otros redujeron las habilidades y la creatividad involucrada en la creación de retablos.

El que Bustamante situara los retablos como arte popular fue su respuesta a que Joaquín López Antay resultase ganador del prestigioso Premio Nacional de Arte Peruano, otorgado por el Instituto Nacional de Cultura en 1975. Este hecho ocurrió en el tiempo del general Velasco (1968-1975), cuyo gobierno tuvo un discurso nacionalista y había logrado promover el arte regional. Pero la entrega del premio nacional a un artista popular significó un gran debate público. Con la conducción de la Asociación Profesional de Artistas Plásticos (APAS), se intentó revocar la decisión del jurado de otorgar este premio a López Antay. En una serie de cartas críticas, publicadas en los diarios, se referían al trabajo de López Antay como artesanía. Este es un término cargado de connotaciones peyorativas y discriminatorias. Se afirmaba que, como artesanía, su trabajo carecía de creatividad y de autoexpresión. Como un fabricante de artesanías populares, López Antay se volvía inelegible para recibir un premio de arte, argumentó la citada asociación (Ulfe 2011: 69-74).

Como señala García-Canclini (1995), no existen distinciones culturales o estéticas específicas entre artes populares y bellas artes, ya que sus fronteras son porosas y flexibles, por lo cual fácilmente se prestan a la experimentación y colaboración de unas a otras. Sin embargo, este debate develó el arte popular en Perú como un terreno donde se produce la aparición y la negociación de conflictos sociales. De hecho, Alfonso Castrillón (1978), miembro del jurado, ha caracterizado este debate como un conflicto entre clases sociales (y raciales): por un lado, una élite blanca y cultivada; y, por el otro, un grupo urbano mestizo e indígena. A pesar de que la APAS demandó que simplemente querían aclarar los límites entre esta forma de arte con las bellas artes, este debate dio lugar a un discurso ideológico que reprodujo una serie de prejuicios contra artistas indígenas provenientes de zonas rurales (Castrillón 1978: 16-17).

La maleabilidad de los retablos al cambio

El cambio no llegó a los retablos solamente de fuera. Cuando López Antay conoció a Bustamante, la fabricación del retablo tenía ya transformaciones en curso. Los procesos de modernización de principios del siglo XX provocaron respuestas diversas. Una de estas era la educación vista como un medio para el progreso individual y la larga secuela de procesos migratorios que despertó entre pobladores de zonas rurales. Este periodo histórico coincide con las primeras oleadas migratorias desde el campo a las ciudades, proceso que conllevó una reorientación en la vida y forma de pensar de las personas que debe ser considerada cuando se contextualizan los cambios en la forma y en el contenido de los retablos.[11] Por ejemplo, en una ola migratoria posterior, en la década de 1960, la familia de retablistas Jiménez dejó su pueblo Alcamenca en busca de educación y mejores oportunidades en la capital departamental, Huamanga. Una vez inmersos en la vida urbana, Florentino Jiménez y sus hijos regresaron con menos frecuencia a su pueblo. Rara vez asistían a rituales de pastoreo y tuvieron que recurrir a transformar la técnica de hacer los retablos, ya que no encontraban, en la ciudad, los elementos que necesitaban con tanta facilidad.

Estos cambios en la técnica nos invitan a considerar cómo los artistas en el proceso de hacer sus objetos transforman el arte en su oficio (Gell 1998). En otras palabras, el artista es un agente en la producción del retablo, ya que él o ella se convierte en un actor en el retablo.[12] Evidencia de este papel puede encontrarse en uno de los últimos pasos en la elaboración de retablos que es el sombreado. Esta es la etapa en la que el o la artista agrega pequeños detalles finales a las figuras, como, por ejemplo, la expresión de los ojos y los gestos, los pliegues de la ropa, las sombras aquí y allá, y otros detalles por el estilo. El artista dota, es decir, le da significado a cada pieza a través de sus toques personales que reflejan sus gustos y sus habilidades. De hecho, uno puede identificar a menudo el autor de un retablo al tomar nota de estos detalles.

---

11. Sobre migraciones del campo a la costa, especialmente a Lima, véase Matos Mar 2004.

12. Mucho del trabajo de arte es realizado por hombres, aunque hay algunas retablistas mujeres como Eleudora Jiménez (hija de Florentino Jiménez), y los miembros mujeres de la familia pueden ayudar en la producción.

La agentividad del artista se evidencia no solo en el proceso de diseño, sino también en lo que inspira un retablo que es la elección del tema. Desde los primeros momentos de los indigenistas, los artistas experimentaron con nuevos temas y formas. A partir de mediados de la década de 1970, artistas como la familia Jiménez crearon una serie de retablos dedicados a acontecimientos históricos y manifestaciones sociales. Piezas hechas en el taller de la familia en Huamanga, durante estos años de cambios en la forma del retablo, incluyen *Cola de kerosene* y *Batalla de Ayacucho*. El artista Claudio Jiménez basó el primero de estos retablos en su experiencia personal de presenciar las largas filas de amas de casa que tuvieron que esperar para comprar combustible para cocinar durante la dictadura militar de Velasco. El otro, por su parte, fue realizado por Florentino Jiménez y sus hijos (Claudio, Nicario, Edilberto, Eleudora y Odón) para participar en un concurso público. El municipio de Huamanga organizó un concurso para la celebración del 150.º aniversario de la batalla de Ayacucho, que aseguró la independencia del Perú de España. La familia Jiménez basó su retablo en materiales extraídos de diversas fuentes: libros de texto escolares, libros en general, periódicos y fotografías, que contribuyeron como elementos importantes de inspiración para su creatividad. Ellos resultaron siendo los ganadores del concurso.

Los retablos como narrativas visuales

Después de que López Antay recibió el Premio Nacional de Arte Peruano en 1976, funcionarios del Instituto Nacional de Cultura (hoy Ministerio de Cultura) introdujeron una nueva categoría elegible para los premios, la de «artes populares», separando así «arte popular» de bellas artes con el fin de evitar futuras disputas.[13] Sin embargo, no todas las

13. Los artesanos ahora pueden ganar tres premios nacionales: el Gran Premio Nacional Amautas de la Artesanía Peruana, el Grandes Maestros de la Artesanía Peruana y el Premio Nacional de Artesanías Inti Raymi (Ulfe 2011: 71-74).

piezas hechas por retablistas fueron aceptadas bajo la nueva categoría.[14] Por ejemplo, en algunos concursos nacionales, como el de Grandes Maestros, los miembros del jurado no consideraron piezas que representan la violencia o manifestaciones sociales como parte del repertorio nacional de artes populares, con lo que negaron de manera efectiva la presencia de conflictos en la sociedad peruana.[15]

Como señala el historiador José Luis Rénique, algunos peruanos se perciben a sí mismos como una sociedad desmemoriada, una sociedad sin memoria histórica, en términos de registros o memoria escrita.[16] Esta idea que subraya la importancia de los textos escritos para el establecimiento de una memoria nacional apoya la noción de «colonialidad del poder» de Anibal Quijano, según la cual el ejercicio actual del poder y la jerarquía social mantiene ciertas ideas coloniales que discriminan.[17] De hecho, entre los que adoptan la noción de sociedad desmemoriada —algunos periodistas, políticos y miembros de la academia peruana—, la memoria se asume como el conocimiento del pasado y se le piensa en «algo» y como «algo» que se puede encontrar mayormente en la prensa escrita y el debate político en la televisión nacional. En otras palabras, se le asume como una «cosa concreta» y no se le piensa en su propia heterogeneidad y capacidad de hallarse en las narraciones populares, las fiestas, la oralidad o el arte. El privilegiar ciertos lugares, objetos o sujetos para la memoria discrimina a la mayoría de la población, ya que

---

14. Para un excelente ejemplo, véase Gonzáles Carré, Urrutia y Lévano 1997. Una sección de este libro está dedicada al arte popular, que incluye los retablos. La mayoría de ilustraciones muestran retablos de Navidad, también llamados «retablos costumbristas» (estos representan las costumbres tradicionales). La introducción solo menciona brevemente el periodo de violencia, y la violencia no aparece en las ilustraciones del libro.

15. Se realizaron algunas obras de arte que representan la escalada de violencia en la sierra. Sin embargo, aparecen en los concursos de arte de la década de 1980 como destinadas a representar la vida y las costumbres campesinas, aun cuando ninguna de estas piezas de arte ganó un premio. Véase el capítulo de Milton en este libro.

16. Por ejemplo, véase Rénique 2004: 20.

17. Quijano (2004) afirma que la «colonialidad del poder» debe entenderse en relación con el desarrollo del capitalismo, en el que la raza y la división del trabajo se volvieron estructuralmente relacionados.

favorece ciertas prácticas sobre otras.[18] Así ha sido como los retablos fueron inicialmente excluidos de los principales debates de la memoria y la transmisión de conocimientos e ideas.[19]

Uno puede contextualizar la producción de retablos analizando sus representaciones como narrativas visuales, en el sentido de que construyen discursos que configuran argumentos narrativos visuales. Por ejemplo, en los retablos se puede ver cómo la violencia era sentida por los artistas —y, más tarde, expresada en su interpretación social y sus representaciones de la violencia—. Si siguiéramos el argumento de Nelson Manrique, en el sentido de que muchas crisis diferentes (es decir, de la economía, de la sociedad, de la herencia colonial, de la representación, etc.) produjeron la violencia durante las décadas de 1980 y 1990, podríamos sostener que la violencia se convirtió en un «objeto» con el cual los peruanos tuvieron que negociar (Manrique 2002: 41-64). Algunos respondieron negando los hechos que rodeaban el conflicto violento que venía ocurriendo en el Perú, otros protestando y muchos más rechazando cualquier tipo de participación política.[20]

---

18. Por ejemplo, la población andina privilegia la transmisión oral a los textos escritos. «Esto no significa, como algunos libros sobre la oralidad sugieren, que el sonido se convierte en el vehículo privilegiado para la información, sino más bien que la codificación se dispersa a través de una variedad de acciones y lugares, que incluyen rituales, teatro, música, peregrinaciones, artefactos, relatos y todas las formas en que la tierra misma se percibe, como dibujos con líneas y puntos significativos. Estos patrones se suman a una gran cantidad de "grafías", de "escritos" disponibles para ser "leídos", y en los que se almacena el "archivo" cultural nativo» (Rowe y Schelling 1991: 52-53).

19. La opción de la CVR de usar el retablo como un estrado para la ceremonia simbólica de entrega de su *Informe final* muestra que existen esfuerzos para incorporar otras formas de trabajos de memoria al debate nacional. Otros intentos incluyen el proyecto del Instituto de Estudios Peruanos de preservar y digitalizar el trabajo de Edilberto Jiménez, incluidos sus *retablos*. Véase <http://archivo.iep.pe/cid/galeria-cid/universos-memoria.php> (última consulta: 02/07/2013).

20. La década de 1990 se caracterizó como la década de la «antipolítica». Esto significó la pérdida de confianza en los partidos políticos, la aprobación de la «mano dura» de Fujimori en el gobierno (1990-2000), incluida la represión militar, muertes, desapariciones, etc., y la aceptación de la corrupción como «parte de nuestras vidas». Este paradigma, sin embargo, cambió en septiembre de 2000,

Los retablistas negociaron con la violencia al convertir sus retablos en los vehículos de comunicación de sus experiencias y memorias de la violencia. Sin embargo, los artistas solo pudieron representar la violencia en sus retablos una vez introducidas las nuevas técnicas de fabricación de figuras dentro de la caja y una vez que ya habían empezado a introducir hechos históricos (como las colas para la compra de combustible para cocinar y la batalla de Ayacucho) como argumentos de los retablos. Estos cambios ocurrieron sobre todo en la década de 1970. La principal diferencia entre las piezas hechas en la década de 1970 y las realizadas en la década de 1980 fue la violencia. En los retablos de la década de 1980, la violencia está representada en sus múltiples formas: política (el conflicto armado), social y cultural (en la forma de discriminación, racismo, pobreza y marginalidad).

Por lo tanto, en la década de 1980, el arte del retablo se transforma en una herramienta política capaz de transmitir ideas sobre el pasado y el presente de un país fragmentado y desigual. Los eventos representados eran recreados y personificados desde puntos de vista de artistas, que fueron influenciados por lo que estaba sucediendo en Ayacucho y en el resto del país durante la década de 1980. En el proceso de difundir retablos con contenido social serán los propios artistas quienes desarrollarán una conciencia histórica, que estará principalmente basada en las experiencias vividas por los artistas —de manera individual y colectiva— y la evocación de acontecimientos cotidianos. A través de la ironía, la irreverencia, el realismo y simbolismo religioso, los retablistas crearon retablos que se convirtieron en «una fuente alternativa de representación de la realidad y de modelos de sociedad» (Rowe y Schelling 1991: 37).

Los retablos que retratan la violencia

Como si un gran cataclismo (conocido como *pachakuti* en quechua) hubiera acontecido en Ayacucho, Claudio Jiménez representa la fractura

cuando un miembro del Congreso dio a conocer un video del asesor en seguridad de Fujimori, Vladimiro Montesinos, sobornando a un congresista para obtener su apoyo para el partido político en el poder (véase Degregori 2012 [2000]).

del tiempo producida por los muchos años de guerra civil, autoritarismo y represión militar a partir de 1980 en adelante en su obra *No me destruyas*. Esta pieza fue hecha en el año 2000 y, con esta, él rompió con el formato tradicional del retablo, una caja con dos puertas, y en su lugar colocó figuras sobre un tronco de madera de Ayacucho.[21] Esculpió el registro central en forma de una cruz con el rostro triste de Cristo crucificado. La cruz inclinada y rota expresa la experiencia de vida de Jiménez en Ayacucho como algo destruido por la violencia. Como él explicó al año siguiente de la creación de esta obra:

> Lo más importante es la situación social en la cual [nosotros] vivimos en ese tiempo: era el conflicto. Pero este conflicto se basaba en el poder de dominación. Debido a esto, los españoles nos dominaron con nuestra fe cristiana. Es por esto que los [Senderistas] tuvieron que destruirla [nuestra fe] para lograr ganar la batalla. Por esa razón, esta Cruz [en *No me destruyas*] es una fractura del tiempo. (Entrevista de la autora con Jiménez)

La imagen central de *No me destruyas* es una cruz rota, sangrante. La elección de la cruz probablemente resuena en las comunidades andinas donde esta se conmemora cada 3 de mayo. Esta celebración coincide con la cosecha, en particular con la cosecha de maíz. Se tiene la creencia que las cruces protegen los cultivos del mal tiempo, asegurando que los campos «no se enfermen». Efectivamente, esta creencia asume que, sin cruces para proteger los campos y los pueblos, la economía doméstica de la casa se vería severamente perjudicada. Por esta razón, los pobladores colocan cruces en la cima de las montañas cercanas. En *No me destruyas*, Jiménez colocó una cruz en la cima de un tronco pequeño, similar en su forma a una montaña, en lugar de dentro de una caja de retablo. Mediante la adaptación de la forma de arte del retablo,

---

21. Claudio Jiménez llevó el pedazo de tronco desde Ayacucho, hecho que refleja su creencia de que un artista necesita innovar. En sus palabras, «un artista tiene que vivir así, no quedarse [atrás]. Yo soy así, yo viajo. Busco novedades. Un artista se alimenta de eso. Nosotros [los artistas] compartimos estos sentimientos» (entrevista de la autora con Jiménez, Zárate, 23 de julio de 2001).

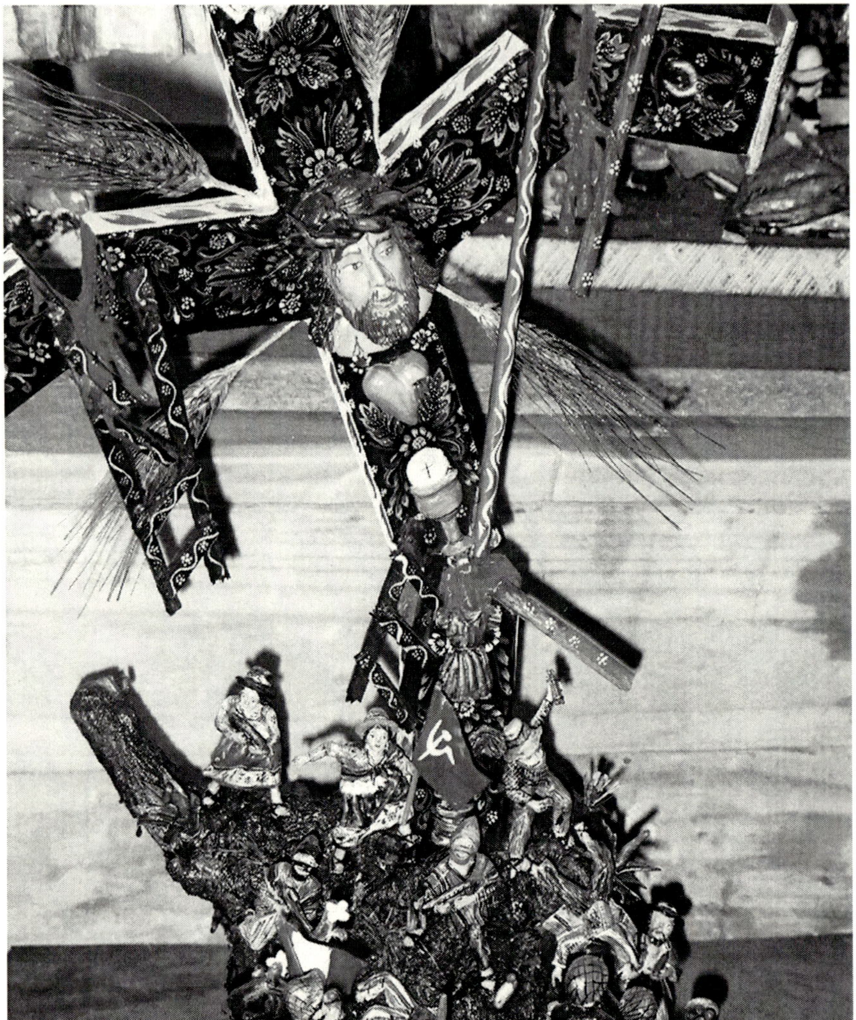

Figura 3.2. «No me destruyas», por Claudio Jiménez.
Foto de la autora.

él convirtió la cruz en testigo (al situarla en la cima de la colina, mirando hacia abajo) y víctima (al hacerla sangrar) del conflicto. Además, representó la violencia como parte de un ciclo histórico de violencias que destruyó la vida del campesinado y condujo al abandono de sus costumbres y sus vidas.

Jiménez coloca la cruz de *No me destruyas* en la cima de una montaña, protegiendo los cultivos y campos, donde senderistas —campesinos que abrazan la ideología de Sendero Luminoso— y militares se enfrentan destruyendo todo lo que tienen a la vista. Esta obra presenta un encuentro manchado de sangre. El corazón de Jesús (en el centro de la cruz), las escaleras que lo llevan al cielo y la herida mortal que expone a un lado de su cuerpo: todo luce ensangrentado. La cruz se está cayendo, junto con muchos de estos pueblos de campesinos. Esta escena representa la destrucción, la muerte y la descomposición social del campo. Sin casas, sin cultivos para cosechar, sin tumbas para sus familiares y amigos, y sin protección de Dios, los campesinos huyeron. Claudio Jiménez explica sus motivaciones para hacer este retablo:

> En el campo, las cruces son como una fuente de esperanza para los agricultores; pero lo que sucede es que los senderistas influyeron en los campesinos. [Los hijos de campesinos] salen de las universidades preparados, ya que allí estudian materialismo y materialismo dialéctico, el movimiento del cambio. Pero con el materialismo dialéctico todo queda estático, puesto que [los estudiantes universitarios o senderistas] solo piensan en [los problemas planteados por] la religión. Para dominar a las masas [ellos creen, por ello] que las masas tienen que olvidar la religión. Por eso, ellos [los hijos de los campesinos que fueron a la universidad y retornaron o los senderistas] empiezan a pensar que las cruces tienen que ser destruidas... Con el fin de vencer a los militares, los senderistas creen que tienen que destruir la religión. En respuesta, los militares dicen: «Vuelvan a ponerlas [a las cruces] en su lugar» y [de esta manera] ellas harán que los senderistas desaparezcan. Y ahora, ¿qué va a suceder? Es la cruz la que los campesinos están derribando ellos mismos. O sea, son los militares. Los campesinos, son los senderistas, ellos son los que están destruyendo la cruz. Dicen que «creer en Dios es una farsa [engaño]». En una parte de la Biblia, dice «no matar» [pero] ellos [los senderistas] dicen que [esto] no es necesariamente [el caso]... Es por ello que ellos [los senderistas] matan y de esta manera,

están destruyendo la cruz, [que ellos] dicen es una decepción [engaño]. Por esta razón, no a la religión. (Entrevista de la autora con Jiménez)

En este retablo, Jiménez presenta una crítica a la ideología de Sendero Luminoso. En su opinión, el materialismo que los estudiantes rurales aprendieron en la universidad —en particular, en la Universidad Nacional San Cristóbal de Huamanga, donde él mismo fue estudiante durante la década de 1970, y un bastión de los ideólogos de Sendero Luminoso (Degregori 1990)— representaron otra forma de dominación o de colonización. Él hace una comparación entre la lucha armada llevada a cabo por Sendero Luminoso y la conquista española de los incas. Cuando los españoles llegaron al Perú, en 1532, tuvieron como objetivo evangelizar y civilizar a las poblaciones indígenas. Para Jiménez, Sendero Luminoso también intentó «evangelizar» a través de su propia ideología. Así, Jiménez compara la difusión de la versión del marxismo de Sendero Luminoso con la del catolicismo (la misión del colonizador del nuevo continente), señalando cómo el cambio y la destrucción que trajo la violencia han afectado de manera adversa a las comunidades andinas.

De primera impresión, la cruz de Jiménez podría evocar la recreación de viejas historias andinas en las que nuevos periodos comenzaron después de un terrible cataclismo (*pachakuti*).[22] Las palabras de Jiménez sugieren, sin embargo, que aunque esta violencia empezó un periodo nuevo, caracterizado por el cambio y las migraciones masivas, falló en lograr un nuevo orden de las cosas. Sendero Luminoso se enfocó en transformar la sociedad peruana, pero representaba, en opinión de Jiménez, una continuidad, solamente otro proceso de colonización o proyecto totalizador proyectado en la región por forasteros.

Este retablo es una súplica sutil hacia reconsiderar la humanidad de las personas involucradas en este periodo violento. La antropóloga Kimberly Theidon (2012) ha escrito que el contexto de la guerra redefi-

22. Por lo general, un cataclismo causa el fin de un periodo temporal (o ciclo) y también señala el comienzo de uno nuevo. En Ayacucho, la gente tiende a hablar de la época de la violencia como un gran cataclismo. Véase Allen 2002: 46-47.

ne la vida moral de las comunidades que tienen familiares que murieron o fueron asesinados. Ella sugiere que debido a la violencia, la gente puede tener ideas y sentimientos contradictorios con respecto a un mismo evento. Por un lado, la gente «podía ver a sus parientes y vecinos en las columnas de la guerrilla que los atacaba, mientras también insistían en expresar que los senderistas no eran realmente humanos en lo absoluto» (Theidon 2012: 214). Por otro lado, la ideología de Sendero Luminoso ubicó a los campesinos andinos como miembros de una masa amorfa que necesitaba ser guiada y, por lo tanto, desdeñó su identificación como «gente real» o *runa* en quechua.[23] Identificados como una masa en lugar de como individuos o comunidades diferenciadas, los campesinos sentían como si ellos también estuvieran perdiendo su estatus de seres humanos. Como sugieren las reflexiones de Jiménez, los campesinos experimentaron, de esta manera, no solo la pérdida de sus medios de subsistencia (representados por la cruz y las cosechas), sino también la pérdida de su identidad y su historia como pueblos distintos.

La memoria y la práctica de recordar también son aspectos fundamentales en la construcción y reconocimiento de las identidades (Connerton 1989). Retablistas como los Jiménez privilegiaron la necesidad de recordar el pasado, especialmente los momentos de guerra y violencia cuando las cosas cambiaron de forma rápida y dramática. Ellos reclaman una conciencia histórica y sentido de responsabilidad en relación con el pasado. No olvidar implica que no se repitan los mismos errores y las mismas violaciones de los derechos humanos.

Los retablos y la Comisión de la Verdad y Reconciliación

Los retablistas deseaban comprometerse con la CVR y presentar el pasado reflejado en su trabajo. La CVR promovió el entendimiento: que para (re)construir una verdadera democracia, el Perú requería de concientización y de una conciencia histórica. Por ejemplo, las audiencias

---

23. *Runa* (plural *runakuna*) significa «ser humano» o, de acuerdo con Allen, «en términos culturales, una persona indígena andina» (Allen 2002: 7-8, 276).

públicas de la CVR abrieron tal oportunidad, por lo que algunas víctimas de la violencia sentían que sus historias eran escuchadas por primera vez y que tanto su humanidad como su ciudadanía podrían restablecerse (Ulfe 2006: 208-212). De esta forma, la CVR inició muchos momentos importantes en el fomento de una política de reconciliación.[24]

Quizá la similitud de la invocación de los retablistas y la de la CVR por lograr una conciencia histórica explica, en parte, la decisión de esta última de utilizar un estrado en forma de un retablo para la ceremonia de conmemoración de las víctimas de la violencia, el 29 de agosto de 2003, en Ayacucho. El retablo-estrado estuvo dividido en dos pisos con dos cóndores colocados entre ellos volando con sus cabezas mirando hacia abajo —directamente a los comisionados, que se encontraban de pie en el primer nivel—. A los lados, en el primer piso del retablo se colocaron dos enormes plantas de maíz, una a cada lado. Las puertas estuvieron decoradas con flores andinas combinadas con la escarapela (la insignia roja y blanca que simboliza la bandera peruana). Estas flanqueaban también la caja principal. Salomón Lerner y los otros comisionados de la CVR enfrentaron al pueblo de Ayacucho en primer plano y algunos escolares se sentaron al fondo, desde donde se alzó un coro de niños que cantó los himnos, tanto de la nación como de la ciudad. A sus voces se sumaron las de los comisionados y el pueblo de Ayacucho en la plaza central.

La decoración del escenario fue cambiada para los eventos de la noche, mucho después de que había terminado la simbólica ceremonia oficial con la presencia de los comisionados de la CVR. Las figuras de los cóndores se mantuvieron pero se hicieron otros cambios. Imágenes del Sol, la Luna y la Virgen María, similares en estilo a los dibujos del

---

24. Desafortunadamente, la mayoría de las recomendaciones formuladas por la CVR están aún pendientes. Una de las recomendaciones fue la reparación de las víctimas. La Resolución Ministerial N.° 373-2006-PCM creó el Consejo de Reparaciones para organizar un censo nacional de víctimas (el Registro Único de Víctimas). Sin embargo, el trabajo ha sido lento. Por ejemplo, en el año 2009 se redujo su presupuesto, y ninguna de las actividades programadas para la reparación económica y simbólica de las víctimas de la violencia pudo llevarse a cabo. No obstante, el Consejo de Reparaciones continuó, con la ayuda de la sociedad civil y las organizaciones locales, construyendo el censo nacional de víctimas.

cronista indígena del siglo XVII Felipe Guamán Poma de Ayala (de Ayacucho), decoraron el nivel superior. El nivel inferior permaneció igual y se abrió para una presentación pública de músicos, cantantes y bailarines que se prolongó hasta la noche. En la plaza central, la gente bailó, cantó y bebió.

El gigantesco retablo-estrado no fue decorado con figuras de yeso; más bien, fue habitado por seres humanos, quienes dieron discursos políticos a la audiencia. Se convirtió en un espacio para la celebración de la vida y la reconstrucción histórica de un pueblo: el pueblo de Ayacucho. Los comisionados; los miles de muertos, desaparecidos y asesinados; y las víctimas y sus familiares fueron simbólicamente reunidos en esta nueva forma de retablo. El retablo-estrado sirvió para que la verdad fuera expresada, para que las personas reclamaran justicia y para que una región reivindicara su presencia en la nación peruana. El escenario revivió la memoria de los participantes y espectadores durante esa noche: como se pudo ver en las expresiones emocionales reflejadas en los ojos, risas y llanto de la gente; en las actuaciones públicas de los músicos; en los discursos de los comisionados; y en los testimonios de las víctimas.[25] Un retablo pudo unir este grupo de experiencias humanas, de imágenes y de sentimientos: no solo se compartió sobre la violencia, también hubo representaciones diversas de música, recitales y diversión. Fue ocasión también para celebrar la diversidad cultural de un espacio común como el Estado-nación enmarcado en un retablo.

Tales temas de celebración de la diversidad dentro de un escenario común de Estado-nación también aparecen en el más pequeño formato original de los retablos. Por ejemplo, en *Mi Perú*, Nicario Jiménez construye diferentes comunidades imaginadas unidas al interior de una caja de retablo (una metáfora sobre el país y el Estado-nación que él llamó «Mi Perú»). El cuadro está lleno de pequeñas escenas e imágenes de la costa, y de mercados y calles andinos y amazónicos. Sin embargo, no todo es serenidad, porque a las figuras también las une la protesta social y la exigencia de justicia para las víctimas de la violencia. En

---

25. La descripción de estos eventos en Ayacucho, el 29 de agosto de 2003, proviene de conversaciones con Cynthia Milton. Veáse también Milton 2007.

este retablo, diferentes personajes ocupan la escena central exigiendo el reconocimiento de sus derechos. Se aprecia la porosidad y fluidez de las fronteras de identidad regional, étnica y social del Perú. Como cualquier retablo hecho en la intimidad de un taller, el concepto central, en este caso «el Perú», llega a ser imaginado y reinventado a través del virtuosismo de un artista andino. En *Mi Perú* yace un grito por la participación de cada integrante de la población como ciudadano plenamente reconocido en un doble sentido: en primer lugar, como un llamado al Estado para que reconozca a estos artistas y su arte; y, en segundo lugar, como una convocatoria hacia la nación para celebrar su diversidad y multiculturalidad.[26]

Como escribiera el antropólogo y comisionado de la CVR Carlos Iván Degregori, la débil presencia del Estado en las provincias y la falta de integración de las diferentes poblaciones étnicas en un solo movimiento (o paradigma de integración nacional) han llevado a que muchos grupos distintos le confieran significados disímiles al concepto «Perú» (Degregori 1993: 127). Son muchos los significados y sentidos asociados al vocablo «nación» —aquí se cruzan los diferentes productos de la imaginación de los grupos sociales—. El Perú, sin embargo, sigue siendo un referente constante en estas representaciones. El concepto (Perú), como los retablos, está lleno de imágenes, fragmentos, escenarios y personajes. Como emisarios y creaciones, los retablos actúan no solo como instrumentos que pueden transmitir la memoria y donde interactúan diferentes formas de memoria, sino que también pueden servir como metáfora de una idea más amplia: una que exige la constitución de un Estado-nación más diverso e igualitario.

Tal vez fue debido a esta esperanza por el reconocimiento de la diversidad del Perú dentro de una nación singular, que los comisionados de la CVR optaron por utilizar el retablo-estrado para acoger la presentación pública de su *Informe final*. El retablo podría haberse escogido como una metáfora del Estado-nación. A pesar del esperado consenso

---

26. Conversación telefónica con Nicario Jiménez, 6 de mayo de 2002. Véase también Ulfe 2011: 284-288.

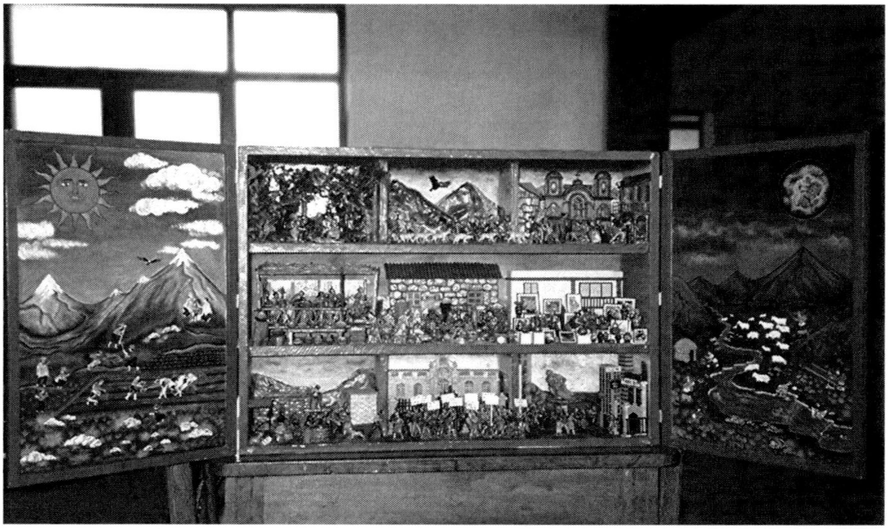

Figura 3.3. «Mi Perú», retablo por Nicario Jiménez. Foto de la autora.

nacional sobre un pasado traumático común, la elección de la metáfora del retablo también sirvió de ilustración para los límites de una diversidad articulada en el Perú actual y un recuerdo inclusivo pannacional de la violencia. El retablo-estrado se instaló en Ayacucho, no en Lima. Se realizaron dos eventos separados para la presentación del *Informe final* de la CVR. El de Lima fue la ceremonia oficial para concluir el trabajo de la CVR; el de Ayacucho, la ceremonia «simbólica».[27] Estas dos ceremonias emplearon registros disímiles para hablar con sus diferentes audiencias: para la primero, los comisionados, el Presidente de la República y los funcionarios del gobierno se presentaron todos solemnemente en el Palacio de Gobierno;[28] para la segunda, los comisionados (con el Presidente de la República notablemente ausente) se mostraron en el centro de una ciudad a través de símbolo regional, el retablo. El

27. Sobre la descripción de los diferentes eventos y como fueron etiquetados, véase <www.cverdad.org.pe/pagina01.php> (última consulta: 02/07/2013).

28. Teniendo en cuenta que este evento fue televisado, hubiera sido difícil organizar la ceremonia en un retablo gigante.

retablo, al parecer, aun cuando fue erigido como un enorme escenario para recordar el pasado difícil de la nación, sigue siendo de alguna manera arte folclórico, a pesar de todos los esfuerzos de los propios artistas por convertirlo en una forma de arte nacional que sea reconocida por todos los peruanos y que se dirija a ellos.[29]

29. Usos posteriores del retablo como un escenario para albergar eventos apoya esta interpretación de la asociación continua del retablo con el arte «folclórico»: en los años 2004 y 2011 fueron creados retablos-estrados para «las danzas del Perú» como parte de las celebraciones anuales nacionales (Fiestas Patrias). Véase el sitio web de Leydy Castro García, <http://peruinfoperiodismo.wordpress.com/2011/08/07/el-retablo-de-los-sueños> (última consulta: 02/07/2013) y Radio Programas del Perú, <www.rpp.com.pe/2011-07-12-trescientos-artistas-danzaran-en-megaretablo-por-fiestas-patrias-noticia_384034.html> (última consulta: 02/07/2013).

4

VIOLENCIA, CULPA Y REPETICIÓN:
La hora azul de Alonso Cueto[1]

Víctor Vich

En los últimos años, la literatura peruana ha trabajado intensamente para representar la violencia política de las últimas décadas del siglo XX. Algunas novelas han tenido importante éxito como *La hora azul*, de Alonso Cueto (Premio Herralde 2005) y *Abril rojo*, de Santiago Roncagliolo (Premio Alfaguara 2006). Al mismo tiempo, el escritor peruano-estadounidense Daniel Alarcón publicó el libro de relatos *Guerra a la luz de la velas* (2006, finalista del premio PEN/Hemingway) y *Radio ciudad perdida* (2007). En el 2010, el más reconocido escritor peruano vivo, Mario Vargas Llosa —algunas de cuyas obras hablan sobre la violencia política— ganó el Premio Nobel de Literatura.[2] Estos autores han colocado a la literatura peruana y al tema de la guerra interna en el Perú en un lugar destacado dentro de la escena literaria internacional.

La literatura peruana está desempeñando, en la actualidad, un papel fundamental en las formas en que la cultura está tratando la violencia política pasada. Más allá del reconocimiento internacional y del mérito literario de dichas novelas, estas han impactado en los debates

---

1. Agradezco al Intercambio Cultural Alemán-Latinoamericano (ICALA) por el apoyo en la escritura de este ensayo. También a Alejandro Grimson por una larga conversación en Buenos Aires. Una version anterior se encuentra en Ubilluz, Hibbett y Vich 2009.

2. Por ejemplo, *Historia de Mayta* (1984) y *Lituma en los Andes* (1993).

sobre la memoria peruana, porque han hecho concebible lo que pasó y, al hacerlo, han abierto espacios para visibilizar lo ocurrido. Además, han tomado como punto de partida algunas de las conclusiones del *Informe final* de la Comisión de la Verdad y Reconciliación (CVR), que ha tenido mayor repercusión en el campo de la cultura que en cualquier otra esfera social o política. De hecho, sus conclusiones están ingresando en el imaginario nacional a través de textos artísticos. El tema central de este capítulo es la novela *La hora azul* de Alonso Cueto, una obra que va más allá de criticar el papel de las Fuerzas Armadas en el conflicto interno para mostrarnos cómo se imaginan los efectos de la violencia política dentro de las preguntas sobre la memoria contemporánea, en particular en relación con el papel desempeñado por la sociedad limeña de clase media y clase alta en el conflicto, y su posterior responsabilidad.

Con un epígrafe de Javier Cercas («[...] a lo mejor uno no es solo es responsable de lo que hace, sino también de lo que ve o lee o escucha»), *La hora azul* de Alonso Cueto ubica al lector ante algunas preguntas que invita a responder: ¿es la culpa algo que se «hereda» socialmente?, ¿son las nuevas generaciones partícipes de hechos atroces ocurridos en el pasado?, ¿cuál es la responsabilidad del presente frente a la historia? Acerca de la Alemania de la posguerra, Hannah Arendt reflexionó sobre el asunto y propuso la necesidad de que se asumiera lo sucedido sin que los ciudadanos se identificaran necesariamente como «culpables». Se trataba, en su opinión, de desarrollar una concepción performativa de la política que fuera capaz de buscar la justicia mucho más a partir de la indignación que de la culpa. Para Arendt (1959), los sujetos culpables no son buenos ciudadanos; son, sobre todo, sujetos inmóviles.[3]

En la década posterior al establecimiento de la CVR, un sector de la clase media y alta peruana ha venido construyendo una narrativa exculpatoria en relación con la violencia política. «No supimos, no queríamos saber» son frases que se ha vuelto un lugar común y que pueden extenderse hacia la propia acción del Estado. Este terminó por considerar la violencia como un problema exclusivamente militar, y eso desencadenó

---

3. Puede leerse también el documentado ensayo de Schaap 2001.

masivas violaciones de los derechos humanos.[4] Entonces, «no saber y «no escuchar» son frases que revelan bien lo que ha venido a llamarse el «impacto diferencial» de la violencia política. De hecho, la afirmación más contundente del informe de la CVR no es la que señala que murieron más de 69.000 personas, sino aquella que sostiene que nadie tenía conocimiento de más de la mitad de las muertes (Lerner 2004: 147). Ni el Estado, ni las organizaciones más respetadas de derechos humanos, ni la propia sociedad civil calculaban que la cifra final llegaría al doble de la calculada en las estadísticas oficiales: «Son personas que sufrieron una tragedia, y el país —no solo el oficial, sino también el social— simplemente no advirtió que habían muerto o desaparecido. Esto equivale a decir más o menos que estos peruanos inexistían para la nación desde mucho antes de haber dejado de existir para la realidad».[5] Sirva este dato para confrontarnos con la manera en que la nación peruana ha sido históricamente construida e imaginada. Sirva también para evaluar a un Estado nacional que dejó de tener control sobre la población y que «no se enteró» de lo que sucedía en su territorio.

En este capítulo sostengo que *La hora azul* de Alonso Cueto es una novela que quiere revelar la dimensión menos conocida de la violencia política, que aspira a maniobrar con ciertas culpas ciudadanas y que se ha propuesto contribuir a generar una conciencia nacional diferente:

> —Yo no tengo la culpa de mi padre
>
> —Claro que sí, o sea en parte tienes la culpa, oye.
>
> —¿Por qué?
>
> —Todos tenemos la culpa de nuestros padres, y de nuestros hijos también.
>
> —No sé por qué.
>
> —Porque sí. (Cueto 2005: 149)

---

4. De hecho, la derrota de Sendero Luminoso no fue producto de una acción militar sino de la inteligencia policial y del compromiso de un sector de la sociedad civil, especialmente en el campo.

5. Lauer, Mirko. «La desaparición de la desaparición». Diario *La República*, 19 de junio de 2003.

Esta novela es la historia de Adrián Ormache, un destacado abogado limeño que luego de la muerte de su madre comienza a descubrir un pasado familiar ciertamente vergonzoso. La novela narra cómo el personaje se va confrontando con una verdad cada vez más atroz, pero que, lejos de evadir o negar, decide afrontar hasta las últimas consecuencias. Desde este punto de vista, la novela sostiene que el conocimiento de la verdad, entendida como una «revelación», puede transformar las subjetividades e iniciar, así, un proceso de reconciliación nacional. En una primera instancia, la «verdad» que Ormache descubre tiene que ver con el hecho de que su padre, un militar destacado a la zona de violencia, fue un torturador y un violador de mujeres campesinas. En una segunda instancia, descubre que una de aquellas mujeres está viva y que probablemente tiene un medio hermano.

Así, el formato básico es el policial, y este se presenta como el marco ideal para todo el proyecto narrativo: la novela es, en efecto, una alegoría destinada a nombrar la necesidad que tiene el país de conocer una verdad oculta. Por ello, desde sus primeras páginas, *La hora azul* está ansiosa por dar cuenta de las fracturas del país y pone énfasis en la frivolidad de la clase alta peruana. De hecho, comienza con la voz del abogado quien cuenta haber aparecido en una revista del «jet set». Sonriente, triunfador, seguro de sí mismo, Ormache es presentado como un sujeto donde no se avizoran elementos que puedan perturbarlo. Fernando Belaunde, Lourdes Flores y demás políticos de la derecha peruana son amigos de los que él se siente orgulloso: «Me gustaba tener una casa bien puesta, una mujer agradable y cariñosa y buena anfitriona, unas hijas adecuadas y aprovechadas alumnas en el colegio. Me gustaba, no me da vergüenza decirlo, vestirme bien» (Cueto 2005: 17). Sin embargo, la caracterización del personaje no se reduce únicamente a aquello; se le representa, además, como el poseedor de un «saber» sobre la realidad peruana que nunca se cuestiona y donde no se encuentran elementos desestabilizadores, un saber que el personaje maneja cómodamente solo dentro de su círculo social. Es justamente hacia ese «saber» donde la novela dirige su puntería para poner en jaque a las versiones oficiales sobre el conflicto armado interno: «Así pues durante muchos años viví con la certeza de que mi padre habría estado en Ayacucho, luchando contra terroristas de Sendero Luminoso, y que había hecho algo por defender nuestra patria» (Cueto 2005: 26).

Sin embargo, este conocimiento —una narrativa heroica de la defensa de la nación—es confrontado por el descubrimiento de que los militares cometieron abusos contra los derechos humanos. En particular, Ormache descubre la participación de su propio padre en estos abusos: «[...] a las mujeres se las tiraba y ya después a veces se las daba a la tropa para que se las tiraran y después les metieran bala, esas cosas hacía» (Cueto 2005: 37).

De esta manera, la novela ubica a sus lectores ante los dos discursos en pugna, que pretenden dar cuenta de la violencia política en el Perú. El primero es uno de corte nacionalista, que concibe que el Estado y las Fuerzas Armadas actuaron en «defensa» de la población; y el segundo, uno que más bien deconstruye la oposición entre militares y senderistas para afirmar el terror y la ilegalidad por ambos lados.

El tema de la violación es central en esta novela: ella se presenta fundamentalmente como una «estrategia de guerra», es decir, como una práctica generalizada que es un buen ejemplo para entender las interacciones entre el Estado y la población durante el conflicto armado.[6] En efecto, al hacer visible el tema de las violaciones, *La hora azul* asume la necesidad de narrar el lado más oscuro de la violencia política, es decir, no el de las acciones de Sendero Luminoso (que fundamentalmente conocíamos), sino el de las Fuerzas Armadas (menos conocidas entre las clases media y alta peruanas):

---

6. El tema de las violaciones de mujeres por soldados es el más contundente ejemplo de políticas institucionales sistemáticamente situadas fuera de la ley. Esta práctica fue tan común que se ha llegado a afirmar que «donde habían soldados, habían violaciones» y, lo que es peor, casi nunca hubo castigos. Se ha comprobado que la mayoría de violaciones ocurrieron dentro de por lo menos cuarenta bases militares. Véase Theidon 2004: 120, 2007: 471. Sobre el tema puede consultarse el tomo VIII del *Informe final* de la CVR (2003a). En la tradición literaria, la violación como metáfora de la identidad es muy conocida: nos encontramos ante el tópico que señala que América Latina es producto de ese acto violento. En otras palabras, si hace quinientos años la violación fue el signo del poder colonial frente a la América indígena, podríamos afirmar que, para esta novela, aquello parecería reactivarse a partir del funcionamiento del Estado poscolonial.

> Los oficiales botaban los cuerpos de los muertos en un barranco de basurales para que los chanchos se los comieran y los familiares no pudieran reconocerlos. Una vez tres soldados mataron a un bebe delante de su madre y luego la violaron junto al cuerpo del hijito. No me sigas contando, pidió. Bueno, pero en realidad todo esto era una respuesta a lo que hacían los de Sendero Luminoso, que quemaban vivos a sus prisioneros y les colgaban carteles a los cadáveres carbonizados. Una costumbre senderista muy extendida: ejecutar a los alcaldes de los pueblos delante de sus esposas y de sus hijos. Los mataban delante de ellos y los obligaban a celebrar. Colgaban los cadáveres de los bebes en los árboles. Todo eso me contaron. (Cueto 2005: 88)

De hecho, *La hora azul* acierta en su representación de los militares como sujetos entrenados para cometer actos criminales y acierta también en figurarlos en su degradación contemporánea. En realidad, los torturadores que aparecen en esta novela (Chacho Osorio y Guayo Martínez) son personajes patéticos, sin conocimiento alguno de lo que pasaba en el país y que, en su brutal accionar, reprodujeron todos los vicios de un Estado nacional mal constituido, donde la geografía racializada alimenta los abusos de los derechos humanos cometidos por los peruanos de la costa (mestizos) contra los peruanos de la sierra (en su mayoría de origen indígena).

Es claro: si *La hora azul* decidió poner dicho tema en primer plano —el de la degradación ética de las fuerzas del orden—, lo hizo para ingresar al debate actual, en relación con el cual sostiene que la permanente violación de derechos humanos no puede entenderse como correspondiendo solo a simples excesos de responsabilidades individuales, sino también a prácticas generalizadas dentro de una calculada estrategia de guerra. Esta es una novela escrita contra la sociedad en su conjunto, pero también contra la institución militar, a la cual denuncia por ocultar sistemáticamente la verdad.

El tema central de la novela es la relación que se establece entre el abogado Adrián Ormache y Miriam (cuyo apellido nunca conocemos), aquella mujer violada por su padre que pudo escapar una noche del cuartel en el que la tenían presa. *La hora azul* se esfuerza por concentrar, en su historia, hechos contundentes de los años de la violencia política.

El autor nos dice muy poco acerca de Miriam: sabemos que ella era originalmente de Luricocha, en Ayacucho; que Sendero Luminoso mató a su hermano mayor; y que poco tiempo después el resto de su familia también murió en un enfrentamiento entre soldados y senderistas. Aterrada por lo que sucedía, Miriam pudo migrar a Lima (era natural de Luricocha, en Ayacucho), donde con la ayuda de un tío dio a luz a Miguel y comenzó a trabajar en una peluquería. Nunca conocemos su apellido.

La novela narra como Adrián consigue conocerla y establece una intensa relación con ella. Él se relaciona más estrechamente con ella después de comprobar la verdad acerca de las acciones de su padre en la sierra. En el encuentro con Miriam, Adrían se confronta con una dimensión frecuentemente negada de su propio país: aquella de las jerarquías sociales, la desigualdad y el racismo. A lo largo de la novela, Adrián se enfrenta con sus prejuicios de clase y sus gustos. Por ejemplo, él descubre la zona norte de la ciudad, donde los refugiados han migrado escapando de la guerra («para mí todo era un territorio lunar. Jamás había pensado estar allí» [Cueto 2005: 152]). A pesar de que no puede detenerse a apreciar estéticamente los barrios migrantes, parodia esnobistamente lo criollo o la cultura popular.

De manera similar, la relación de Adrián con Miriam es una llena de atracción y repulsión. Puede decirse que mientras más se involucra, mayor es su culpa y su tormento. Hay, en ese sentido, un hecho importante por comentar. En un inicio, Miriam le parece «la mujer más hermosa del mundo» (Cueto 2005: 218), pero una vez muerta —y ya con una cierta distancia de todo lo sucedido— el personaje cambia de opinión y afirma lo siguiente: «Pero, a pasar de sus ojos, ahora pienso que no era una mujer bonita. Era más bien algo desagradable» (Cueto 2005: 239).

¿A qué pudo deberse este cambio de perspectiva? Me parece que el sentimiento de culpa es el que inicialmente lo atrae a Miriam. Su culpa suspende temporalmente sus gustos, y eso transforma su visión de la realidad para verla más atractiva. La culpa lo hace acercase cada vez más a ella. Sin embargo, la Miriam que él ve es su visión imaginada de ella —alguien que sirve como instrumento para sus maquinaciones más que una persona real—. Notar aquello es un punto crucial, pues, como veremos más adelante, ello condiciona la propuesta final de la novela respecto de sus propias figuraciones de la nación.

Lo curioso, sin embargo, es que el padre de Adrián también se había enamorado de Miriam y la había secuestrado a fin de evitar que siga siendo violada por otros agentes del Ejército peruano. En otras palabras, a pesar de la constante negación del padre que Adrián manifiesta en toda la novela, esta termina por establecer una correspondencia entre ambos. Más aún, podría llegar a decirse que, al enamorarse de Miriam, el hijo *repite* algo del acto del padre: comienza a ejercer poder y llega a tener relaciones sexuales con ella. Aunque quien se parece al padre es el hermano Rubén (un criollo gozador), lo cierto es que hay algo en Adrián que *reproduce* la herencia paterna y que sigue situándose en el mismo lugar de poder. De este modo, la problemática de la novela se vuelve un poco más clara. Podríamos decir que luego de la muerte del padre, el lugar del poder quedó vacío y entonces la novela narra cómo un nuevo sujeto se prepara para ocuparlo. Desde este punto de vista, lo que no cambia es un cierto movimiento masculino: el padre la secuestra y Adrián, su hijo, la acosa. En ambos casos, Miriam siempre parece ser un objeto al que se le impone el deseo del otro.

La relación que se establece en la novela entre *voz* y *poder* es notable. De hecho, toda ella es una narración en primera persona donde el personaje termina afirmando su fantasía de ser escritor. En efecto, el abogado no solo habla y pregunta todo el tiempo, sino que va apoderándose de la escritura literaria a la que comienza a idealizar casi vulgarmente. Dicho de otro modo: Adrián Ormache se vuelve muy consciente de que su poder es también lingüístico. La vehemente necesidad de «saber» que articula casi toda su acción presupone que la verdad puede discernirse objetivamente y, desde allí, que la forma estética es, en-sí-misma y por-sí-misma, un lugar de «verdad». En última instancia, su identificación con el lenguaje llega a ser de tal magnitud que no puede comprender la falta de voz subalterna y, por lo mismo, se desespera ante el silencio de la protagonista: «Si no vas a hablarme, no sé para qué sales —le dije—. Mejor te hubieras quedado en la casa. A la próxima me consigo otra chica que me hable por lo menos, no una muda como tú» (Cueto 2005: 248).

Llama la atención que Adrián no se pregunte por qué Miriam se ha quedado muda y cuáles son las razones de su silencio. ¿Es entonces Adrián un nuevo torturador que intenta acceder a la voz de su torturado? Sin duda, esta analogía podría parecer excesiva pero pienso que no puede dejar de hacerse si retomamos el hecho de que la novela trata del constante esfuerzo del personaje por maniobrar con la herencia paterna: «Yo tampoco podía liberarme de él» (Cueto 2005: 25), dice Adrián, consciente de que su destino se encuentra aún poseído por una herencia muy difícil de manejar. Para la novela, en efecto, el padre continúa vivo y es un fantasma que actúa y se hace presente.

Al mismo tiempo, la novela sitúa a Miriam y a Miguel (su hijo) de una manera muy diferente ante el lenguaje: ellos no hablan o hablan poco, y son representados con un margen de silencio para los lectores.[7] En alguna medida, puedo decir que el silencio de ambos es su respuesta, o su testimonio, frente a todo lo sucedido. La propia Miriam lo dice en algún momento: «Porque cuando Miguel crezca su silencio va a crecer con él. Eso es lo que pienso siempre» (Cueto 2005: 251).

De esta manera, no se trata solamente de que el subalterno no hable en esta novela, sino que además «acumula su no hablar», y ello se convierte en el signo de un pasado todavía actuante y de un presente lleno de heridas no resueltas.[8] De todas formas, la representación del poder va de la mano con aquella del mundo subalterno que siempre está definido como una instancia que ha interiorizado su propia colonización y se halla despojado de toda voz. Cuando el subalterno habla, las palabras parecen más poderosas. Son sorprendentes, por lo mismo, las siguientes palabras de Miriam:

> A su papá lo odié tanto, le digo, a su padre pude haberlo matado si hubiera podido porque me engañó tanto y abusó de mí, en ese cuartito, yo lo odié tanto, por culpa de ellos, de los soldados, de los morocos, perdí a

---

7. De hecho, nunca queda completamente claro si Miguel es el medio hermano de Adrián.

8. El tema ha sido ampliamente debatido a partir del famoso artículo de Spivak (1988).

> mi familia, ya no pude ver a mi familia, ya no los alcancé, se murieron, se murieron sin mí, y yo lo odiaba tanto a su papá, pero ahora ya no lo odio, ya casi lo quiero. (Cueto 2005: 219)
>
> Yo lo odiaba pero después lo quise, lo quise mucho y lo tuve que dejar pero lo quiero todavía. Tu papá fue el peor hombre pero también el hombre más bueno conmigo, me tuvo encerrada pero también hizo que no me mataran. (Cueto 2005: 254).

Pienso que no se trata únicamente del síndrome de Estocolmo sino, sobre todo, del esfuerzo que la novela realiza para producir una representación donde las heridas puedan sanarse y donde el lugar para construir la reconciliación nacional quede por fin instaurado. La novela busca ansiosamente este espacio; no lo encuentra y, al final, no le queda otra opción que inventarlo a su manera. De este modo, la estrategia de *La hora azul* puede ir revelándose aún más: ella parecería proponer que la condición para que esta reconciliación ocurra es que ambos, abusador y abusado, terminen por enamorarse mutuamente. Esta dinámica se proyecta hasta el final de la novela cuando el subalterno llega a decir «algo» y curiosamente lo que hace es agradecer. Cito el diálogo final entre Adrián y Miguel:

> El otro día fui a una academia cerca de tu casa —le dije—. Allí hay unas clases de preparación para la Universidad de Ingeniería. Te enseñan matemáticas y te prepararan para el examen. Ahora, cuando regresamos pasamos por ahí para ver si puedes comenzar.
>
> Creo que no me contestó. Pero cuando volteé, Miguel me estaba mirando. Me miraba de frente por primera vez, como creo que nunca lo había hecho. Entonces vi el reflejo marrón de los ojos, los ojos que había visto en la cama de ese hospital. A diferencia de ese día, sin embargo, cuando me había dado media vuelta y lo había dejado allí para que se muriera, me quedé sentando junto a él, un largo rato, en silencio.
>
> —Quería decirle algo —me dijo... hace tiempo.
>
> —¿Qué?
>
> Miró al horizonte. El invierno se extendía sobre el mar y se perdía en el largo brazo de La Punta.
>
> —Quería agradecerle —dijo—. Agradecerle nada más. (Cueto 2005: 303)

Comentando estos párrafos, mi colega Juan Carlos Ubilluz ha sostenido que este final termina por colocar a la limosa como aquello que permite el inicio de la reconciliación nacional.[9] En otras palabras, el hecho de que la víctima le «agradezca» a un representante del poder refuerza la comunicación vertical entre un sector social y otro, y podría decirse que promueve la complacencia ante la culpa heredada. A fin de cuentas, después de escuchar ese agradecimiento, Ormache comenzará a sentirse bien con todo lo que está haciendo y regresará a su casa un poco más contento. Este acto de «caridad» le permite a Adrián volver a su vida tal como era antes de conocer la «verdad». No queda claro si esta caridad promueve la reconciliación.

Aunque yo también sostengo esta lectura, pienso que pueden añadirse dos nuevos elementos. El primero radica en el hecho de que no sabemos si Miguel acepta o no el ofrecimiento de Ormache. Casi podríamos decir que el personaje se resiste y no tenemos acceso al proyecto que concibe para su vida. Con este efecto estético la novela deja a los lectores sin saber cómo continuará la relación y qué pasará con Miguel en el futuro. Lo que es más importante: nunca averiguamos si Miguel es, en efecto, el medio hermano de Adrián.

El segundo elemento reside en la necesidad de ahondar más en el acto caritativo, vale decir, en la forma mediante la cual Ormache quiere exorcizar la culpa para poder sentirse más tranquilo. La novela, en efecto, abunda en ejemplos que muestran cómo Ormache se va volviendo un sujeto «más sensible» frente a las desigualdades sociales y cómo va encontrando, en las dádivas, una nueva manera de situarse frente al país: «Frente a la luz roja se acercó el grupo rutinario de mendigos. Usualmente yo apenas volteaba. Sin embargo, esa noche me fijé en una chica de trenzas. Le di una moneda» (Cueto 2005: 58).

Por ello, me parece importante subrayar lo siguiente: más allá de que la caridad sea un gesto que solo refuerza el lugar del poder y nunca el del excluido, resulta claro que dicho de acto se presenta, además, como el gesto patético de un sujeto que no sabe qué otra cosa puede hacer dentro de una sociedad tan degradada como la peruana. O, mejor

---

9. Conversación personal con Juan Carlos Ubilluz (octubre de 2008).

dicho, la novela nos enfrenta ante un universo social que no ofrece otro camino y donde las alternativas de una acción mayor no pueden vislumbrarse por ningún lado.

En efecto, Adrián Ormache ha hecho todo por llegar a la verdad, no ha tenido miedo de confrontarse y ha estado dispuesto a muchas cosas, pero una vez situado frente ella son pocas las alternativas con las que cuenta. Ormache llega a conocer la «verdad», pero nunca consigue dar un paso mayor. Como el mundo social tampoco le ofrece nuevos caminos, el personaje realiza toda su apuesta desde un punto de vista exclusivamente individual. Es cierto que Adrián Ormache modifica algo de su personalidad, cambia de actitud, se convierte en «otro», pero al mismo tiempo es incapaz de realizar una transformación que involucre a su esposa, a sus hijas y a sus compañeros de trabajo, que, por otro lado, siguen desenvolviéndose en la sociedad como si nada hubiera pasado. Adrián está dispuesto a dar una moneda a una mendiga, pero no hace nada por enfrentar las raíces de la pobreza. Si bien su actitud respecto a los mendigos podría haber cambiado, no cuestiona las desigualdades sociales que le permiten ser un hombre bien vestido, con hijas bien educadas y amigos bien posicionados, y deja a Miguel, su posible medio hermano mestizo, dependiendo de él para su educación.

De este modo, la novela termina por mostrarnos una sociedad donde todos aceptan su desarticulación y donde ninguna acción colectiva puede emprenderse. Más allá de las buenas intenciones con las que cuenta, Adrián Ormache es retratado como alguien que no puede dejar de ejercer el poder aunque ahora haya comenzado a hacerlo de nuevas maneras: de ser hijo de un violador se ha convertido en un amante; de ser un transeúnte indiferente, ahora es un patrón caritativo. Así, *La hora azul* termina por proyectar la presencia de un poder masculino que se sucede en el tiempo: no es casual que la novela termine con dos hombres conversando (un hombre mayor, Adrían, y un niño, Miguel) y casi «negociando» entre ellos una posible reconciliación nacional: «Lo que quiero es ayudarte –dije–. Nada más. Pero la verdad es que también lo hago por mí, o sea para sentirme mejor yo» (Cueto 2005: 216).

Queda entonces más claro: el universo narrativo de *La hora azul* suspende la política, y toda ella es un cruel testimonio de cómo ha comenzado a funcionar el poder en el Perú contemporáneo. Se trata, claro está, de un poder que es ahora «más solidario», «más humano», pero que mantiene finalmente una fuerte estructura tutelar:

> ¿Por qué me ayuda tanto? [pregunta Miguel]
> Agregué algo así como que en el Perú había muchas diferencias sociales y económicas y que los que éramos más afortunados teníamos un deber con los que no lo eran tanto. Me parecía que alguien me estaba dictando lo que debía decir. (Cueto 2005: 287)

Obsesionada con la idea de la reconciliación nacional y siempre en la apuesta por extirpar la culpa heredada, esta novela termina con una imagen donde la restauración de los vínculos entre los peruanos pasa por una opción con muy poca contundencia social. En el fragmento citado, es el discurso del «otro» (el discurso del poder) el que le dice al personaje que la limosna es la única manera de lidiar con el país y que no hay otra respuesta que pueda encontrarse. No se trata ya de proponer grandes retos ni mucho menos nuevas opciones políticas.

La novela termina con una imagen donde la restauración de los vínculos entre los peruanos se produce a través de una opción con muy poco peso social o voluntad: la caridad. El poder en el Perú contemporáneo puede mostrar más «solidaridad» y ser más «humano», pero la caridad, como solución a las desigualdades o un medio para la reconciliación, no es convincente. Adrián repite algo que piensa que «debería decir»; no necesariamente algo en lo que cree. De este modo, el autor establece un paralelismo entre la obligación social hacia la caridad y la reconciliación nacional:

> Es obvio que yo no voy a hacer nada por remediar esa injusticia tan enhebrada en la realidad, no puedo hacer nada, no voy a ayudarlos, a lo mejor tampoco me interesa. Y sin embargo haber sabido sobre tantas muertes y torturas y violaciones ahora me entristece tanto, y también me avergüenza un poco, no sé por qué. No voy a olvidarlos. Aunque solo me lo diga a mí mismo, y a ella. (Cueto 2005: 274)

¿El personaje se libera de la culpa al final de la novela? No lo sabemos. Pero lo que sí resulta claro es que el texto evade la utopía y destruye cualquier impulso que conduzca a ella. En ese sentido, la muerte de Miriam (su suicidio) termina siendo el recurso perfecto —el más efectivo— para evadir posibilidad de unión de dos personajes con diferencias sociales tan abismales. Resulta claro que la novela no puede imaginarlo, es decir, de no haber muerto, la relación con Miriam hubiera enfrentado al narrador ante desafíos estéticos y simbólicos de mayor alcance: cómo hacer que los lectores creyeran posible una relación amorosa entre estas clases sociales distantes, y mucho menos entre víctima y perpetrador. La sociedad peruana se enfrenta a un desafío similar: cómo imaginar una comunidad nacional sin jerarquías clasistas o racistas de relaciones verticales y tutelares. Entonces, para la crítica cultural, el punto clave reside en observar la imposibilidad de que la cultura peruana sigue teniendo, al menos en su narrativa, poder para imaginar la comunidad fuera de las jerarquizaciones clasistas o raciales, y de las relaciones verticales y tutelares. Puede decirse que la falta de riesgo para construir un proyecto narrativo diferente y, sin duda, para involucrar a los actores en una transformación social más abarcadora, termina sustrayéndose en la pura resignación individual. Adrián elige la resignación individual —no puede transformar la sociedad, así que no lo intenta—. De manera similar, la reconciliación nacional no implica una transformación social integral, sino que sigue siendo una abstracción (Jameson 2004), así como lo hace la caridad en esta novela.

Antes que un signo de reconciliación nacional, la limosna (caridad) sigue siendo aquí un elemento subalternizador. En efecto, esa acción no significa crear un nuevo vínculo entre los peruanos sino mantener una estructura tutelar que resulta eficiente solo para maniobrar las culpas de los sectores más favorecidos. Si en algún momento la posibilidad utópica fue fantaseada a partir de la relación entre Adrián y Miriam, todo ello termina disuelto cuando la novela muestra a Adrián y Miguel conversando al final de la novela: ahí cada uno es conciente de que la sociedad les ha asignado un lugar y que casi están completamente sujetos a él.

En conclusión, *La hora azul* termina por representar una brecha —inmensa, insalvable— que todavía no puede superarse en el país.

Insisto: ¿por qué el abogado Adrián Ormache se sigue desesperando ante la mudez de los personajes subalternos? En una sociedad como la peruana y en una literatura en permanente crisis como la nuestra (me refiero a su carácter excesivamente limeño), me parece urgente continuar explorando esta relación entre la voz de las élites, la culpa y el mundo subalterno, y la responsabilidad por el pasado.

5

RUPAY: Historias de la violencia política en el Perú, 1980-1984

Luis Rossell, Alfredo Villar y Jesús Cossio

Nota de la editora: siguiendo la tradición artística de Art Spiegelman, Joe Sacco y Chester Brown, un colectivo de artistas peruanos (Luis Rossell, Alfredo Villar y Jesús Cossio) publicó la novela gráfica *Rupay: Historias de la violencia política en el Perú 1980-1984.*[1] En este trabajo, los autores juegan con la ambigüedad del término historia: «historia» como una narración de sucesos pasados e «historia» como un relato ficticio. Utilizando el formato del «cómic» (el término que ellos prefieren en vez de «novela gráfica»), los autores presentan, en una serie de nueve viñetas, casos emblemáticos de los primeros años del conflicto incluidos en el *Informe final* de la Comisión de la Verdad y Reconciliación (CVR): desde la acción inicial de Sendero Luminoso con la quema de las ánforas de votación en Chuschi hasta la masacre militar contra los habitantes de Putis. La sección reproducida aquí, «Uchuraccay», relata el asesinato de ocho periodistas y un guía perpetrado en 1983, en la comunidad alto andina de Uchuraccay (Ayacucho). Los autores acuden a muchas fuentes informativas (recortes de periódico, conclusiones de comisiones investigadoras gubernamentales, testimonios, rumores y expresiones artísticas de los hechos como una tabla de Sarhua, donde

1. Rupay es una palabra quechua que significa «calor», «fuego» y «ardor». Las notas explicativas de este capítulo pertenecen a Alfredo Villar.

se representa a la unidad policial contrainsurgente conocida como «los sinchis») para intentar juntar la piezas de uno de los mayores misterios del conflicto: ¿quién mató realmente a los periodistas y a su guía, y por qué? Mediante su oficio como artistas del cómic, los creadores de *Rupay* muestran las complejidades de este acontecimiento, su cobertura y representación en la prensa y en el imaginario público, así como el legado de esta masacre que no solo marcó a las familias de las víctimas, sino a la comunidad entera. Tras el crimen, algunos residentes de Uchuraccay fueron acusados y sentenciados a prisión; otros fueron asesinados por Sendero Luminoso y en ataques militares. Los sobrevivientes abandonaron la aldea y enfrentaron la discriminación racial por proceder de Uchuraccay después de que los medios nacionales convirtieron a la comunidad en sinónimo de salvajismo. Los artistas traen a la luz inconsistencias, hechos «ocultos» y testimonios en un texto que no es simplemente un relato del pasado, sino un documento sobre cómo algunos peruanos están tratando de averiguar y trabajar a través de este pasado. Desde el detalle sutil de una bandera peruana con el color rojo (más tarde recogida como sangre que fluye y en la bandera de Sendero Luminoso, aunque no se aprecie en la reproducción en blanco y negro publicada aquí) hasta la inserción de fotografías y recortes de periódicos de la época, este cómic nos ayuda a ver la complejidad de esta tragedia como algo que va más allá de la yuxtaposición del «Perú profundo» —tradicional, atrasado, ajeno a la modernidad— con el resto del Perú. Una desafortunada dicotomía explicativa que surgió de la investigación sobre la masacre hecha por la «Comisión Vargas Llosa».[2] Las historias en *Rupay*, tomadas en su conjunto, proporcionan un relato lúcido, rígido y conmovedor del confito armado.

---

2. Sobre los asesinatos en Huaychao, las muertes de los periodistas y el guía en Uchuraccay, la comisión investigadora oficial dirigida por Mario Vargas Llosa, los efectos duraderos de estas muertes en el pueblo de Uchuraccay, y la respuesta nacional a estos, véanse CVR 2003a, V: 121-182; Del Pino 2003; La Serna 2012: 7-8; Mayer 1991.

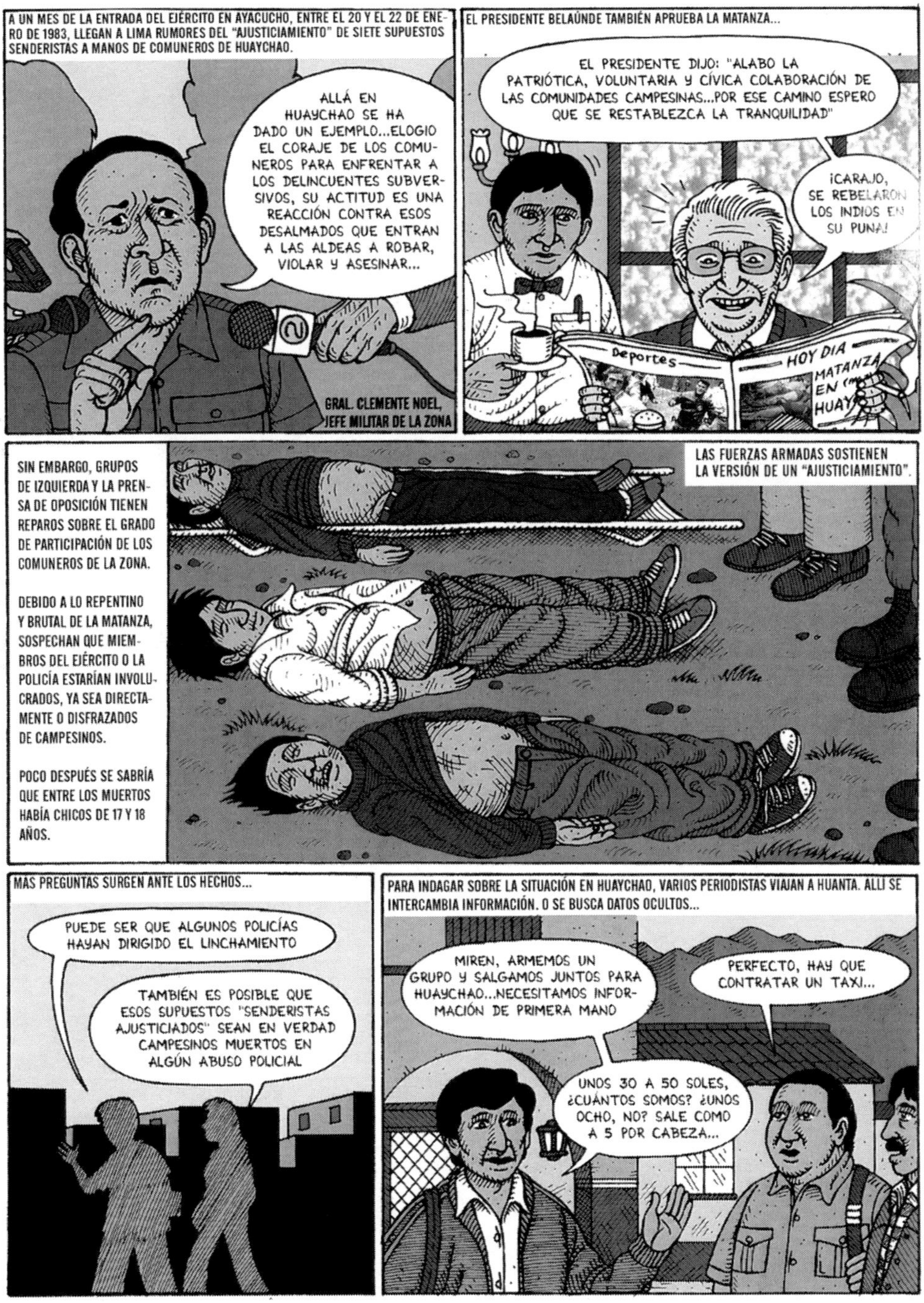
A UN MES DE LA ENTRADA DEL EJÉRCITO EN AYACUCHO, ENTRE EL 20 Y EL 22 DE ENERO DE 1983, LLEGAN A LIMA RUMORES DEL "AJUSTICIAMIENTO" DE SIETE SUPUESTOS SENDERISTAS A MANOS DE COMUNEROS DE HUAYCHAO.
ALLÁ EN HUAYCHAO SE HA DADO UN EJEMPLO...ELOGIO EL CORAJE DE LOS COMUNEROS PARA ENFRENTAR A LOS DELINCUENTES SUBVERSIVOS, SU ACTITUD ES UNA REACCIÓN CONTRA ESOS DESALMADOS QUE ENTRAN A LAS ALDEAS A ROBAR, VIOLAR Y ASESINAR...
GRAL. CLEMENTE NOEL, JEFE MILITAR DE LA ZONA
EL PRESIDENTE BELAÚNDE TAMBIÉN APRUEBA LA MATANZA...
EL PRESIDENTE DIJO: "ALABO LA PATRIÓTICA, VOLUNTARIA Y CÍVICA COLABORACIÓN DE LAS COMUNIDADES CAMPESINAS...POR ESE CAMINO ESPERO QUE SE RESTABLEZCA LA TRANQUILIDAD"
¡CARAJO, SE REBELARON LOS INDIOS EN SU PUNA!
Deportes
HOY DIA
MATANZA
SIN EMBARGO, GRUPOS DE IZQUIERDA Y LA PRENSA DE OPOSICIÓN TIENEN REPAROS SOBRE EL GRADO DE PARTICIPACIÓN DE LOS COMUNEROS DE LA ZONA.
DEBIDO A LO REPENTINO Y BRUTAL DE LA MATANZA, SOSPECHAN QUE MIEMBROS DEL EJÉRCITO O LA POLICÍA ESTARÍAN INVOLUCRADOS, YA SEA DIRECTAMENTE O DISFRAZADOS DE CAMPESINOS.
POCO DESPUÉS SE SABRÍA QUE ENTRE LOS MUERTOS HABÍA CHICOS DE 17 Y 18 AÑOS.
LAS FUERZAS ARMADAS SOSTIENEN LA VERSIÓN DE UN "AJUSTICIAMIENTO".
MÁS PREGUNTAS SURGEN ANTE LOS HECHOS...
PUEDE SER QUE ALGUNOS POLICÍAS HAYAN DIRIGIDO EL LINCHAMIENTO
TAMBIÉN ES POSIBLE QUE ESOS SUPUESTOS "SENDERISTAS AJUSTICIADOS" SEAN EN VERDAD CAMPESINOS MUERTOS EN ALGÚN ABUSO POLICIAL
PARA INDAGAR SOBRE LA SITUACIÓN EN HUAYCHAO, VARIOS PERIODISTAS VIAJAN A HUANTA. ALLÍ SE INTERCAMBIA INFORMACIÓN. O SE BUSCA DATOS OCULTOS...
MIREN, ARMEMOS UN GRUPO Y SALGAMOS JUNTOS PARA HUAYCHAO...NECESITAMOS INFORMACIÓN DE PRIMERA MANO
PERFECTO, HAY QUE CONTRATAR UN TAXI...
UNOS 30 A 50 SOLES, ¿CUÁNTOS SOMOS? ¿UNOS OCHO, NO? SALE COMO A 5 POR CABEZA...

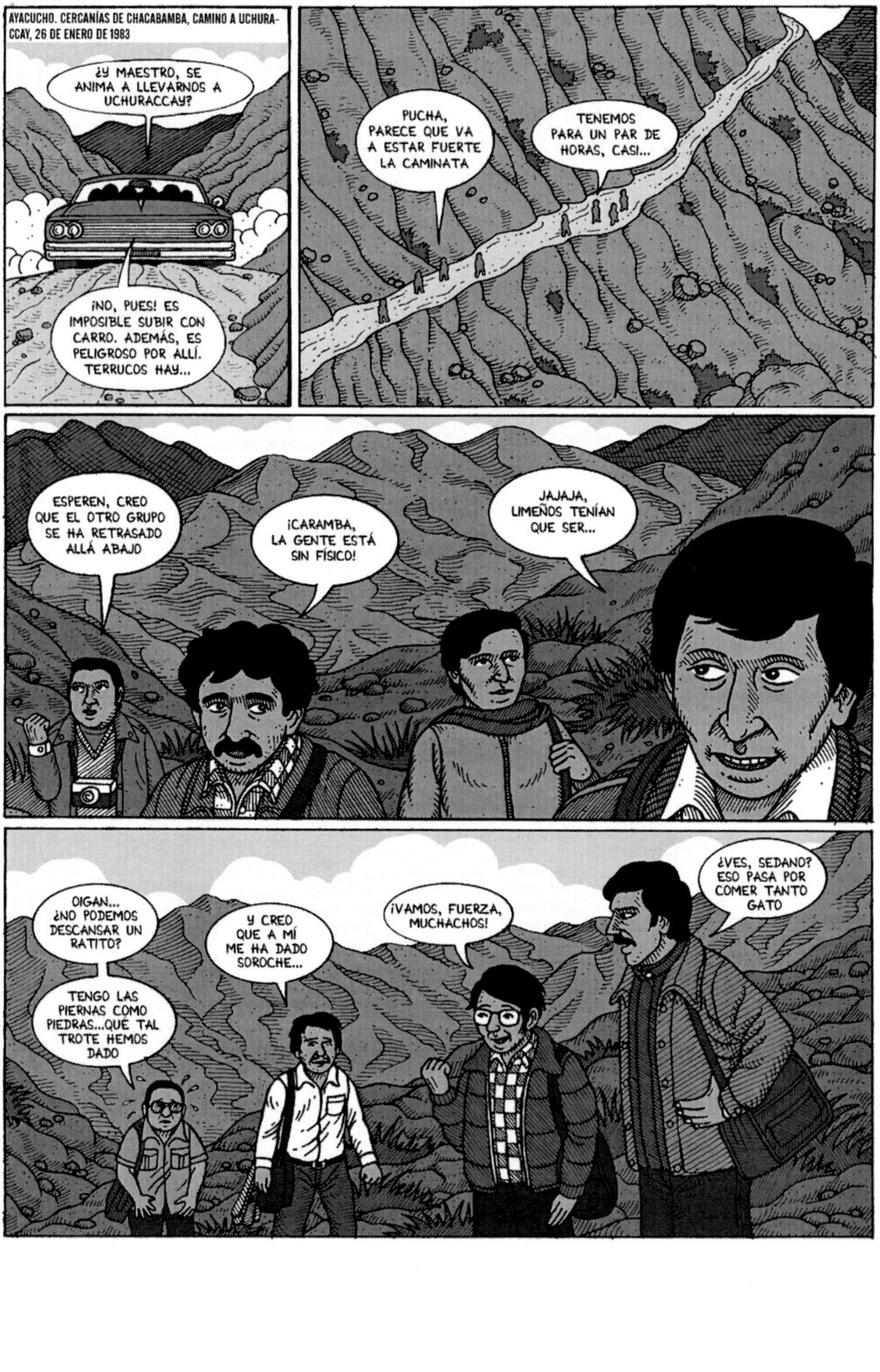
AYACUCHO. CERCANÍAS DE CHACABAMBA, CAMINO A UCHURACCAY, 26 DE ENERO DE 1983
¿Y MAESTRO, SE ANIMA A LLEVARNOS A UCHURACCAY?
¡NO, PUES! ES IMPOSIBLE SUBIR CON CARRO. ADEMÁS, ES PELIGROSO POR ALLÍ. TERRUCOS HAY...
PUCHA, PARECE QUE VA A ESTAR FUERTE LA CAMINATA
TENEMOS PARA UN PAR DE HORAS, CASI...
ESPEREN, CREO QUE EL OTRO GRUPO SE HA RETRASADO ALLÁ ABAJO
¡CARAMBA, LA GENTE ESTÁ SIN FÍSICO!
JAJAJA, LIMEÑOS TENÍAN QUE SER...
OIGAN... ¿NO PODEMOS DESCANSAR UN RATITO?
TENGO LAS PIERNAS COMO PIEDRAS...QUÉ TAL TROTE HEMOS DADO
Y CREO QUE A MÍ ME HA DADO SOROCHE...
¡VAMOS, FUERZA, MUCHACHOS!
¿VES, SEDANO? ESO PASA POR COMER TANTO GATO

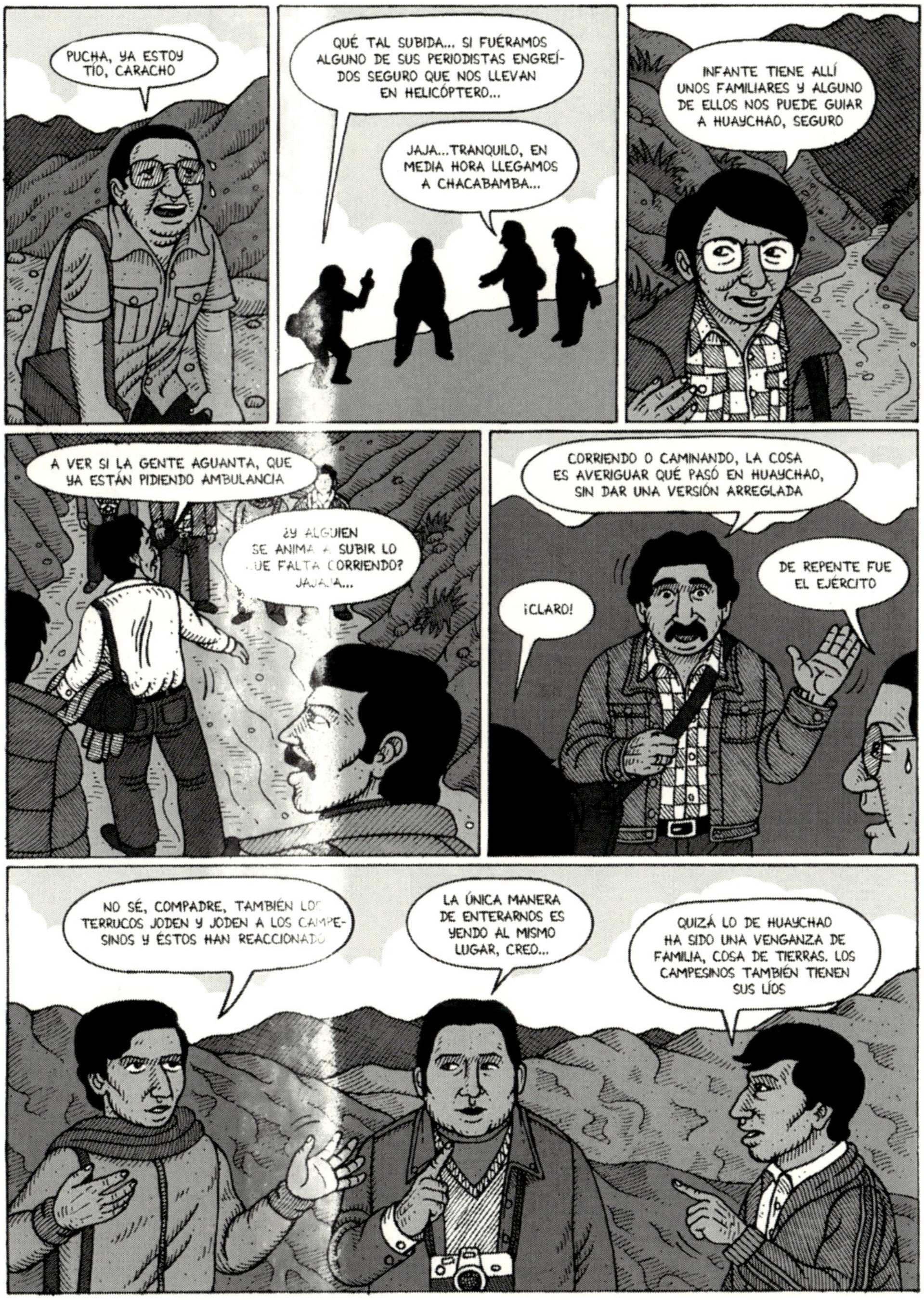
PUCHA, YA ESTOY TÍO, CARACHO
QUÉ TAL SUBIDA... SI FUÉRAMOS ALGUNO DE SUS PERIODISTAS ENGREÍDOS SEGURO QUE NOS LLEVAN EN HELICÓPTERO...
JAJA...TRANQUILO, EN MEDIA HORA LLEGAMOS A CHACABAMBA...
INFANTE TIENE ALLÍ UNOS FAMILIARES Y ALGUNO DE ELLOS NOS PUEDE GUIAR A HUAYCHAO, SEGURO
A VER SI LA GENTE AGUANTA, QUE YA ESTÁN PIDIENDO AMBULANCIA
¿Y ALGUIEN SE ANIMA A SUBIR LO QUE FALTA CORRIENDO? JAJAJA...
CORRIENDO O CAMINANDO, LA COSA ES AVERIGUAR QUÉ PASÓ EN HUAYCHAO, SIN DAR UNA VERSIÓN ARREGLADA
¡CLARO!
DE REPENTE FUE EL EJÉRCITO
NO SÉ, COMPADRE, TAMBIÉN LOS TERRUCOS JODEN Y JODEN A LOS CAMPESINOS Y ÉSTOS HAN REACCIONADO
LA ÚNICA MANERA DE ENTERARNOS ES YENDO AL MISMO LUGAR, CREO...
QUIZÁ LO DE HUAYCHAO HA SIDO UNA VENGANZA DE FAMILIA, COSA DE TIERRAS. LOS CAMPESINOS TAMBIÉN TIENEN SUS LÍOS

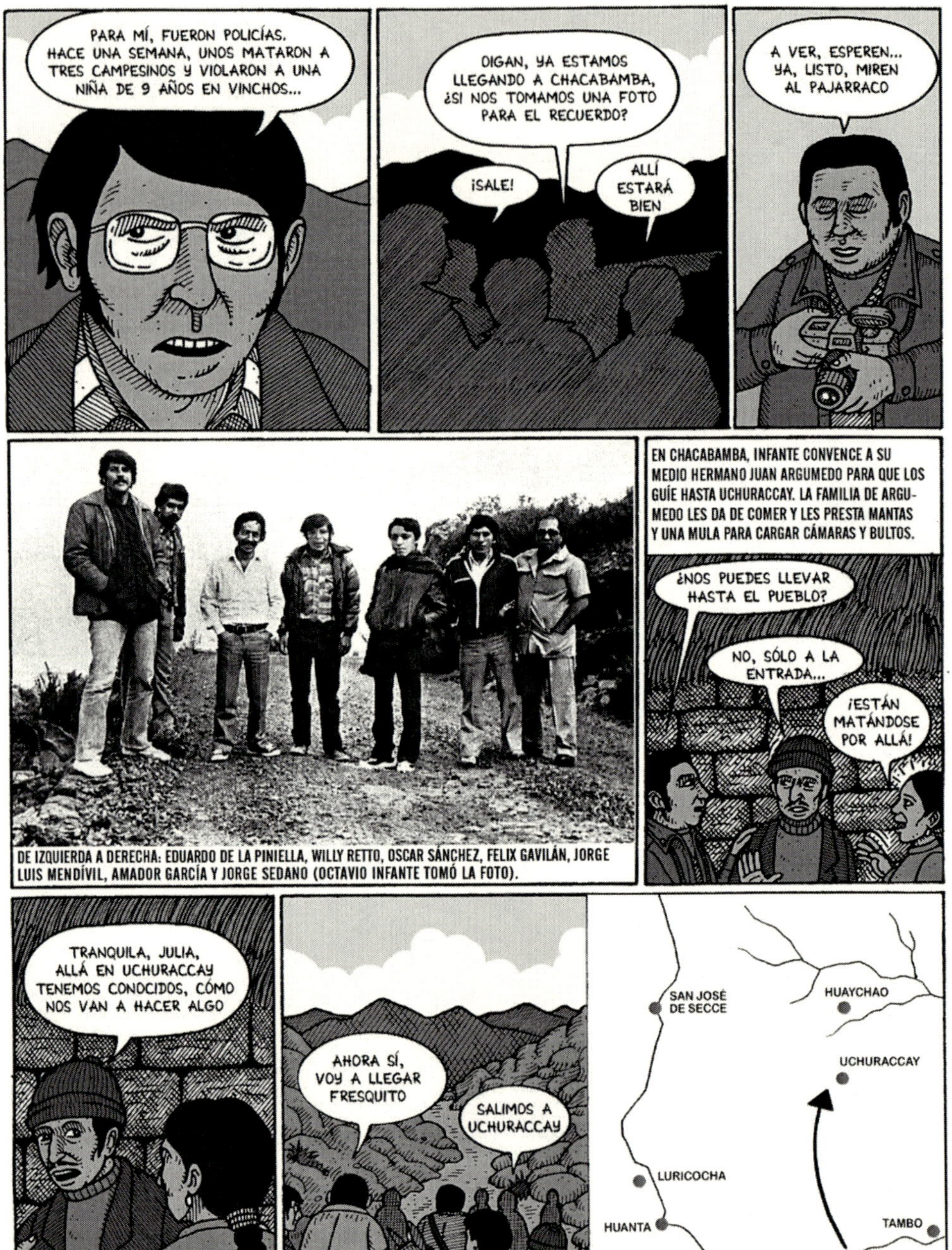
PARA MÍ, FUERON POLICÍAS. HACE UNA SEMANA, UNOS MATARON A TRES CAMPESINOS Y VIOLARON A UNA NIÑA DE 9 AÑOS EN VINCHOS...
OIGAN, YA ESTAMOS LLEGANDO A CHACABAMBA, ¿SI NOS TOMAMOS UNA FOTO PARA EL RECUERDO?
¡SALE!
ALLÍ ESTARÁ BIEN
A VER, ESPEREN... YA, LISTO, MIREN AL PAJARRACO
DE IZQUIERDA A DERECHA: EDUARDO DE LA PINIELLA, WILLY RETTO, OSCAR SÁNCHEZ, FELIX GAVILÁN, JORGE LUIS MENDÍVIL, AMADOR GARCÍA Y JORGE SEDANO (OCTAVIO INFANTE TOMÓ LA FOTO).
EN CHACABAMBA, INFANTE CONVENCE A SU MEDIO HERMANO JUAN ARGUMEDO PARA QUE LOS GUÍE HASTA UCHURACCAY. LA FAMILIA DE ARGUMEDO LES DA DE COMER Y LES PRESTA MANTAS Y UNA MULA PARA CARGAR CÁMARAS Y BULTOS.
¿NOS PUEDES LLEVAR HASTA EL PUEBLO?
NO, SÓLO A LA ENTRADA...
¡ESTÁN MATÁNDOSE POR ALLÁ!
TRANQUILA, JULIA, ALLÁ EN UCHURACCAY TENEMOS CONOCIDOS, CÓMO NOS VAN A HACER ALGO
AHORA SÍ, VOY A LLEGAR FRESQUITO
SALIMOS A UCHURACCAY
SAN JOSÉ DE SECCE
HUAYCHAO
UCHURACCAY
LURICOCHA
HUANTA
TAMBO

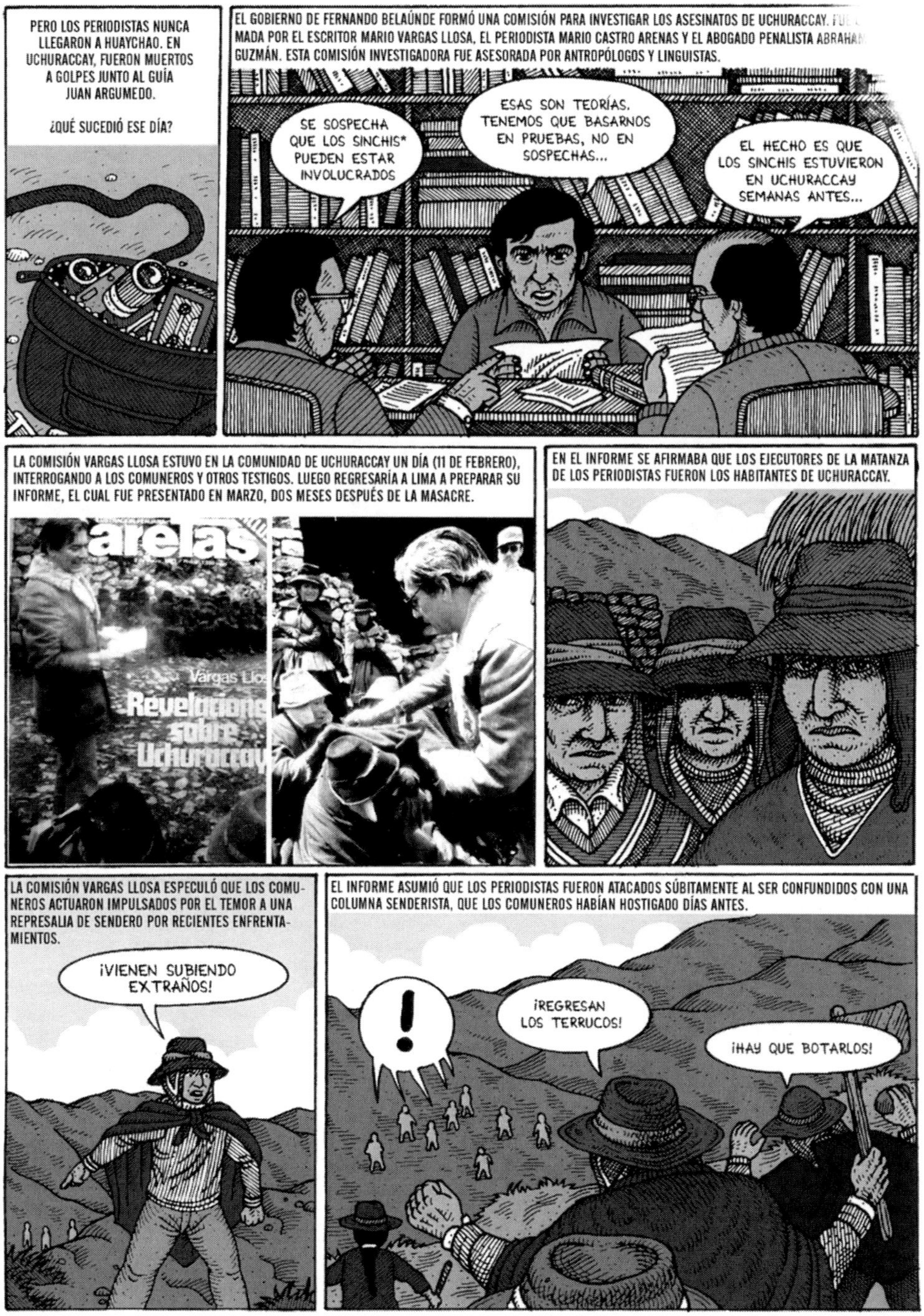
PERO LOS PERIODISTAS NUNCA LLEGARON A HUAYCHAO. EN UCHURACCAY, FUERON MUERTOS A GOLPES JUNTO AL GUÍA JUAN ARGUMEDO.
¿QUÉ SUCEDIÓ ESE DÍA?
EL GOBIERNO DE FERNANDO BELAÚNDE FORMÓ UNA COMISIÓN PARA INVESTIGAR LOS ASESINATOS DE UCHURACCAY.
MADA POR EL ESCRITOR MARIO VARGAS LLOSA, EL PERIODISTA MARIO CASTRO ARENAS Y EL ABOGADO PENALISTA
GUZMÁN. ESTA COMISIÓN INVESTIGADORA FUE ASESORADA POR ANTROPÓLOGOS Y LINGUISTAS.
SE SOSPECHA QUE LOS SINCHIS* PUEDEN ESTAR INVOLUCRADOS
ESAS SON TEORÍAS. TENEMOS QUE BASARNOS EN PRUEBAS, NO EN SOSPECHAS...
EL HECHO ES QUE LOS SINCHIS ESTUVIERON EN UCHURACCAY SEMANAS ANTES...
LA COMISIÓN VARGAS LLOSA ESTUVO EN LA COMUNIDAD DE UCHURACCAY UN DÍA (11 DE FEBRERO), INTERROGANDO A LOS COMUNEROS Y OTROS TESTIGOS. LUEGO REGRESARÍA A LIMA A PREPARAR SU INFORME, EL CUAL FUE PRESENTADO EN MARZO, DOS MESES DESPUÉS DE LA MASACRE.
EN EL INFORME SE AFIRMABA QUE LOS EJECUTORES DE LA MATANZA DE LOS PERIODISTAS FUERON LOS HABITANTES DE UCHURACCAY.
LA COMISIÓN VARGAS LLOSA ESPECULÓ QUE LOS COMUNEROS ACTUARON IMPULSADOS POR EL TEMOR A UNA REPRESALIA DE SENDERO POR RECIENTES ENFRENTAMIENTOS.
¡VIENEN SUBIENDO EXTRAÑOS!
EL INFORME ASUMIÓ QUE LOS PERIODISTAS FUERON ATACADOS SÚBITAMENTE AL SER CONFUNDIDOS CON UNA COLUMNA SENDERISTA, QUE LOS COMUNEROS HABÍAN HOSTIGADO DÍAS ANTES.
!
¡REGRESAN LOS TERRUCOS!
¡HAY QUE BOTARLOS!

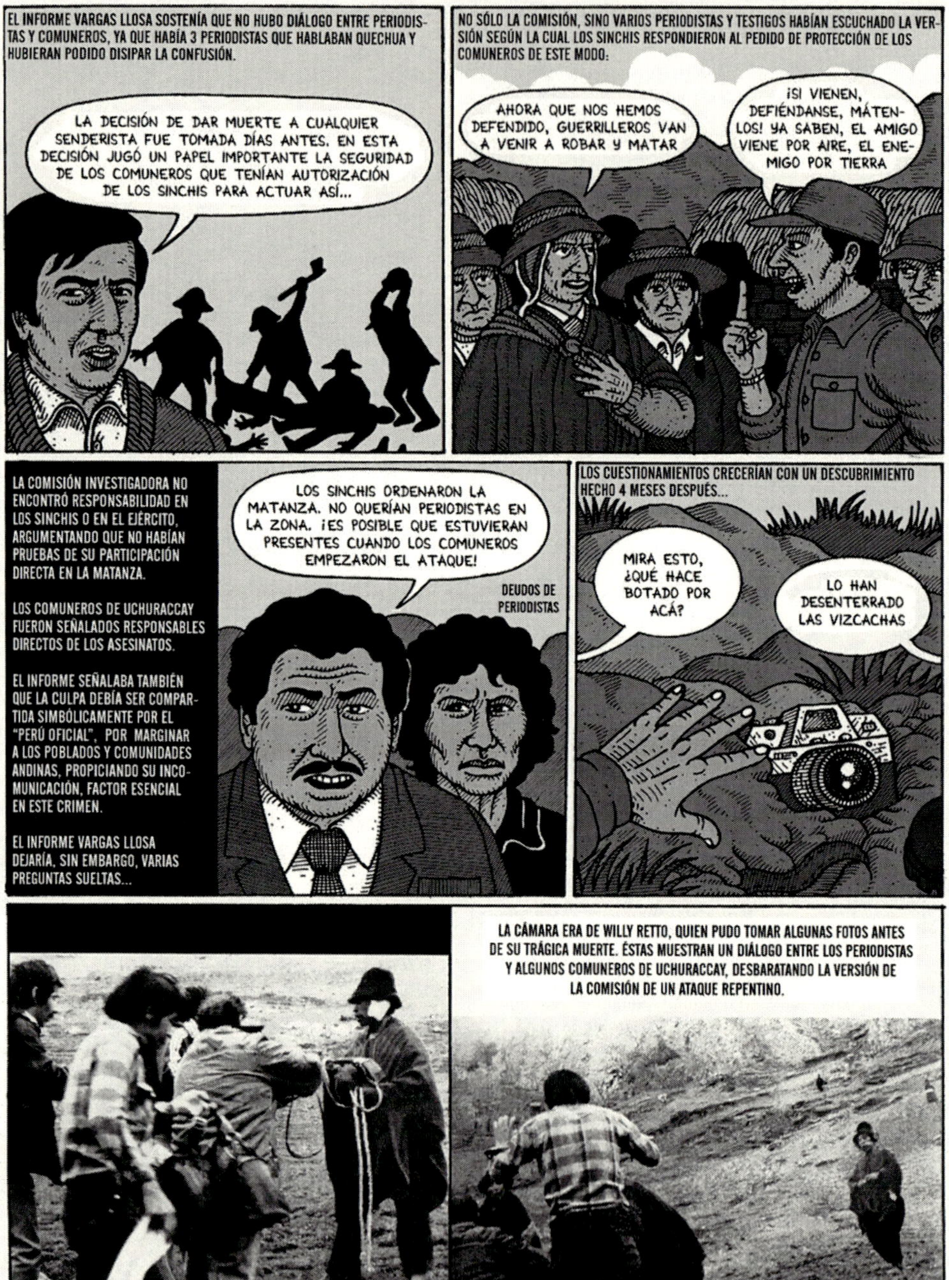
EL INFORME VARGAS LLOSA SOSTENÍA QUE NO HUBO DIÁLOGO ENTRE PERIODISTAS Y COMUNEROS, YA QUE HABÍA 3 PERIODISTAS QUE HABLABAN QUECHUA Y HUBIERAN PODIDO DISIPAR LA CONFUSIÓN.
LA DECISIÓN DE DAR MUERTE A CUALQUIER SENDERISTA FUE TOMADA DÍAS ANTES. EN ESTA DECISIÓN JUGÓ UN PAPEL IMPORTANTE LA SEGURIDAD DE LOS COMUNEROS QUE TENÍAN AUTORIZACIÓN DE LOS SINCHIS PARA ACTUAR ASÍ...
NO SÓLO LA COMISIÓN, SINO VARIOS PERIODISTAS Y TESTIGOS HABÍAN ESCUCHADO LA VERSIÓN SEGÚN LA CUAL LOS SINCHIS RESPONDIERON AL PEDIDO DE PROTECCIÓN DE LOS COMUNEROS DE ESTE MODO:
AHORA QUE NOS HEMOS DEFENDIDO, GUERRILLEROS VAN A VENIR A ROBAR Y MATAR
¡SI VIENEN, DEFIÉNDANSE, MÁTENLOS! YA SABEN, EL AMIGO VIENE POR AIRE, EL ENEMIGO POR TIERRA
LA COMISIÓN INVESTIGADORA NO ENCONTRÓ RESPONSABILIDAD EN LOS SINCHIS O EN EL EJÉRCITO, ARGUMENTANDO QUE NO HABÍAN PRUEBAS DE SU PARTICIPACIÓN DIRECTA EN LA MATANZA.
LOS COMUNEROS DE UCHURACCAY FUERON SEÑALADOS RESPONSABLES DIRECTOS DE LOS ASESINATOS.
EL INFORME SEÑALABA TAMBIÉN QUE LA CULPA DEBÍA SER COMPARTIDA SIMBÓLICAMENTE POR EL "PERÚ OFICIAL", POR MARGINAR A LOS POBLADOS Y COMUNIDADES ANDINAS, PROPICIANDO SU INCOMUNICACIÓN, FACTOR ESENCIAL EN ESTE CRIMEN.
EL INFORME VARGAS LLOSA DEJARÍA, SIN EMBARGO, VARIAS PREGUNTAS SUELTAS...
LOS SINCHIS ORDENARON LA MATANZA. NO QUERÍAN PERIODISTAS EN LA ZONA. ¡ES POSIBLE QUE ESTUVIERAN PRESENTES CUANDO LOS COMUNEROS EMPEZARON EL ATAQUE!
DEUDOS DE PERIODISTAS
LOS CUESTIONAMIENTOS CRECERÍAN CON UN DESCUBRIMIENTO HECHO 4 MESES DESPUÉS...
MIRA ESTO, ¿QUÉ HACE BOTADO POR ACÁ?
LO HAN DESENTERRADO LAS VIZCACHAS
LA CÁMARA ERA DE WILLY RETTO, QUIEN PUDO TOMAR ALGUNAS FOTOS ANTES DE SU TRÁGICA MUERTE. ÉSTAS MUESTRAN UN DIÁLOGO ENTRE LOS PERIODISTAS Y ALGUNOS COMUNEROS DE UCHURACCAY, DESBARATANDO LA VERSIÓN DE LA COMISIÓN DE UN ATAQUE REPENTINO.

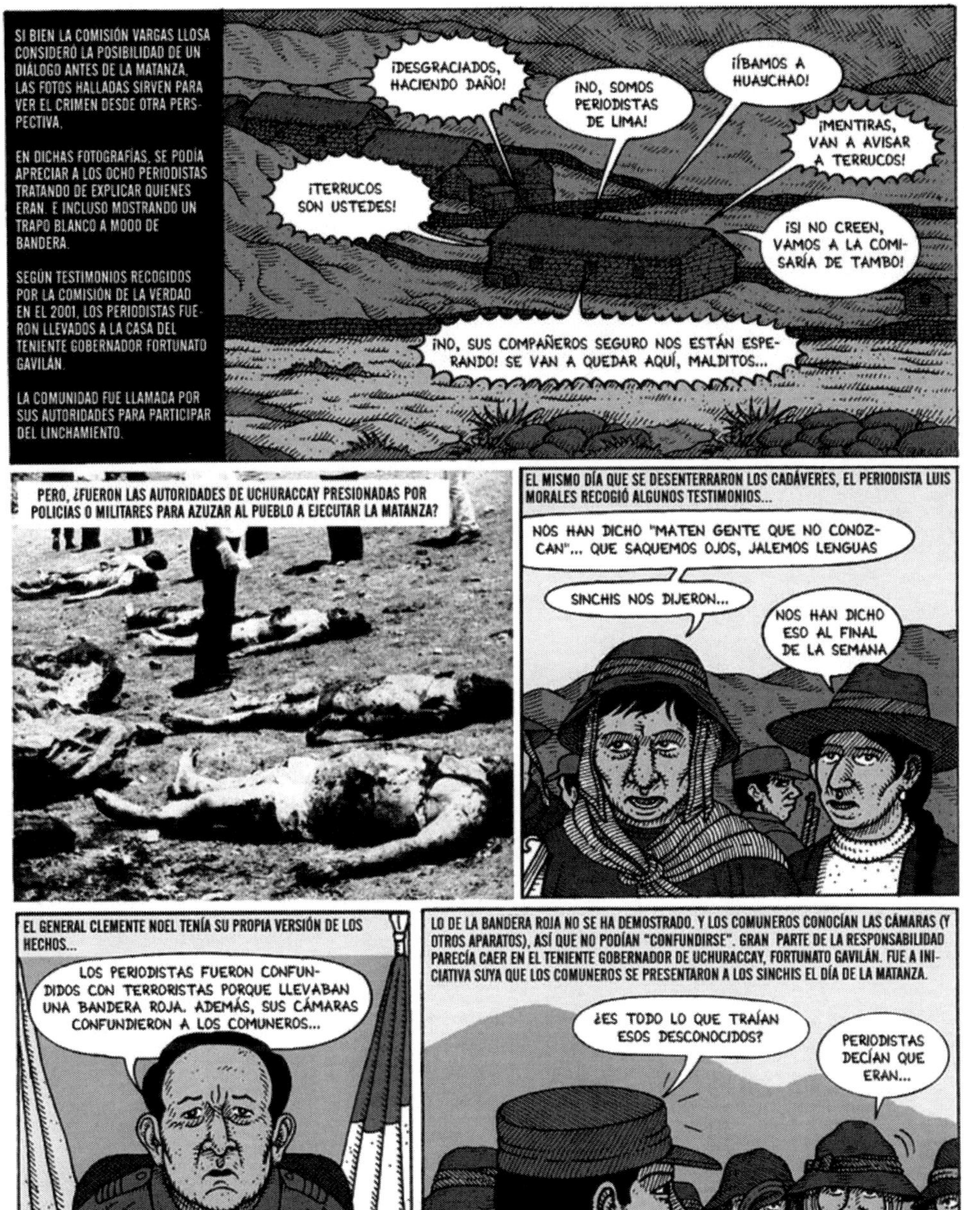
SI BIEN LA COMISIÓN VARGAS LLOSA CONSIDERÓ LA POSIBILIDAD DE UN DIÁLOGO ANTES DE LA MATANZA, LAS FOTOS HALLADAS SIRVEN PARA VER EL CRIMEN DESDE OTRA PERSPECTIVA.
EN DICHAS FOTOGRAFÍAS, SE PODÍA APRECIAR A LOS OCHO PERIODISTAS TRATANDO DE EXPLICAR QUIENES ERAN. E INCLUSO MOSTRANDO UN TRAPO BLANCO A MODO DE BANDERA.
SEGÚN TESTIMONIOS RECOGIDOS POR LA COMISIÓN DE LA VERDAD EN EL 2001, LOS PERIODISTAS FUERON LLEVADOS A LA CASA DEL TENIENTE GOBERNADOR FORTUNATO GAVILÁN.
LA COMUNIDAD FUE LLAMADA POR SUS AUTORIDADES PARA PARTICIPAR DEL LINCHAMIENTO.
¡DESGRACIADOS, HACIENDO DAÑO!
¡NO, SOMOS PERIODISTAS DE LIMA!
¡ÍBAMOS A HUAYCHAO!
¡MENTIRAS, VAN A AVISAR A TERRUCOS!
¡TERRUCOS SON USTEDES!
¡SI NO CREEN, VAMOS A LA COMISARÍA DE TAMBO!
¡NO, SUS COMPAÑEROS SEGURO NOS ESTÁN ESPERANDO! SE VAN A QUEDAR AQUÍ, MALDITOS...
PERO, ¿FUERON LAS AUTORIDADES DE UCHURACCAY PRESIONADAS POR POLICIAS O MILITARES PARA AZUZAR AL PUEBLO A EJECUTAR LA MATANZA?
EL MISMO DÍA QUE SE DESENTERRARON LOS CADÁVERES, EL PERIODISTA LUIS MORALES RECOGIÓ ALGUNOS TESTIMONIOS...
NOS HAN DICHO "MATEN GENTE QUE NO CONOZCAN"... QUE SAQUEMOS OJOS, JALEMOS LENGUAS
SINCHIS NOS DIJERON...
NOS HAN DICHO ESO AL FINAL DE LA SEMANA
EL GENERAL CLEMENTE NOEL TENÍA SU PROPIA VERSIÓN DE LOS HECHOS...
LOS PERIODISTAS FUERON CONFUNDIDOS CON TERRORISTAS PORQUE LLEVABAN UNA BANDERA ROJA. ADEMÁS, SUS CÁMARAS CONFUNDIERON A LOS COMUNEROS...
LO DE LA BANDERA ROJA NO SE HA DEMOSTRADO, Y LOS COMUNEROS CONOCÍAN LAS CÁMARAS (Y OTROS APARATOS), ASÍ QUE NO PODÍAN "CONFUNDIRSE". GRAN PARTE DE LA RESPONSABILIDAD PARECÍA CAER EN EL TENIENTE GOBERNADOR DE UCHURACCAY, FORTUNATO GAVILÁN. FUE A INICIATIVA SUYA QUE LOS COMUNEROS SE PRESENTARON A LOS SINCHIS EL DÍA DE LA MATANZA.
¿ES TODO LO QUE TRAÍAN ESOS DESCONOCIDOS?
PERIODISTAS DECÍAN QUE ERAN...

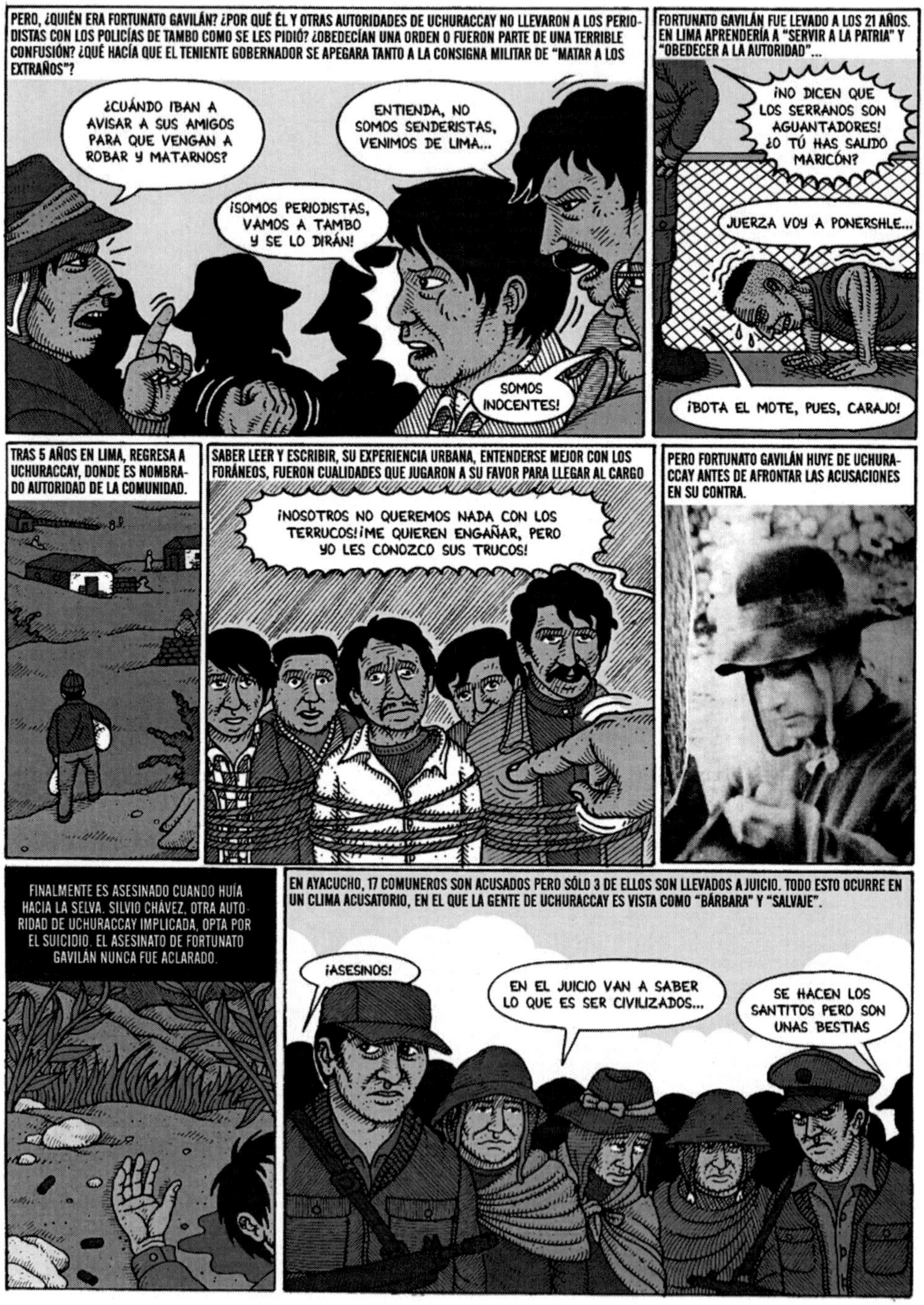
PERO, ¿QUIÉN ERA FORTUNATO GAVILÁN? ¿POR QUÉ ÉL Y OTRAS AUTORIDADES DE UCHURACCAY NO LLEVARON A LOS PERIODISTAS CON LOS POLICÍAS DE TAMBO COMO SE LES PIDIÓ? ¿OBEDECÍAN UNA ORDEN O FUERON PARTE DE UNA TERRIBLE CONFUSIÓN? ¿QUÉ HACÍA QUE EL TENIENTE GOBERNADOR SE APEGARA TANTO A LA CONSIGNA MILITAR DE "MATAR A LOS EXTRAÑOS"?
¿CUÁNDO IBAN A AVISAR A SUS AMIGOS PARA QUE VENGAN A ROBAR Y MATARNOS?
ENTIENDA, NO SOMOS SENDERISTAS, VENIMOS DE LIMA...
¡SOMOS PERIODISTAS, VAMOS A TAMBO Y SE LO DIRÁN!
SOMOS INOCENTES!
FORTUNATO GAVILÁN FUE LEVADO A LOS 21 AÑOS. EN LIMA APRENDERÍA A "SERVIR A LA PATRIA" Y "OBEDECER A LA AUTORIDAD"...
¡NO DICEN QUE LOS SERRANOS SON AGUANTADORES! ¿O TÚ HAS SALIDO MARICÓN?
JUERZA VOY A PONERSHLE...
¡BOTA EL MOTE, PUES, CARAJO!
TRAS 5 AÑOS EN LIMA, REGRESA A UCHURACCAY, DONDE ES NOMBRADO AUTORIDAD DE LA COMUNIDAD.
SABER LEER Y ESCRIBIR, SU EXPERIENCIA URBANA, ENTENDERSE MEJOR CON LOS FORÁNEOS, FUERON CUALIDADES QUE JUGARON A SU FAVOR PARA LLEGAR AL CARGO
¡NOSOTROS NO QUEREMOS NADA CON LOS TERRUCOS! ¡ME QUIEREN ENGAÑAR, PERO YO LES CONOZCO SUS TRUCOS!
PERO FORTUNATO GAVILÁN HUYE DE UCHURACCAY ANTES DE AFRONTAR LAS ACUSACIONES EN SU CONTRA.
FINALMENTE ES ASESINADO CUANDO HUÍA HACIA LA SELVA. SILVIO CHÁVEZ, OTRA AUTORIDAD DE UCHURACCAY IMPLICADA, OPTA POR EL SUICIDIO. EL ASESINATO DE FORTUNATO GAVILÁN NUNCA FUE ACLARADO.
EN AYACUCHO, 17 COMUNEROS SON ACUSADOS PERO SÓLO 3 DE ELLOS SON LLEVADOS A JUICIO. TODO ESTO OCURRE EN UN CLIMA ACUSATORIO, EN EL QUE LA GENTE DE UCHURACCAY ES VISTA COMO "BÁRBARA" Y "SALVAJE".
¡ASESINOS!
EN EL JUICIO VAN A SABER LO QUE ES SER CIVILIZADOS...
SE HACEN LOS SANTITOS PERO SON UNAS BESTIAS

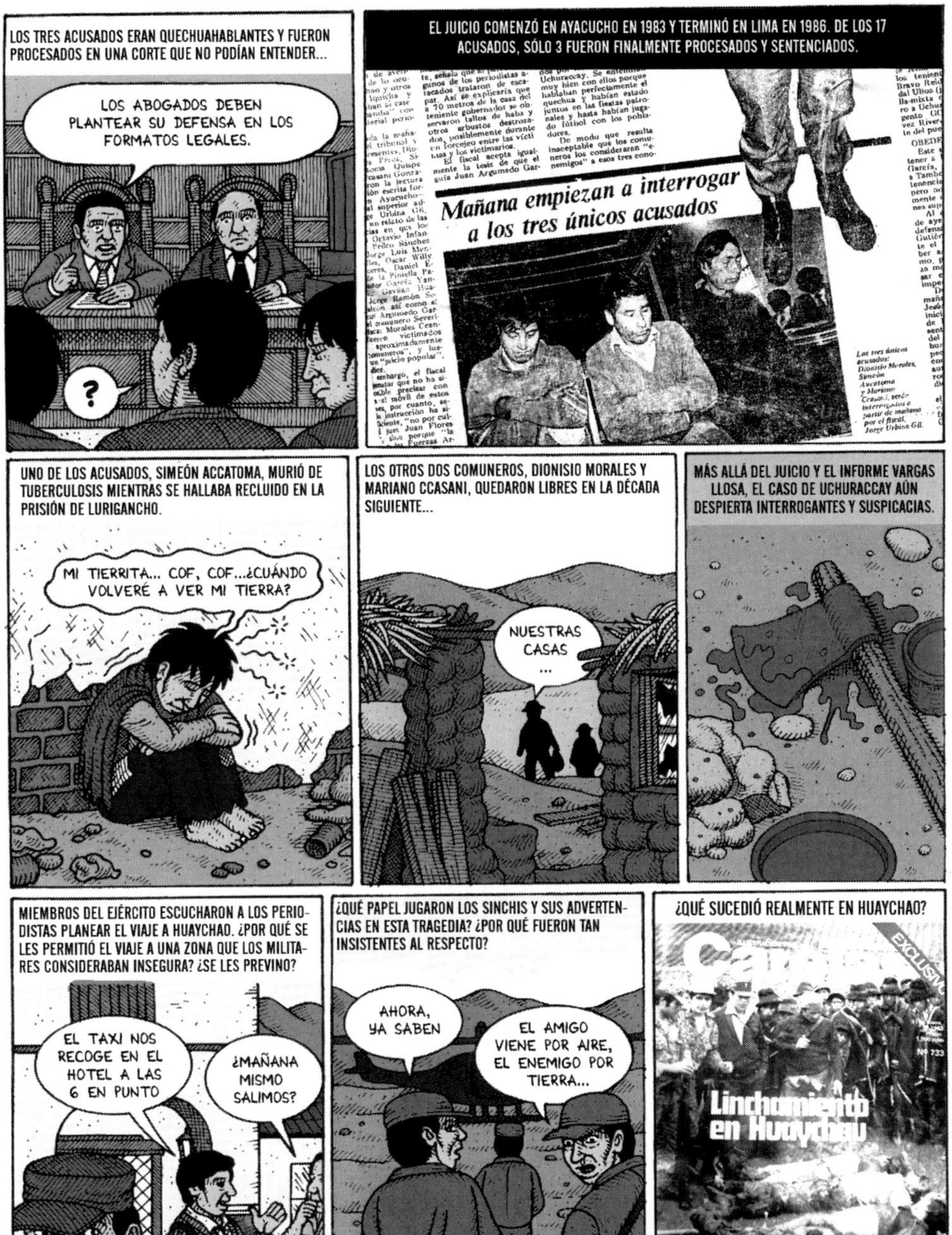
LOS TRES ACUSADOS ERAN QUECHUAHABLANTES Y FUERON PROCESADOS EN UNA CORTE QUE NO PODÍAN ENTENDER...
LOS ABOGADOS DEBEN PLANTEAR SU DEFENSA EN LOS FORMATOS LEGALES.
?
EL JUICIO COMENZÓ EN AYACUCHO EN 1983 Y TERMINÓ EN LIMA EN 1986. DE LOS 17 ACUSADOS, SÓLO 3 FUERON FINALMENTE PROCESADOS Y SENTENCIADOS.
Mañana empiezan a interrogar a los tres únicos acusados
UNO DE LOS ACUSADOS, SIMEÓN ACCATOMA, MURIÓ DE TUBERCULOSIS MIENTRAS SE HALLABA RECLUIDO EN LA PRISIÓN DE LURIGANCHO.
MI TIERRITA... COF, COF...¿CUÁNDO VOLVERÉ A VER MI TIERRA?
LOS OTROS DOS COMUNEROS, DIONISIO MORALES Y MARIANO CCASANI, QUEDARON LIBRES EN LA DÉCADA SIGUIENTE...
NUESTRAS CASAS ...
MÁS ALLÁ DEL JUICIO Y EL INFORME VARGAS LLOSA, EL CASO DE UCHURACCAY AÚN DESPIERTA INTERROGANTES Y SUSPICACIAS.
MIEMBROS DEL EJÉRCITO ESCUCHARON A LOS PERIODISTAS PLANEAR EL VIAJE A HUAYCHAO. ¿POR QUÉ SE LES PERMITIÓ EL VIAJE A UNA ZONA QUE LOS MILITARES CONSIDERABAN INSEGURA? ¿SE LES PREVINO?
EL TAXI NOS RECOGE EN EL HOTEL A LAS 6 EN PUNTO
¿MAÑANA MISMO SALIMOS?
¿QUÉ PAPEL JUGARON LOS SINCHIS Y SUS ADVERTENCIAS EN ESTA TRAGEDIA? ¿POR QUÉ FUERON TAN INSISTENTES AL RESPECTO?
AHORA, YA SABEN
EL AMIGO VIENE POR AIRE, EL ENEMIGO POR TIERRA...
¿QUÉ SUCEDIÓ REALMENTE EN HUAYCHAO?
EXCLUSIVO
Linchamiento en Huaychau

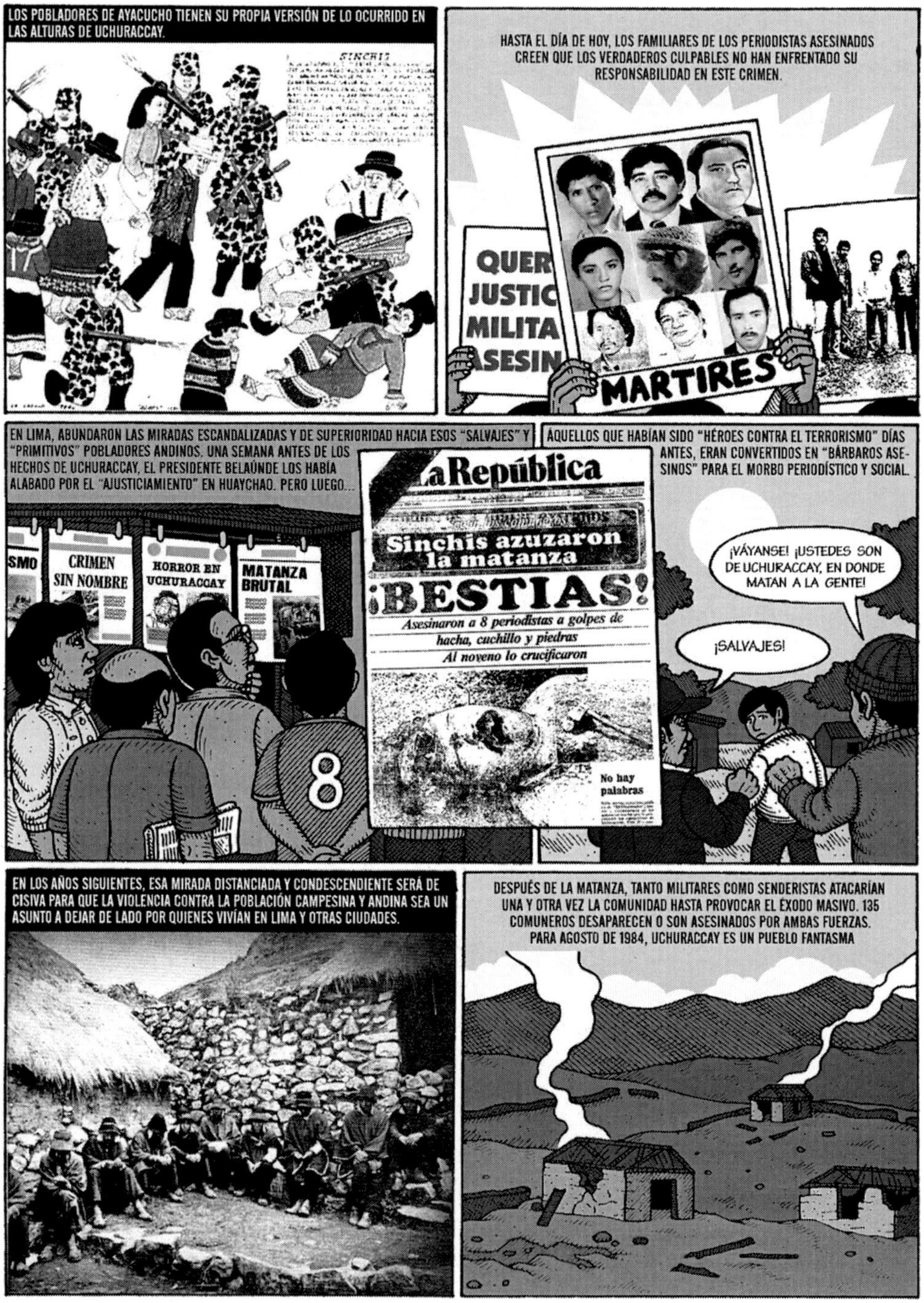
LOS POBLADORES DE AYACUCHO TIENEN SU PROPIA VERSIÓN DE LO OCURRIDO EN LAS ALTURAS DE UCHURACCAY.
HASTA EL DÍA DE HOY, LOS FAMILIARES DE LOS PERIODISTAS ASESINADOS CREEN QUE LOS VERDADEROS CULPABLES NO HAN ENFRENTADO SU RESPONSABILIDAD EN ESTE CRIMEN.
QUER
JUSTIC
MILITA
ASESIN
MARTIRES
EN LIMA, ABUNDARON LAS MIRADAS ESCANDALIZADAS Y DE SUPERIORIDAD HACIA ESOS "SALVAJES" Y "PRIMITIVOS" POBLADORES ANDINOS. UNA SEMANA ANTES DE LOS HECHOS DE UCHURACCAY, EL PRESIDENTE BELAÚNDE LOS HABÍA ALABADO POR EL "AJUSTICIAMIENTO" EN HUAYCHAO. PERO LUEGO...
SMO
CRIMEN SIN NOMBRE
HORROR EN UCHURACCAY
MATANZA BRUTAL
La República
Sinchis azuzaron la matanza
¡BESTIAS!
Asesinaron a 8 periodistas a golpes de hacha, cuchillo y piedras
Al noveno lo crucificaron
No hay palabras
AQUELLOS QUE HABÍAN SIDO "HÉROES CONTRA EL TERRORISMO" DÍAS ANTES, ERAN CONVERTIDOS EN "BÁRBAROS ASESINOS" PARA EL MORBO PERIODÍSTICO Y SOCIAL.
¡VÁYANSE! ¡USTEDES SON DE UCHURACCAY, EN DONDE MATAN A LA GENTE!
¡SALVAJES!
EN LOS AÑOS SIGUIENTES, ESA MIRADA DISTANCIADA Y CONDESCENDIENTE SERÁ DECISIVA PARA QUE LA VIOLENCIA CONTRA LA POBLACIÓN CAMPESINA Y ANDINA SEA UN ASUNTO A DEJAR DE LADO POR QUIENES VIVÍAN EN LIMA Y OTRAS CIUDADES.
DESPUÉS DE LA MATANZA, TANTO MILITARES COMO SENDERISTAS ATACARÍAN UNA Y OTRA VEZ LA COMUNIDAD HASTA PROVOCAR EL EXODO MASIVO. 135 COMUNEROS DESAPARECEN O SON ASESINADOS POR AMBAS FUERZAS. PARA AGOSTO DE 1984, UCHURACCAY ES UN PUEBLO FANTASMA

6

CINE AYACUCHANO Y FILMACIÓN DE LA VIOLENCIA:
Entrevista con Palito Ortega Matute

Ponciano Del Pino

Nota de la editora: en esta entrevista, realizada el 6 de octubre de 2008 con el cineasta Palito Ortega Matute, el historiador Ponciano Del Pino explora el cine de la década de 1990 y principios de la del 2000 en su ciudad natal Ayacucho (conocida también como Huamanga, su nombre en la época colonial), y la violencia política como tema directo e indirecto en la producción cinematográfica. Lastimosamente, el cineasta Palito Ortega Matute falleció en febrero de 2018. Palito Ortega era un cineasta conocido en el Perú gracias a sus nueve largometrajes rodados en el Departamento de Ayacucho. Las películas de Ortega han sido proyectadas en Ayacucho, Lima y el extranjero. Esta entrevista trata sobre varias de sus obras, entre las que se destaca su primera película, *Dios tarda pero no olvida* (1996), y su película *El rincón de los inocentes* (2005). Ambas narran los años de la violencia desde la perspectiva de un niño. La primera película cuenta la historia de una familia rural, dañada tanto por Sendero Luminoso como por las Fuerzas Armadas. La segunda asume la perspectiva de una familia urbana de Huamanga. En esta entrevista, Del Pino y Ortega discuten sobre la narrativa de los años de la guerra en *El rincón de los inocentes* y sobre la forma en que esta película hace una crítica a la Comisión de la Verdad y Reconciliación (CVR).

Formado como antropólogo visual y atraído desde temprana edad por el cine como medio de expresión creativa, Ortega reflexiona aquí sobre la importancia del cine de las provincias como una forma de arte testimonial. A diferencia de las películas producidas en la capital, Lima, influidas por el cine de Hollywood y el mexicano, las películas de provincias muestran las costumbres locales, las festividades y la mitología. Se debe destacar que las películas de provincias retratan la vida cotidiana. Hasta principios de los años 2000, los ayacuchanos podían ver películas de Ortega y, algunas veces, sus propias calles y sus rostros en la gran pantalla de un teatro local, que luego se ha convertido en una iglesia evangélica. A pesar de la falta de teatro, tanto en Ayacucho como en otras provincias, jóvenes cineastas siguen los pasos de Ortega. Y casi todos los años, Ortega intenta proyectar *El rincón de los inocentes* en Ayacucho. Desde que se realizó esta entrevista, Ortega ha filmado *Jarjacha III: Dios perdona el pecado, el incesto no* (2009), *La casa rosada* (2013) y *El demonio de los Andes* (2014). *La casa rosada* cuenta la historia de una familia ayacuchana, en la que la madre es asesinada; y el padre, acusado de terrorismo. Este será torturado en la «Casa Rosada», mientras que sus hijos lo buscan desesperadamente. Dicho edificio, que todavía existe, ha sido pintado de azul.

DEL PINO: Me gustaría explorar tres ejes en esta entrevista: primero, sobre el cine, y si podríamos hablar de un cine ayacuchano; segundo, sobre tu experiencia como cineasta en y desde esta región, Ayacucho, considerando tu origen ayacuchano y que viviste aquí los años de la violencia; y tercero, sobre tu película *El rincón de los inocentes*, que trata sobre la violencia insurgente y la represión militar en esta ciudad de Ayacucho. Quisiera tratar directamente sobre esta película, aun cuando me decías que tus otras seis películas tratan indirectamente o se enmarcan dentro del mismo escenario de violencia.

Comencemos hablando sobre el cine y más específicamente sobre el cine ayacuchano.

ORTEGA. Bueno, en Ayacucho no existe una corriente o una escuela de cine permanente. Hubo intentos de algunos jóvenes, por el entusiasmo de tomar una cámara y realizar (películas) sobre algunas historias que ellos mismos escriben o se basan en acontecimiento ocurridos en Ayacucho. Esto gracias a la democratización del video digital. Anteriormente no había esta posibilidad en ninguna parte del mundo. Este formato ha sido benévolo con mucha gente que ha querido contar historias. Ayacucho ha sido uno de los lugares donde se ha experimentado una gran corriente de jóvenes intentando hacer películas, ¿no? Pero esto ha quedado ahí, ha quedado en intentos, ha quedado en una segunda intención, y más allá no han trascendido los trabajos de estos muchachos. Pero mi persona sí lo ha tomado esto con mucha seriedad, con bastante responsabilidad y tomándolo como un oficio, como profesional, el arte de la cinematografía. Yo tengo dentro de este mundo de las artes visuales cerca de veinte años y tengo siete largometrajes en mi haber. Entonces esto me da un poco de permanencia y solvencia para poder llamarme, y me han llamado, cineasta.

DEL PINO: Cuando haces referencia a estos jóvenes que buscan producir cine, gracias a la cámara digital, estamos hablando de la década de 1990.

ORTEGA: Estamos hablando de los 2000.

DEL PINO: Bastante reciente.

ORTEGA: Es reciente. Esta corriente en Ayacucho nace gracias a un intento de largometraje que yo hice aquí, en Ayacucho. Jóvenes que de alguna manera han quedado con el entusiasmo de hacer una película. Pero lo valorable de todo esto es que lo han hecho, han intentado hacer algo sin las condiciones técnicas, sin las condiciones que una producción debe cumplir con cada uno de los parámetros, técnicas, estructuras... En fin... Pero lo han hecho. Así como hay experiencias en Ayacucho, también se ha desarrollado en otros lugares del Perú.

DEL PINO: ¿En provincias?

ORTEGA: Exactamente. Puno es otro de los lugares donde también hay una gran corriente de jóvenes, sobre todo de jóvenes, que están intentando hacer largometrajes. De todos ellos, uno o dos están teniendo una presencia nacional gracias a su esfuerzo, a su perseverancia y a su terquedad, porque hacer un largometraje, así sea en Ayacucho, en Lima o en cualquier parte del Perú, es totalmente costoso.

DEL PINO: ¿Qué tipo de películas se han producido en Ayacucho, en Puno, con estos jóvenes a los que hacías referencia?

ORTEGA: Esto es lo interesante de esta gran movida que se ha desatado en el Perú, a diferencia de los ojos centralistas, hablo de Lima, a diferencia de estos cineastas de Lima que cuentan historias un poco ya contagiadas de repente con el cine mexicano, americano, con esa influencia que no es necesariamente la cultura peruana. Los que estamos tratando de llevar el cine provinciano hacemos algo excepcional: contamos la vivencia, la cultura, narramos, mostramos el Perú en esencia. Esa es la gran diferencia.

DEL PINO: Cuando dices el Perú en esencia, ¿te refieres a representar fiestas populares? ¿Qué particularidades de este Perú esencial se representan en estas películas?

ORTEGA: Desde cuestiones folclóricas, como festividades, como tradiciones, costumbres, mitos andinos, hasta temas muy serios, como en mi caso. Yo he desarrollado temas relacionados a la violencia sociopolítica, desde mi punto de vista, por supuesto. En la gran mayoría del Perú donde se está haciendo películas, los chicos están tocando temas de su propia región, cosas que ellos conocen, repito, la parte costumbrista, del folclor, de la mitología andina, que es rico el Perú en esos temas.

DEL PINO: ¿Estos jóvenes a quienes haces referencia también abordan temas de la violencia política o se centran mucho más en las costumbres y la mitología?

ORTEGA: Mitología. No conozco un caso que hayan tocado temas relacionados a la violencia política o a algún otro tema relacionado a la historia de su lugar. Básicamente están tocando el género de suspenso, de terror, llevados o jalados de la mitología andina. Parecidas a los temas de *qarqacha*, *pishtaco*. El *carisiri*, por ejemplo, en Puno, que es una especie de *qarqacha*, una especie de *pishtaco*.[1] En algunos casos, están

---

1. Las figuras míticas de *pishtaco* y *qarqacha* (o jarjacha en las películas de Ortega) son figuras mitológicas andinas que pueden servir como metáforas de la violencia

tocando temas actuales como, por ejemplo, el abuso de la sociedad frente a los seres débiles que son los niños.

DEL PINO: Estas películas de corte social y tradicional, ¿qué tipo de acogida han tenido por parte de la población?

ORTEGA: Hay una cosa que quiero resaltar frente a este fenómeno de la película de provincias: el peruano común y corriente quiere verse reflejado en una pantalla. De eso yo estoy bastante seguro por mi propia experiencia. Por ejemplo, acá en Ayacucho, cuando hacemos una película de corte social o de corte tradicional, el público no solamente va por ver la historia, sino va por ver su calle, por ver al vecino que ha actuado, por verse reflejado en la pantalla. Esto es bien curioso y lo mismo sucede en otras partes. Entonces, el éxito de la taquilla está asegurado. Toda película que se ha hecho fuera de Lima, en provincias, ya sea en Ayacucho, Puno, Huancayo, Juliaca, Cajamarca, Cuzco, tiene un público seguidor de estos largometrajes. De alguna manera, esto permite que este tipo de producciones cinematográficas tengan una permanencia.

DEL PINO: Tal vez con el riesgo de quedar limitado a un público local y regional, y no a un público mayor, limeño, por ejemplo.

ORTEGA: Ha habido algunos intentos de algunos productores de provincias que han llevado sus producciones a la ciudad capital de Lima, pero la realidad es otra: el mercado de producción cinematográfica está dominado por un monstruo que es Hollywood. Entonces, ninguna producción, ni siquiera peruana hecha en Lima o por productores o directores limeños, tiene la posibilidad o tiene las mismas condiciones que tienen los distribuidores de Hollywood. Entonces, eso es una gran limitación. Ciertamente, estos intentos que han hecho estos jóvenes han sido truncados en las primeras tentativas. Si tuviéramos las mismas oportunidades, estas producciones tendrían un efecto muchísimo

---

en Ayacucho. El *pishtaco* (*nakaq* en quechua) es un ser sospechoso de extraer y traficar con la grasa de los seres humanos, mientras que el *qarqacha* es un ser humano incestuoso, que se transforma en un animal por la noche. Véanse Degregori 1989b, Weismantel 2001.

mayor en taquilla porque Lima esta básicamente poblada en un 90% de provincianos. El provinciano quiere verse, como te repito, quiere verse en pantallas. Si tuviéramos esta oportunidad, estas producciones tendrían una respuesta masiva.

DEL PINO: Pasemos a tu experiencia. Cuéntanos un poco sobre tu experiencia. Tú naciste y creciste en Ayacucho. Luego, ¿cómo te inicias en la producción del cine?

ORTEGA: Bueno, sí, soy ayacuchano. Tuve la suerte de haber vivido, presenciado, el proceso de la violencia política en Ayacucho. Digo tuve la suerte porque eso me permite a mi tener una cercanía con esa realidad y poder contar las historias de manera más cercana, con elementos convincentes, cómo realmente fueron esos años tan duros. Respecto de mi inclinación por la cinematografía, fue desde niño. Me acuerdo mucho que me llamaba poderosamente la atención las cámaras filmadoras de los turistas en la Semana Santa. Yo lo veía como una cosa inaccesible, que jamás iba a tener las facilidades de tocar, por lo menos, esas cámaras. Pero conforme pasaban los años intenté hacer algunos trabajos de cinematografía con cámaras muy domésticas. Eso me ha permitido tener alguna cercanía al trabajo cinematográfico; me trajo la necesidad de estudiar cursos elementales de cinematografía, cursos de cámara, de dirección. Entonces, yo estuve durante muchos años en ese intento, de querer hacer una película, pero era consciente de que detrás había una serie de cosas, que todavía no estaban en mi posibilidad, desde la cámara.

Yo estudié antropología y me acerqué a la antropología visual. Empecé a desarrollar unos trabajos fuera de Ayacucho, en algunas comunidades respecto a la violencia. Hacía trabajos para algunas televisoras extranjeras y la televisión nacional. Entonces esto ha permitido que yo tenga un acercamiento más directo sobre cómo se podría desarrollar un documental o un largometraje. En este caso, yo soñaba en un largometraje, contar una historia ficcionada. Entonces empecé a trabajar de a pocos. Lo primero que hice fue escribir algunas historias, pero no estaba conforme con lo que escribía. Necesitaba historias que realmente pudieran surtir un efecto en el público espectador. Este fue un proceso de aprendizaje para mí hasta que tuve la certeza de que había escrito una historia que sí funcionaría; es *Dios tarda pero no olvida*, la primera película que hice.

DEL PINO: ¿En qué año?

ORTEGA: En 1993. Ya con la historia en mano, empecé a trabajar en los elementos siguientes, conseguir una buena cámara, conseguir actores, conseguir un poco de financiamiento, que lo he logrado con préstamos familiares y la contribución de los propios actores.

DEL PINO: En esa película *Dios tarda pero no olvida*, ¿los actores eran...?

ORTEGA: Naturales.

DEL PINO: ¿Del lugar?

ORTEGA: Del lugar. Lo bueno era que estos actores naturales de Ayacucho tenían una vocación, tenían una intención de ser actores aun cuando no tenían la formación académica, que es importantísima. Lo que yo hice para no tener una deficiencia actoral fue capacitar a un grupo de personas en actuación con una profesora experta en arte dramático.

DEL PINO: ¿Cuánto tiempo tomó eso?

ORTEGA: Cerca de ocho meses. También fue parte de un aprendizaje que ahora lo tomo en cuenta, que estos actores en los días de ensayo no tenían la fuerza que yo quería reflejar. Entonces tenía una ligera decepción, pero finalmente ya estoy encaminado en este proyecto y vamos a hacerlo de todas maneras. Pero lo curioso de todo esto es que el actor natural, a quien le dimos preparación de ocho meses, al momento de decir la palabra mágica, para iniciar las tomas, las escenas, «acción», de repente se convertía en el actor que yo estaba buscando.

DEL PINO: ¿Una transformación completa?

ORTEGA: Exacto. Hay una predisposición tremenda, una predisposición mágica de estos actores y, finalmente, el proyecto, la película, actoralmente funcionó muy bien, como historia funcionó muy bien, como una propuesta nueva en Ayacucho, era la primera película en Ayacucho, funcionó muy bien. Esa novedad fue correspondida por la población.

DEL PINO: ¿Era la primera película hecha en Ayacucho?

ORTEGA: Sí.

DEL PINO: ¿Cuál es la historia de *Dios tarda pero no olvida*?

ORTEGA: En cierta forma yo quería hacer una película relacionada con la violencia política, pero tenía un poco de temor porque hasta ese entonces había elementos de las Fuerzas Armadas y de Sendero que tenían alguna presencia en Ayacucho. Pero tomé como pretexto este problema del terrorismo para crear una historia de un joven que migra, que viene del campo a la ciudad porque su familia fue asesinada por Sendero Luminoso. Tomo como pretexto este caso, aun cuando la historia no es en sí misma sobre el terrorismo.

DEL PINO: Entonces, es la historia de un joven desplazado buscando refugio, huyendo de su comunidad por la violencia de Sendero.

ORTEGA: Es la vida en la ciudad. Se encuentra con una realidad que no imaginaba; pensó que estaba yendo a un lugar parecido a su comunidad pero se encontró con una ciudad, con un monstruo, donde la indiferencia de la sociedad era terrible, era marcada. Entonces él se enfrenta a esa sociedad; además, él salía de este proceso de violencia política. Eso le da elementos bastante dramáticos que hacen que la película funcione bien.

DEL PINO: ¿Cómo llegas a crear esa historia? ¿Conocías de cerca la experiencia del desplazamiento? ¿Exploraste historias de vida? Por supuesto, para quien vivió en esta ciudad esa era parte de la realidad cotidiana en este paisaje urbano transformado por la violencia. ¿Hiciste algún tipo de investigación que te permitiese entender en detalle la experiencia de ser un refugiado?

ORTEGA: Estos hechos eran permanentes en Ayacucho. Uno sabía que llegaba muchísima gente del campo y poblaban la ciudad de Ayacucho. Entonces sabíamos de los desplazados, de la gente que estaba escapando del terrorismo o de los militares del campo. Lo particular de la película, del niño que huye del campo, es una historia que ha ocurrido, que me la han narrado, y yo he aprovechado esta historia de una familia que le tocó vivir esta desgracia y se narra en la película.

DEL PINO: Esta película se estrenó aquí, en Ayacucho.

ORTEGA: En Ayacucho estuvo en estreno muchísimo tiempo, cerca de dos meses de estreno, dos meses de reestreno y luego nuevamente un mes de reestreno. Una temporada larguísima. Y también se exhibió en Abancay, Andahuaylas, Cuzco, Huancayo, Puno, Juliaca, Huancavelica. Los resultados, la reacción de la gente era parecida a la de Ayacucho. Parecía que estas localidades habían pasado por el mismo problema que pasó ese niño. Había una identidad tremenda.

DEL PINO: ¿Es un niño de que edad?

ORTEGA: De nueve años... Cirilo.

DEL PINO: Es una película que narra la vida de este niño o es un niño transformándose en adulto.

ORTEGA: No, queda en niño. La historia transcurre en aproximadamente dos meses.

DEL PINO: ¿Cuándo fue ese estreno?

ORTEGA: A partir del 93 empezamos con el trabajo, a escribir la historia, preparación de actores, conseguir los elementos, y a finales del 93 empezamos a grabar. El rodaje se prolongó por un año. El estreno fue el 95 y 96.

DEL PINO: Y en Ayacucho, ¿cómo fue la acogida?

ORTEGA: Fue increíble, fue bastante sorprendente para mí, porque yo inicialmente pensé hacer solamente una función. Yo quería que la sala esté llena y con una función yo estaba contento, no tanto porque quería lucrar, sino porque quería mostrar la historia. Se prolongó durante dos meses de estreno en Ayacucho. Fue algo increíble. Totalmente lleno.

En ese entonces yo no tenía la cabeza de un productor. El productor lo que hace es conseguir plata y sacar y ganar plata. Lo que yo quería era mostrar la película, y lo logré. Los costos de ingreso a la sala eran de dos soles, que no es nada. Pero para mí fue una cosa alentadora. Eso me permitió que yo siga en esta actividad. De lo contrario hubiera desistido y me hubiera dedicado a la antropología.

DEL PINO: No sé si escuchaste comentarios de la gente. ¿Qué decían sobre la película?

ORTEGA: Hay tantas cosas anecdóticas alrededor de todo eso, ¿no? En Ayacucho se convirtió en una suerte de necesidad ver la película. Llegado el fin de semana, pues solo se estrenaba los fines de semana, los sábados y domingos y dos funciones cada día, la plaza de Armas parecía una feria, porque la gente comenzaba a hacer las colas para ver la película. Se estrenaba en el cine municipal que es un local que tiene aproximadamente 400 butacas. Pero las colas superaban esa cantidad de personas. Entonces te das cuenta la magnitud de este fenómeno, que fue exhibir esta primera película en Ayacucho.

DEL PINO: ¿Cómo fue la convocatoria? ¿La difundieron por la radio? ¿Cómo te conocieron, porque era tu primera película?

ORTEGA: Para la primera función se utilizó un poco de *marketing* y los anuncios en radio y la televisión local, canal 7. Era el único canal en Ayacucho y todo el mundo tenía que ver, sobre todo, el informativo. Poníamos nuestros anuncios en esos medios y entre la gente con la novedad de la primera película ayacuchana. Ayacucho después de salir de la violencia política no tenía nada que hacer, no había diversión, no había fiestas, discotecas, prácticamente era una ciudad casi fantasma. A partir de las 7 p. m. la gente estaba en su casa. Pero fue seguramente la novedad de querer ver esta película ayacuchana, filmada en Ayacucho y por ayacuchanos, que los llevó a los estrenos.

DEL PINO: Cuéntanos sobre la experiencia de filmar esa película, en tanto lo hacías desde aquí, con los recursos limitados. ¿Cuáles fueron las mayores dificultades?

ORTEGA: Toda la película se grabó con una sola cámara salvo las escenas de acción; de hecho, hemos tenido dificultades. Yo fui consciente de eso desde un inicio, de no tener un presupuesto asignado por alguna empresa auspiciadora. La dificultad básicamente radicó en no contar con dinero. Por eso, este proyecto se demoró aproximadamente catorce meses. Además, la dificultad de no tener el apoyo en Ayacucho de las personas que estaban llamadas a fomentar este tipo de actividades culturales, como son el municipio, pese a que nosotros les enviábamos constantes documentos haciéndoles saber lo que estábamos haciendo, pidiéndoles un poco de apoyo, como gasolina, una movilidad, pero jamás tuvimos una respuesta. No están obligados a apoyarnos, pero sí tienen un compromiso con la sociedad de fomentar la cultura y no lo hicieron. Esas dificultades que tuvimos, básicamente de orden económico, las superamos con perseverancia, no solamente de mi persona como director, sino de los actores, que son una pieza fundamental de un proyecto. Ellos no han cobrado un solo centavo salvo un actor.

DEL PINO: ¿Cómo reclutaron a los actores o buscabas según los personajes que necesitabas?

ORTEGA: Todo esto era nuevo en Ayacucho. No conocía personas que hicieran teatro, no conocía amigos que tuvieran esa vocación actoral, así que lo único que hice fue hacer una convocatoria pública. Algunos anuncios por radio y algunos avisos pegados en los postes de la ciudad. Entonces, esto funcionó bien, se presentaron cerca de cuatrocientas personas a un *casting* que hicimos en Ayacucho. De esos se quedaron cerca de doscientas personas y luego ochenta actores con quienes se concluye la preparación y, con ellos, trabajamos la película.

DEL PINO: Cuéntame sobre la evolución de tu producción cinematográfica. Me decías que fueron siete largometrajes: primero es *Dios tarda pero no olvida I* y *II*.

ORTEGA: Yo tengo tres etapas en mi carrera. Voy a explicarlo por varios aspectos, sobre todo, por la cuestión técnica y por la evolución como profesional en esta carrera. La primera etapa de mi carrera empieza con *Dios tarda y no olvida,* y culmina con la trilogía de *Dios tarda*, que es

Sangre inocente, una película que sí aborda directamente el tema de la violencia política. Cerrada esta etapa, yo también me valgo, me aprovecho de la bondad de la tecnología digital que llega al Perú en el año 2000. Inicio una nueva etapa en mi carrera tomando como herramienta principal la tecnología digital, porque anteriormente trabajé con formatos analógicos, con elementos o con cámaras casi domésticas, con cámaras súperVHS, que no eran los formatos convencionales, ni siquiera los llamados para hacer reportajes de televisión. Era una categoría más de un formato doméstico pero de mejor calidad. Filmé con ese formato por necesidad, porque no contaba con mayores recursos para traer un formato de mejor calidad. La segunda etapa es desde que uso esta nueva herramienta del cine digital, que llega no solamente al Perú, sino que se empezó a usar en Latinoamérica y en el ámbito mundial. Yo tengo dos largometrajes con esta tecnología digital, también con actores ayacuchanos. Estoy hablando de *Incesto en los Andes* y *La maldición de los qarqachas II*. Es una secuela del tema de la mitología andina. Y la tercera etapa, yo creo la definitiva, es haber incursionado ya utilizando una herramienta también de tecnología digital, pero propiamente para cine con actores ya experimentados de la cinematografía nacional o latinoamericana a partir de *El rincón de los inocentes*. A partir de *El rincón de los inocentes* yo tengo dos producciones más: *El pecado* y *Dios perdona el pecado, el incesto no*, que vendría a ser la trilogía de los *qarqachas*, pero con una nueva mirada, con una nueva propuesta técnica y una nueva propuesta actoral, con elementos que una producción de cine te exige. Pueden ser elementos técnicos, elementos actorales, elementos de construcción de una historia... En fin.

DEL PINO: En términos de la tecnología, tú ves estos tres momentos en tu evolución. Pero en términos de la temática que exploras, ¿se da igualmente una evolución o cambio?

ORTEGA: Yo soy apasionado en tocar temas relacionados a la violencia sociopolítica por la obligación moral de contar historias no creadas por mi cabeza, sino creadas por la realidad. Yo he vivido este proceso en Ayacucho. Me tocó vivir en Huamanga y ver de cerca la magnitud de esta vorágine. Yo soy testigo y soy, además, víctima por ambos lados, tanto por Sendero Luminoso como por el Ejército. A mí me han hecho mucho daño. Si quieres que te cuente los detalles, Sendero a mí me dio una carta amenazándome de muerte porque yo era dirigente de un partido [político] en aquel entonces en Ayacucho, dirigente de la juventud.

DEL PINO: ¿De la Juventud Aprista?

ORTEGA: Bueno, sí. No quería decir el partido, pero sí, de la Juventud Aprista. Entonces, ellos [SL] me mandaron una carta donde también consignaban algunos otros nombres de algunos dirigentes del Partido Aprista Peruano. Para mi buena suerte aún era joven, mis padres se alarmaron con este hecho y, al día siguiente, me mandaron a la ciudad de Lima.

DEL PINO: ¿Cuándo ocurrió eso?

ORTEGA: Eso fue el 86. Me mandaron a Lima de inmediato. Lo que hicieron ellos fue protegerme. Yo no estaba de acuerdo con esta decisión que tomaron mis padres porque yo era joven, era rebelde, era luchador también por mi causa de ser aprista.

DEL PINO: ¿Era el comienzo del gobierno de Alan García?

ORTEGA: Exacto. Yo no quería separarme de esa causa aquí en Ayacucho, pero más pudo la fuerza de la familia. Entonces me fui, me llevaron a Lima. Y al día siguiente supimos de la noticia, mataron a tal persona, a tal persona, personas que estaban en la lista que Sendero había hecho donde yo también estaba. Bueno, yo volví después de un año, de dos años, de visita. Es en ese entonces que los senderistas pusieron una dinamita en mi casa. También soy víctima de las Fuerzas Armadas porque ellos se metieron en dos oportunidades a mi casa. La primera oportunidad sacaron todo y, en la segunda oportunidad, allanaron la casa y se llevaron a mi padre. Lo desaparecieron. Pero Dios es grande y esa desaparición duró una noche.

DEL PINO: ¿Eso fue antes del atentado de Sendero Luminoso?

ORTEGA: Fue después. Lo tercero que pasó conmigo, en manos de las Fuerzas Armadas, fue que me llevaron a la Casa Rosada. Allí fui torturado, golpeado, como toda persona que entraba a la Casa Rosada. Definitivamente, yo era inocente. Como todo ayacuchano era sospechoso de ser senderista o terrorista, yo también era sospechoso para ellos.

DEL PINO: ¿Eso fue hacia fines de la década de 1980?

ORTEGA: Eso fue el 87 u 88, me parece.

DEL PINO: Entonces, ¿esa experiencia, como para muchos ayacuchanos, marca tu propia producción, en este caso, cinematográfica?

ORTEGA: Aunque uno no hubiera pasado por estas experiencias difíciles, el hecho de ser ayacuchano a uno ya le da la capacidad de poder contar las historias de otra manera, real, ¿no?, porque se ha vivido. Solo nosotros sabemos realmente qué es lo que pasó en Ayacucho. Qué grado de responsabilidad tiene Sendero y qué grado de responsabilidad tienen los militares. Pero más aún, teniendo esta experiencia vivida de cerca, yo creo que me da la potestad de contar esas historias como fueron. Tengo la obligación. Me llama la moral para poder contar las historias, sin manipular, sin maquinar, sin dibujar esta historia que pasó en Ayacucho.

DEL PINO: Tal vez son ambas experiencias, de vivir y haber experimentado la violencia, las que te dan ese mandato moral de poder decir algo sobre lo que se vivió. A la que se suma la iniciativa tuya de querer representar esta experiencia a través de la cinematografía.

ORTEGA: Bueno, inicialmente yo no sabía que esto iba a pasar en Ayacucho.

DEL PINO: Claro.

ORTEGA: Lo que yo quería era la cámara, siempre me llamó la atención. Jamás me imagine que en los años siguientes iba a pasar lo que pasó en Ayacucho. Yo creo que es un elemento. Es un buen tema para contar en una película, ¿no? A Dios gracias, yo lo digo, de haber vivido esa etapa para poder contar las historias de manera real. Pero sí agradezco que yo haya presenciado. A diferencia de otras producciones que se hacen en el Perú, como la mirada de Pancho Lombardi, de Fabrizio

Aguilar o Marianne Eyde, estoy seguro que ellos han alimentado sus guiones con bibliografía, con diarios, revisando información de libros. Yo no. A mí no me hace falta leer libros. Por supuesto, sí leo, pero a mí me basta haber visto, a mí me basta que mis vecinos, mis amigos, me cuenten sus historias. Cada vecino tiene una historia distinta. Cada amigo tiene una historia distinta. Y aun así, ficcionando, creando una historia en mente, las historias que yo pueda crearlas, se asemejan mucho a la realidad.

DEL PINO: En tanto tienes tu propia experiencia y cada experiencia es distinta, al elaborar el guión, ¿cómo negocias estas distintas experiencias, estas distintas miradas, para elaborar una propuesta ficcionalizada?

ORTEGA: Es un poco complejo. El cine es puramente arte. En este caso, yo prefiero que mi cine sea más histórico. Yo trato de representar tal como fueron las cosas, ¿no? Y a veces yo me salgo de los parámetros de contar una historia en un argumento de guión. Y yo tengo problemas. Muchos amigos, que son guionistas, me dicen: no, trata de hacer de esa manera, crea eso. Eso significaría quitar algunos elementos que le pertenecen a la vida real. Entonces, yo me escapo de ese parámetro, de la cuestión del guión cinematográfico. En todo caso, yo quiero hacerlo más histórico. Yo siempre digo que mis películas contribuyan a que sirvan como documentos fílmicos para que más tarde se diga: así fue la violencia. Por eso, no trato de maquillar en lo posible.

DEL PINO: Eso explica por qué, ya abordando la película *El rincón de los inocentes*, uno de sus mayores logros es mostrar la cotidianidad de lo que significó vivir los años de la violencia en la ciudad. Uno puede captar esa atmósfera de lo que significó vivir las noches sin luz (corriente eléctrica), con atentados, la vela, la balacera de cada noche y los dinamitazos, y la inseguridad a la cual uno estaba expuesto.

ORTEGA: Eso no lo vas a encontrar en libros, en las escrituras de los senderólogos, jamás. Eso únicamente lo vas a escuchar de gente que ha vivido. Yo he vivido eso y parte de esa vivencia que yo tuve lo pongo en esas películas. Por ejemplo, cuando hay una balacera, automáticamente,

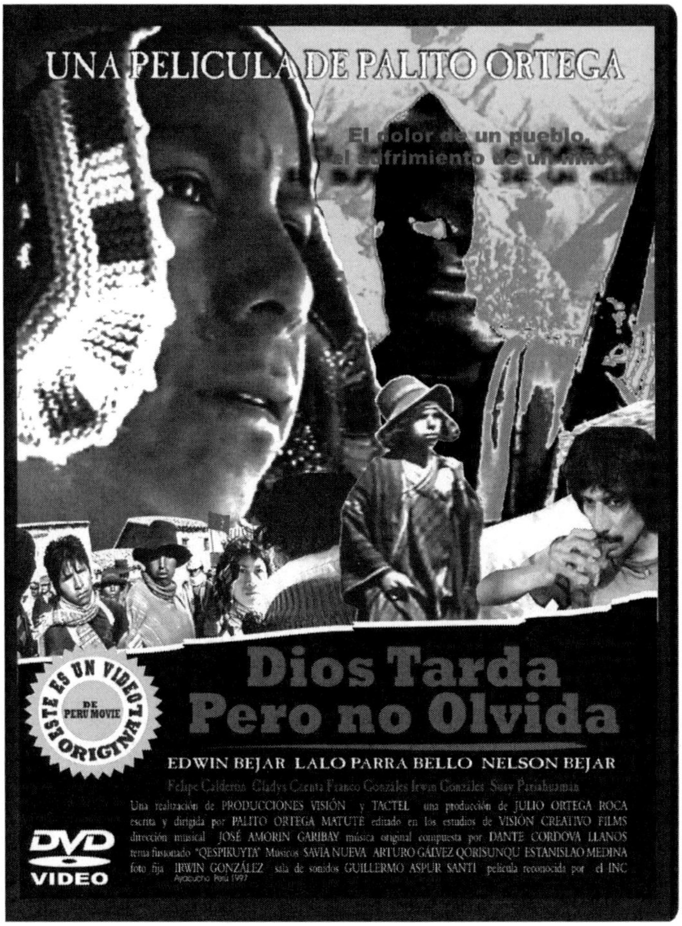

Figura 6.1. Publicidad de *Dios tarda pero no olivda* (1994)
Imagen reproducida con permiso de Palito Ortega.

instintivamente, uno se mete debajo de la mesa. Eso era una cosa cotidiana, una cosa que era de todos los días. Yo me acuerdo que, una Navidad, estábamos en el segundo piso de mi casa, en el comedor, estábamos tomando chocolate con un panetón, nada más, no había cohetecillos porque no estaba permitido. Unas velitas así y, de pronto, sonaban las bombas, las dinamitas y lo que hacíamos era agarrar las tasas y nuestro panetón debajo de la mesa. Echados o sentadísimos tomando. Ya nos habíamos acostumbrado. Ya no reaccionábamos.

DEL PINO: De acuerdo. Yo creo que eso es un elemento que me llamó mucho la atención desde un primer momento en la película. Ahora entiendo mejor cuando dices que más que ficcionar buscas hacer de tu película un documento histórico. Eso explica, en gran medida, el exponer abiertamente la brutalidad de la agresión que vive la población por parte de las Fuerzas Armadas y los crímenes de Sendero Luminoso, ¿o no?

ORTEGA: De alguna manera trato de parametrar esta crudeza que de repente fue. Porque de alguna manera es cine lo que estoy haciendo. Para que tenga un equilibrio permitible, para que el espectador no llegue a la morbosidad, muchas veces me he visto obligado, contra mi voluntad, de sacar elementos que a mí me han narrado. Por ejemplo, a mí me han narrado que las mujeres eran torturadas en la Casa Rosada con ratas vivas, introduciéndoselas en la vagina. Por ejemplo, esto ya no podía funcionar: es demasiado. Hay películas que sí se han hecho fuera del Perú cuya temática también tenía mucha violencia con elementos bastante fuertes. Pero no quise llegar a ese extremo.

DEL PINO: Entonces hay un parámetro moral que limita en relación con contar o no contar ciertas historias. ¿Cuáles son esos parámetros? ¿Cuáles son los principios que no te llevaron a exponer y hacer de la violencia esa morbosidad?

ORTEGA: Toda producción cinematográfica está sometida a una crítica. Y los críticos serían severos, serían crueles si yo pusiera ese tipo de elementos. Además, para que no se viera grotesco y no rompa la fuerza dramática que tiene una película, no es permitido mostrar casos como el que te contaba, de la introducción de la rata en la vagina de las mujeres torturadas. También lo hago por una cuestión de moralidad personal. Yo he sido formado en una familia católica, que cree en Dios, y hasta cierto punto de vista estas cosas no estarían viéndose bien en una película.

DEL PINO: Cuando veo la película, se ve de manera extendida la represión militar. Pero hay algo más que una simple represión militar, es una represión no solo contra una población posiblemente insurgente, sino

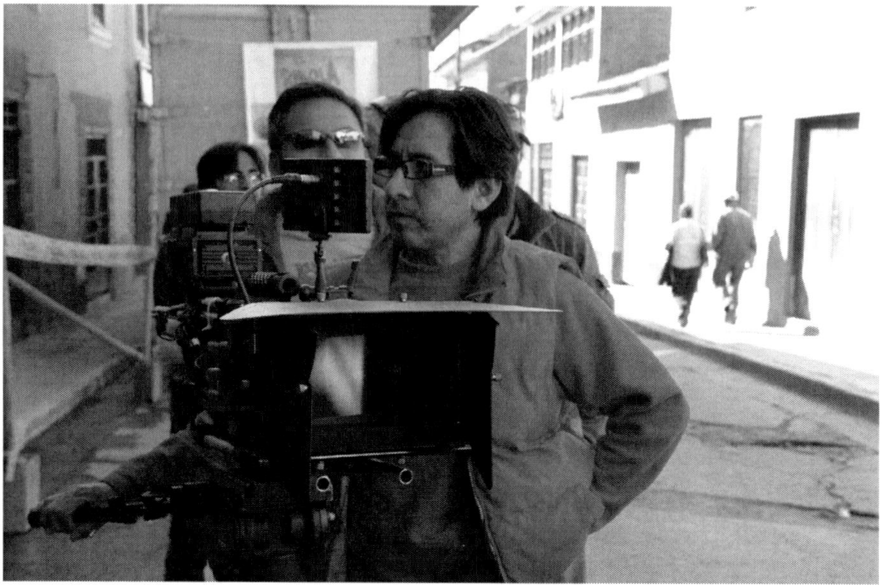

Figura 6.2. Palito Ortega filmando *La casa rosada* (2013)
en Ayacucho. Foto reproducida con permiso de Palito Ortega.

contra una población ayacuchana, serrana, cuya condición humana es vista menor frente a los militares.

ORTEGA: El racismo.

DEL PINO: No sé si lo pensaste como tema.

ORTEGA: Yo siempre he dicho eso. Hay cierto grado de racismo por parte de los militares de ver a un provinciano, a un «cholito» (entre comillas, por supuesto). Eso ha conllevado que las salvajadas que han cometido sean más notorias porque si el proceso de violencia se hubiese iniciado en otro lugar que no fuera Ayacucho, en Lima, yo creo que la brutalidad que se ha utilizado acá no se hubiera utilizado en Lima, por ejemplo, sino [que se lo hizo] por ver a una persona de condición humilde, vestida de manera distinta a como ellos se visten en su ciudad, a una persona que no sabe cómo comunicarse con los militares, por hablar quechua, por presentar un aspecto físico de humildad. Yo creo que ellos han aprovechado también ese elemento. Y ha habido un grado marcado de racismo en esta lucha contrasubversiva.

DEL PINO: Un tercer elemento que me parece interesante en la película es el tema de quién tiene el derecho de representar este pasado, y algo que resalta de manera notable son dos momentos de la película. Por un lado, la presencia de los periodistas llegados de Lima en el contexto del trabajo de la CVR, buscando la «noticia», la historia más dramática. Y la persona que está narrando, el niño que creció, en un momento se percata que estos tipos simplemente no llegan o no pueden entender lo que intenta narrar, lo que ha vivido como experiencia. Otro momento es cuando se encara la legitimidad de la CVR en buscar representar el pasado. La película sugiere que quienes vienen de fuera no solo no pueden narrar la violencia, sino cómo van a poder entender lo que se ha vivido. Entonces hay una lucha por la legitimidad de quien representa esta experiencia. Cuéntanos cómo fue esa elaboración del niño crecido que no es entendido. En el fondo, es una metáfora del desencuentro que somos como país.

ORTEGA: Un niño que, además, tuvo una historia difícil después de perder a sus padres, que huye y vuelve ya crecido a dar su testimonio. La polémica con la CVR es que, para mucha gente de Ayacucho, los testimonios han sido manipulados. En este caso, este muchacho quiso ser un poco manipulado en la historia. Se dio cuenta, se percató, de que no se trataba de un grupo de periodistas que trabajaba para un canal de televisión, sino que trabajaba para la CVR, que tenía un departamento de prensa y comunicaciones que hacían estas cosas. Yo tengo amigos productores que han trabajado para la CVR haciendo ese tipo de trabajos. De ahí sale la idea, esta parte que a muchísima gente no le gustó ciertamente en el trabajo de la CVR. Entonces, el rechazo de ese joven al quitar la cinta y al lanzarla al río es totalmente una necesidad. Un sinnúmero de personas que no están de acuerdo con el proceder de la CVR. En el caso de la audiencia pública, cuando el chico ya crecido da su punto de vista rechazando la actitud y haciendo ver lo que hacían unos comisionados de la verdad que no sabían quechua. Y ciertamente este punto ha sido bastante polemizado en Ayacucho. Qué hace un comisionado que no entiende quechua, con excepción de uno o dos. Había una necesidad de que estas personas estén bien informadas de cada testimonio para que entiendan perfectamente cuál era el sufrimiento de esa persona, del familiar, de esa víctima. Y, ciertamente, esto es una gran metáfora, como repito, una necesidad colectiva de esta sociedad ayacuchana.

DEL PINO: Que es en última instancia una metáfora del desencuentro nacional.

ORTEGA: En Ayacucho, sobre todo. Yo he encontrado en Ayacucho este tipo de comentarios. En Lima, yo he tenido muchos amigos que trabajaron en la CVR, pero nunca me dijeron cosas como estas. Acá, sí; no solamente gente que ha tenido una participación directa en dar su testimonio, familiares, sino la población en conjunto no estuvo de acuerdo con algunas cosas. Yo tenía esta obligación moral de representar esta dolencia en esta película, por supuesto, en un grado menor. Por supuesto, esto no es una crítica a la CVR, es solamente decirles: se han equivocado en estos puntos porque ciertamente el trabajo de la CVR es un trabajo abismal, es un trabajo grandioso, que merece su respeto, que merece tener en consideración a algunas personalidades como Salomón Lerner, que es muy transparente desde todo punto de vista.

DEL PINO: De todos modos, a mí me gustó mucho esa metáfora de ese desencuentro de país. Por otro lado, se pone en cuestión la legitimidad de la representación de ese pasado. En qué medida gente que no es parte o que no vivió esta experiencia puede representar esa experiencia. Hay un imperativo moral sobre la legitimidad de representar.

ORTEGA: Una doble dolencia porque lo primero es haber perdido a un familiar; lo segundo es que venga una persona —eso radicaba en mi pensamiento— ajena a la violencia, con sueldos fabulosos y que estaban viviendo, pues, del dolor de esas personas, lucrando con un dolor ajeno. Eso se ha dicho. Eso no es un punto de vista que yo lo defienda. Yo soy un comunicador y tengo la obligación de transmitir [aquello con] que una comunidad, [con] lo que una sociedad en su conjunto no está de acuerdo. De hecho que sí coincidimos, ¿no?

DEL PINO: Aun cuando la película es muy crítica con Cipriani (obispo de Ayacucho entre 1988 y 1997), con el rol de la Iglesia, no veo el rostro de la autoridad civil, tomando en consideración que la represión se dio en dos gobiernos civiles en la década de 1980.

ORTEGA: En ese entonces prácticamente había una deshumanización por parte de las autoridades en Ayacucho. Prácticamente no existían autoridades y, si existían, dónde estarían. Por eso son figuras ausentes estas autoridades. Y cuando se representa, como al juez, es para mostrar su indiferencia con lo que vive la gente. Al inicio de la película sí hacemos una referencia a los gobiernos de Alan García y de Belaunde. En los años de los gobiernos de Fernando Belaunde y Alan García se han desarrollado las peores etapas de la violencia política.

DEL PINO: Pasando a hablar en el propio arte de representar esta experiencia, comienzas con *Dios tarda*, que es la historia de un niño, y en *El rincón de los inocentes*, es también un niño el protagonista. ¿Es algo particular la presencia del niño en los guiones que desarrollas?

DEL PINO: Ahora que lo dices, te confieso que esto es inconscientemente. Quizás la mirada del niño sea mi mirada porque a mí me tocó vivir esa experiencia a temprana edad y tengo identificación con estos niños. Además de la edad, desde un punto de vista especial [en relación] la fuerza dramática que tiene este ser sublime de la sociedad que es el niño. Yo creo que fácilmente puede cautivar corazones, fácilmente puede llevar el mensaje de lo que se quiere decir. Y el mensaje es: esto pasó en Ayacucho, sepan, y dirigido a todo el mundo para que realmente se entienda la magnitud de esta violencia.

DEL PINO: En ese caso, el niño muestra la inocencia y la vulnerabilidad a la que la sociedad estuvo expuesta. Pensando en el público, ¿estás pensando en un público más universal o un público más local, y cómo ha ido cambiando este punto desde tu primera película hasta *El rincón de los inocentes*?

ORTEGA: Eso también forma parte de la evolución que tengo. Cuando empiezo a escribir la primera película, yo empecé sin pensar en el público objetivo. Conforme yo avanzaba con mi carrera, ya me convertía también en productor, en esa necesidad de querer recuperar y ganar de mis producciones. Y hoy día, más aún. Es una historia [que hice] ciertamente pensando en todo público. Yo quiero que esta película no se desperdicie únicamente en la mirada de los adultos o en la mirada de los niños. Quiero que sea una producción que sea vista en familia, que papá, mamá y el hijo vayan al cine y que comenten. Esa es la idea que yo tengo.

DEL PINO: ¿Cuándo hablas de familia te refieres a una familia ayacuchana?

ORTEGA: *El rincón de los inocentes* es un proyecto que tiene pretensiones internacionales, por eso que trabajamos con todos los elementos que una producción requiere, tanto actoral y técnico. Esta película se ha hecho para que sea exhibida a escala mundial, por eso que nosotros nos hemos exigido en cada una de los elementos.

DEL PINO: ¿Cuál fue la reacción de la gente frente a la película? ¿Cómo la acogió?

ORTEGA: Bueno, la película todavía no ha sido estrenada comercialmente, ni siquiera en Ayacucho. En Ayacucho se hizo un preestreno, un preestreno largo, que duró cerca de dos meses. Más por una necesidad económica, de cubrir los gastos que se tenía. Además de captar algunos recursos, a mí me permitía observar y ver la capacidad que tenía la película, porque no solamente entraron a ver la película ayacuchanos, sino gente de todas partes. Hemos tenido la suerte que en esas fechas del preestreno hubiera muchos turistas en Ayacucho; había una comunión total, tanto ayacuchanos, limeños, extranjeros; es decir, que la película era muy buena. Buena desde varios puntos de vista, como historia, como narración histórica... en fin, esto me permite balancear para poder tener un buen estreno no solamente en Ayacucho, sino en los ámbitos nacional e internacional.

DEL PINO: ¿En la población ayacuchana captaste algo en común sobre su reacción hacia la película? ¿Se podría hablar de un patrón en su reacción?

ORTEGA: Cierto. El público ayacuchano, definitivamente, supo expresar este dolor: es de ellos, es de nosotros esta historia, parte de nuestra vivencia. Aunque esto suene a masoquismo pero muchísima gente, sobre todo ayacuchanos, han visto dos, tres veces la película, y las reacciones la primera o la tercera vez son las mismas: rememorar, sufrir, llorar, hacer una catarsis con la película. Entonces esta reacción, por más que mucha gente diga que están abriendo herida, estas heridas siempre van a permanecer cicatrizadas pero latentes en la mente de cada poblador. Esta película yo creo que tiene ese objetivo, de decir que no se olvide, de que se siga rememorando, que se siga abriendo las heridas si es posible, ¿no? Decir «para que no se repita», es una cosa que suena ya trillado, pero es así. Entonces, la figura que tiene la película en los ayacuchanos es importantísima. La gente me reclama en Ayacucho, queremos ver nuevamente la película, queremos que la estrene, mi papá no la ha visto, mi tía no la ha visto, queremos el video porque me están pidiendo en tal lugar. Entonces, esto me hace pensar, hay la necesidad de querer rememorar la historia, no tanto por ver la historia de la película o la producción cinematográfica, porque si quisieran ver una película, hay tantas películas, quieren ver en esencia esta historia de *El rincón de los inocentes*.

DEL PINO: Desde mi perspectiva, en eso radica el éxito de tu película, en hacer que la gente rememore el pasado, en que reviva la experiencia y logre reconocerse en la película.

ORTEGA: Exacto.

DEL PINO: Quienes han vivido la experiencia de la violencia encuentran muchos canales de empatía con los escenarios que ofrece la película.

ORTEGA: Exacto.

DEL PINO: Entonces, la gente se reconoce no solo como espectador, sino como protagonistas, al formar parte de esta historia.

ORTEGA: Exactamente, porque el ayacuchano es el protagonista de la película; él se siente, él vive, él es quien está pasando por esa crudeza de la historia, ¿no? Él es el papá, él es la persona que se la han llevado raptada los militares, las mamás son las mamás que están luchando por querer ver a su marido en el cuartel... Se sienten identificados plenamente con cada una de las situaciones, con cada uno de los personajes que luchan por algo en común que es sobrevivir en ese conflicto.

DEL PINO: Recuerdo bien la película, ya hacia el final, cuando el niño se encuentra con esa madre que también busca a su hijo; hay un punto de quiebre con el «pasado»: es cuando la mujer ya no se amilana frente al poder represivo de los militares y les responde con energía, con insultos. Es notable ese pasaje, una especie de triunfo simbólico y emocional frente al miedo. Se subvierte el orden y la mujer se impone con dignidad.

ORTEGA: Con coraje.

DEL PINO: Es el momento cuando la gente se suelta en carcajadas, cuando la mujer insulta a los militares. Es una empatía celebratoria del público con la hazaña de la mujer.

ORTEGA: Es una identidad celebratoria. Es identificarse con esa razón humana, de supervivencia.

DEL PINO: Desde mi lectura, lo que yo veo de esa película es no solo tratar de representar la violencia, escribiendo una experiencia particular. Cuando yo veo a la gente reconocerse en esa historia, a través de la experiencia de represión y humillación que se vivió, en verdad siento que la película logra captar la sensibilidad de la gente. Por eso mismo, termina identificándose con la película; los haces revivir como protagonistas de esa historia. En ese plano, tu arte es una propuesta propiamente cultural; es una propuesta con la cual podríamos discrepar en relación con la temática, pero lo que no se puede negar es en cómo la gente se reconoce en ella. Yo creo que eso es un éxito. Pero también, con esa película, tú ofreces una versión distinta de lo que pasó, en tanto que es un trabajo simultáneo al trabajo de la CVR.

ORTEGA: Es después; mucho después.

DEL PINO: Buscas contar una historia diferente a la que cuenta la CVR. Hay algo de esa motivación, ¿no?

ORTEGA: No. Yo no tengo punto de diferencia contra la CVR. Mi pretensión jamás fue esa. Yo quería transmitir un conjunto de pensamientos de mi pueblo, de Ayacucho. En algunos casos yo sí estaba de acuerdo, por ejemplo en cómo un pueblo era burlado, encima del dolor que tenían al haber perdido a alguien de que venga gente con grandes sueldos, haciendo cosas que no estaban a la altura de lo que ellos esperaban, de muchísima gente.

DEL PINO: En cierta manera intentas contar una historia alternativa.

ORTEGA: Sí.

DEL PINO: En ese sentido, no es malo que hayan diferentes formas de representar o de legitimarse al representar ese pasado.

ORTEGA: Bueno, haciendo una comparación con otras producciones, definitivamente es totalmente alternativa, porque es otra mirada de lo que ya se ha hecho. Una mirada de repente más convincente, más real, más cercana a la historia, hablo de la historia de ese hecho.

DEL PINO: Aun cuando tu película está pensada para cualquier público, me da la sensación que en el fondo te quedas —en el buen sentido— con el público ayacuchano.

ORTEGA: De alguna manera hay eso, no planteado conscientemente.

DEL PINO: Pensando en tu evolución, primero fue *Dios tarda y no olvida*, donde el tema de la violencia está presente, pero no es el guión central. Pero me decías que en la trilogía sí se aborda el tema de la violencia directamente. ¿Cuán distinta es la trilogía de *El rincón de los inocentes*?

ORTEGA: Son dos visiones distintas. Una es una historia desde el punto de vista rural, cuando una familia es violentada por los militares y también sometida por Sendero, una familia de procedencia humilde. En el segundo caso, en *El rincón*, es una familia huamanguina, urbana.

DEL PINO: En el segundo momento de tu carrera, está *Incesto en los Andes* y *La maldición de los qarqachas*, que abordan temas que se escapan del tema de la violencia.

ORTEGA: Totalmente; sin embargo, no está ajeno al nombrar un poco, en la historia, la atmósfera del terrorismo. En la *Maldición de los qarqachas II*, dos muchachos llegan a una comunidad. Entonces, a partir de la llegada de esos muchachos, la gente empieza a morir. Lo que pasa es que el qarqacha los había seguido a estos muchachos. Entonces, la población asume que la muerte la provocaban estos dos muchachos que son terroristas. Entonces la gente dice, son terroristas y ellos están matando [a la] gente. Asociamos de todas maneras a la atmósfera de la violencia.

DEL PINO: Pensando en la reacción de la gente, en la acogida de tus películas, has visto alguna diferencia entre la acogida de temas más sociales, que dan cuenta de la violencia, como en el caso de *El rincón de los inocentes*, y la acogida de, por ejemplo, *La maldición de los qarqachas*. ¿No sé si tú has captado alguna diferencia en la recepción de la gente?

ORTEGA: Sí, hay dos cosas. Definitivamente, las películas de temática social, del terrorismo, tienen un público distinto al público de *Qarqacha*. Yo veo que la película de temática social es vista por gente de la ciudad. Yo veo profesores, catedráticos, jueces, gente con una preparación académica. Pero *Qarqacha* tiene un público cautivo de la periferia, de las comunidades campesinas en su mayoría. La cantidad es casi la misma; la diferencia es el tipo de espectador.

DEL PINO: Es interesante saber que el tema de la violencia haya cautivado más al público urbano. ¿Eso es porque fue sobre un escenario urbano, es porque la gente del campo no quiere recordar y ver más esa película, o por otro motivo? ¿Cómo lo ves tú? Aun cuando la gente del campo vivió similar o a veces peor la represión, ¿por qué no fueron a ver la película?

ORTEGA: Yo sospecho que sea por los elementos de publicidad. Podría ser uno de los elementos. En *Qarqacha* direccionamos más hacia el campo, con actores que se expresan más con dejos campesinos y lo ponemos en la publicidad. Para la gente campesina, entre *Qarqacha* y *El rincón de los inocentes, Qarqacha*, por supuesto. Es un tema que está asociado a la vivencia de ellos. Eso permite una comunicación directa. En mis películas hay elementos comunes que te permiten reconocer que esta es una película de Palito Ortega: trato de utilizar músicas regionales, músicas de la cultura religiosa de Ayacucho, que son muchas veces inéditas pero que las fusionamos con elementos occidentales para hacerlo más asequible a la cinematografía.

DEL PINO: ¿También la música cuenta algo de la experiencia de la violencia?

ORTEGA: La música es un elemento importantísimo dentro de esas historias. Es importante ese elemento. Sin música, la película tendría una capacidad de 70% de hacer ver o creer la historia.

DEL PINO: Entonces, la fidelidad de la historia a través del niño viene acompañada también por la música.

ORTEGA: Los elementos sonoros, por ejemplo, la balacera, las bombas, todas esas cosas hacen que la película sea una sola.

DEL PINO: ¿Cómo creas esos sonidos, pensando en las limitaciones tecnológicas de nuestra región?

ORTEGA: Ahora no hay limitaciones. A partir del proyecto *El rincón,* donde hay una gran inversión de dinero, las limitaciones han quedado atrás, pero de todas maneras hay limitación porque no podemos competir con personas que tienen financiamiento abismal de millones de dólares.

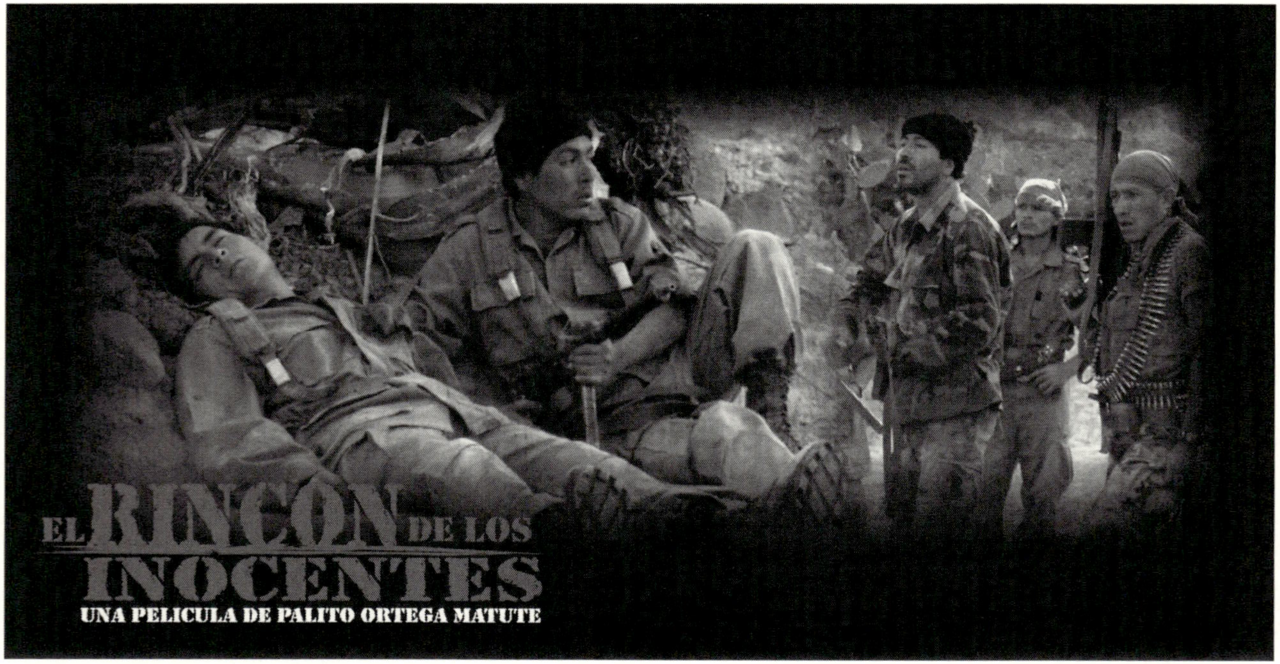

Figura 6.3. Publicidad de *El rincón de los inocentes*. (2005). Imagen reproducida con permiso de Palito Ortega.

7

LOS CAMINOS DE LA CONMEMORACIÓN EN SACSAMARCA

Ricardo Caro Cárdenas

Esta es una reflexión sobre las conmemoraciones realizadas en Sacsamarca[1] en homenaje a sus pobladores muertos en los años del conflicto armado. La fecha recordada es el 21 de mayo de 1983, cuando la población y un puñado de policías vencieron a las huestes senderistas que se dirigían a atacar el pueblo. Quien escribe ha tenido la oportunidad de acercarse a las actividades conmemorativas de los años 2004 y 2007, pudiendo apreciar cómo han ido cambiando y configurándose los actos de conmemoración. Mis preguntas han girado alrededor de los sentidos que acompañaron estos eventos en Sacsamarca, una localidad que ha sido señalada por el informe de la Comisión de la Verdad y Reconciliación (CVR) como la primera en ofrecer una resistencia victoriosa a la emergencia senderista.

El 21 de mayo es una fecha cargada de significados para los sacsamarquinos. De acuerdo con el *Informe final* de la CVR, lo que ocurrió ese día fue la primera victoria de una población andina contra la presencia de Sendero Luminoso y el comienzo de lo que se convirtió en una resistencia a gran escala. Debido a este evento, y al importante lugar de Sacsamarca en la trayectoria de la guerra interna, aquella fecha se ha convertido en emblema y organiza un nudo en la memoria

1. Sacsamarca es la capital del distrito del mismo nombre, en la provincia de Huancasancos, Departamento de Ayacucho.

local desde el cual se vienen urdiendo estrategias de representación y reconocimiento, que configuran un proceso en el que, asimismo, se reacomodan las correlaciones del poder local. Para la CVR, esta fecha y el lugar son representativos de la resistencia de las tierras andinas. Sin embargo, para la gente del pueblo, esta fecha y su interpretación están cambiando continuamente. A raíz de la CVR y en medio de las discusiones nacionales sobre las reparaciones a las víctimas del conflicto interno, miembros de los grupos de derechos humanos de Sacsamarca, junto a participantes locales, organizaron actuaciones y concursos para conmemorar el 21 de mayo y homenajear a los habitantes de la ciudad que murieron en los años del conflicto. A través de un estudio de estos periodos conmemorativos en 2003, 2004 y 2007, los significados divergentes sobre este día y sus usos presentan, en primer plano, la forma en que los actores locales han avanzado en sus propias agendas respecto de su mirada del pasado.[2]

Los eventos del 21 de mayo de 1983

En 1982, el Partido Comunista del Perú-Sendero Luminoso (PCP-SL) consideraba a los pueblos de Sacsamarca, Lucanamarca y Sancos —capital de la provincia de Huancasancos— como parte del Comité Regional Principal.[3] A través del apoyo de algunos maestros de escuela, militantes de ese partido, la influencia y, finalmente, el poder de los insurrectos se había instalado en estas localidades, expulsando a las autoridades y logrando someter por el temor y la coacción al resto de la población. Asimismo, contaron con la colaboración de grupos de escolares, campesinos y dirigentes que participaron de la situación con

2. El autor tuvo la oportunidad de observar de cerca los actos conmemorativos celebrados en 2004 y 2007, primero como juez invitado y luego como miembro de la audiencia. Después de haber escrito este capítulo, el autor asistió al trigésimo aniversario del enfrentamiento el 21 de mayo de 2013.

3. Sobre la historia del conflicto armado y el despliegue de la guerra senderista en la sierra sur central, así como las acciones del PCP-Sendero Luminoso en Sacsamarca, Lucanamarca y Huancasancos, véanse los capítulos respectivos en <http://www.cverdad.org.pe/ifinal/index.php>.

más o menos cercanía a la causa subversiva. En el lapso de los cuatro meses que duró la presencia senderista, hubo exacciones y asesinatos de pobladores disidentes bajo un régimen de inseguridad y control total. Sin embargo, como se explica en el informe de la CVR, el dominio de los agentes senderistas en la zona entre octubre de 1982 y febrero del año siguiente, se desarmó conforme los comuneros se dieron cuenta de las desventajas cotidianas y de la tremenda inseguridad que supuso su presencia (CVR 2003a, V: cap. 2.2).

La situación de emergente desengaño fue extendiéndose a varias poblaciones de la provincia hasta que las resistencias se trocaron en franca rebelión. La primera de ellas fue la de Sacsamarca, a mediados de febrero de 1983. Aprovechando que era época de carnavales, la población preparó una celada a los dos comisarios senderistas del pueblo (que eran oriundos del distrito), que fueron emborrachados y después asesinados. La noticia de la rebelión de los sacsamarquinos fue rápidamente respondida por el comité senderista del pueblo vecino de Sancos. Un grupo de pobladores de Sacsamarca fue capturado y conducido a Sancos, donde su ejecución se demoró por la ausencia del mando principal. Fue en esas circunstancias que intervino el Ejército, advertido por sacsamarquinos que fueron en su búsqueda, y, tras un ataque indiscriminado a la población, liberaron a los detenidos.

Tras estos eventos, la rebelión contra el PCP-SL se extendió a Lucanamarca y al mismo Sancos, con las consiguientes muertes de los comisarios locales. Pero el 3 de abril comenzó la venganza senderista con la matanza de 67 campesinos de Lucanamarca. El 21 de mayo intentaron hacer lo mismo con Sacsamarca, pero la población fue advertida y con el apoyo de tres policías salió al encuentro de la columna senderista y sus huestes. La batalla que siguió costó la vida de quince sacsamarquinos y de un policía, así como la muerte de los cabecillas senderistas y la captura de varios de sus seguidores, los que serían asesinados por las fuerzas del orden que llegaron como apoyo poco después del enfrentamiento.

Pero este fracaso de la acción punitiva en Sacsamarca no marcó el fin de la ofensiva de venganza contra las poblaciones resistentes. El 24 de junio, otro grupo senderista atacó Sancos, asesinando a tres policías y ocho pobladores. Tras esos hechos se instaló una base del Ejército en

Sancos, otro puesto de los comandos policiales conocidos como «sinchis» en Sacsamarca y otro en Lucanamarca. Desde entonces, Sendero Luminoso no volverá a tener el dominio territorial y político, aunque sí seguirán sus ataques contra estas poblaciones.[4]

Solo en la última década se ha podido investigar y ampliar nuestro conocimiento sobre los años de Sendero Luminoso. Hasta la fecha, la historia más completa de lo ocurrido en Sacsamarca entre 1980 y 1983 es la de la CVR (2003a, V: cap. 2.2). Los informes del equipo de trabajo de campo de la CVR relatan el contexto social local y económico en el que se originó la insurgencia senderista y narran, en detalle, el curso del conflicto armado interno. En el mismo año en el que se publicó el informe de la CVR, apareció el relato *La batalla*, escrito por el periodista de investigación Gustavo Gorriti (2003). *La batalla* narra los acontecimientos del día 21 de mayo desde la perspectiva de un oficial de policía que intervino en el evento. Los mismos eventos también se narran a través de una recopilación de dibujos, poesía y relatos que fueron presentadas para un concurso de arte en el año 2004, en Sacsamarca, como parte de un evento llamado «Segundo Homenaje a las Víctimas de la Violencia Política» y que fueron publicadas por SER en el libro *Rescate por la memoria, Sacsamarca* en el 2007.

De manera cada vez más pública, y pese a las conclusiones del *Informe final* de la CVR, los diferentes papeles desempeñados por los residentes de Sacsamarca y las Fuerzas Armadas en esta batalla siguen siendo materia de disputa en la propia localidad. En diferentes pasajes del libro *Rescate por la memoria, Sacsamarca*, se observa que el periodo posterior a 1982 está lleno de dramáticos recuerdos individuales y colectivos de violencia arbitraria, que perduran hasta bien entrada la década de 1990 debido a la presencia de los militares en la región. A raíz de la guerra interna, durante el trabajo de la CVR y durante la discusión en curso sobre las reparaciones para las víctimas de la guerra, algunos recuerdos

4. En Sacsamarca, uno de los últimos eventos violentos relacionado con la guerra interna se dio en 1994, con la muerte del alcalde provincial y de dieciséis personas más, entre personal del Ejército y civiles, cuando el camión que los trasladaba pisó una mina.

siguen siendo censurados, mientras que otros se discuten abiertamente en las comunidades afectadas. El pasado se ha convertido en un lugar de deliberación, en el que se desarrollan las luchas por posiciones contemporáneas de poder y de influencia. Así, el pasado es una fuente de argumentos para conseguir legitimidad y para afirmar una identidad individual y colectiva.

De víctimas, héroes y mártires: los homenajes del 21 de mayo

En la década de 1980, la antigua plaza fue remodelada por orden de la fuerza policial. Un antiguo cedro o roble que dominaba la plaza fue eliminado de raíz, se colocaron bancas y se bautizó el lugar con el nombre de un policía muerto en un enfrentamiento con Sendero Luminoso.[5] La plaza permaneció así hasta 1998, cuando las fuerzas del orden se retiraron de la población, entonces la municipalidad la remodeló y la rebautizó con la fecha del principal evento evocado por la población, el 21 de mayo de 1983. Una placa conmemorativa en uno de los lados de la rotonda central dedicada a «los mártires del 21 de mayo de 1983» muestra los nombres de los diez sacsamarquinos caídos esa fecha; allí aparece también grabado el de «un militar», solo mencionado por su apellido: Dueñas.[6] Así, con la remodelación se resaltó el protagonismo del pueblo, y el único policía caído con los sacsamarquinos quedó casi olvidado, con su nombre apenas recordado. El cambio de apariencia y denominación inauguraban el nuevo uso del espacio público local pero también el inicio de una época plenamente civil en el gobierno municipal. Resaltar la fecha de esta acción de resistencia al senderismo fue también un modo de ubicarse en el discurso de la pacificación, la principal narrativa que el gobierno de Alberto Fujimori empleaba para

---

5. Cuando visité Sacsamarca el 2004, pregunté por el nombre de aquel policía; la gente no lo recordaba.

6. El nombre del policía era Telésforo Dueñas (CVR 2003a). En versiones recogidas años después, se afirma que los caídos fueron quince sacsamarquinos (SER 2007). Este detalle deja pendiente la cuestión sobre el aparente «olvido» de cinco caídos más, que no figuraron en la relación de 1998.

justificarse ante las reconstituidas localidades andinas. Evidente, este posicionamiento en el relato oficial resultó indispensable para ganar visibilidad, obtener reconocimiento y apoyo asistencial del gobierno (Degregori 2012 [2000], Barrantes y Peña 2006).

Emprendedores de la memoria

En el año 2002, el trabajo de campo de los equipos de la CVR en Sacsamarca permitió abrir procesos de recordación en los que muchos pobladores pudieron manifestar sus propias experiencias pasadas. Orlando Janampa, un joven sacsamarquino que colaboró con los equipos de investigación de la CVR, quiso continuar esa experiencia y se empeñó en promover un acto de homenaje a las «víctimas por la violencia política» de Sacsamarca. Como él mismo refiere, el homenaje le pareció la oportunidad de «encontrar la paz con uno mismo y con los demás con respecto a todos los actos ocurridos en Sacsamarca», porque «hablar del tema de la violencia política» era «una forma de acercamiento entre nosotros los sacsamarquinos» (SER 2007: 11). Janampa, quien perdió a su padre y a una veintena de familiares por esos «actos ocurridos», quería proponer con esa iniciativa un sentido alternativo a las memorias fragmentadas y dolorosas de Sacsamarca que sacara a sus paisanos de lo que él llamó «la total indiferencia» respecto de la historia que la CVR había traído al presente una vez más.[7]

Gracias al contacto con experiencias de reparación simbólica promocionadas por ONG ayacuchanas, Janampa buscó un reconocimiento simbólico de las víctimas y de la hazaña colectiva que había colocado a Sacsamarca en el informe de la CVR como el caso paradigmático de la resistencia campesina contra Sendero Luminoso. Consiguió el apoyo de la asamblea comunal del pueblo, aunque no hubo de inmediato un acuerdo sobre cómo realizar el homenaje. Fue entonces que tras

7. «Sacsamarca: del dolor… a la esperanza». *Boletín Informativo Kawsaq: Sembrando Justicia*, n.º 2, año 1, junio de 2003. Orlando era, además, delegado por la Coordinadora de Sacsamarca en el recién creado Frente de Organizaciones de Base por la Verdad y la Justicia (FROBAVEJ).

deliberar en la Coordinadora Distrital de Afectados por la Violencia Política (que él presidía en ese tiempo) y con el acuerdo de otras organizaciones de base y autoridades, se acordó que los días 20 y 21 de mayo de 2003 se realizarían actos conmemorativos en la plaza del pueblo. La policía destacada en el vecino pueblo de Sancos fue invitada a participar en el homenaje. Así, el primer día se comenzó con el rezo de un rosario durante la noche; al día siguiente, hubo un embanderamiento general a media asta, misa por todas las víctimas, actuación en la plaza 21 de Mayo y, como acto final, una romería hacia el cementerio del pueblo, donde se colocó una cruz de madera como símbolo del homenaje. Con ella se les daba un lugar a los desaparecidos «porque —recuerda Janampa— ellos no tenían una tumba en el cementerio».[8]

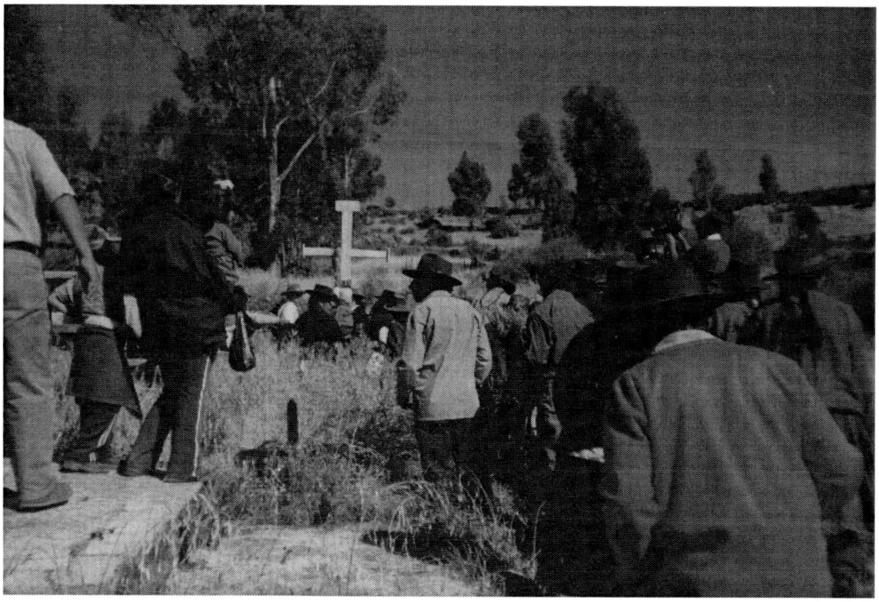

Figura 7.1. Peregrinación al cementerio de Sacsamarca como parte del «Segundo homenaje a las víctimas de la violencia política», (2004). Foto del autor.

8. Ibíd.

El evento fue apoyado por el Frente Regional de Organizaciones de Base por la Verdad y Justicia (FROBAVEJ), la CVR-Ayacucho y la Asociación Paz y Esperanza, y se informó en los medios regionales. Un poblador manifestó en un reportaje que ellos esperaban «mantenerse unidos y organizados, aspiran a redactar su propia historia y memoria, y en esta iniciativa los jóvenes están adelante, cumpliendo el encargo de aquellos que vivieron y honrando así la memoria de su héroes». La nota subrayaba el empeño sacsamarquino por no distinguir a sus muertos como víctimas: «ellos son héroes, porque lucharon por la defensa de su pueblo, enfrentando a las hordas terroristas», manifestó un comunero entrevistado.[9]

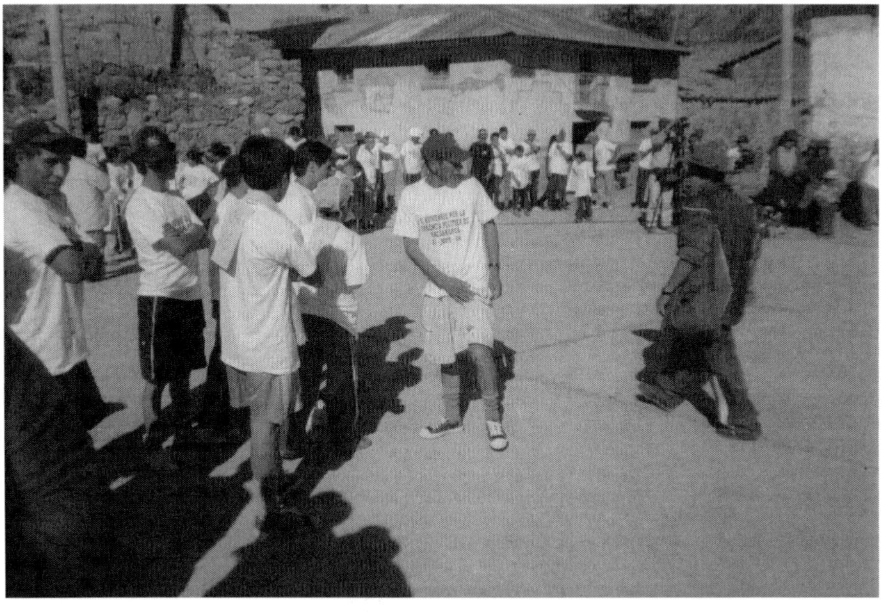

Figura 7.2. Participantes preparándose para la maratón en el «Segundo homenaje a las víctimas de la violencia política», (2004). Foto del autor.

9. Ibíd.

El homenaje de 2004

Un año después del primer homenaje, la comunidad y la Coordinadora Distrital de Afectados por la Violencia Política, junto con el gobierno municipal, montaron un segundo homenaje a los «mártires, víctimas y héroes».[10] Para el segundo homenaje, Janampa y el equipo organizador esperaban construir un mayor consenso sobre el significado heroico del 21 de mayo para la comunidad y sobre la memoria compartida de los residentes de Sacsamarca. En esta segunda conmemoración se agregaron varios concursos (canción, danza, poesía, arte y cuento), una maratón y una recreación de la famosa batalla contra Sendero Luminoso.

Las actividades duraron dos días y tuvieron una numerosa concurrencia y participación. Ese aniversario, como representante de la Asociación SER, visité por primera vez Sacsamarca, junto con representantes de otras ONG ayacuchanas y limeñas, funcionarios de la Defensoría del Pueblo-Ayacucho, un equipo de prensa del programa por cable Sin Rodeos y una delegación de escolares secundarios limeños. Los invitados participamos como jueces del concurso de canto y en el acto oficial de izamiento de la bandera. Los escolares limeños se reunieron con sus pares sacsamarquinos y departieron sobre los sucesos evocados durante dos días.

En lo que siguió, a mí me llamó especialmente la atención la escenificación del enfrentamiento entre los sacsamarquinos y sus aliados policías contra los senderistas. Esta se realizó en la plaza, frente a la municipalidad, y con casi todo el pueblo como espectador. Se presentaron tres grupos, todos estudiantes de secundaria de Sacsamarca, que usaban el quechua y el castellano, y salpicaban los diálogos de expresiones locales, con algunos momentos de parodia que hacían de aquella representación de la guerra un espectáculo tolerable.

En síntesis, aquellas actuaciones transcurrieron en una sucesión de viñetas que mostraban, en principio, la vida pacífica de los campesinos

10. El 2003 y el 2004, la Asociación Servicios Educativos Rurales (SER) organizó los concursos Rescate por la Memoria en la ciudad de Huamanga, en el Departamento de Ayacucho.

hasta la irrupción de la «columna senderista». Los sacsamarquinos eran representados como campesinos; los senderistas aparecen con pasamontañas y en actitudes siempre agresivas, incursionando en el pueblo y abusando de sus pobladores. Las tres actuaciones presentaron a una mujer senderista, ataviada como los varones, distinta de las campesinas. Los policías se muestran aguerridos, maltratando a campesinos, interrogando y lanzando advertencias.

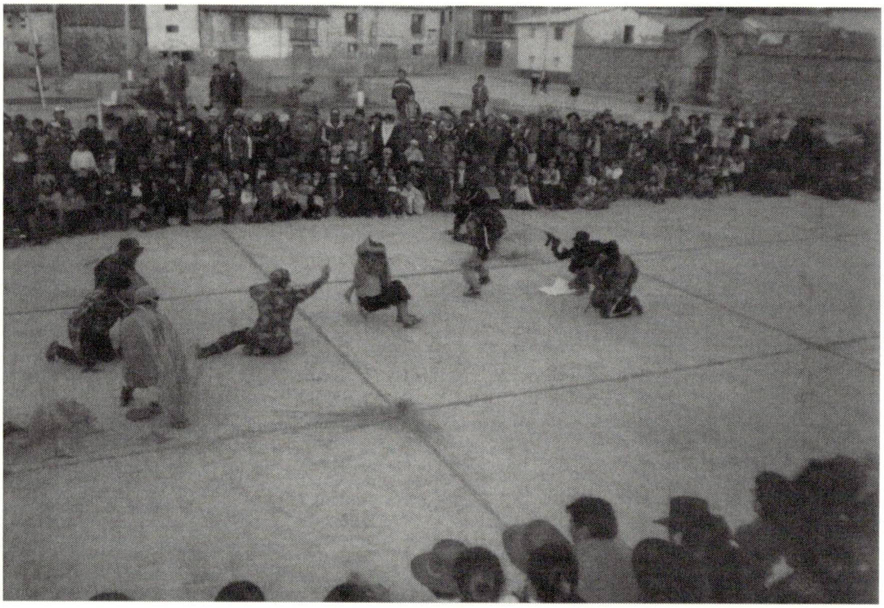

Figura 7.3. Recreación de la ruta de Sendero Luminoso desde Sacsamarca durante el «Segundo homenaje a las víctimas de la violencia política», (2004). Escena en la cual los campesinos matan a los senderistas. Foto del autor.

Luego, cuando son avistados los senderistas, los campesinos llamarán en ayuda a los policías. La batalla enfrenta a todos, y los senderistas son muertos o ejecutados. En este punto va culminando la actuación: los actores salen de sus personajes y se van retirando de la escena, saludando al público.

Como señalé más arriba, hay momentos de parodia que generan risas entre los espectadores. El humor parece hacer menos agobiante una historia de contenidos violentos que atañen a la historia de los espectadores mismos, a sus recuerdos particulares.[11] Las risas no acompañan toda la representación; son espaciadas, cortas; luego la dramatización del enfrentamiento acapara toda la atención hasta el final, sin grandes aplausos, ni risas ni ovación.

En resumen, una serie de viñetas conformaron el espectáculo, mostrando la vida pacífica campesina antes de la llegada de Sendero Luminoso, que subió al escenario usando pasamontañas y con actitudes muy agresivas hacia la población local. El hilo narrativo de la recreación histórica estableció la batalla como el desenlace final de la rebelión de Sacsamarca, poniéndola como el punto culminante de la obra después de escenas que muestran el maltrato de los campesinos y la presencia igualmente abusiva de las fuerzas del orden. Todas estas escenas incluían el carácter de la mujer de Sendero Luminoso que estaba vestida como un hombre y era presentada de manera distinta a como lo eran las mujeres campesinas locales. Los agentes de policía parecían feroces: maltrataban, interrogaban y amenazaban a los campesinos. Sin embargo, los campesinos solicitarían su ayuda cuando vieran a los militantes de Sendero. La batalla que siguió involucró a todos en el escenario. En la escena final, los militantes del Sendero Luminoso mueren en la batalla o son ejecutados. Justo después de este punto culminante, los actores van saliendo de sus personajes, se retiran del escenario saludando al público y sin cambiarse de vestuario. De este modo, pasan rápidamente de sus roles como personajes de un momento histórico a ser los residentes actuales de la comunidad.

Como ya se mencionó, a pesar de la trama dramática de la obra, hubo momentos de parodia que hicieron reír a la audiencia. El humor pudo haber aliviado la carga de observar esta historia compleja, con su contenido dramático tan directamente atado al propio pasado de la audiencia y a sus memorias personales. Parecía como si el humor

11. Mi ignorancia del quechua me limitó a recoger el efecto del momento paródico, perdiendo su contenido, su forma, su relación con el contexto de la representación actuada.

permitiera a los espectadores digerir la trama y, quizá, identificarse con lo que estaba siendo representado y recreado. El carácter burlesco de los personajes de Sendero Luminoso, los policías y los campesinos atenuó el impacto evocador de las escenas violentas. Esto es algo análogo al uso del humor en las recreaciones de la emboscada española contra el inca Atahualpa, un momento decisivo en la conquista del Perú, según ha sido registrado por Alex Huerta en una comunidad de Cajamarca (Huerta 2001). Pero en la recreación del conflicto hispano-incaico, el humor trae consigo una especie de reconciliación por medio de la cual el público, tanto «españoles» como «indios», eventualmente se mezclan en danzas y celebraciones. Por el contrario, en el humor de la actuación de Sacsamarca, no percibí el mismo tipo de espíritu carnavalesco destinado a subvertir o cambiar la historia pública dominante del 21 de mayo. En ningún momento, los actores en conflicto —los militantes de Sendero Luminoso, la policía o los miembros de la comunidad— alteran su posición en la jerarquía establecida del conflicto, ni se unen en danza o celebración. De hecho, el humor y la dramatización no fueron apreciados por todos: la policía de la vecina Sancos, que no aceptó la invitación al evento, se enteró de cómo habían sido retratados. Días después, un maestro fue temporalmente detenido por haber insultado a las fuerzas de orden mientras actuaba.[12]

En el caso de la escenificación de la batalla, y hasta donde pude apreciar, el guión seguía la historia reseñada en el informe de la CVR, pero también añadía detalles como la presencia de mujeres senderistas entre los atacantes, un dato no necesariamente histórico aunque significativo del impacto de las transferencias de la historia oficial del conflicto sobre la memoria colectiva del pueblo. Como se sabe, el papel de las mujeres senderistas, que incluye figuras como Edith Lagos en Ayacucho, fue especialmente destacado por la prensa desde los primeros tiempos de la guerra, y cierta imagen ha quedado en el imaginario nacional del conflicto armado. La CVR dedicó un capítulo de su informe al tema. Sin embargo, no hubo mujeres senderistas en la batalla del 21 de mayo de 1983.

---

12. Comunicación personal con Édgar Olivares, mayo de 2007.

Cabe añadir que, en ninguna de las actividades oficiales de 2004, hubo presencia de las fuerzas policiales, a pesar del papel clave que cumplieron en los eventos que se conmemoraban y del formato cívico que tenía la ocasión. El momento religioso se restringió a una misa católica y a la romería al cementerio como cierre de actividades el día central (21 de mayo), a cargo de los pobladores mismos. El homenaje de 2004 alcanzó una audiencia más grande que la del año anterior. Por último, el programa televisivo *Sin Rodeos* pasó una semana más tarde, por cable, un reportaje de ocho minutos sobre el homenaje. Por su parte, una ONG se comprometió a publicar los trabajos presentados en los concursos de poesía, narración, canto y dibujo en el libro *Rescate por la memoria, Sacsamarca*, que posteriormente se distribuyó gratuitamente en la comunidad, en Ayacucho y en Lima. De esta manera, se amplificaba el escenario performativo de la conmemoración colocándolo delante de un público mucho más vasto que el de la región y se volvía a inscribir, de otra manera, la participación de los sacsamarquinos en el relato nacional del conflicto que sirvió como emblema para el papel salvador de los militares promovido en el gobierno de Alberto Fujimori.

Al igual que en otras comunidades andinas, los años de Sendero Luminoso exacerbaron las tensiones y la violencia intracomunales (Del Pino y Theidon 1999). Cuando me refería a las tensiones implicadas en el consenso que reunió a autoridades y población en el segundo homenaje, recordaba la frustrada intención de Janampa y otros organizadores por reunir al alcalde con una viuda que acusaba a esta autoridad de haber tenido alguna intervención en la muerte de su esposo en los primeros años del conflicto armado. La idea de los organizadores, y que aceptó el alcalde, fue encontrar públicamente a ambas personas, para simbolizar así el espíritu de reconciliación que debía tener el encuentro. Esto no ocurrió. La señora no apareció en la plaza, aunque el alcalde manifestó, en su intervención, su afán de cerrar heridas y marchar hacia el progreso del pueblo.

En los dos años siguientes, no volvió a haber un acto de homenaje en Sacsamarca. El alcalde aludido no tuvo mayor iniciativa y el liderazgo de Orlando Janampa pasó por problemas que lo alejaron de su anterior protagonismo. Sus vínculos con las redes institucionales de Lima tampoco fueron suficientes para promover una nueva conmemoración; por otro lado, el mismo marco emblemático de la CVR, que orientó los sentidos del recordar y conmemorar durante su existencia y en los años que siguieron, fue perdiendo paulatinamente significación mediática y entró secundariamente en la agenda política del gobierno de Toledo (2001-2006), con lo que se postergó la aplicación de las medidas simbólicas y económicas de reparación a las que se había comprometido.

El homenaje de 2007

El 2007 volvió a realizarse dicho homenaje conmemorativo en un contexto político distinto. Un nuevo gobierno nacional y un nuevo gobierno municipal parecieron haber dinamizado la causa de la memoria sacsamarquina, aunque con matices que la distinguen de los fines y medios de los homenajes anteriores. En efecto, aunque con un discurso ambiguo sobre la CVR, el gobierno aprista encabezado por Alan García (2006-2011) puso en ejecución algunas medidas recomendadas en el informe de esta comisión. Entre ellas, la creación del Consejo de Reparaciones, a cargo de diseñar y producir el registro nacional de víctimas, con el fin de realizar las reparaciones individuales. También se anunció que se comenzarían pronto las reparaciones colectivas a las comunidades más afectadas. En la comunidad y distrito de Sacsamarca, esta iniciativa generó expectativas. Para el nuevo alcalde, Edgar Olivares, el homenaje del 21 de mayo fue la oportunidad para visibilizar el papel de su pueblo en la lucha contra Sendero Luminoso y reforzar las posibilidades de la comunidad de recibir algunos de los fondos nacionales de reparaciones.

Para el homenaje de 2007 se realizaron nuevamente una serie de presentaciones artísticas —sin concurso— y una representación del enfrentamiento con los senderistas. No hubo, en cambio, invitaciones a ONG y tampoco a la Defensoría del Pueblo o a las fuerzas del orden. Se trató del primer homenaje convocado y organizado por la municipalidad de Sacsamarca, con iniciativa del alcalde, por lo que me resultó de interés poder percibir de cerca cómo es que se vienen articulando en estos actos públicos, en el ámbito local, los discursos con los que se legitiman y las diversas *performances* de los actores locales en la realización del homenaje.

Edgar Olivares, el alcalde a este momento, es sacsamarquino. Generacionalmente es par de Juan López Linares y Walter Huaccachi, los dos agentes senderistas asesinados por el pueblo en febrero de 1983, con quienes compartió infancia y colegio. Pero entonces hacía varios años que Olivares se había marchado de Sacsamarca a estudiar en la Universidad Nacional de San Cristóbal de Huamanga, donde compartió aulas y sufrió pleitos con los estudiantes senderistas de la década de 1970. En 1977 se fue a seguir la misma carrera a Lima, cansado de no avanzar sus estudios en la estancada universidad ayacuchana. Tiempo después de graduarse partió a Japón, donde permaneció por casi una década. A fines de la década de 1990 ya estaba de vuelta en el país y, el año 2004, ya había iniciado un camino personal de retorno a Sacsamarca.

Según me contó, cuando él llegó a Sacsamarca supo de los homenajes pasados y tomó nota de la importancia de los eventos ocurridos en 1983. Olivares ganó las elecciones a la alcaldía en noviembre de 2006. Había decidido mudarse a Sacsamarca e invertir estos años por su pueblo, aunque eso lo alejase de su familia, que vive en Lima. Sus continuos viajes le han permitido recomponer sus antiguas relaciones, y su empeño lo ha colocado en un trance particular, justo cuando Sacsamarca vuelve a figurar entre las cientos de comunidades beneficiarias del programa de reparaciones colectivas a las poblaciones afectadas por la guerra interna, así que, recién empezado su periodo de gobierno, decidió promover el aniversario del enfrentamiento los días 20 y 21 de mayo. En esas circunstancias, la Asociación SER le manifestó su voluntad de entregar a los pobladores de Sacsamarca los ejemplares del libro que compilaba los trabajos presentados dos años atrás. Fuimos invitados por el alcalde y, para mí, fue la ocasión para observar de qué manera había evolucionado el trabajo de las memorias del conflicto armado en Sacsamarca. Días antes, el alcalde Olivares planteó a la asamblea comunal de Sacsamarca la realización del homenaje los días 20 y 21, pero esta se opuso, ya que se requería una reunión de la asamblea el día 20, para tomar decisiones sobre asuntos de interés comunal. Sorprendido, el alcalde tuvo que pasar todos los actos para el día 21. También invitó a autoridades provinciales y regionales, pero estas no se harían presentes en los actos cívicos planificados.[13]

Todas las actividades se realizaron el día 21 y, desde muy temprano, los comuneros se reunieron para coordinar la representación que se les había solicitado. La mayoría eran señoras beneficiarias del programa Juntos.[14] No terminaban de ponerse de acuerdo cuando se acercó el alcalde Olivares para comunicarles en quechua que se deshicieran de la idea de representar el enfrentamiento con los senderistas: «son tiempos distintos», decía, «no hay que recordar ya esos tiempos tristes», «tenemos cosas lindas, costumbres nuestras como la herranza...». Además, recordó que, con ocasión del segundo homenaje, habían tenido problemas por eso mismo, porque a la policía de la vecina Sancos no le había agradado cómo habían sido representados el año 2004, y un profesor había sido detenido para ser amonestado por la ofensa a las fuerzas del orden. Luego me acerqué al alcalde y le comenté sobre la importancia de que la gente representara lo que decidiera mejor. No había, según yo, necesidad de invocar al temor para condicionarles lo que debían hacer. El alcalde me escuchó poco convencido, y su propuesta fue seguida por los pobladores.

Hubo dos escenificaciones. La primera fue la de los estudiantes secundarios. Esta vez fue solo un grupo, y el guión y el humor fueron análogos a los que viera dos años antes. En ella, se narraba la resistencia de los pobladores contra la aterradora ocupación senderista, el asesinato de los comisarios el mes de febrero y la batalla del 21 de mayo. Hubo un cambio. En la representación, la presencia policial fue reducida al mínimo, apareciendo los personajes de los policías al momento de la batalla misma, sin mostrar las escenas de diálogo y parodia que habían surgido el año 2004. La presentación de los jóvenes sorprendió al alcalde, que tiempo después me contó que no se la esperaba. Por su parte, los campesinos improvisaron la escenificación de una herranza, que igualmente

---

13. Entrevista del autor con Edgar Olivares, mayo de 2007.

14. Juntos es un programa estatal de asistencia a las poblaciones más pobres del país y consiste básicamente en la donación de cien soles mensuales a cambio del cumplimiento de controles de salud y nutrición, entre otras actividades.

los presentes aplaudieron aunque no surgió la eventual hilaridad que suscitó la representación de los jóvenes. Finalmente, el alcalde anunció a la población que el 21 de mayo sería una fecha de conmemoración que él se encargaría de promover y realizar a lo largo de los cuatro años que restaban a su periodo en la municipalidad. Esto, luego me enteré, no sucedió.

Cuando se celebró otro acto conmemorativo por el trigésimo aniversario de la batalla, en mayo de 2013, el evento ya no se refería a representaciones específicas de la batalla y se parecía más a los desfiles cívicos celebrados cada año en la mayoría de las ciudades peruanas por Fiestas Patrias el 28 de julio.[15]

Los sentidos del pasado

> Y, cuando ellos no estén para llevar adelante sus disputas por el sentido, la fecha seguramente pasará, lenta pero inexorablemente, al archivo de la historia del pasado.
>
> Elizabeth Jelin

Como ha observado Gisela Cánepa, «la política de la memoria en Ayacucho parece haberse convertido en un mecanismo de inclusión cívica».[16] Las conmemoraciones de Sacsamarca se prestan a una interpretación similar: a través de la memoria, las comunidades se posicionan dentro del cuerpo político. En Sacsamarca, las batallas sobre el significado y la interpretación del pasado tomaron (y continúan tomando) lugar en un momento de expectativas particularmente altas para el

15. En el año 2013, Orlando Janampa se había convertido en el presidente de la comunidad. A pesar de su destacada posición y de su entusiasmo por el trabajo de memoria, las actuaciones realizadas durante el acto conmemorativo se centraron solo en las costumbres tradicionales y no hicieron alusiones específicas al papel de Sacsamarca en el conflicto político. Además de las actuaciones, participaron, en el desfile, algunas mujeres de varias ONG para las familias afectadas por la violencia, que portaban las pancartas de sus organizaciones.

16. Presentación de Gisela Cánepa de SER 2007. El epígrafe de esta sección es de Elizabeth Jelin (2002b: 51).

desarrollo de la región. Durante más de una década, los fondos y las políticas para promover el desarrollo y luchar contra la pobreza se han expandido y, por lo tanto, han fortalecido las instituciones municipales. En el contexto posterior a la CVR, las comunidades están descubriendo nuevas formas de avanzar en su reconocimiento como sujetos políticos en el Estado-nación y, gradualmente, se apropian del mensaje de la CVR sobre las reparaciones: estas son una obligación del gobierno y una condición para asegurar la gobernabilidad democrática en este país fragmentado, largamente desconectado de su propia historia.

¿Por qué conmemorar los acontecimientos de la guerra interna en Sacsamarca? Al subrayar una historia local como la del 21 de mayo, la gente de Sacsamarca busca reparar o abordar la ruptura temporal en su comunidad que fue provocada por los años de violencia. Ellos quieren reescribir la narrativa nacional y colocarse dentro de la nación como ciudadanos al afirmar su papel en la epopeya nacional como ayudando en la defensa contra una amenaza común, la de Sendero Luminoso. Los acontecimientos conmemorativos del 21 de mayo forman parte de un esfuerzo local para insertarse dentro del discurso de la memoria nacional de la salvación heroica. El lema del tercer homenaje en el año 2007 es revelador: «Sacsamarca, cuna de la pacificación en la defensa de la democracia, Tercer Homenaje a los Mártires de la Democracia: misa, peregrinación, eventos culturales y desfiles cívicos». El martirio atribuido a los residentes que murieron o desaparecieron durante el conflicto busca reivindicar el papel de la comunidad en la narrativa nacional de pacificación y de transición democrática.[17]

Fechas conmemorativas como el 21 de mayo en Sacsamarca fijan lugares en el tiempo. Estos establecen un significado para el pasado que es supuestamente inequívoco. Más allá de destacar el papel épico cumplido ese día, la fecha es retomada por la comunidad como un soporte para contar sus recuerdos de lo que sucedió durante la guerra interna. El recuento de recuerdos locales a través de eventos conmemorativos no

---

17. Para la conmemoración de 2013, los residentes de Sacsamarca parecían ubicarse más sólidamente como víctimas que como mártires o héroes, quizás en un esfuerzo por acceder más fácilmente a las reparaciones nacionales.

necesariamente altera o impugna los marcos dominantes de la memoria o las narrativas oficiales del pasado (Stern 2000: 3). Así, los miembros de la comunidad recuerdan juntos el pasado que ellos consideran suyo y confrontan el pasado a través de un código o lenguaje que es inteligible para el «nosotros» de una experiencia nacional. Sin embargo, estos recuerdos no son fijos; con cada acontecimiento conmemorativo se producen nuevos recuerdos, ya que se olvidan otros aspectos: «Los nuevos recuerdos requieren de omisiones acordadas» o amnesia colectiva, como señala Benedict Anderson (citado en en Gillis 1996: 7).

Cada acto conmemorativo es una representación creada por los participantes. Al analizar qué acontecimientos hay que recordar, los participantes definen qué recuerdos son permitidos para el colectivo y con qué recuerdos pueden identificarse abiertamente, construyendo así una memoria colectiva. En Sacsamarca, la reescritura del lugar de la comunidad en el conflicto político en cada uno de los tres tributos descritos aquí (2003, 2004, 2007) ilustra cómo una narrativa legitimadora configura un consenso sobre el pasado y el papel de Sacsamarca como comunidad heroica. Las alteraciones sutiles y las omisiones ocurren a través de los años: la simpatía local con Sendero Luminoso no es tomada en cuenta, los combatientes femeninos de Sendero Luminoso hacen una aparición ahistórica, la brutalidad de la policía y de las Fuerzas Armadas se vuelve cada vez más implícita y menos evidente, el Estado general de violencia es borrado con humor y los sacsamarquinos se convierten en los protagonistas centrales de la batalla heroica. Por lo tanto, la amnesia, la omisión y el recuerdo sirven de manera diferente a una conveniencia colectiva como compromiso discursivo en este proceso de escribir una narración de su pasado. Las viudas permanecen en silencio mientras los alcaldes hablan de reconciliación y conmemoración. Y tal vez, como Jelin predice, la fecha finalmente pasará al archivo del pasado. Tal ha sido el camino conmemorativo de Sacsamarca, uno de inclusión cívica en la nación peruana.

8

DE FRENTE CONTRA LA MEMORIA: *Sin título, técnica mixta* del Grupo Cultural Yuyachkani

CYNTHIA M. GARZA

En 1971, un grupo de aspirantes a actores estableció una compañía de teatro testimonial que habló de la realidad inmediata de Perú, su país natal. Incorporando las tradiciones performativas peruanas —como las máscaras, el canto folclórico, los mitos y la espiritualidad andina—, el grupo ha actuado en teatros, plazas, mercados y esquinas de todo el país. Casi cuarenta años después, el Grupo Cultural Yuyachkani es uno de los grupos de teatro más reconocidos y con más tiempo en escena en América Latina (Taylor 2003: 196). Sin embargo, los momentos más significativos de la compañía ocurrieron en la última década, cuando acompañó a las audiencias públicas de la Comisión de la Verdad y Reconciliación (CVR) para recoger testimonios sobre los veinte años de conflicto interno armado entre Sendero Luminoso y el Estado. Una de sus acciones escénicas producida en ese tiempo, *Sin título, técnica mixta,* derrumba la distancia entre el público y el actor, y se apoya en procesos no tradicionales para crear y realizar la obra. Producida en 2004, justo después de la publicación del *Informe final* de la CVR, la obra crea una experiencia teatral que fomenta nuevas formas de ver y recordar momentos traumáticos en la historia de la nación, y permite que surjan en la memoria social colectiva detalles que se dieron previamente por sentado durante la era republicana y en el pasado reciente.[1]

1. *Sin título, técnica mixta* se produjo en el año 2004. No hay ninguna versión publicada. Todas las citas se basan en la asistencia del autor a tres representaciones en septiembre de 2008.

Instalar el teatro socialmente comprometido

Yuyachkani tomó forma tan pronto el director Miguel Rubio y la actriz Teresa Ralli, que en ese momento formaban parte del grupo de teatro experimental Yego, fueron testigos de los acontecimientos de una huelga de mineros en la región andina. La obra que resultó fue *Puño de cobre* y, en las casi cuatro décadas que siguieron, surgió la idea de crear un teatro comprometido (Bell 1999). Su interés fue el de promover un teatro que documentara las realidades inmediatas más apremiantes de Perú y que fuera fácilmente accesible para espectadores que normalmente no tendrían el conocimiento o los recursos para asistir a producciones teatrales. Con este objetivo, además de las obras producidas para Casa Yuyachkani (el espacio de presentaciones y ensayos de la tropa en el barrio limeño de Magdalena del Mar), la compañía presenta espectáculos gratis en lugares que no se utilizan normalmente para escenificaciones teatrales —mercados al aire libre, escaleras en edificios del gobierno e, incluso, esquinas de las calles—.

El colectivo original eligió la palabra quechua *yuyachkani* (que significa 'estoy pensando' y 'estoy recordando') para representar el teatro socialmente comprometido que abordaría la compleja identidad nacional y étnica del Perú. Aunque el grupo siempre tuvo su base en Lima, al reflexionar sobre los problemas del país, los fundadores viajaron y se trasladaron a las ciudades y pueblos de Perú para recoger historias y experiencias que más tarde usarían en su trabajo. Durante este periodo, muchos de los «Yuyas» investigaron las tradiciones andinas y amazónicas, aprendieron quechua, dominaron las danzas indígenas y las tradiciones de las máscaras, y recibieron realimentación de las comunidades que visitaron. Gustavo Boada, quien se convirtió en 1987 en el fabricante de máscaras de la compañía, describió una de estas experiencias de aprendizaje:

> En 1973 [los Yuyas] tuvieron una presentación en Allpamina, un pueblo minero. Ellos hicieron una pieza llamada *Puño de cobre* [...] basada en una huelga en una mina de cobre llamada Cobriza. El espectáculo habla de cómo la policía mató a algunos de los mineros que habían ido a la huelga... Los actores estaban actuando en bluyines y camisetas blancas, y después de la actuación los mineros les dijeron que realmente les había gustado el espectáculo, pero que «la próxima vez, no olviden sus trajes».

> Ellos pensaban que habían olvidado sus trajes porque para los mineros [andinos] —que están muy conectados con la naturaleza, y aprecian los colores— la imaginería de las máscaras es muy importante, y la danza es un elemento igualmente importante [...] Esto hizo que Yuyachkani se diera cuenta de que estaban haciendo un tipo de teatro más diferente que el de la población [de esta región del Perú]. Así que decidieron que tenían que averiguar no solo cómo investigar problemas sociales, sino también cómo investigar las tradiciones y la importancia... de esas tradiciones. (Gustavo Boada en entrevista con John Bell [1999: 170])

La anécdota de Boada sobre el vestuario es importante porque aclara el proceso que llevó a que los Yuyas incorporaran una cosmovisión andina a su trabajo para llegar a un público peruano más amplio. En este caso, los mineros andinos de la ciudad sugirieron que sin los trajes y las máscaras —ya sean las coloridas máscaras de la región de Puno o las máscaras tejidas de Ayacucho— no había una presentación completa.

Hoy en día la diversidad de las costumbres performativas de Perú es la base y la inspiración del trabajo del grupo. En sus procesiones en espacios no tradicionales y en sus actuaciones en pueblos de todo el país, a menudo invitan al público a unirse a la conversación performativa, que celebra la herencia nacional del Perú y simultáneamente interroga sus deficiencias políticas. El conjunto actual —Rubio, Teresa y Rebeca Ralli, Ana y Débora Correa, Augusto Casafranca y Julián Vargas— continúa con el objetivo original de Yuyachkani de crear un teatro para el pueblo que sea un escenario democrático en una sociedad profundamente desigual.

El trabajo de Yuyachkani aprovecha su compromiso con el público y las historias entresacadas de las comunidades en todo el país para promover una memoria colectiva que crea y recrea la historia. Los Yuyas le dan la bienvenida a los desafíos de este esfuerzo. Como lo ha explicado Rubio, Yuyachkani intenta construir una teatralidad con «plena conciencia de nuestra cultura y memoria... [para] hacer teatro peruano con toda la complejidad que esto implica. Para eso, tenemos que acercarnos através del teatro a lo que es la diversidad peruana: allí [en esta diversidad] encontraremos los factores de nuestra identidad».[2]

---

2. Ana Zwegner, «Yuyachkani: más de treinta años», Agencia Perú, <http://agenciaperu.com/culturales/tablas/especial/yuyachkani.htm> (última consulta: 26/06/2013.

Provocar acciones escénicas

En el año 2000, el Perú entró en una nueva era de democracia y reconstrucción nacional. Uno de los mayores obstáculos en este camino fue la memoria pendiente de las dos décadas de brutal violencia de la guerra interna entre el Estado militarizado y Sendero Luminoso. De acuerdo con el *Informe final* de la CVR, cerca de 70.000 ciudadanos, en su gran mayoría campesinos indígenas, perdieron la vida en esta guerra.[3] Las obras de teatro que produjo Yuyachkani durante la época de Sendero Luminoso argumentaron que este tipo de violencia no era nueva; por el contrario, al incorporar mitos andinos, costumbres y los testimonios de primera mano de los sobrevivientes y testigos, destacaron las desigualdades sistémicas de larga data que habían sufrido las poblaciones andinas y amazónicas.

Con anterioridad a las labores de la CVR, Yuyachkani puso en escena actuaciones que sirvieron de testimonio para muchos de los que en Lima fingían no saber o de plano no deseaban hacerlo. Por ejemplo, una de las piezas más memorables que aborda los años de violencia fue *Contraelviento* (1989), basada en el testimonio de un sobreviviente de la masacre de 1986 en la región de Ayacucho, el empobrecido departamento peruano en el que nació Sendero Luminoso. La historia de la masacre, en la que las Fuerzas Armadas llevaron a los aldeanos a la cima de un acantilado para asesinarlos, es reconfigurada en esta pieza a través de la estructura narrativa del folclor andino.

Por ejemplo, en una escena, el diablo, un ángel y la China Diabla, conocidos personajes de la danza folclórica andina, hacen acto de presencia:

> Bailarines enmascarados de tradiciones performativas pre y poshispanas aparecen en el escenario y luchan ferozmente por la influencia sobre los diabólicos bailarines campesinos, y los rencorosos arcángeles con trompetas como mosquetes se transforman en figuras enloquecidas de poder.

---

3. El *Informe final* de la CVR estima que, de las más de 69.000 víctimas, tres de cada cuatro eran campesinos quechuahablantes.

> Los arcángeles luchan por la propiedad de las almas de los campesinos en la danza de la diabla o el baile del diablo de la Fiesta de la Candelaria de Puno. Estas danzas, realizadas anualmente desde hace cientos de años, cuentan una historia tan antigua como la conquista, tan reciente como la violencia criminal asociada con Sendero Luminoso. (Taylor 2003: 190)

La obra posterior, *Adiós Ayacucho* (1986), introdujo al público en español y en quechua el fantasma de un campesino (interpretado por Augusto Casafranca) que está buscando un entierro digno después de haber sido torturado, asesinado y arrojado a una fosa común. Cuando se abre la obra, Alfonso Cánepa acaba de perder su vida y está parado en su velorio ante su ropa alisada, rodeada de velas y flores frescas. Esta inquietante escena representa un ritual de enterramiento andino, la *pacha vela*, en el que las familias preparan las ropas de sus seres queridos para honrar su ausencia y acompañarlos en su jornada inicial después de la vida.

A medida que la violencia se extendió desde el campo a la capital, también lo hicieron los ajustes para las producciones de Yuyachkani. En *No me toquen ese valse* (1990),[4] dos artistas muertos retornan a una peña en Lima, una ciudad paralizada por la violencia y la destrucción. Los dos luchan por encontrar la vida —en el espacio, en su actuación y en su propio cuerpo— y no son capaces de hacerlo.

Su producción *Antígona* (2000) reformula el mito griego de Antígona en el contexto de la violencia continua en el Perú, estableciendo paralelos entre las dos experiencias de gobierno despótico y el derecho humano al entierro apropiado. Para desarrollar sus personajes para esta obra de una sola actriz, Teresa Ralli invitó Casa Yuyachkani a mujeres que habían sufrido un trauma y una pérdida, compartiendo con ellas primero la historia de Antígona y luego escuchando las suyas.[5]

En reconocimiento a su éxito, algunos proyectos de trabajo de extensión comunitaria fueron eventualmente financiados por la ONG

---

4. «No me toquen ese valse» también es el título de un famoso valse criollo escrito por Julio Jaramillo.

5. Para una descripción más completa de este proceso, véase Lane 2007.

Servicios Educativos Rurales como parte de las audiencias públicas de la CVR programadas en el campo (A'ness 2004: 397, n. 5). Estas «acciones escénicas», que tuvieron lugar en agosto y septiembre de 2001 y de nuevo cuando el *Informe final* de la CVR se publicó en el 2003, se diseñaron para dar a conocer el trabajo de la CVR, para honrar a las víctimas del conflicto y «para hacer que la gente pase adelante y le hable a la comisión públicamente y sin temor».

Muchos de los personajes que nacieron y se desarrollaron para cada obra durante el mandato de la CVR aparecieron en los espacios públicos interactuando con la audiencia y los ciudadanos que habían venido a compartir sus propios testimonios. En *Rosa cuchillo* (2002), el personaje de la actriz Ana Correa, que lleva el mismo nombre de la obra, busca a su hijo desaparecido, incluso después de estar muerta. Aunque basado primordialmente en un libro de Oscar Colchado Lucio, el personaje también se inspiró en la vida de Angélica Mendoza, conocida popularmente como Mamá Angélica, cuyo hijo fue secuestrado y desaparecido en Ayacucho en 1983.

El personaje de Rosa (interpretado por Ana Correa) hizo una presentación en la primera audiencia pública de la CVR en Huanta, ciudad situada en el Departamento de Ayacucho en la que cuarenta y nueve hombres y una mujer fueron torturados, asesinados y arrojados a una fosa común en Pucayacu por soldados militares peruanos. Rosa se movió lentamente a través del mercado público en medio de la conmoción de un día de compras, vestida de blanco, antes de montar un escenario bajo las lonas de plástico típicas de cualquier otro comerciante, agricultor, cocinero o artesano itinerante. Una multitud se reunió alrededor de su fantasmal figura a escuchar el testimonio sobre su hijo perdido. Hacia el final de la actuación, la conexión entre Rosa y el público se había hecho tan íntima y su historia tan familiar para los espectadores, que las escenas de la obra adquirieron un sentido profundo tanto para Ana (la actriz que interpreta a Rosa) como para la multitud. En la escena final de la obra, por ejemplo, Rosa recuperó agua de rosas y la roció desde arriba sobre los espectadores. La intención era representar un ritual de florecimiento y de crecimiento, y miembros de la audiencia comenzaron a frotar el agua y los pétalos de rosa sobre sus brazos y rostros.

Algunos espectadores se acercaron al escenario, cuando la obra había terminado, a pedir un poco de agua para «purificarse» a sí mismos más adelante. En una presentación similar durante las audiencias públicas, en la puerta de entrada al mercado de Huamanga la actriz recordó: «No podía dejar de llorar mientras contaba mi historia porque podía ver a las mamitas llorando conmigo».[6]

Reexaminar la nación: *Sin título, técnica mixta*

La búsqueda del cuerpo —o en el caso de algunos, la búsqueda del cuerpo ausente, del cuerpo desaparecido— se ha convertido en un tema clave en las obras más recientes de Yuyachkani (Rubio 2008: 35-38). En la producción *Sin título, técnica mixta*, la búsqueda recreada no es específicamente de un cuerpo físico sino del cuerpo colectivo de memorias que se había inscrito en el público y los actores a lo largo de las dos décadas de crisis. La suma de las experiencias acumuladas en los casi cuarenta años de historia de Yuyachkani —historia de viajes por todo el país, de audiencias en las que hay llanto durante los testimonios públicos, de historias oídas a los sobrevivientes— se exhibe en la mencionada obra como «un inventario» de memorias (Rubio 2008: 38). Además, mientras que las actuaciones anteriores a la CVR buscaron cuerpos individuales, en esta, posterior a la CVR, Yuyachkani giró su atención hacia el cuerpo de la nación.

Sin título es una obra de teatro documental que desarrolla dos narraciones de forma simultánea: la Guerra del Pacífico (1879-1884), una guerra que puso a prueba los límites y la determinación de la nación peruana contra las agresiones externas, y el conflicto armado interno entre el Estado peruano y Sendero Luminoso (1980-2000), que puso de nuevo al frente la cuestión de la nación. Como en otras producciones de Yuyachkani presentadas en espacios públicos del país, la narrativa se actúa en un espacio común. En otras palabras, no hay ningún escenario

6. Discusión entre Ana Correa y estudiantes de la Universidad de Nueva York después de la actuación de Rosa Cuchillo el 25 de julio de 2005, en la Casa Yuyachkani en Lima.

ni área para que la audiencia se pueda sentar y, entonces, tampoco hay separación entre el actor y el espectador.

El escenario es el ático de un museo nacional, y el público entra a través de un pasillo lleno de vitrinas de cristal. A la derecha hay artículos de noticias de papel estampados con titulares sobre el conflicto de Sendero Luminoso. Estos reposan junto a porciones del *Informe final* de la CVR y a folletines de información. Debajo del titular de un periódico, una fotografía muestra a una mujer con una foto de un familiar desaparecido. Pedazos entrelazados de cuerda, látigos y ojotas —las sandalias típicas de los aldeanos andinos pobres, hechas de neumáticos reciclados— reposan al azar en la parte superior de unos libros de biblioteca. En las paredes, por encima de estas vitrinas, están inscritas las conmovedoras palabras de Eduardo Galeano (2003) que cita Salomón Lerner Febres, filósofo y presidente peruano de la Comisión de la Verdad: «Cuando está de veras viva la memoria no contempla la historia, sino que invita a hacerla. Más que en los museos, donde la pobre se aburre, la memoria está en el aire que respiramos. Ella, desde el aire nos respira».

Un poco más allá de las vitrinas de cristal en la parte derecha del pasillo de la entrada cuelga una imagen fotográfica de casi dos metros de altura, en blanco y negro, de las secuelas del carro bomba de 1992 puesto por Sendero Luminoso en la calle Tarata del exclusivo barrio limeño de Miraflores. La explosión mató a cuarenta personas, destruyó casi doscientas casas y cuatrocientas empresas, y lanzó una semana de asaltos de Sendero Luminoso contra el Gobierno peruano por toda la ciudad, que hicieron que Lima colapsara por completo. Esta fotografía de la calle Tarata, quizás una de las imágenes más ampliamente difundidas de los años de violencia, representa un periodo en el que las personas de Lima eran rehenes del miedo y el luto.

Frente a esta fotografía de Tarata, uniformes viejos y gastados de color rojo y azul, fusiles, medallas de honor, mapas y páginas extraídas de libros de historia invocan un país devastado por la Guerra del Pacífico, la guerra de otra época. La exposición paralela reúne en un mismo plano dos momentos desconectados en la historia del Perú —una guerra contra un agresor externo que destruyó el país, y un conflicto interno que lo puso de rodillas una vez más—. En la quietud anterior al inicio de la obra, el público tiene un momento para reflexionar sobre estos dos episodios, para revisarlos en un nuevo espacio y para rumiar sobre ellos uno al lado del otro, mientras le hacen frecuentes recordatorios sobre la importancia de la memoria, como en la cita inscrita de Lerner.

A la vuelta de la esquina, hay un vasto espacio oscuro y vacío; las gradas frente al escenario en las que normalmente toma asiento el público han sido eliminadas. Al principio la multitud divaga torpemente, sin saber qué hacer y a dónde ir. Miguel Rubio concibió este formato a propósito: «Los espectadores al ingresar a la sala se dan cuenta que no tienen donde sentarse y desconcertadamente tratan de encontrar un lugar para espectar. No saben todavía que podrán o que tendrán que moverse, caminarán por el espacio voluntaria o involuntariamente si pasa un actor por su lado a quien darán permiso» (2008: 193-194).

Tan pronto sale del estrecho pasillo, el público entra en un cuarto enorme cuyas paredes están decoradas con exposiciones grupales de museos. Estas contienen trajes, cuadros, uniformes, libros antiguos, documentos históricos, fotografías, maniquíes, un monitor de televisión, pupitres escolares, banderas y artículos de prensa, elementos comunes en las exposiciones tradicionales de los museos nacionales y en las aulas. Una misteriosa banda sonora que acompaña suena como el sonido repetido de una rueda chirriante o unas uñas que se arrastran lentamente por una pizarra. La multitud no sabe cómo se utilizarán estos artefactos, lo que estos objetos significan, o por qué fueron puestos ahí.

Los actores están distribuidos por todo el espacio, disfrazados para mezclarse con las exposiciones de los museos. Un hombre vestido con un andrajoso uniforme peruano y militar del siglo XIX está sentado en una plataforma, de espaldas a un surtido grupo de instrumentos de banda de guerra. Por encima de él cuelga una fotografía en blanco y negro de Andrés Avelino Cáceres, un soldado del Departamento de Ayacucho que se convirtió en héroe nacional (y, eventualmente, en presidente de Perú) por liderar una resistencia a la ocupación chilena durante la Guerra del Pacífico. Una mujer con velo, vestida de negro, está parada orgullosamente contra la pared opuesta, pero su rostro expresa tristeza y una angustia sutil.

Además de las exposiciones oficiales de un museo, se trata de un espacio de contención, el depósito de un archivo que contiene piezas de recuerdos perturbadores. La colección, sin embargo, todavía está a la espera de ser organizada a partir de algún orden coherente. Estos artefactos están destinados a ser manipulados por el público y los actores. La acción de la obra está determinada por la interacción con estos objetos e imágenes que aún no han sido clasificados por el Estado, por un artista o por cualquier otra arbitraria autoridad. Los artefactos son las técnicas mixtas que conforman el pasado del país, su incompleta nacionalidad.

Pronto las exhibiciones se comienzan a quebrar: los actores que están congelados al principio, como figuras de cera en un museo, desde el interior de sí mismos hacen erupción y se mueven alrededor del cuarto abierto. A medida que la acción se construye, plataformas rodantes obligan con agresividad a los sobresaltados espectadores a moverse a un lado con rapidez y a chocar (bastante literalmente) con imágenes, artefactos, otros cuerpos y palabras. Ni el artista ni el espectador se queda quieto.

La forma en que el público experimenta estas piezas de archivo refleja los procesos con los que Yuyachkani creó la obra. Durante un año, Rubio y los actores reunieron diferentes objetos, los pusieron en un rincón de la sala principal e interactuaron con ellos, dándoles vida con la acción. Estos artefactos fueron llegando a Casa Yuyachkani, «antes que como utilería como prueba, como testimonio, como información necesaria, [...] como imagen que activa la memoria y que, al mismo tiempo, invita al espectador a moverse, a escoger un punto de vista, a decidir lo que mira, lo que oye y donde se detiene» (Rubio 2008: 194-195).

Como Rubio lo describió, el proceso experimental para crear *Sin título* era cómo «aprender a caminar nuevamente», porque movió a Yuyachkani más allá de la dependencia de un guion escrito y de una estructura narrativa. De hecho, lo que el colectivo comenzó a explorar en la creación de *Sin título* fueron los detalles que podrían surgir acerca del pasado de Perú si se rompieran los límites de la estructura dramática convencional. La ausencia de una narrativa clara es a menudo desconcertante y obliga a que la audiencia considere otras conexiones por fuera de la cronología y el lugar, ya que la acción salta a través del tiempo y el espacio.

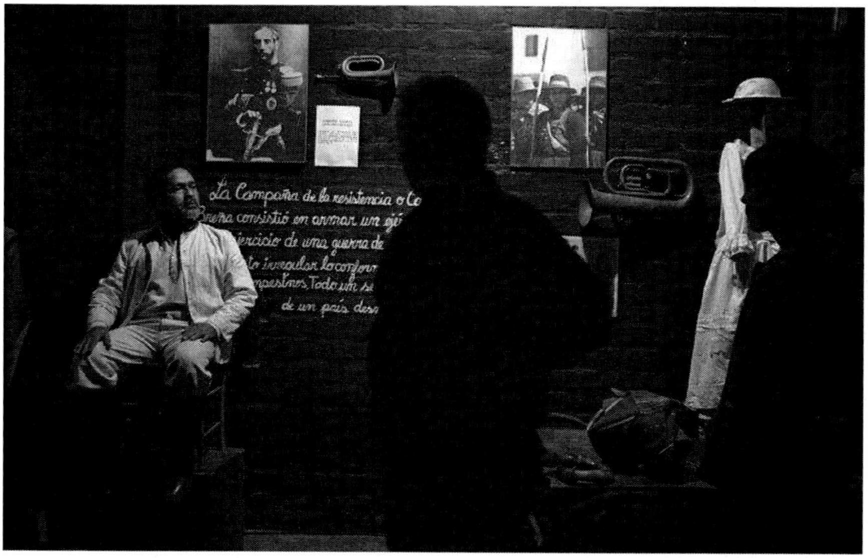

Figura 8.1. Julián Vargas, (actor de Yuyachkani) sentado junto a una serie de artefactos del siglo XIX así como miembros de la audiencia entrando al escenario y observando la exposición del museo en *Sin título, técnica mixta.* Foto de Elsa Estremadoyro.

Después de varios minutos de interacción del público con las exposiciones, hemos de suponer que la obra comienza propiamente en medio de la Guerra del Pacífico. Tras un breve silencio que le sigue a la acción anterior de las plataformas rodantes y las colisiones, los actores se descongelan de nuevo y se mueven hacia el centro del espacio. La música se torna frenética, hay sonidos de caballos corriendo, portazos y pasos que suenan cada vez más duro. El hacia atrás y hacia adelante de un violín discordante, un piano y un ocasional martilleo atronador proporcionan el telón de fondo acústico para lo que parecería ser el desesperado intento de los actores por huir de la escena. Los actores, que se preparan para escapar, reúnen maletas y cierran y abren puertas, hasta que una mujer dirige nuestra atención hacia un hombre sentado en un pequeño nicho, flotando por encima de la habitación, con una máquina de escribir.

Con los sonidos del hombre que machaca suavemente la máquina de escribir suspendido en su rincón, que observa y registra lo que está ocurriendo, abajo los personajes empiezan a introducirse a sí mismos.

Una mujer que acaricia gentilmente lo que parece ser un cuerpo sin vida relata los acontecimientos a medida que ocurren en tiempo presente:

> Mi nombre es Mariana Violeta de Rodríguez. Mi esposo y mis hijos son combatientes y forman parte del batallón de reservistas. Hoy, 13 de enero de 1881, el ejército enemigo nos ataca por las lomas de San Juan. Corro a la plaza central de Chorrillos para conocer alguna noticia. Nadie sabe nada. El periódico supo censura por cuenta del dictador Piérola. En eso, veo baja por la loma, cientos de soldados. Unos caen en el camino, muertos. Otros sangrantes, piden ayuda. Muchos mas corren hacia Lima donde dicen que se prepara la batalla final. En eso, veo llegar a un superior. Le pregunto por mi esposo, y él en respuesta me entrega esto... [gira hacia el cadáver].

A continuación, en el cuarto una viuda y madre de diez hijos proclama que ella está en la búsqueda de quien tiene la culpa. Pregunta retóricamente: «pero ¿qué nos une ahora como nación?». Entonces comienza a tocar una melodía familiar en su acordeón —«Tacna», una canción que se convirtió en el himno del heroísmo y el nacionalismo en todo el Perú—. Toda la compañía une sus voces en el canto:

> Somos peruanos, Tacna,
> te adoramos, Tacna,
> como una enseña, Tacna,
> con lealtad.
>
> Y le cantamos, Tacna,
> a tu bravura, Tacna,
> y a la hermosura de tu gran ciudad

Tacna es el departamento ubicado más al sur de Perú, estuvo bajo el control de Chile por cincuenta años, después de la batalla del Alto de la Alianza (26 de mayo de 1880), cuando cientos de soldados peruanos perdieron sus vidas defendiendo el territorio nacional. El 28 de agosto de cada año, los tacneños izan la bandera peruana para celebrar su regreso al Perú al final de la ocupación chilena. A menudo, la canción se toca y se baila como una polca alegre, pero durante *Sin título* es lenta y sombría, y la bandera izada está andrajosa, ensangrentada y desgarrada.

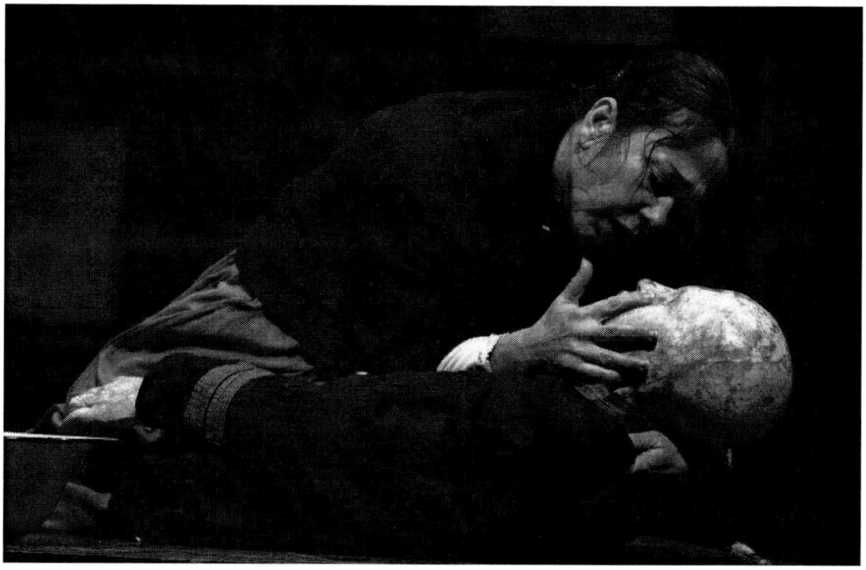

Figura 8.2. La actriz Teresa Ralli sosteniendo a un soldado peruano caído en una escena representando una batalla de la Guerra del Pacífico. Foto de Elsa Estremadoyro.

Las víctimas de la Guerra del Pacífico, cuyos rostros los peruanos solo han visto en museos y libros de historia, son súbitamente resucitadas, más de cien años después. Los símbolos que habían sido despojados a través del paso del tiempo y de los rituales de la nacionalidad son reinscritos con historias de muerte y pérdida. El escritor que está en el aire detiene la escritura y narra de memoria un texto que finaliza la introducción de la obra. Es un extracto de un conocido discurso pronunciado pocos años después del final de la guerra, el 29 de julio de 1888, por Manuel González Prada, el filósofo y poeta peruano, desde el Teatro Politeama en Lima, en un evento organizado para conmemorar el Día de la independencia del Perú y para recaudar fondos para rescatar Tacna y Arica del control chileno. En esta dirección, se pregunta si el Perú en realidad existe o no como nación:

> El Perú no sufrió calamidad más desastrosa que la guerra con Chile. Las campañas de la Independencia y la segunda lucha con España nos costaron preciosas vidas y grandes sacrificios; pero nos dieron vida propia,

> nombradía y levantaron el espíritu nacional... Chile se lleva guano, salitre y largos jirones de territorio, pero nos deja el amilanamiento, la pequeñez de espíritu, la conformidad con la derrota... La mano brutal de Chile despedazó nuestra carne y machacó nuestros huesos, pero los verdaderos vencedores, las armas del enemigo, fueron nuestra ignorancia y nuestro espíritu de servidumbre...la ignorancia de los gobernantes y la servidumbre de los gobernados... Chile, con todas sus miserias, nos vencerá mañana y siempre, si continuamos siendo lo que fuimos y lo que somos.[7]

Para los peruanos la Guerra del Pacífico fue una derrota colectiva, un trauma colectivo que perdura en la conciencia nacional, incluso hoy en día. González Prada argumentó, en la misma dirección resaltada por *Sin título*, que el Perú no fue derrotado porque los chilenos eran más poderosos o estaban mejor preparados, sino porque era una nación fracturada. El discurso continúa con un pedazo que arroja luz sobre otro tema central para *Sin título*: «Hablo, señores, de la libertad para todos, y principalmente para los más desvalidos. No forman el verdadero Perú las agrupaciones de criollos y estranjeros [sic] que habitan la faja de tierra situada entre el Pacífico y los Andes; la nación está formada por las muchedumbres de indios diseminadas en la banda oriental de la cordillera [...] hace más de trescientos años que el indio rastrea en las capas inferiores de la civilización».

Una de las conexiones centrales entre estos dos momentos aparentemente inconexos de la historia del Perú —la Guerra del Pacífico y el conflicto armado interno— es la opresión de los ciudadanos «reales» de la nación, los más desvalidos, la población indígena. Este argumento continúa en la siguiente sección de la obra, en la que se aborda el periodo de Sendero Luminoso, la administración de Fujimori y el terror que los dos infligieron en una nación ya dividida.

---

7. Este extracto es de *Sin título*. El famoso discurso de Prada ha sido reproducido en varios sitios web. Por ejemplo, <www.voltairenet.org/article120667.html>. (última consulta: 15/07/2013).

Chocar contra la memoria

Después del discurso de González Prada, suena duro el timbre de una escuela y llama la atención de la audiencia hacia una mujer vestida con un uniforme de maestra, que canta el himno nacional del Perú en una voz burlona e infantil. Insistentemente señala fechas en una pizarra y luego continúa cantando el coro del himno. Después se deja suelto el pelo y se quita la ropa para revelar un uniforme estudiantil que tiene debajo. La alumna-maestra se precipita al centro del salón para ser adoctrinada por Sendero Luminoso.

La estructura narrativa —de actores individuales con diferentes escenas— se rompe ahora. Lo que sigue es un torbellino de acción que abarca cada pulgada de la habitación; no se puede ver todo lo que está ocurriendo. Los actores no solo están en constante movimiento con el acompañamiento de la marcha de una banda militar, sino que la audiencia es obligada a moverse en varias ocasiones porque los actores marchan, corren y ruedan hacia ellos desde todos los ángulos. En la parte posterior del cuarto, hay pequeñas pantallas proyectadas en la pared que muestran los ejércitos de mujeres de Sendero Luminoso marchando en los patios de la prisión, saludando la bandera maoísta y cantando. La profesora-alumna hace rodar un escritorio, salta en la parte superior y se monta encima. La música transita de ida y vuelta entre una marcha y un ruidoso solo de guitarra eléctrica. Otra maestra, con un palo de madera en la mano, marcha militantemente en un uniforme oscuro, con el pelo recogido en un apretado moño. Saluda en repetidas ocasiones, a veces con un brazo extendido, otras veces con la mano en la frente al estilo de los militantes de Sendero Luminoso.

Un hombre de pie sobre una plataforma en la pared del fondo de repente llama la atención de todo el mundo: es la viva imagen de Abimael Guzmán, el líder de Sendero Luminoso, con sus gafas de montura negra, la mano izquierda en la cadera y el brazo derecho extendido como si estuviera pronunciando un discurso ante sus seguidores. El estudiante abandona su escritorio y comienza a agitar una bandera roja enorme, mientras marcha frenéticamente y grita, y la maestra deja caer su espeso pelo negro, cubre su rostro con una máscara de madera y desata con dos baquetas un ritmo violento desde su escritorio.

La música vuelve a transitar, esta vez hacia la canción de una distorsionada boda griega. El actor Julián Vargas representa lo que se denominó la rutina de «Zorba el Griego», famosa desde cuando se filtró a la prensa peruana un video de Abimael Guzmán chasqueando los dedos.[8] Aplaude, baila con los pies arrastrados y da pataditas con los brazos extendidos y un cigarrillo colgando de los labios. La escena es humorística pero también evoca inquietud ante el recuerdo de este cruel líder escondido y bailando en la oscuridad del ático de un apartamento en Lima años atrás.

Todas estas imágenes —con el familiar baile de Guzmán y el uniforme gris escolar— son lanzadas a la audiencia al mismo tiempo, como recuerdos de una época que muchos han tratado de olvidar. Debido a que la acción se sitúa en un espacio común, los espectadores —atraídos por las imágenes, aunque también deben huir de ellas cuando se acercan demasiado— experimentan la urgencia del caos en persona. Es más, el público es casi cómplice del drama. En varios momentos de la obra, los actores señalan y dirigen su atención hacia miembros individuales de la audiencia y corren gritando hacia ellos.

Más tarde, unos cuerpos de maniquí enmascarados cobran vida, sus cuellos delgados soportan enormes rostros caricaturizados de Alberto Fujimori y Vladimiro Montesinos, el infame Presidente del Perú (1990-2000) y su jefe de inteligencia, que se convirtió en símbolo de la deshonra y la corrupción después de apoderarse del poder absoluto a través de una densa red de empresas, medios de comunicación y partidos políticos. Aunque al gobierno de Fujimori se le atribuye en gran medida la captura de Abimael Guzmán y el fin de la campaña de terror de Sendero Luminoso, también se le asocia con masacres, torturas y acoso político durante el conflicto interno.

Fujimori y Montesinos hacen sus apariciones en *Sin título* con expresiones distantes e infantiles. Fujimori está sentado con las piernas

---

8. Disponible en: <www.youtube.com/watch?v=FEzwDx-QAqs> (última consulta: 26/06/2013).

cruzadas y señala acusadoramente hacia los miembros de la audiencia. Se señala a sí mismo y luego lanza sus palmas en el aire en gesto de «¿Quién? ¿Yo?». Algunos miembros de la audiencia se ríen con nervios. Montesinos está de rodillas, asintiendo con la cabeza, señalando y sacando lentamente sus bolsillos vacíos (como sugiriendo su inocencia ante los reclamos de mala conducta). Mientras tanto, música de circo suena en el fondo. En un momento dado, un juego de Monopolio es arrojado alrededor, y algunos miembros de la audiencia lo persiguen.[9]

Estos destellos de caos son interrumpidos y contrastan con momentos de calma e impresionantes imágenes. Ahora que ha sido totalmente abrumado con imágenes recientes del tumultuoso pasado reciente de Perú, el espacio se torna absolutamente silencioso y oscuro. Únicamente un escenario rodante está encendido, con una mujer parada encima, con los ojos vendados en un vestido blanco sin mangas. Sus ojos están completamente cubiertos por una tela de crinolina roja brillante y sostiene un saco de arpillera en sus manos. Varios miembros de la audiencia se mueven rápidamente hacia ella.

Al son de un xilófono etéreo con el acompañamiento de piano, ella comienza una desesperada coreografía. Evidentemente, no hay nada en el saco; sin embargo, sigue buscando algo. Alcanza el interior con las manos, los brazos y luego toda la cabeza, cada vez más desesperada ante el vacío. Por un momento, se para con el saco en la cabeza evocando la escena de una tortura. Abre su boca ampliamente y grita sin sonido. Entonces comienza a retorcerse en la bolsa mientras su búsqueda se vuelve más frenética. Sus movimientos son histéricos y convulsivos.

¿Es acaso la madre de una persona desaparecida que busca infructuosamente a su hijo? ¿Representa ella a la nación en busca del fin de la violencia o a la búsqueda de respuestas? Algunos miembros de la audiencia parecen confundidos y esperan a que algo más ocurra. Otros jadean, llevados al silencio y las lágrimas. Una vez más, no hay palabras y

9. Esto sucedió en una de las tres presentaciones a las que asistí, cuando algunos estudiantes de una clase de octavo grado en actitud juguetona fueron por el dinero cuando fue arrojado en el suelo. En actuaciones posteriores, los actores les arrojaron el dinero a la cara a algunos miembros de la audiencia.

no hay narración. Este momento, esta imaginería, es creada únicamente por medio de gestos y la angustia representada a través del cuerpo de la actriz Teresa Ralli.

Aprender a caminar nuevamente

Sin título reta al público a buscar nuevas formas de ver y recordar dos momentos de la historia peruana. Al yuxtaponer las narrativas nacionalistas de la Guerra del Pacífico —que dan por sentado el sufrimiento de las poblaciones indígenas y pasan por alto las perdurables desigualdades de una nación dividida— con el conflicto interno del siglo XX, los Yuyas demostraron con éxito que la mayoría de los recuerdos traumáticos de la nación eran, en cierto sentido, el mismo error cometido dos veces.

El ejemplo más agudo de este argumento se presenta en la escena final de la obra, que comienza con la entrada de las actrices Ana y Débora Correa en plataformas rodantes separadas. Las luces del techo están apagadas y unos actores vestidos como estudiantes portan linternas que iluminan porciones de los cuerpos de las mujeres. Débora está vestida con una pollera, la tradicional falda circular de las mujeres de los Andes, y con un sombrero pintado con los colores rojo y blanco de la bandera peruana. Ana está escasamente vestida con el emplumado y las prendas de vestir de los pueblos asháninka de la Amazonía peruana. En un conmovedor homenaje a las mujeres abusadas sexual y físicamente por las fuerzas militares y los miembros de Sendero Luminoso en los años de la violencia, Ana abre un manto de piel que cubre sus pechos para revelar su desnudo cuerpo y su narrativa escrita en la parte interna de la capa.

Para leer el texto, los espectadores se acercan a la plataforma y se inclinan. Eventualmente, a medida que otros llegan, toda la multitud se apiña íntimamente alrededor de las dos mujeres. Debido a que el texto está apenas iluminado y a que hay cerca de cien personas que se acercan a los actores, la distancia entre la audiencia y el intérprete se derrumba cada vez más. A medida que Débora y Ana revelan más el texto, así como más capas de ropa cubiertas con palabras y más partes del cuerpo, la historia escrita en sus cuerpos se torna visible.

En Ana, es la historia de una mujer embarazada que perdió su feto tras ser golpeada por senderistas en frente de todo su pueblo. En un acto que «les mostraba a los habitantes del pueblo lo que ellos [los senderistas] eran capaces de hacer», forzaron a la mujer a comer su abortado feto.[10] En el otro lado de la habitación, Débora abre su amplia pollera, en tanto que las luces revelan otra atrocidad cometida contra mujeres indígenas, esta vez por parte del Estado:

> Durante el segundo gobierno de Alberto Fujimori en el año 1995, se incorporó a la ley política nacional de población como método de planificación familiar la esterilización femenina mediante el programa de anticoncepción quirúrgica voluntaria [...]. Se estima que hubieron 300.000 mujeres peruanos entre 1997 y 1998 [...]. Muchas de ellas eran campesinas indígenas, analfabetas, quechuahablantes de la población pobre que proviene de la meseta andina donde muchas eran subidas en camiones con engaños [...] que les iban a dar dinero, víveres, que las iban a llevar de regreso, que no les dolería, que eso era fácil, pero no fue así. Las llevaban hasta las postas, muchas veces sin ningún anestesia, inclusive con ausencia de condiciones higiénicas, sin medicinas [...] el piso de tierra y no les regresaban a sus comunidades. Se tenían que regresar a pie. Adoloridas, muchas de ellas fallecieron desangradas inmediatamente después de haber empezado a trabajar en la siembre...[11]

Un número de miembros de la audiencia se cubre horrorizado la boca con las manos y se aleja de los escenarios. De repente, Débora y Ana se paran y miran de frente severamente, con los cuerpos expuestos.

---

10. La principal fuente para los fragmentos escritos sobre la ropa asháninka fue De la Jara (2001). Este documento también hace parte de las referencias del *Informe final* de la CVR.

11. El Comité para la Defensa de los Derechos de la Mujer en América Latina y el Caribe publicó, en 1999, el informe *Nada personal: reporte de derechos humanos sobre la aplicación de la anticoncepción quirúrgica en el Perú*, que detalla cerca de 250 quejas (incluyendo treinta muertes) recibidas por el Comité desde que el programa de esterilización comenzó en 1996. Para reconstruir el relato impreso en la ropa de Débora, Yuyachkani utilizó este documento, así como los testimonios recogidos por organizaciones de derechos de las mujeres como el Movimiento Manuela Ramos y el Centro de la Mujer Peruana Flora Tristán. Conversación con Ana Correa, Lima, 5 de agosto de 2005; correspondencia por

Eventualmente, con los *crescendos* de la música, las mujeres empiezan a bailar. Débora realiza un *huayno*, animada danza andina para parejas que en su versión incluye gestos de correr y gritar. En la medida en que gira con fuerza, su pollera flota hacia arriba para revelar sus pies descalzos y las piernas fuertes. Ana, con sus pies descalzos, pisa fuerte y agita los brazos. Más tarde, porta dos *sicuris* —flautas andinas de pan— y posa con ellas como si fueran armas.

Cuanto más bailan, sus rostros adustos se transforman en expresiones de alegría, y los miembros de la audiencia se dispersan en el espacio de nuevo. De repente, las dos mujeres se detienen bruscamente y se miran, reflejándose mutuamente con las manos extendidas. Provienen de diferentes partes del país y hablan diferentes idiomas, pero este gesto, esta escena, las une a través de lo que sufrieron en manos del gobierno y de Sendero Luminoso. Eventualmente dan un paso a fuera hacia el lado de las plataformas para reincorporarse a la exposición del museo y al sonido tictac del reloj y entonces las luces se apagan. Así es como termina *Sin título.*

Cuando las luces vuelven, el público tiene la oportunidad de ver de nuevo los objetos en exhibición, para procesarlos de nuevo. Estos artefactos sin vida, vistos al entrar, ahora tienen nuevos significados: el texto escrito en la pared lateral es la misma historia impresa en la pollera de Débora en la escena final, acerca de la mutilación de los cuerpos de las mujeres en los Andes; una fotografía en blanco y negro de las mujeres indígenas con bombines cuelga junto a la ropa de la madre que acariciaba el cadáver de su marido en la secuencia de la apertura; una máquina de escribir reposa en un pedestal, con páginas que caen de su carrete. Los actores que se interponían entre estas exposiciones de los museos ahora se han ido, pero su presencia y lo que representaban perdura.

Muchos de los artefactos, fotografías y textos incorporados a *Sin título* fueron utilizados en acciones escénicas anteriores, como piezas de otras obras e instalaciones. Al igual que estos artefactos, los Yuyas agregaron cuerpos cargados con memoria pero no hundidos por esta. De

---

correo electrónico con Socorro Naveda, el 13 de agosto de 2010. La CVR no investigó este programa.

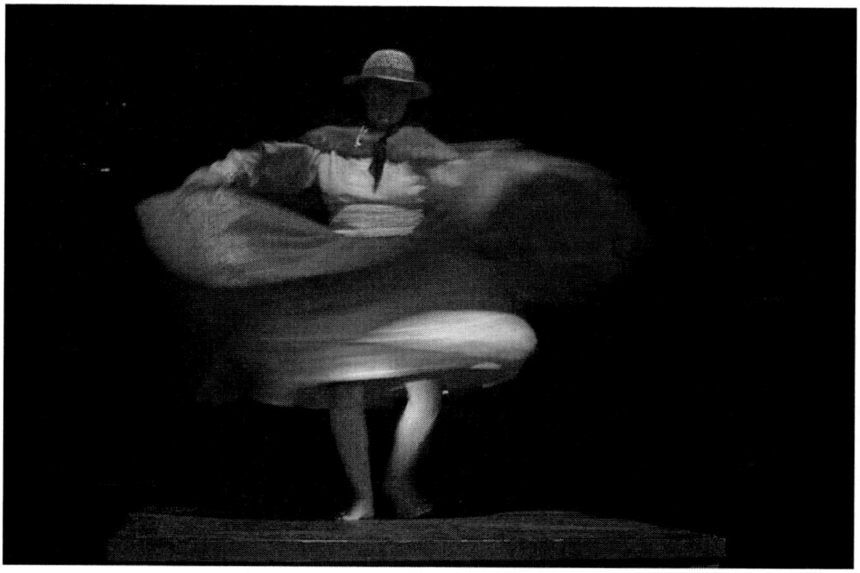

Figura 8.3. El texto escrito en la *pollera* de Débora Correa, en los colores de la bandera peruana, no es visible mientras danza y gira durante la última escena de *Sin título, técnica mixta.* Foto de Elsa Estremadoyro.

este modo, los propios actores eran pruebas y testimonios, en lugar de ser simplemente personajes basados en un guion o en una narrativa histórica. Lo que Miguel Rubio llamó «aprender a caminar nuevamente» —el proceso de creación de la obra (y la entrega de la pieza en sí)— les permitió a los Yuyas explorar el mecanismo escénico del teatro y el recuerdo de una manera nueva, y les permitió ser completamente abiertos con la audiencia en relación con estas experiencias. Con la colección de obras que abordan el conflicto interno y que culminaron en *Sin título, técnica mixta*, el arte de Yuyachkani se ha transformado en un nuevo ser, uno con un cuerpo más fuerte, tal y como las audiencias y la nación a las que sirven, preparado para moverse hacia los espacios performativos de un nuevo Perú.

9

LA «VOZ DE LAS VÍCTIMAS»: canciones testimoniales en la región rural de Ayacucho

JONATHAN RITTER

El 20 de febrero de 2002, pocas semanas después de que la Comisión de la Verdad y Reconciliación (CVR) del Perú empezara su publicitado trabajo de investigación sobre la violencia política de las décadas de 1980 y 1990, cientos de personas se reunieron en la remota meseta de Waswantu, en la provincia de Fajardo, en el centro de Ayacucho, para un concurso anual de danza y canto dedicado al género local de música de carnaval conocido como pumpin. El primer grupo que actuó ese día, Las Estrellas de San José,[1] abrió el concurso con la canción «Fosas clandestinas»:[2]

Qaqa mayus qaparisqa, tukusllañas waqallasqa	El abismo y los ríos gritan, solo los búhos lloran
Llapa awqas runakuna llaqtanchikta chayamuspa	Todos esos enemigos llegaron a nuestra ciudad

1. Los nombres de todos los grupos de actuación e individuos discutidos en este ensayo son seudónimos, salvo el de Rider Gómez Zapata y su conjunto Las Estrellas de San José.

2. Por razones de brevedad, las repeticiones líricas fueron omitidas. En las presentaciones, la primera línea de cada verso fue repetida, y la segunda y tercera también lo fueron como una unidad (aabcbc).

Metralletas y granadas runallata sipillaptin	Cuando mataron a la gente con metralletas y granadas
En las fosas clandestinas llaqtaruna chikallarqa	En las fosas clandestinas, gente del pueblo desapereció
Campesinos y obreros carcelllapi	Campesinos y trabajadores lloraban en la cárcel
Estudiantes y maestros torturados masacrados	Estudiantes y maestros torturados masacrados
Mana ima quchanmanta, mana ima faltanmanta	Sin ninguna culpa, sin pecado
Llaqtaruna chinkallarqa, llaqtaruna wañullarqa	La gente del pueblo fue desaparecida y asesinada
En Umaro, Bellavista, Accomarca y Cayara	En Umaro, Bellavista, Accomarca y Cayara

Al igual que otras canciones del concurso, «Fosas clandestinas» parecía sacada directamente de los titulares de las noticias. Esa misma semana, los medios periodísticos peruanos se inundaron de imágenes de las primeras fosas comunes en la región rural de Ayacucho, desenterradas por los equipos forenses de la CVR. Los nombres de ciudades asociadas a masacres particularmente bien conocidas, incluidas las evocadas en las últimas líneas de la canción, circulaban de nuevo regularmente a lo largo del país. De hecho, esta actuación encajaba muy bien en la retórica que rodeó al establecimiento de la CVR, que abogó por un diálogo público acerca de los años de violencia que no se daba desde hace mucho tiempo en el Perú e instó a que una atención especial le fuese dada a «la voz de las víctimas» —una voz presentada casi literalmente en esta ocasión: cantada en lengua quechua en el estilo vocal alto y estridente de una buena parte de la música indígena de los Andes del sur, la presentación articulaba la perspectiva rural y marginalizada del violento pasado que la CVR defendió en la esfera pública en el ámbito nacional—.[3]

3. El mandato para «recuperar la voz de las víctimas» es explícito en el informe final de la CVR, que también identificó a la mayoría de las víctimas de la guerra

Aunque en la provincia de Fajardo las opiniones sobre la CVR y su trabajo eran bastante ambiguas, ese día, al presentar experiencias compartidas y actitudes locales comúnmente conocidas sobre la guerra, «Fosas clandestinas» provocó poca controversia entre la mayoría de los asistentes. Todas las ciudades mencionadas en la canción se pueden ver desde la meseta, un punto subrayado por las cantantes al dirigirse con un gesto hacia cada ciudad y mencionar, al mismo tiempo, su nombre, así como al centrar el acto de memoria en la geografía local de la violencia e invitar implícitamente a que los miembros de la audiencia recuerden sus vívidas experiencias de esas masacres. Como se evidencia en el discreto aplauso que sigue a cada verso, en la audiencia varios recordaban claramente la llegada regular de *llapa awqa runakuna* ('todos esos enemigos') —miembros de Sendero Luminoso o soldados de la armada peruana— a sus ciudades en las décadas de 1980 y 1990, cargando «ametralladoras y granadas», y dejando a su paso muerte y destrucción. Incluso la línea que abre la canción con su evocativa representación de un paisaje desprovisto de presencia humana —una ausencia marcada musicalmente por el grito de mal agüero del búho y el sonido de ráfagas de los ríos— ofrecía una referencia cultural específica a la rápida despoblación de la zona en la década de 1980, cuando los residentes locales huyeron de la intensificación de la violencia para vivir como desplazados en los barrios informales de los alrededores de las ciudades de Ayacucho y Lima.[4]

Por lo menos en un aspecto, sin embargo, «Fosas clandestinas» no encajaba en la retórica de la «ruptura» y trataba de «abrirse camino» por entre los temerosos silencios del violento pasado que marcaron el mandato de la CVR. Lejos de ofrecer un nuevo tema, la actuación de Las

---

como indígenas quechuahablantes de las zonas rurales. Véase CVR, *Informe final*, <www.cverdad.org.pe/ifinal/> (última consulta: 24/06/2013).

4. Ayacucho fue uno de los pocos departamentos peruanos que registró un crecimiento negativo de la población en el periodo 1981-1993, debido, principalmente, a la migración forzada como resultado de la violencia política. La provincia de Fajardo sufrió uno de los descensos más fuertes al perder el 16% de su población durante ese periodo, cifra que probablemente subestima la magnitud de la emigración durante la violencia en la década de 1980 (PNUD 2006: 17-18).

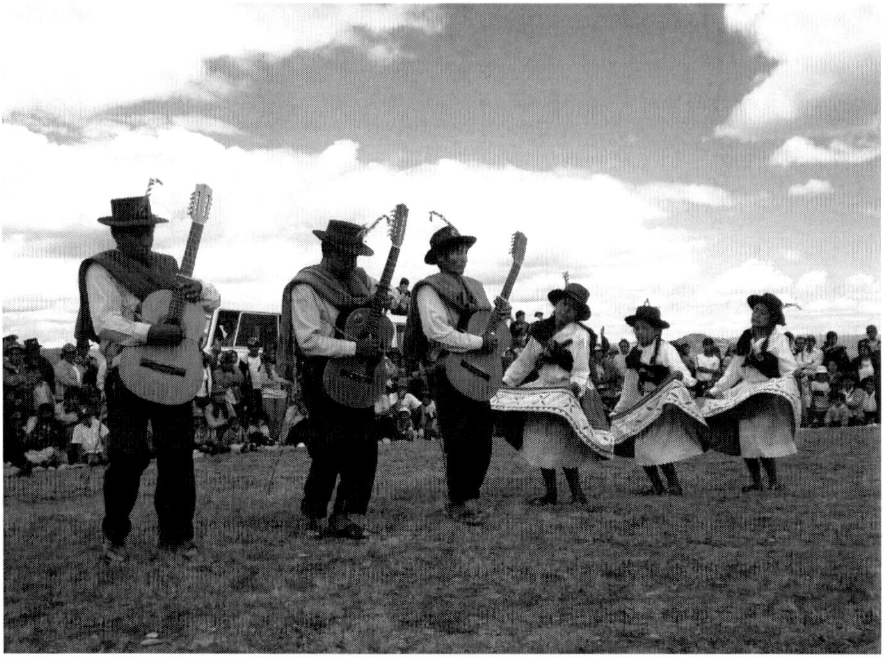

Figura 9.1. Representación de un grupo pumpin contemporáneo en el Festival de Pumpin Waswantu, en febrero de 2007. Foto del autor.

Estrellas de San José se adecúa con comodidad a la establecida tradición de canciones testimoniales de este género que han sido presentadas en las últimas dos décadas. En efecto, en sus narrativas generales y en sus referencias culturales, «Fosas clandestinas» hace eco de las líricas y melodías de docenas de canciones anteriores, que datan de mediados de la década de 1980, en las que se lamenta la victimización de los residentes de la zona, se recuerdan masacres prominentes y otros eventos pasados, y se enfatiza la inocencia de campesinos, trabajadores, estudiantes y profesores. Esas canciones, presentadas en el concurso anual del carnaval en la provincia y sus comunidades satélites en Ayacucho y Lima, circularon a través de casetes y videos caseros y comerciales, y constituyen un vehículo crucial para el comentario social, la memoria y la expresión política de los fajardinos. Son canciones que abren un espacio social inusual pero muy valioso, en el que es posible reflexionar sobre las experiencias de violencia a través de los largos años de conflicto armado en Perú.

Posicionadas como *sitios de la memoria*, a partir de la noción de Pierre Nora (1989) sobre espacios orientados hacia el pasado de manera autoconsciente, «donde la memoria cristaliza y se segrega a sí misma»,[5] y más específicamente como *sonidos de la memoria*, para tener presentes las formas en que el pasado puede ser recreado acústicamente y referido en el presente (Morris 2001),[6] las canciones testimoniales no son sitios de opiniones uniformes sobre el pasado o expresiones de una «memoria colectiva» sin cuestionar y estática de un grupo de personas. Más bien, estas canciones abren un dinámico espacio social para la construcción de narrativas históricas, un espacio en el que esas narrativas pueden ser presentadas y transformadas en la búsqueda de un consenso público sobre el pasado y el presente. Por ello, «Fosas clandestinas» es instructivo: por encima de la exposición de hechos, es un argumento para una forma muy particular de entender el pasado, marcada por su propia lógica de lo que debe ser recordado y, más importante aún, de lo que debe ser olvidado. En efecto, su narrativa es bastante selectiva: subraya la violencia de los eventos asociados a los esfuerzos de la contrainsurgencia militar peruana mientras no hace ninguna referencia a la de Sendero Luminoso, que es la insurgencia maoísta y la organización política que instigó el conflicto en esta región en 1980. Más sorprendentemente aún: dado el énfasis puesto por la CVR y otros trabajadores de los derechos humanos en la necesidad de foros públicos en los que esos afectados por la violencia pudieran narrar sus propias historias, «Fosas clandestinas» no hace ninguna referencia a la experiencia traumática de su compositor y presentadores durante la guerra, o a las razones por las que podrían

---

5. Aunque encuentro útil la frase de Pierre Nora (1989) para describir el carácter intencional y ritualizado de los actos de conmemoración discutidos aquí, la comunidad relativamente autónoma en la que estos concursos de canciones tienen lugar también plantea un desafío a su insistencia en la separación entre los lugares (*lieux*) y los medios (*milieux*) de memoria. Sobre los últimos, Nora argumenta que se pierden en la transición a la vida urbana y la modernidad invasora.

6. El trabajo de Leslie Morris (2001) critica útilmente el énfasis excesivo en lo visual o lo escopocéntrico, una características fundamental de la mayoría del trabajo sobre la memoria, al señalar el difícil pero poderoso y emocional papel del sonido en los procesos del recuerdo.

haber estado más interesados que otros en conocer quién, exactamente, yace en las tumbas secretas desenterradas por la CVR.

Todo lo cual plantea una serie de preguntas. ¿Qué tipo de verdad(es) cuentan las canciones testimoniales? ¿Qué voces representan y de qué tipo de víctimas? ¿Cómo y quién las oye, y cuáles son las intenciones de sus compositores? ¿Por qué fueron escritas y cuál es su efecto —cultural, político o cualquier otro—? En este texto me acerco a estas preguntas a partir de una historia musical de la guerra interna en Perú y como esta fue vivida por las personas de la provincia central de Fajardo, con un enfoque particular en la música de carnaval conocida como pumpin y en la vida y música del compositor de «Fosas clandestinas». Esta especie de historia etnográfica centrada en la persona, que la antropóloga Lila Abu-Lughod (1991) ha llamado «etnografía de lo particular», es necesaria para desentrañar las complicadas vías en que las memorias se conjuraron y recrearon en la producción y presentación de canciones testimoniales cuyos potenciales significados están entre las intencionalidades individuales de sus autores o presentadores, y las expectativas y experiencias colectivas de sus audiencias. Al poner en una tensión productiva la historia de la guerra interna, la experiencia de esa guerra vivida y recordada por un individuo, y el discurso narrativo de la tradición testimonial de la canción, espero demostrar que una mayor atención a los aspectos culturales de los conflictos y su memoria puede expandir y profundizar nuestro entendimiento sobre cómo fue experimentada y narrada esta guerra en el ámbito local.

Basado en un trabajo de campo intensivo realizado entre los años 2000 y 2002 en Ayacucho y en visitas periódicas hechas desde entonces, este texto se une a un cuerpo creciente de literatura sobre conmemoraciones y formas alternativas de decir la verdad respecto de la guerra interna del Perú.[7] A la fecha, poco se ha escrito específicamente sobre música y

7. Además de otros ensayos incorporados en este volumen, véase Milton 2007, 2008. Múltiples autores han discutido la artesanía ayacuchana como vehículo de protesta y memoria, entre ellos González 2011b, Isbell 1988, Jiménez 2009, Lemlij y Millones 2004. Este último es un poderoso trabajo de un artista, fabricante y autor de retablos (véase también el capítulo de Jiménez en este libro). Para una visión compensatoria de la resistencia a la memoria, véase Yezer 2008.

actuación en esta literatura, pese a las frecuentes citaciones de los textos de las canciones en publicaciones sobre violencia, así como al rol ampliamente conocido de la música en la expresión y la construcción de las identidades contemporáneas andinas.[8] Examinar la música y el contexto en el que fue escuchada es especialmente importante para entender los años de violencia en la región central del sur de Ayacucho, en donde la música no solo cumplió con una función conmemorativa después de ese periodo, sino que también proporcionó un lugar crucial de cuestionamiento durante todo el conflicto. En resumen, sostengo que la música y la actuación musical eran parte de la forma en que fue experimentada y procesada la violencia por la gente de esa región. Por ello, este texto también se une a un cuerpo creciente de literatura sobre articulaciones más amplias entre la música y la violencia, en la que los estudiosos han asentado el complejo y polivalente papel de la música en situaciones de conflicto, al observar que lo mismo se puede utilizar para incitar y promover la violencia que para protestar o recordarla —o, en el caso del pumpin, todas las anteriores, en diferentes momentos y en diferentes espacios—.[9]

El pumpin y la política de la protesta, 1976-1983

Cuando se habla de música desde una variedad de géneros tradicionales y populares con contenido social o político, los músicos y compositores en Ayacucho hacen hoy una clara distinción entre las canciones de protesta y las canciones testimoniales. Casi en todos los casos, los músicos con los que he hablado prefieren el último término para su propio trabajo y reservan el primero para las canciones críticas de los otros, que ven

8. Excepciones importantes a esta caracterización incluyen la biografía reciente del compositor de testimonios Carlos Falconí, elaborada por Abilio Vergara (2010) y los estudios anteriores del mismo autor en colaboración con la etnomusicóloga Chalena Vásquez, incluida una biografía de otro compositor testimonial, Ranulfo Fuentes, titulada *Ranulfo, el hombre* (1990); y su libro conjunto sobre el carnaval ayacuchano, *¡Chayraq! Carnaval Ayacuchano* (1988). Billie Jean Isbell también discute las formas rurales de la música testimonial durante la guerra en Ayacucho en su artículo «Violence in Peru» (1988).

9. Contribuciones recientes a esta literatura incluyen Johnson y Cloonan 2008, O'Connell y Castelo-Branco 2010, Ritter y Daughtry 2007.

como demasiado partidistas o faltas de atracción poética. Muchos hacen eco del argumento de Rodrigo, Luis y Edwin Montoya (1998) en su antología seminal de textos de canciones quechua, publicada por primera vez hacia la mitad de la década de 1980, en plena violencia: «La llamada "canción protesta" o "popular" [...] no tiene sentido alguno entre mujeres y hombres de los Andes señoriales e indígenas del Perú. La reflexión política aparece *dentro* de la vida, *junto* con el amor, el humor, la producción, la religiosidad. No es nada que pueda aislarse y separarse del resto [énfasis en el original]» (1998: 77). El retrato de un entendimiento «andino» integral y holístico de la política es demasiado utópico y desdeñoso del potencial afectivo de las «llamadas canciones de protesta» (que se equiparan con politizadas apropiaciones de folclor andino, especialmente desde la perspectiva de estudiantes universitarios urbanos). Sin embargo, la posición articulada por los Montoya incorpora la diversidad de temas y metáforas orgánicas que marcan la mayoría de la «música testimonial» en Ayacucho, de la que forma parte el pumpin. De hecho, la presencia de este tipo de metáforas se ve, a menudo, como una marca de la «autenticidad» de las canciones testimoniales.

Esta generalizada explicación no toma en cuenta una razón esencial para la rígida distinción entre música de «protesta» y «testimonial» en la provincia de Fajardo, en donde el primer término se refiere específicamente a las canciones que se escribieron en apoyo a Sendero Luminoso o a las que, de otra manera, desafían de plano la legitimidad del Gobierno peruano, mientras el segundo está reservado para las canciones que conmemoran la violencia en términos más neutrales o que contienen lo que se conoce a menudo simplemente como «contenido social». Por obvias razones, las «canciones de protesta» están prohibidas explícitamente en los concursos de canciones de hoy, aunque el área gris entre la «protesta prohibida» y el «comentario social» permitido es materia de eternas discusiones y debates entre actores, jueces y miembros de la audiencia. En el contexto fajardino, el rechazo explícito de las canciones de «protesta» refleja entonces más que un debate sobre poética o las fronteras del discurso político aceptable: es una aguda respuesta al importante e inusual papel que jugó la música pumpin en el levantamiento inicial de Sendero Luminoso en esta región a finales de la década de

1970 y principios de la de 1980, así como a las dificultades de integrar esa historia a los parámetros normativos de las narrativas sobre la guerra posteriores a la violencia.

Para explicarlo, me dirijo a la biografía de Rider Gómez Zapata, el compositor de «Fosas Clandestinas» y director por mucho tiempo del grupo pumpin Las Estrellas de San José. Nacido en 1966, en un pequeño pueblo situado en la orilla sur del valle del río Pampas, Rider es el mayor de los cuatro hijos de un maestro de escuela primaria y una mujer campesina. Los primeros años de vida de Rider giraron en torno al pastoreo del pequeño rebaño de cabras de su familia, que él cuidaba en los campos de su madre. Debido a su temprana adolescencia aprendió a tocar la guitarra de doce cuerdas distintiva de la música pumpin.[10] Como la mayoría de los guitarristas de la provincia, en tanto que músico Rider es autodidacta, después de haber aprendido a tocar principalmente observando e imitando a los familiares hombres y amigos de mayor edad, así como practicando a escondidas con instrumentos prestados hasta que tuvo edad suficiente para adquirir los suyos.[11] Al principio tuvo dificultades aprendiendo por sí mismo la técnica instrumental necesaria e

10. Según la tradición oral, en la provincia de Fajardo, la música pumpin tiene su origen en la migración laboral a la costa del Pacífico según las estaciones a partir de finales del siglo XIX. Los hombres jóvenes regresaron de estos trabajos portando guitarras e influencias de lo que llaman música quebradeña o música de los valles profundos que llevan hacia el sur de los Andes, hasta las llanuras costeras de Ica. Al adaptar el instrumento para que se alinee con las estéticas musicales locales, los guitarristas fajardinos cambiaron a cuerdas de metal, duplicaron el número de cursos y comenzaron a tocar en un registro mucho más alto para acompañar a las cantantes durante el trabajo agrícola. La música pumpin contemporáena —actuada en contextos informales durante el carnaval o en concursos más formales— la realiza generalmente un pequeño conjunto que consta de tres o más guitarristas hombres y un número igual o mayor de mujeres cantantes.

11. La información atribuida a Rider Gómez Zapata a lo largo de este artículo proviene de conversaciones informales que tuvieron lugar durante el periodo principal de trabajo de campo del autor, 2000-2002, así como de comunicaciones posteriores en persona y por teléfono durante muchos años desde entonces. Las citas fueron extraídas de una larga entrevista grabada que tuvo lugar en la casa de Rider en Ayacucho, el 18 de febrero de 2002.

inicialmente no tenía ningún interés en convertirse en compositor. Más allá de ser un pasatiempo placentero, tocar la guitarra era simplemente un medio para una mayor participación en el carnaval, que era una de las principales festividades anuales en la provincia.

En 1978, cuando Rider Gómez Zapata tenía doce años, su padre fundó Las Estrellas de San José con la intención de competir en los recién creados concursos de canto y danza que se celebraban durante la temporada del carnaval de Fajardo. El primero de estos concursos se había celebrado dos años antes, en 1976, en la cima de la meseta Waswantu, una amplia y alta llanura en las faldas del monte Tinka, que se eleva por encima de la región, en donde reuniones informales y competencias rituales de la juventud de los pueblos vecinos habían tenido lugar por generaciones durante el carnaval. Como Rider y muchos otros en la provincia lo recuerdan, tan pronto fue formalizado el concurso, Waswantu resultó tremendamente popular, atrajo un público de cientos de espectadores de distritos cercanos, impulsó la formación de decenas de grupos en competencia, inspiró varios concursos en ciudades vecinas y se convirtió rápidamente en uno de los aspectos más destacados del calendario anual de la provincia.

Como en el caso de muchas otras iniciativas culturales y políticas en la provincia a finales de la década de 1970, una extendida creencia en la necesidad de «progreso» y «desarrollo» motivó el establecimiento del concurso folclórico (Ritter 2002). Su fundador, nativo de la región y luego estudiante de antropología en la Universidad Nacional de San Cristóbal de Huamanga, pretendía conferirle un sentido de legitimidad cultural a las tradiciones rurales como el pumpin a través de comparaciones explícitas con concursos ya establecidos para géneros de la costa como el valse y la marinera, que eran formas ampliamente consideradas como folclor «nacional» en el Perú y estaban asociadas a lo criollo («criollo» en este caso indica élite blanca e hispana). La forma, la coreografía, el estilo de la presentación y los textos de los discursos pumpin cambiaron radicalmente pocos años después de la fundación de estos concursos. Los modelos para estas modificaciones se tomaron principalmente de la música regional mestiza y sus bailes tradicionales, y de normas ya establecidas para presentaciones folclóricas escenificadas que se remontaban a principios del siglo XX.[12] Más notable aún, los versos serpenteantes, las danzas circulares y el improvisado ingenio típico de las actuaciones rituales de carnaval, que persisten hoy en día en contextos informales, le dieron paso en el concurso a canciones ya compuestas sobre temas fijos, figuras musicales más elaboradas y coreografías ensayadas que se podrían realizar en línea recta ante un panel de jueces.

Con el establecimiento de los concursos de pumpin, los cambios en la orientación temática de las canciones fueron especialmente dramáticos. Como la mayoría de los géneros musicales de carnaval andinos, hasta finales de la década de 1970, los versos pumpin consistían, por lo general, en cortas coplas centradas en temas de amor y traición, o en las preocupaciones diarias de la vida agraria, sazonados con una pizca ocasional de atrevido humor o de insinuaciones sexuales apenas veladas (Vergara y Vásquez 1988).[13] De este modo, los primeros intentos de escritura de canciones para Las Estrellas de San José por parte del padre de Rider eran típicos. Según su propia descripción, se centraban en tópicos «sentimentales» y en «canciones sobre la vida diaria en el campo». Sin embargo, debido en parte a que los jueces premiaron grupos que hicieron innovaciones temáticas más atrevidas, así como a la influencia de los populares huaynos,[14] que en ese momento llevaban comentarios políticos más explícitos, los compositores de pumpin comenzaron pronto a abordar más abiertamente temas políticos en sus competencias. Las rivalidades y disputas entre distritos, latentes desde hacía tiempo, pronto

12. Para una historia y un análisis del folclor indigenista a principios del siglo XX y su continua influencia en las actuaciones del día de hoy, véase Mendoza 2008. Los esfuerzos del presidente Leguía por promover la música andina como parte del folclor nacionalista en la década de 1920 son analizados en Turino 1991.

13. Un casete que sobrevivió con la grabación del primer concurso Waswantu en 1976, antes de que los cambios discutidos aquí entraran en vigor, también confirma esta caracterización.

14. El huayno es el género más popular y extendido de la música andina y la danza, se le encuentra en gran parte de Perú y Bolivia, aunque con significativas variaciones regionales en instrumentación y estilo. La historia de los comentarios políticos en los ayacuchanos, que data del siglo XIX, ha sido investigada más recientemente por Vergara 2010: 145-169.

surgieron como temas sobresalientes en los versos pumpin, al igual que el turbulento clima político nacional de finales de la década de 1970, incluidos el desmoronamiento de la dictadura militar de Morales Bermúdez, las luchas laborales en Lima e, incluso, las tensiones fronterizas de Perú con Chile.

Este fue también el periodo en el que militantes de Sendero Luminoso comenzaron a organizarse en esta región, infiltrándose en las escuelas locales y teniendo reuniones semiclandestinas con residentes del área para prepararse para el lanzamiento de su insurrección armada. Tomando ventaja de esta oportunidad sin precedentes para dirigirse a la gran multitud, así como del momento liminar de la experimentación musical y textual abierto por el concurso, militantes de Sendero que enseñaron en las escuelas secundarias locales —en particular los originarios de la zona y, por lo tanto, los ya familiarizados con el género musical y sus convenciones— alistaron a sus estudiantes para que se unieran a ellos en nuevos grupos para cantar canciones pumpin con textos explícitamente revolucionarios. Una grabación que sobrevive de la competencia Waswantu llevada a cabo en febrero de 1980, una de varias de esas grabaciones que los residentes del área compartieron conmigo después de esconderlas a lo largo de los años de violencia, ofrece una visión extraordinaria de la radicalización del evento por parte de Sendero Luminoso. Cinco de las ocho canciones en una grabación de 1980, grabadas durante la ronda final del concurso, abordan directamente cuestiones políticas, y todas toman una posición crítica respecto de las próximas elecciones presidenciales y el retorno del Perú a la democracia después de más de una década de gobierno militar. «La situación internacional», interpretada por un grupo anunciado como Las Pequeñas Sirenas de Waswantu, era una de varias canciones que contenían una llamada inequívoca a la revolución maoísta:[15]

15. Dada la mala calidad de audio de la grabación de este casete, no todos los versos de la canción son inteligibles. Esta transcripción corresponde a los versículos 4-6 de la canción grabada.

Pobre wakchapapas partidonchik kanmi	Nosotros, los pobres, tendremos nuestro partido político
Pobre wakchapapas armanchikqa kansi	Nosotros, la gente pobre, estaremos armados
Partido comunista lliuchan llaqtallapi	El Partido Comunista en cada pueblo
Marxismo leninismo pensamiento Maomi de Mao	Marxismo, leninismo y el pensamiento de Mao
[Peru nacionllapi] Derecha, Izquierda	En todo el Perú, la derecha, la izquierda
Altos militarwan eleccionesllawan	Los líderes militares irán con las elecciones
Democracia nispa, parlamentullawan	Una democracia parlamentaria, dicen
Apukullaqa kamachikamuchkan	Los ricos solo nos podrán de lado
Aswan mejortaraq gobiernawananchikpaq	Estaríamos mejor con nuestro propio gobierno
Guerra popularwan lucha armadawan	Con una guerra del pueblo, con la lucha armada
Guerra popularwan lucha armadawan	Con una guerra del pueblo, con la lucha armada
Obrero campesino armata hapispa	Trabajador, campesino, tomando las armas
Yarqay muchuyllata puchukachisunchik	Vamos a superar el hambre y la escasez

Escrito por el líder de una célula de Sendero Luminoso en uno de los distritos vecinos de Waswantu, «La situación internacional» es un texto de propaganda típico en su contundente reiteración de la doctrina maoísta y el fuerte llamado a la lucha armada. Anticipa el discurso y el estilo militante de la actuación de los himnos y cantos grabados por periodistas entre los presos senderistas en los siguientes años.[16]

16. Véase, por ejemplo, la descripción de las actuaciones senderistas en la prisión en Gorriti 1999.

Lo más llamativo de esta grabación para los oyentes contemporáneos es la respuesta del público: cada verso de «La situación internacional» es recibido con aplausos y vítores de la multitud. ¿Cómo interpretar la entusiasta respuesta? ¿Estas grabaciones del concurso pumpin realmente ofrecen una prueba del apoyo inicial a Sendero Luminoso en esta región? Mientras los vítores por la guerra popular ciertamente sugieren que muchos residentes fajardinos fueron inicialmente receptivos al mensaje de Sendero Luminoso, una mayor atención a los aspectos performativos y sonoros de estas grabaciones revela un entorno político más complicado. En primer lugar, como con cualquier interpretación musical, factores que van mucho más allá de los textos de las canciones juegan un papel importante en la generación de las respuestas de la audiencia. Por ejemplo, los vítores a la revolución armada durante la presentación de «La situación internacional» parecen bastante menos convincentes como prueba de fervor revolucionario generalizado cuando se escucha el resto de la canción; unos momentos después del verso final, algunos miembros del público entran en una animada pelea de gritos entre los habitantes de los pueblos vecinos, lo que sugiere que la reacción del público en ese momento tenía tanto que ver con las rivalidades entre distritos como con cualquier mensaje político en particular. Varias ingeniosas y apolíticas presentaciones de canciones también provocan respuestas entusiastas similares, mientras que un grupo senderista diferente es posteriormente sometido a los abucheos y silbidos cuando sus cantantes olvidan momentáneamente sus letras. Momentos inexplicables de aplauso o risa también llaman nuestra atención acerca de la presencia de otros factores estéticos y de desempeño, incluidos las coreografías, la vestimenta e, incluso, el espontáneo comportamiento del público, todo lo cual tuvo un impacto en las respuestas de la audiencia.

Lo que es más importante desde el punto de vista político, incluso si asumimos que los oyentes respondían a menudo a los textos de las canciones únicamente, es que el discurso del concurso estaba lejos de ser monolítico. Una revisión completa de las grabaciones disponibles desde la década de 1980 sugiere que numerosos compositores y grupos que participaron en Fajardo compartieron las críticas de Sendero al orden social y político prevaleciente —lo que Gonzalo Portocarrero y Patricia Oliart (1989) han llamado la «idea crítica» era común a muchos jóvenes del medio rural y de la clase obrera de la época— sin apoyar necesariamente a Sendero en sí o su visión de la lucha armada. De nuevo, la historia de Rider Gómez Zapata y la carrera inicial de Las Estrellas de San José son instructivas. En 1980, el mismo año en que varios grupos estaban defendiendo la rebelión maoísta, Las Estrellas de San José compitieron en dos concursos con la canción «Lorucha» ('pequeño loro'), escrita por el padre de Rider, en la que hay una duda frente al potencial para un cambio significativo en el Perú como resultado de las próximas elecciones y en la que se elogia la revolución sandinista en Nicaragua, que había tenido lugar el año anterior:

Desde Limamantas	Desde Lima
Larucha qayakamun	Un lorito [los medios de comunicación] está llamando
18 mayutam elecciones nispa	Hay elecciones el 18 de mayo, dicen
18 mayutam elecciones nispa	Hay elecciones 18 de mayo, dicen
Chayllay elecciones pobrepa bien nichu elecciones	¿Se beneficiarían los pobres de estas elecciones?
Chayllay votaciones wakchapa bien nichu	¿Se beneficiarán los pobres con el voto?
Allin yachaykusqa apu favorninsi	Es bien conocido que favorecen a los poderosos
Allin yachaykusqa rico favorsini	Es bien conocido que favorecen al rico
Desde Nicaragua	Desde Nicaragua
Kunamuwachkanchik	Tomamos nuestra señal
Kay ñuqaykuquina luchaychik nispa	Nuestra lucha es como la de ellos, dicen
Kay ñuqaykuquina qatariychik nispa	Nuestro despertar es como el de ellos, dicen

Estas letras ciertamente expresaron una posición marxista, al alabar la lucha revolucionaria en Nicaragua y al hacer sugestivas comparaciones con la situación en el Perú, pero, en este cargado contexto, también sirvieron como una declaración menor de resistencia ideológica al dominante discurso maoísta de los grupos senderistas, que desestimaban a todos los otros gobiernos y partidos marxistas en tanto que «revisionistas». Cuando le pregunté a Rider acerca de esta canción y su relación con la política de ese momento, explicó:

> Mi padre era persona docente de primaria. Su tendencia [política] era buscar el socialismo, algo así, pero no entraba al comunismo. Por que en sus temas tampoco ponía nada de lucha armada ni otra cosa, sino algo de socialismo.[17] Decía que en Nicaragua se está formando el socialismo, la igualdad entre pobres y ricos. Eso era su mente. Siempre me decía una sociedad casi justa. Escuchando la noticia de que en Nicaragua había una revolución, lo compuso en su tema. Y las elecciones en Perú se iba a realizar el 18 de mayo, y [dijo que] de repente iba ser una elección injusta, de repente solo para los pudientes. Algo así.

Junto con otras canciones de la época que compartieron la crítica al Estado peruano pero ofrecieron soluciones diferentes —una mirada nostálgica hacia las políticas del régimen de Velasco a principios de 1970, por ejemplo, o un apoyo más vigoroso a los movimientos obrero y campesino del país—, los concursos pumpin ofrecen una clara ilustración de las razones ideológicas detrás del apoyo inicial recibido por Sendero en esta región y de los límites, también, de ese apoyo. La

---

17. La negación de simpatías previas con el «comunismo» o Sendero es hoy, por supuesto, casi universal en Fajardo, dadas las consecuencias potencialmente letales de admitir cualquier tipo de apoyo a Sendero Luminoso en el polarizado clima político de Perú durante la guerra. Esto fue especialmente cierto durante la década de 1990 y a principios de los años 2000, cuando las draconianas leyes antiterroristas de la administración Fujimori se implementaron para encerrar a miles de personas inocentes por supuestas simpatías senderistas. En este caso, he encontrado pocas razones para sospechar de que el padre de Rider era un militante de Sendero o un simpatizante; él nunca fue identificado como tal en mis muchas conversaciones y entrevistas con otras personas en la provincia y, como sostengo aquí, sus textos de las canciones en sí mismas lo sitúan como parte de una izquierda peruana más amplia y no en el estrecho maoísmo sectario de Sendero Luminoso.

gran cantidad y variedad de estas canciones a principios de la década de 1980 también confirma la importancia del concurso como foro privilegiado para el comentario político: un espacio dialógico en el que las ideas políticas, las quejas y las propuestas podían ser presentadas a la reunión anual más grande de personas en la provincia.

A medida que la guerra se puso en marcha, tanto la desconfianza del gobierno en el activismo local como la intolerancia de Sendero a las alternativas a su programa revolucionario comenzaron a limitar las posibilidades de disidencia. Las insinuaciones de la represión estatal por venir ya estaban en la superficie a principios de la década de 1980, como lo recuerda Rider Gómez Zapata:

> Waswantu era un escenario, pues, libre para que todo los conjuntos pudieran expresar sus problemas, denunciarlos o rechazar algún atropello. Era escenario muy natural pero donde había, pues, una concurrencia muy grande de los diferentes pueblos. Quizá como yo tenía mis 14 años, de repente cuando habían esas canciones tipo revolucionario quedaba grabado en mí de esos mensajes. Inclusive yo temía de que algo podía suceder con esos conjuntos, y no solamente con los conjuntos sino del grupo que estábamos reunidos, porque puede haber una represión o una detención de los integrantes de los conjuntos.
>
> Yo recuerdo bastante que el año ochenta, cuando hemos estado en Huancapi un grupo de policías siguieron al conjunto Estrellas cuando hemos cantado «Lorucha». Mi hermana estaba ensayando, y había un chiquillo que se acercó al conjunto y le echó talco a nuestras cantantes.[18] Entonces mi hermana reaccionó con bastante energía, le mandó unos castigos fuertes, unos lapos en la cara. Entonces el chiquillo, pues, se quejó a la policía nacional diciendo que «están cantando contra ustedes». Entonces mi hermana quedó detenida en la comisaría, una de las mejores cantantes que era mi hermana. Teníamos que acudir a las autoridades para que le den libertad, para que ella venía a cantar, demoraron una hora para que ella pueda salir a cantar. Por eso ya existía el temor, de que si algo cantaban, había probabilidad de que uno fuera arrestado. Yo sentía bastante preocupación.

La familia de Rider regresó al concurso Huancapi al año siguiente, aparentemente sin preocuparse por una amenaza que ya llegaba en una

---

18. Lanzar polvo de talco es una broma común durante el carnaval.

fase temprana del conflicto, a competir con la canción «Llapa preso» ('todos los presos'), que protestaba por la injusta detención en la cárcel de Ayacucho de hombres y mujeres de la localidad (presumiblemente inocentes).[19]

La audacia en la respuesta de Las Estrellas de San José refleja, en parte, el retiro del Estado de gran parte de la zona rural de Ayacucho entre 1980 y 1982, una medida que eventualmente dejó la provincia central de Fajardo bajo el control virtual de Sendero, que se movió para consolidar su poder político y cultural a través de amenazas y actos de violencia. En febrero de 1981, al igual que el año anterior, muchas canciones interpretadas en el concurso Waswantu contenían llamados explícitos de apoyo a la lucha armada. Como recuerda Rider, haciéndole eco de los sentimientos que escuché de muchos otros en la provincia, en ese punto el apoyo a estos grupos se basaba en una combinación de factores: «en aquellas veces la población creo que estaba con Sendero Luminoso casi todos, de repente por miedo o convicción —yo creo que un 50% estaba por miedo y el otro 50% por convicción, por miedo a que pueda matarle o de que le puedan hacer algo a sus familiares—». Dada la presencia de militantes senderistas conocidos en algunos grupos de intérpretes, así como los actos bien reales de violencia que comenzaban a darse en tanto que Sendero Luminoso tomaba control de la región, esa mezcla de miedo y convicción se extendió a la experiencia de los concursos, afectando todo, desde el aplauso de la audiencia hasta las decisiones de otros grupos sobre si participar y cómo. Una exitosa directora de conjunto pumpin que entrevisté deshizo su grupo y abandonó la provincia por completo después de que el líder local senderista le pidió que compusiera canciones para ellos, mientras otros conjuntos, como Las Estrellas de San José, escogieron escribir y presentar canciones que enfatizaban la crítica al Estado peruano que compartían con Sendero Luminoso —«Llapa preso» es un claro ejemplo, dado que muchos de los prisioneros en la cárcel de Ayacucho se presumían militantes

19. Los presos son descritos como «maná quchanmanta ima, mana faltanmanta ima» ('sin mancha y sin pecado'), la misma frase que Rider utilizaría en «Fosas clandestinas» veinte años más tarde.

senderistas o simpatizantes—, al mismo tiempo que evitaban cualquier potencial discrepancia o desacuerdo con su agenda revolucionaria.[20]

Por último, tras reconocer el papel de estos concursos de canciones en la campaña de Sendero, la Policía Nacional del Perú intervino y en 1982, a la fuerza, le puso fin al concurso Waswantu, al disparar sus armas de fuego al aire y enviar a los presentes a huir montaña abajo. Diez meses más tarde, el Gobierno peruano declaró el estado de emergencia en Ayacucho y puso la mayor parte de la región bajo control militar. Atrapados entre el celo revolucionario de los senderistas y las tácticas de contrainsurgencia tipo tierra arrasada de las Fuerzas Armadas, pronto los fajardinos fueron objeto de detenciones extrajudiciales, torturas, asesinatos selectivos, desapariciones y masacres que en conjunto desocuparon rápidamente la región, tan pronto las personas volaron hacia los barrios de los desplazados en Ayacucho, Ica y Lima. El efecto sobre el pumpin fue inmediato y dramático. Los líderes de por lo menos uno de los principales grupos pumpin senderistas aquí discutidos fueron capturados, torturados y asesinados por los militares en 1983, mientras que los antiguos organizadores del festival fueron detenidos y cuestionados por presuntamente «fomentar el terrorismo». Todas las formas de festivales públicos, entre los que se incluían concursos de carnaval y fiestas patronales, se cancelaron ese año.

Para Rider Gómez Zapata como para tantos otros en la provincia, la rápida escalada de la violencia tuvo consecuencias personales. En 1983, soldados del Ejército peruano entraron a su casa y tomaron en custodia a su padre. Ninguna explicación fue ofrecida con respecto a por qué estaba siendo detenido y las investigaciones realizadas los siguientes días por miembros de la familia en las guarniciones armadas de Cangallo y Huancapi fueron recibidas con ofuscación y negacionismo. En síntesis, su padre había «desaparecido»: uno de los miles que encontró un destino similar en manos de los militares peruanos en la década de 1980. Rider y sus hermanas, posteriormente, se fueron a vivir con familiares en Lima, mientras que su madre y su hermano menor, en ese

20. La información sobre el compositor que huyó de la provincia es de una entrevista con el autor, realizada el 13 de febrero de 2001.

entonces de tan solo diez años de edad, se quedaron para cuidar sus cultivos y cabras, y para buscar en los barrancos a lo largo del río Pampas, en donde los cuerpos de los desaparecidos de vez en cuando salen a la superficie. El cuerpo de su padre nunca apareció y, hasta el día de hoy, no se conoce la verdad completa sobre su destino.

Al año siguiente, Rider optó por cumplir con su servicio militar obligatorio, «para tratar de ver lo que el Ejército estaba haciendo en Ayacucho», según sus propias palabras. Después de diez meses, «habiendo presenciado muchos crímenes» y convencido de que su padre fue ejecutado, Rider retornó a Lima. Eventualmente encontró trabajo como ambulante en la economía informal peruana, vendiendo frutas en las calles de Callao. Víctima y veterano de guerra, con pocos proyectos y su familia dispersada, todavía tenía apenas dieciocho años de edad.

El giro testimonial: Lima, 1984-1985

La historia de la transformación y politización del pumpin podría haber terminado fácilmente en 1983. La prohibición de los festivales y manifestaciones públicas se mantuvo en vigor durante varios años en la mayor parte de la región de Ayacucho, mientras que la mera posesión de grabaciones de casetes de concursos pumpin recientes, según quienes los compartieron conmigo más tarde, era prueba suficiente de «simpatía terrorista» para llevar al arresto o, peor, a manos de los militares. Ciertamente, el discurso militante de las canciones de grupos afiliados a Sendero ya no era admisible en cualquier foro público por fuera de las áreas directamente controladas por Sendero Luminoso. En el polarizado clima político, cualquier tipo de protesta o cuestionamiento del Estado era visto con sospecha.

Pero el espacio social abierto por los concursos para el comentario político no era tan fácil de cerrar, especialmente en un entorno en el que muchas otras formas de discurso estaban tan estrechamente controladas. En 1984, un año después de la cancelación del concurso Waswantu, los migrantes fajardinos fundaron un nuevo concurso de carnaval en Lima, al que asistió, en gran medida, la población de desplazados recién llegada. En unos años, otros concursos se establecieron y fueron revividos en las provincias de Ayacucho y Fajardo. Las consignas revolucionarias de los años anteriores se redujeron —y eso no sorprende— tanto por razones de prudencia —los nuevos concursos se celebraron en amplios lugares públicos en zonas urbanas con una notable presencia de la policía— como por un reconocimiento tácito a que el proyecto revolucionario de Sendero les había fallado. En lugar de odas a la lucha armada, los concursos revividos fueron dominados por lo que llegó a llamarse canciones testimoniales, que inicialmente tomaron varias formas: el patetismo trágico y la nostalgia del exilio de una patria devastada, el comentario ante las injusticias e indignidades de la vida como desplazados en la ciudades, y la protesta directa contra el gobierno y las fechorías, percibidas o reales, de los militares.

Es importante reconocer que la reactivación de los concursos pumpin y el giro testimonial que tomaron no era simplemente una respuesta inevitable a la experiencia de la violencia política y la huida de los refugiados, o un desarrollo natural dada la larga historia de comentario social y político en las tradiciones musicales andinas. Aunque la resurrección de la tradición de las presentaciones se produce con frecuencia entre los refugiados y las poblaciones de migrantes forzados como una forma de asegurar la continuidad cultural y de proveer un ancla en medio de las incertidumbres de la vida cotidiana, estas presentaciones no están en lo absoluto garantizadas.[21] La mayoría de las otras tradiciones de canciones rurales de la región de Ayacucho, por ejemplo, no se sometieron a un renacimiento semejante, no adoptaron de ninguna manera el mismo papel testimonial que tomó el pumpin, y el temor a la persecución limitó inicialmente la participación, incluso entre fajardinos. ¿Por qué, entonces, el renacimiento del pumpin y el posterior giro testimonial? El trabajo de Elizabeth Jelin sobre la memoria en las sociedades posconflicto es útil para pensar en el papel desempeñado por las personas y las instituciones en su promoción. Jelin hace hincapié en lo que llama *los trabajos* de la memoria y considera la presencia de

---

21. Véase, por ejemplo, Conquergood 1988, así como un trabajo reciente sobre la música entre los refugiados de Uganda y otro anterior sobre la música entre los refugiados vietnamitas (Reyes 1999, 2010).

la agencia y el trabajo cuando «los seres humanos están involucrados activamente en el proceso de transformación simbólica y de elaboración de los significados del pasado», un proceso que es particularmente agudo en contextos marcados por la violencia política y el trauma (Jelin 2003: 5). En la década de 1980, varios fajardinos, personas a las que, siguiendo a Jelin, podríamos referirnos como «emprendedores de la memoria» —incluyendo organizadores del concurso, líderes comunitarios, compositores e intérpretes— reconocieron la necesidad en su comunidad de un espacio social que permita algún tipo de diálogo, de testimonio, de público reconocimiento de su sufrimiento, y eligieron específicamente el concurso pumpin como un vehículo que resuena y que es culturalmente importante para satisfacer esa necesidad.

De cualquier forma, las justificaciones para el concurso que estos «empresarios de la memoria» ofrecieron no se limitan a su función testimonial. De hecho, las razones para el concurso declaradas públicamente, tal y como me fueron articuladas más tarde por su organizadores y asistentes, y como quedaron expresadas en documentos de la época, se unen en torno a varios otros temas clave que ayudan a explicar los parámetros dentro de los cuales podría ocurrir el trabajo testimonial. En primer lugar, al igual que con casi toda la música folclórica o los concursos de baile en el Perú, incluida la fundación del concurso Waswantu menos de una década antes, los nuevos concursos tenían el objetivo declarado de «preservar y promover» tradiciones fajardinas que fueron consideradas en ese momento y con razón como amenazadas. La preservación del pumpin como una tradición distintiva en la región de Ayacucho también fue fácilmente subsumida dentro del proyecto de mantenimiento de una identidad cultural fajardina en el medio urbano migrante, al encajar y beneficiarse del resurgimiento más amplio en esa época de una música regional específica y de unas tradiciones culturales dentro de la provinciana comunidad andina y limeña. Un movimiento cuyo origen es anterior al estallido de violencia (Turino 1993). La retórica de la preservación cultural y el mantenimiento de la tradición también fueron incentivadas por la disponibilidad de la financiación y el apoyo del Instituto Nacional de Cultura (INC), que colaboró en la organización de los primeros concursos en Lima. Discursos establecidos sobre el folclor y la conservación cultural encajaron y proporcionaron alguna justificación y una cubierta para los asuntos urgentes de la supervivencia cultural y el diálogo político que enfrentaban los fajardinos en esta coyuntura crítica.

En un plano simbólico, los concursos también representaban una conquista o, como mínimo, una apropiación temporal del espacio público en el entorno urbano. Como la mayoría de los eventos andinos de migrantes en ese momento, los concursos se llevaron a cabo al exterior en estadios alquilados. El primer año en el barrio obrero de San Cosme y el segundo en el Campo de Marte, una concha acústica cerca del centro de Lima, que sigue siendo una popular sede de la interpretación musical andina en la ciudad. Para los provincianos que vivían en Lima, este fue un acto de resistencia cultural con una larga historia, que se hizo eco de décadas de luchas de los pueblos andinos por encontrar un lugar para ellos en la ciudad capital ante el evidente racismo y la abierta discriminación. Para los recién «desplazados», que enfrentaron el doble reto de una generalizada discriminación contra los migrantes del altiplano y su especialmente precaria condición de refugiados internos de la violencia en la sierra, la afirmación simbólica en un «espacio» en el centro de la ciudad, aunque fuese temporal, era especialmente poderosa, mientras luchaban para encontrar lugares donde vivir por medio de invasiones de tierras en los sectores cada vez más lejanos del norte y el sur de la metrópolis.[22]

A pesar de la puesta en primer plano de la preservación folclórica y la identidad provincial como principales justificaciones para los nuevos concursos pumpin, toda la evidencia sugiere que los propios

---

22. Las invasiones de tierras fueron uno de los principales métodos utilizados por los que migraron hacia la ciudad de Lima a finales del siglo XX con la finalidad de obtener propiedades y construir nuevos barrios. Al señalar parcelas de tierra inutilizadas —pero a menudo privadas— en las afueras de la ciudad, los grupos organizados de colonos normalmente se movían al amparo de la oscuridad, marcaban lotes y calles, y erigían refugios rudimentarios durante la noche. A pesar de los desafíos legales y las amenazas y actos de violencia por parte de los propietarios anteriores, muchas invasiones soportaron hasta convertirse en comunidades prósperas.

participantes comprendieron inmediatamente el potencial del evento como un sitio para el continuo comentario social y político. Aunque no existe un registro de los primeros concursos en Lima en 1984 y 1985, lo que limita las posibilidades de análisis de las actuaciones, un cancionero impreso con las entradas al concurso de aquellos años, publicado más tarde por los organizadores del concurso, proporciona amplias pruebas para este argumento. Más de la mitad de las veintisiete canciones incluidas en el folleto abordan temas relacionados con la violencia o la pobreza política. Para citar un ejemplo bastante típico, un grupo llamado Hijos de Colca compitió en 1984 con la canción titulada «Profesorapa Llakin», un lamento por el abandono de su ciudad natal:

Colcallaway llaqtanchispas	En mi pequeño pueblo de Colca
Mana runa kanchu	No hay personas
Hoyway allqollani	Solo perros
Tristita awllachkan	Ladrando tristes
Colquinollay paysanuykuna	Mi colquino, mis paisanos
Qamkuna kutikusun	Todos retornaremos
Amaya qonqasunchu	No debemos olvidar
Kuyay llaqtanchita	Nuestro amado pueblo

El deseo de «no olvidar» y de «regresar» son estribillos comunes en muchas canciones. El segundo énfasis sugiere que los compositores y artistas eran principalmente desplazados: los recién desplazados por la guerra, en lugar de antiguos residentes de la capital. Estos temas son tratados con fuerza en la fuga o conclusión de «Yo vengo de Huancapi», de 1984:

San Cosmechallay pampachallapis	En el campo de San Cosme
Pares paloma yawarta waqan	Un par de palomas lloran sangre*
Amaya waqaychu amaya llakiychu	No lloren, no sufran
Kuskachallanchikmi ripukullasum	Juntos vamos a volver

Ima palomaraq mana waqanmanchu	¿Qué paloma podría no llorar
Waswantullanta yuyarillaspa	Recordando Waswantu?
Amaya waqaychu amaya llakiychu	No lloren, no sufran
Kuskachallanchikmi ripukullasum	Juntos vamos a volver

* La frase «yawar waqay» ('llorar sangre') aparece con frecuencia en canciones testimoniales. Aunque se utiliza coloquialmente como un intensificador emocional, como 'llorar' o 'llorar incontrolablemente', la referencia a la 'sangre' en canciones acerca de la violencia política también tomó un carácter más literal durante la guerra.

La nostalgia por la vida en el campo era endémica. En «Huancapinutam» ('para una huancapino'), una canción de la contienda de 1985, también de un grupo de Colca, el recuerdo se dirige a las costumbres musicales, y el concurso de presentaciones se sitúa en sí mismo como un acto de memoria:

Yuyachkankichu yuyallachkanin	¿Recuerdas, como yo, Huancapino?
Waswantullay patallapi tususqanchita	Cuando bailábamos en mi Waswantu
Waswantullay patallapi takisqanchisqa	Cuando cantábamos en mi Waswantu
Chaychallata yuyaykuspa cayarino	Recordando así, Cayarino
Campo de Martipi	Aquí, en el Campo de Marte
Tusuykullasun takiykullasun	Vamos a bailar y a cantar

Los llamados a la memoria y la solidaridad entre provincias —el cantante de Colca le pide a los de los distritos vecinos de Huancapi y Cayara que recuerden sus experiencias colectivas en la meseta Waswantu— corren a través de prácticamente la totalidad de las nuevas canciones testimoniales, reforzados por las invocaciones frecuentes a «mis hermanos y hermanas», y a «mi paisano querido», y anclados en referencias a lugares específicamente fajardinos, que incluyen nombres de ciudades y destacados hitos geográficos.

El deseo de solidaridad colectiva se expresa también en la gramática de la mayoría de las canciones, que utilizan la forma quechua inclusiva de la primera persona del plural (*ñuqanchik*, que incluye al que habla y el que oye, en lugar de *ñuqayku*, que excluye a la persona o personas a las que se está dirigiendo). De este modo, se envuelve a los artistas y al público en la misma comunidad literal y metafórica de los que bailan, cantan, recuerdan y lloran juntos. Podríamos interpretar esto de dos formas diferentes. Como una cuestión práctica, el uso de esta estructura gramatical sugiere que la audiencia prevista para estas canciones, a pesar de la actuación en un sitio público de Lima, se componía fundamentalmente de conciudadanos de la provincia de Fajardo, y todos los indicios apuntan a que este es el caso. Sin embargo, como lo sugiere Jelin (2003) para un caso similar con la lengua guaraní en Paraguay, el uso del «nosotros inclusivo» también constituye una invitación a una audiencia más amplia. El deseo de encontrar puntos de conexión e identificación con otros, más allá de la propia comunidad, y la búsqueda de un mayor reconocimiento del sufrimiento fajardino —el deseo de *ser escuchado*— ciertamente era una motivación principal para los compositores testimoniales (Jelin 2003: 43-45).

Si bien la tristeza y la nostalgia fueron temas dominantes, los compositores e intérpretes no evitaron temas políticos o protestas moderadas. Conscientes de la reciente historia del concurso en Fajardo, organizadores de concursos en Lima acordaron entre las normas publicadas que las «canciones de protesta» serían prohibidas, tanto para anticiparse a potenciales infiltraciones senderistas en el concurso como para dotarse de una cobertura política en caso de que fuesen cuestionados sobre el evento por la policía o el Ejército.[23] Sin embargo, además de las nuevas canciones testimoniales, una serie de conjuntos ingresaron a los concursos de Lima con canciones que abordaban explícitamente las polí-

---

23. Una medida prudente, como se vio después. El principal organizador del concurso de Lima en 1984 y 1985 fue detenido e interrogado por la policía sobre su papel en el concurso. En parte, él atribuyó su eventual liberación a la regla impresa de la competencia en la que se prohibían las «canciones de protesta» (entrevista con el autor del 8 de abril de 2000).

ticas gubernamentales, la pobreza, la galopante inflación y la falta de empleo. La primera canción en el cancionero, «Proletario», la ganadora del concurso de 1985, resume algunos de estos temas, con la conciencia de clase de las «canciones de protesta» de la década de 1980 pero reemplazando el triunfalismo de la lucha revolucionaria por un aire de fatalismo resignado:

Sachallamanta llaki wichisqa	El dolor ha caído de un árbol
Mana pipapas uqariñan llaqi	Un dolor que nadie puede recoger
Chaynam pobrepas proletariopa	De la misma manera, del pobre proletariado
Mana pipapas yuyanallan runa	Nadie se acuerda
Chaynam wakchapas obrerullapas	De la misma manera, los pobres y los trabajadores
Llapallanpapas qunqanallan runa	Son olvidados por todos
Qawarillayña wakllay lluqllata	Mira a esta pequeña avenida
Llapa causayta chincaririchin	Todas las vidas están desapareciendo
Chaynallañataq llaqta runapas	Y así no más, la gente
Allillamanta chinkarillachkan	Está desapareciendo lentamente
Chaynallañataq entero Peru	Y así no más, todo el Perú
Allillamanta chinkarillachkan	Poco a poco está desapareciendo
Año 2000 chayallasunchik	En el año 2000
Wakcha runaqa imaynaraq kanqa	¿Cómo lo harán los pobres?
Pobre runapaq wakcha runapaq	Para las personas pobres
Sinchi llakillach chayaykamullachkan	Solo llegará un gran sufrimiento
Ay, que destino	Ay, qué destino
Pobre kay kasyarqayllamantach	Por ser pobres
Wañullachkasunchik	Estamos muriendo

Además de hacer su denuncia contra la arraigada pobreza y la negligencia oficial, «Proletario» sitúa a los pobres del Perú, los «proletarios» del título, como impotentes frente a esa realidad, articulando una posición que emergió como tema central en el repertorio de las canciones testimoniales de la década siguiente, en la que el sujeto es definido por la victimización.

Un puñado de compositores tomó un enfoque más combativo al hacer énfasis con claridad en la crítica política de las canciones de la década de 1980 pero sin los llamados explícitos a la revolución armada. Los Mensajeros de Quilla, por ejemplo, compitieron con una canción dirigida directamente al presidente, presentada excepcionalmente en español en lugar de quechua:

> Señor Belaunde, escucha nuestras voces
> de los Andes, de los pueblos olvidados
> Año 1984, costo de vida se empeora.
> El salario que ganamos ya no alcanza para nada.
> Despertemos, hermanos campesinos,
> para reclamar nuestros derechos
> que nos corresponden
> Ya es hora, tomemos conciencia
> para reclamar nuestros derechos
> que nos corresponden.

Sin una grabación es difícil evaluar cuál pudo ser la reacción del público a una canción como esta. A diferencia de los concursos de Waswantu entre los años 1980 y 1982, cuando la línea «es hora de despertar» pudo haber generado algún hurra, la mayor parte de los miembros de la audiencia estaban viviendo una pesadilla provocada por una retórica como esta. Como era de esperarse, las referencias a Sendero Luminoso o a sus consignas no aparecen en el cancionero, supresión que también marcaría las composiciones de pumpin a través del resto de la guerra interna (un punto al que volveremos más adelante). Sin embargo, la orden de «levantarse» o «despertar» aparece varias veces en otras canciones, y eso es un eco persistente de la radicalización anterior del género y una indicación de la continua sensación de frustración e impotencia política sentida por muchas personas de la provincia.

La resurrección y reorientación del pumpin ocurrida en Lima entre 1984 y 1985, de la voz de protesta revolucionaria a una de doloroso recuerdo y de renovados comentarios políticos, establecieron un modelo perdurable para los concursos y las canciones que fueron adoptadas por toda la comunidad fajardina en los siguientes años, al mismo tiempo que su gente circulaba entre Lima, Ayacucho y la propia provincia de Fajardo. Grupos de pumpin se formaron en la ciudad de Ayacucho para competir en los concursos de pequeña escala organizados por distintos clubes distritales y en las competencias de carnavales más amplias impulsadas por el gobierno municipal, en donde los conjuntos desarrollaron una reputación por su comentario político especialmente mordaz y contundente, y su dedicación a temas testimoniales.[24] Después de una ausencia de varios años, los concursos también regresaron a la provincia de Fajardo a finales de la década de 1980, comenzando en 1987 con un concurso en la capital provincial de Huancapi, y pronto se extendieron a otras ciudades. Aunque los sitios remotos como Waswantu quedaron por fuera de los límites, debido a los peligros planteados por el conflicto en curso, hacia la década de 1990 los concursos pumpin se llevaron a cabo anualmente en todos los distritos del centro de Fajardo. Las pruebas que he reunido indican que las canciones testimoniales fueron una característica habitual en todos ellos.

La poética y la política de las canciones testimoniales, 1985-2000

Después de los rápidos y radicales cambios en el discurso político de las canciones pumpin a finales de la década de 1970 y principios de la de 1980, las modificaciones en el género evolucionaron más lentamente durante el resto del conflicto, utilizando prioritariamente modelos establecidos para la protesta y el testimonio que ya eran evidentes en los concursos de Lima que acabamos de discutir. A pesar de la erupción regular de violencia en la provincia de Fajardo —que incluía eventos de interés periodístico en el ámbito nacional como las masacres del

24. Véase, por ejemplo, el breve capítulo sobre la música pumpin en Vergara y Vásquez 1988: 369-379.

Ejército en Umaro/Bellavista (1985) y Cayara (1988), la desaparición de toda una lista de candidatos políticos en Huancapi (1991) y docenas de ataques de menor escala pero aun así letales, tanto del Ejército como de Sendero, a lo largo de la década de 1990[25]—, pocas canciones pumpin testimoniales intentaron narrar o relatar en detalle cualquiera de estos eventos. El repertorio testimonial estuvo marcado, en realidad, por la repetición y continua circulación de varios temas generales que marcaron y, podría decirse, ayudaron a consolidar puntos de consenso dentro de la amplia comunidad fajardina: la protesta contra la arraigada pobreza; la impotencia de los campesinos como víctimas de la violencia; las reflexiones sobre el paisaje como un «testigo mudo» del sufrimiento humano y una preocupación creciente, hacia finales de la década de 1990, por los asuntos políticos nacionales e, incluso, internacionales, en tanto que la experiencia de huida de los refugiados fajardinos y su retorno reposicionaron su sentido del lugar en el mundo.

Para explorar estos temas y el continuo papel de las canciones testimoniales y los concursos pumpin en la mediación entre las experiencias individuales y colectivas, y las memorias de la guerra, vuelvo a la historia de Rider Gómez Zapata. Después de perderse el primer concurso en Lima en 1984, mientras servía en el Ejército, él, sus amigos y varios miembros de la familia reformaron Las Estrellas de San José para competir en el concurso de 1985, en Lima. Cuando le pregunté qué recordaba de ese evento, confirmó la importancia de muchos de los temas, evidentes en el cancionero y discutidos anteriormente: «Bueno, las canciones... [se trataban] de las penas, de las tristezas, de lo que hemos dejado nuestras chacras, nuestras casas, de lo que hemos abandonado nuestros familiares, a nuestros padres, o si es que hemos perdido a nuestros familiares, a nuestros seres queridos. A ellos cantábamos en Lima. Siempre el contenido era de un contenido social y de un contenido político también». Al inspirarse en los primeros trabajos de su padre y del nuevo discurso testimonial que encontró en los concursos de Lima,

---

25. Para una descripción detallada de la violencia en la provincia de Fajardo a través de la guerra interna, véase CVR, *Informe final*, vol. 4, cap. 1.1, <www.cverdad.org.pe> (última consulta: 24/06/2013).

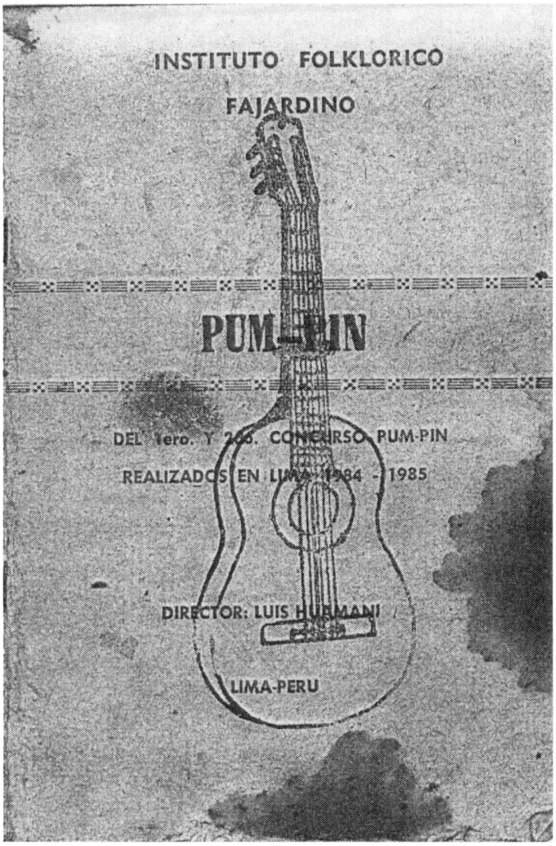

Figura 9.2 Carátula del cancionero con las representaciones presentadas en el primer y segundo concurso pumpin (Lima, 1984-1985) publicado por el Instituto Folclórico Fajardino. Es muy viejo, está granulado, manchado y, por lo tanto, es bastante evocador de una época difícil y de los esfuerzos inusuales realizados para registrar canciones sobre la violencia de una manera más permanente.

Rider comenzó a escribir sus propias canciones y rápidamente se hizo cargo como director musical y principal compositor de Las Estrellas de San José. Animado por la exitosa participación en el concurso en Lima, continuó ensayando y escribiendo para el grupo cuando se trasladó a Ayacucho en 1986 para comenzar a estudiar agronomía en la Universidad Nacional de San Cristóbal de Huamanga. Un arduo proceso que tomaría más de una década, debido a los frecuentes cierres universitarios y a la precariedad de su situación económica. No es coincidencia que, durante el mismo periodo, esta universidad hubiese sido también un centro de escritura y presentación de canciones testimoniales huayno, hecho que expuso a Rider a una comunidad de compañeros de estudios, profesores y otros activistas que utilizaban la música y otras artes para reflexionar sobre la violencia en la región.

Fue en ese ambiente que Rider Gómez Zapata escribió su «primera canción testimonial», titulada «Kayllay miseriata puchukachisunchik» ('hemos tenido suficiente de esta miseria'), que merece un examen minucioso en tanto que ejemplo ilustrativo del género del testimonio. Presentada en el concurso pumpin de 1987, celebrado en Huancapi, el primero en llevarse a cabo en la provincia de Fajardo desde el incremento de violencia en 1983, «Kayllay miseriata» fue una de las cuatro canciones que Rider escribió para el concurso. En un ejemplo revelador de cómo los compositores y grupos de actuación adaptan sus presentaciones a las audiencias que esperan, sus otras tres entradas fueron canciones que abordaron temas agrícolas y aspectos de la vida cotidiana en Fajardo, escritas por él mismo para apelar al patrocinador del concurso, que era una ONG dedicada al desarrollo agrícola y rural. La estrategia dio sus frutos: Las Estrellas de San José ganaron el concurso y la canción «Tarpuy yapuy» ('plantar y arar'), de Rider, fue declarada la canción ganadora del evento. Sin embargo, incentivado por las canciones testimoniales que había oído en Lima y Ayacucho, y con la esperanza de que una canción con un mensaje más actual y urgente le llegara a muchas más personas en la audiencia, Rider añadió «Kayllay miseriata» a la lista de canciones de Las Estrellas de San José. Inicia con un conjunto familiar de exhortaciones:

Hermanullaykuna rikcharillasunña	¡Despierten hermanos!
Paisanullaykuna qatarillasunña	¡Despierten compatriotas!
Quri qullqinchikpas manañam waypanñachu	Nuestro dinero no es suficiente
Arrozlla fideoslla rantillananchikpaq	Para comprar nuestro arroz y fideos
Quri qullqinchikpas manañam waypanñachu	Nuestro dinero no es suficiente
Chapla tantachalla kachuykunanchikpaq	Para nuestras galletas y pan

Maytañach rimanchik qayakullanchikpas	¿A dónde podemos enviar nuestros mensajes?
Maytañach rimanchik qaparillanchikpas	¿Dónde gritamos nuestros mensajes?
Señor Presidente wakcha runakunam	Señor Presidente, la gente pobre
Waqay waqallachkan mikuymanta nispa	llora por comida, eso dicen
Señor Presidente wakcha warmakunam	Señor Presidente, los niños pobres
Waqay waqallachkan yarqaymanta nispa	lloran de hambre, eso dicen
Wakcha warmakunam waqastin purichkan	Los niños pobres caminan en lágrimas
Tayta mamallanta manaña rikuspa	Nunca verán a sus madres y padres otra vez
Verde capa loro wañurqachillaptin	Cuando los loros verdes con capa los mataron
Tayta mamallanta manaña rikuspa	Nunca volvieron a ver a sus madres y padres otra vez
Qanqra allqukuna sipirqapullaptin	Cuando los perros sucios los mataron
Chayta qawaspanchik piensarillasunña	Viendo eso empezamos a pensar
Llapan campesinos cuentataqukusun	Todos los campesinos empezamos a decir
Kayllay miseriata puchukachisunchik	Que hemos tenido suficiente de esta miseria
Sumaq llaqtanchikta respetachisunchik	Respeten nuestra hermosa ciudad

Como la mayoría de las canciones testimoniales, «Kayllay miseriata» recicla frases claves y metáforas de canciones anteriores. Al exigir a los «hermanos» y «compatriotas» compañeros que «despierten» y al apelar al presidente peruano para que enfrente la pobreza crónica y el hambre, especialmente entre niños y huérfanos, los versos uno y dos se hacen eco directamente de «Llapa preso» y la canción de Los Mensajeros de Quilla: dos canciones de 1981 concebidas por el padre de Rider Gómez Zapata. Se debe notar que estas canciones ya eran adaptaciones de unas incluso anteriores, que en este caso forman parte de una tradición de huaynos dirigida directamente al presidente, por lo que su invocación, aquí, es una referencia a los recuerdos acumulados de los oyentes fajardinos y sus múltiples significados.[26]

Por un lado, esta práctica de intertextualidad simplemente refleja una larga y generalizada tradición de tomar prestado, alterar e improvisar durante el carnaval con versos existentes o bien conocidos, a pesar de las reglas oficiales del concurso y sus exigencias sobre «contenido original». El parafraseo de canciones anteriores hecho por Rider se ajustó entonces a las prácticas tradicionales de este género musical, a la vez que le ofreció un modelo musical y textual cuando realizaba sus primeros intentos como escritor de canciones. Al mismo tiempo, a mediados de la década de 1980, el rápido establecimiento de nuevos temas y metáforas en este conjunto de frases ya hechas, lo que voy a llamar *léxico testimonial*, también refleja la búsqueda de Rider y otros compositores de un idioma y un vocabulario común, capaz de expresar y de reflexionar sobre sus experiencias durante la guerra interna. Las entradas exitosas a este léxico —frases apenas disimuladas como la de *capa verde loro*, en referencia al robo o a soldados peruanos asesinos, o un sinfín de variaciones de *waqay* 'llorar', *llakiy* 'estar en el dolor, dolor', *waqastin purichkan* 'caminar a lo largo de las lágrimas', *yawar waqay* 'llorar sangre' y el ya mencionado *yawar mayu* 'río de sangre'— ofrecieron una taquigrafía poética de memorias y emociones complejas y de gran alcance, que le permitió a los compositores expresar y acceder a una amplia gama de experiencias y sentimientos dentro de la economía concerniente al texto de cada canción.

---

26. Escuchar, por ejemplo, la grabación de Fortunato Galindo «Queja andina» del cantante de huayno ayacuchano Edwin Montoya, que es la canción principal de su primer LP de 1966, titulado *Queja Andina*.

Dado el énfasis puesto en la narración de la experiencia personal en la retórica de la CVR, así como el discurso más amplio del testimonio en América Latina como una manera de «decirle la verdad al poder»,[27] uno de los aspectos más llamativos de esta y otras canciones testimoniales pumpin es la ausencia absoluta de una narración en primera persona. Casi sin excepción, la experiencia de la violencia política se tramita en términos colectivos o generales, al ofrecer pocos detalles o información específica sobre ninguna atrocidad o experiencia individual.[28] En «Kayllay miseriata», Rider y la experiencia traumática de su propia familia —la desaparición forzada y el presunto asesinato de su padre a manos de los militares, sus posteriores dificultades económicas y la dispersión de su familia— está implícita en el tercer verso que habla sobre «Los niños pobres [...] que nunca volverán a ver a sus madres y padres de nuevo», porque los «loros verdes» y «perros sucios» (un insulto frecuente en quechua) los mataron. Sin embargo, esa conexión personal nunca es explícita. De hecho, en contraste con el lenguaje del «nosotros inclusivo», que marca a todos los otros versos, estas líneas adoptan una distante perspectiva en tercera persona.

Hay varias razones posibles para este cambio en la narrativa. Uno es simplemente pragmático y de contexto: hacer acusaciones directas contra los militares era una propuesta arriesgada, especialmente cuando la presentación se hacía en medio de la guerra en una ciudad con una base militar. Como Rider me lo señaló en una conversación posterior, insultar soldados en quechua en términos de «loros verdes» y «perros sucios» era una alternativa más segura, una que aún podía cargar con una fuerte crítica y un mensaje a la audiencia del concurso, que constaba casi que en su totalidad de campesinos locales y otros residentes. Pero otras ra-

27. Para una visión útil del testimonio como género literario y los debates que ha generado, incluidas las tensiones entre las narrativas individuales y las experiencias colectivas, así como la noción de «decirle la verdad al poder», véase Gugelberger 1996.

28. Incluso una serie de canciones que grabé en 2001 en Cayara, por ejemplo, realizadas por un grupo de sobrevivientes de la masacre de 1988, que tuvo lugar en esa ciudad, contenían numerosas referencias a ese evento pero no ofrecían una narrativa actual de los actos que se produjeron ese día.

zones para el cambio de la perspectiva de tercera persona en este verso pueden recaer más directamente en la naturaleza del testimonio. Desde una perspectiva psicológica, podríamos interpretar el cambio como evidencia de una ruptura traumática: una incapacidad para narrar la experiencia traumática personal y el uso de la tercera persona, entonces, como un acto de deflexión o externalización. La renuencia de Rider Gómez Zapata a discutir el tema de la desaparición de su padre, incluso hoy en día, hace alusión a su «incapacidad para hablar» y a los continuos efectos psicológicos del acontecimiento en su vida. Sin embargo, el carácter público de esta actuación y el patrón en otros compositores que entrevisté, que sufrieron pérdidas personales y que adoptaron una estrategia narrativa similar en sus propias canciones, sugiere que la táctica de presentar las experiencias personales de violencia como compartidas y colectivas en canciones pumpin, más que una respuesta psicológica individual frente al trauma era una manera cultural apropiada para referenciar, legitimar y sacar adelante una experiencia como esta, enraizada en el espíritu colectivo de la comunidad y el contexto cuasiritualizado del concurso.[29] En lugar de deflexión o externalización, las distantes o colectivas narrativas de la violencia política en las canciones testimoniales pueden entenderse en términos locales como una forma de participación directa: el acto de posicionar la experiencia individual dentro de un sistema de valores haciendo hincapié en la solidaridad y la experiencia compartida de la comunidad.

Mientras que «Kayllay miseriata» aborda el tema de la violencia del Ejército y la práctica de las «desapariciones» de una manera tangencial, elude totalmente otros temas. Como casi todas las canciones pumpin y testimoniales que he encontrado que se presentaron o grabaron en concursos celebrados entre los años 1985 y 2000, «Kayllay miseriata» evita mencionar a Sendero Luminoso por completo. Le pregunté a Rider acerca de este silencio:

---

29. Los aspectos culturales y colectivos de la experiencia traumática y la recuperación en la zona rural de Ayacucho se analizan de manera convincente en Theidon 2004.

JR: Había canciones de protesta contra los abusos del Ejército, del gobierno, de los sinchis. Pero ¿había canciones de protesta contra sendero?

RG: Creo que canciones contra Sendero no había, eso no hay. Pero sí, hubo también abusos de Sendero, pero era pues mínimo. Y también creo que los conjuntos no podían componer canciones en contra de Sendero, porque componer [eso] hubiera sido mucho más problemático. ¡Porque en el menor tiempo estabas en la tumba!

JR: Es interesante que Sendero tuviera más poder [en ese sentido] que el Estado.

RG: Así es. El Ejército también, o los policías, hacían abusos, quizá no en forma legal. Porque era un gobierno legal, y su Ejército venía y te quitaba tu animalito, que tenías para comer, porque ellos siempre decían: «Si ustedes siempre le dan comida a Sendero, entonces nosotros, ¿qué somos?». Y se lo agarraban. Y si vamos a reclamar, teníamos que atenernos a las consecuencias, a las represiones o las golpizas ellos daban libremente. Mientras que Sendero era oculto. Si cantabas contra Sendero, entraban de noche encapuchados y sabías quién era el que te asesinaba. [Por eso], canciones contra Sendero no existía.

Si bien este miedo a las represalias senderistas sin duda jugó un papel importante al limitar las referencias a Sendero Luminoso en las canciones pumpin, especialmente en las que se presentaron en la provincia de Fajardo, también había razones menos obvias para este silencio que no han sido mencionadas. En primer lugar, la historia del involucramiento de Sendero en los concursos pumpin a principios de la década de 1980 hizo que compositores e intérpretes fuesen reacios a recordarles a los oyentes el rol senderista en la politización de la tradicional canción. En la polarizada política de suma cero de la violencia en el Perú, cualquier recordatorio de los hurras del público a canciones revolucionarias en concursos pumpin tan solo unos años antes habría retado la narrativa de la victimización colectiva que la mayoría de fajardinos abrazaron como la única posición subjetiva viable que se les abrió en relación con la guerra interna. Cualquier pista del anterior apoyo a Sendero Luminoso —aun si condicional o parcial, o eliminado con el tiempo— socavaba esa posición y arriesgaba que etiquetaran a los fajardinos como «simpatizantes» o «apologistas» del terrorismo, una etiqueta peligrosa en cualquier momento, que se convirtió en un delito perseguible bajo el régimen de Fujimori en la década de 1990. De la misma manera, mencionar a Sendero también era un riesgo que exponía a desavenencias y divisiones internas dentro de las comunidades fajardinas, en donde continuaban viviendo muchos antiguos simpatizantes de Sendero, que habían renunciado a su lealtad por el partido maoísta y se habían retirado a vivir en un estado de silenciosa e incómoda coexistencia con sus vecinos.[30]

Aunque «Kayllay miseriata» es típica de muchas canciones pumpin testimoniales escritas en la provincia de Fajardo a finales de la década de 1980 y en la de 1990, no todas las canciones eran tan explícitas o pragmáticas en sus compromisos políticos. Las referencias generalizadas a la tristeza, la nostalgia y el recurso a las creencias profundas y claramente andinas sobre el poder del lugar también aparecen en muchas canciones y nos dicen algo sobre cómo la violencia, el miedo e, incluso, el acto de dar testimonio fueron entendidos en términos culturales y políticos. Por ejemplo, la canción «Pampas mayu» (1993), de Rider, evoca la sensación de dolor y los gritos contra la injusticia social que marcan gran parte del repertorio testimonial, pero dirige su interés hacia la naturaleza y sus manifestaciones espirituales en el sol, la luna, los ríos y las montañas de la zona. Rider le pide específicamente a apu Tinka, la principal montaña sagrada de la región, que reconozca su difícil situación: «Qatun Sunqu apu Tinka, yachachkanki taytay qanmi, kay pachapi kausasqayta injusticia pasasqayta» ('gran corazón de apu Tinka, padre, tú sabes que en este mundo de los vivos, se produce la injusticia'). Como se ha señalado, esas referencias a lugares y accidentes geográficos aparecen con frecuencia en canciones testimoniales, a veces en referencia a la ubicación específica de un incidente violento o para identificar al artista a partir de un lugar determinado pero también,

30. Tales procesos de reconciliación se discuten ampliamente en Theidon 2004.

como en este caso, como una forma de anclar la experiencia de la violencia en un paisaje íntimamente conocido y viviente. Como explica Rider, las referencias en sus canciones a las montañas locales y otros accidentes geográficos se basan en estas dos razones fundamentales:

> Los cerros que conocemos como Tinka, Wamaqo y otros, son testigos de los sufrimientos que ha pasado la población. Allá en Fajardo mucha gente no descansaba en sus casas; tenían que refugiarse en los cerros porque era fácil para el Ejército o Sendero también encontrarse en sus casas y cometer abusos. Entonces tenían que vivir en las falderas de los cerros, de bajo de cualquier árbol cobijándose. Entonces los cerros son mudos testigos de los sufrimientos que han tenido todo los pueblos. Inclusive [por ejemplo], del cerro Rosacha de Huancapi, muchas canciones dicen: «Qanmi yachachkanki llaqtapa vidanta» ['tú sabes la vida del pueblo'], algo así.

Como señala el antropólogo Keith Basso en su obra sobre la narrativa apache, los lugares con nombres tienen la capacidad «de invocar una enorme gama de asociaciones mentales y emocionales —asociaciones de tiempo y espacio, de historia y eventos, de personas y actividades sociales, de uno mismo y las etapas de la vida». Observa después que «los poetas y compositores han entendido desde hace tiempo que la economía de la expresión puede mejorar la calidad y la fuerza del discurso estético, y que los lugares con nombres están listos para ser explotados con este fin».[31] Las ricas cualidades asociativas de los nombres de lugares que Basso reconoce son especialmente poderosas para las canciones testimoniales al permitir que compositores, intérpretes y miembros del público puedan acceder y reflexionar sobre sus propias memorias y narraciones de esos lugares, al mismo tiempo que construyen una narrativa compartida o una «memoria colectiva» de la geografía local de la violencia y apelan al poder espiritual de esos lugares para dar el testimonio de su sufrimiento colectivo.

El lugar geográfico más referenciado en el repertorio testimonial pumpin es la meseta Waswantu, un sitio que en medio de la guerra dio a luz un conjunto complicado de memorias y asociaciones, que

---

31. Keith Basso citado en Feld 1995: 102-103.

funcionan como una especie de metonimia de la historia entera del pumpin y las consecuencias de la violencia política. En 1995, trece años después de que el último concurso hubiese terminado en una lluvia de balas de la policía, esa narrativa comenzó un nuevo capítulo cuando se restableció e inmediatamente retomó su papel como campeonato anual de concurso pumpin. Como reflejo de más de una década de cargada experiencia, las bases del concurso, distribuidas entre los distritos de la zona en un pequeño folleto antes de la competencia, estipularon que los jueces «no aceptarían canciones de protesta con tintes políticos o partidistas», pero animaron a los participantes a realizar «canciones basadas en nuevas inspiraciones con mensajes relacionados con el trabajo agrícola, las necesidades de las personas, las demandas de obras públicas, los sentimientos amorosos, etc.» —una indicación redactada con delicadeza, que no necesitaba de ninguna otra explicación para los residentes del área y los compositores—.[32]

Rider y Las Estrellas de San José, ahora reconocidos artistas e intérpretes, y frecuentes ganadores de otros concursos pumpin de la provincia, compitieron con la canción «Festival», que refleja la complejidad de las emociones que ellos y muchos otros sentían acerca del regreso:

Hermanullay paisanullay	Hermanos, compatriotas
llaqtanchikman chayaykamuni	Estamos llegando a nuestro pueblo
Kuyasqallay wayllusqallay	Queridos amigos y vecinos
qanllapaqmi abrasullayku	con un afectuoso saludo para todos ustedes
Takiykusun tusuykusun	Vamos a cantar, vamos a bailar
llaki vidata qunqarillaspa	para olvidar nuestras vidas tristes
Takiykusun tusuykusun	Vamos a cantar, vamos a bailar
llaki vidata qunqarillaspa	para olvidar nuestras vidas tristes

32. Citas tomadas del folleto «8.º Concurso de Pum-Pin de Washuanto, 1995: Bases Generales», publicado por el Concejo Distrital de Colca.

Llaqtanchikpa takiyninchik	En nuestra ciudad, en nuestra canción,
hermanullay paisanullay	hermanos y compatriotas
Sapa wata puquy tiempo	Cada año durante la temporada de plantación
qatun qatun festivalninchik	tenemos nuestro gran festival
Takiykuspa tusuykuspa	Cantando y bailando
llaqtanchikta kusirichisun	hacemos feliz a nuestra ciudad
Takiykuspa tusuykuspa	Cantando y bailando
llaqtanchikta kusirichisun	hacemos feliz a nuestra ciudad
Llaqtanchikpa takiyninchik	En nuestra ciudad, en nuestra canción
hermanullay paisanullay	hermanos y compatriotas
Sapa wata puquy tiempo	Cada año durante la temporada de plantación
qatun qatun festivalninchik	tenemos nuestro gran festival
Quillaqasa patachapi	En la planicie de Quillaqasa
Huancapillay llaqtallapi	en la ciudad de Huancapi
Waswantullay patachapi	En la meseta Waswantu
pumpin taki pumpin tusuy	Cantamos y danzamos pumpin

La contradictoria posición retórica —de cantar y bailar pumpin con el fin de «olvidar nuestras vidas tristes», al mismo tiempo que varias canciones del concurso y otras del mismo compositor pedían al público «recordar» y enfrentar la violencia y la pobreza de las vidas de los fajardinos— ilumina un aspecto clave del fenómeno de la canción testimonial en Fajardo. Como señala Gila Flam (1992), en su estudio de la música del gueto de Lodz durante la Segunda Guerra Mundial, la yuxtaposición de entretenimiento y comentario social es potente en las comunidades que han sido «deliberadamente restringidas en su búsqueda de una vida tradicionalmente significativa»; señala Flam que la música, y en particular las canciones, «comentan y dan testimonio de los acontecimientos en curso y al mismo tiempo proporcionan una experiencia estética o una desviación de la realidad» (1992: 5). Mientras muchas formas de artes testimoniales tienen esta dimensión estética, las canciones y sus poderosos mensajes emocionales también fueron presentadas crucialmente en eventos de carnaval a los que las personas asistieron para socializar, divertirse, cantar y bailar, y para acordarse de la belleza de sus propias tradiciones culturales y de su sentido de identidad como fajardinos. Lejos de contradecirse el uno con el otro, los placeres estéticos de la música pumpin y los mensajes testimoniales de muchas canciones se complementan. Esta es una narrativa conjunta que refuerza la supervivencia cultural tras la estela de la violencia —especialmente en el contexto del concurso revivido en Waswantu—.

Aunque nunca articuló su propia experiencia personal de la guerra y sus consecuencias, año tras año la exitosa participación de Rider en los concursos de canciones pumpin aseguró que elementos de su historia y la de su familia se convirtieran en parte de la narrativa colectiva que los fajardinos se contaron a sí mismos, y aun cuentan, acerca de los años de violencia. Hacia finales de la década de 1990, cuando en la región se restablecía la paz, las canciones de Rider también reflejaron el advenimiento de nuevas preocupaciones y discusiones posviolencia, que incluían temas de importancia nacional y política, como los movimientos de la administración Fujimori hacia la privatización de las empresas estatales («Wakcha vida», 1996), la crisis de los rehenes en la Residencia del embajador japonés en Lima («Embajada de Japón», 1997) e, incluso, el bombardeo estadounidense de Iraq («Guerra contra Iraq», 1998). Hacia el año 2002, cuando los grabé cantando «Fosas clandestinas», Las Estrellas de San José ya habían ganado o quedado en el segundo lugar durante cinco años en el concurso anual Waswantu y recién habían grabado su primer disco comercial en Lima. No es coincidencia que cada uno de estos años incluyera por lo menos una y a veces múltiples canciones de protesta contra las fechorías del gobierno, con alabanzas a los profesores por su sacrificios o reflexiones sobre las dificultades y el sufrimiento de vivir a lo largo de los años de violencia. Estas son «verdades» no solo elaboradas en un discurso desarrollado conjuntamente por docenas de compositores y de grupos pumpin en estos concursos a lo largo de muchos años, sino que también estaban vinculadas íntimamente a la historia de este individuo y su familia.

Conclusión

Para concluir, vuelvo a las preguntas siguientes: ¿qué clase de «verdades» se narra en canciones testimoniales como «Fosas clandestinas» y qué podría ser lo que cuenta para el surgimiento y la aparente fortaleza de este género en los procesos de memoria dentro de la comunidad fajardina? Hasta donde sé, la particular historia pumpin de la radicalización por Sendero Luminoso, la resurrección y transformación dentro de la comunidad de desplazados, y el retorno final a su lugar de origen es singular en el panorama de la música peruana sobre la guerra interna, y este hecho tiene todo que ver con la importancia que eventualmente tomó en tanto que sitio de la memoria. En efecto, como lo evidencia la historia esbozada aquí, la música pumpin jugó un papel crucial en como se vivió la violencia y se procesó entre fajardinos —desde sus disputas sobre la ideología marxista en el advenimiento del conflicto a su búsqueda de narrativas comunes como víctimas de la violencia en los últimos años—. Las memorias de la presentación de canciones testimoniales en concursos en diversos lugares, entre los que se incluían Lima, Ayacucho y su casa, en la provincia de Fajardo, son hoy, por consiguiente, inseparables de las memorias más amplias de los fajardinos y la guerra interna.

Las canciones testimoniales también proporcionaron un vehículo clave para compositores, intérpretes y sus audiencias en la mediación entre las experiencias individuales y colectivas, y las memorias del conflicto. A diferencia de casi todas las demás formas de arte testimonial en Perú, el principal público de las canciones pumpin testimoniales consistió en compañeros de la provincia de Fajardo. Las experiencias individuales, como quedó demostrado en las canciones escritas por Rider, a menudo fueron emitidas en función de dicha colectividad, legitimando experiencias personales para las que cantaron acerca de ellos mientras también forjaban una narrativa común sobre la victimización fajardina. Esa narrativa se caracterizó tanto por lo que excluye, en particular la historia de Sendero en la región y su papel en el desarrollo de la música pumpin, como por lo que incluye: lamentos por la muerte, la pérdida y el anhelo, expresados y enmarcados en las referencias culturales a un léxico testimonial de frases poéticas y lugares con nombres en una geografía de la violencia. Las canciones testimoniales, entonces, no presentaron una «memoria colectiva» de la violencia tanto como abrieron un espacio social para que individuos y grupos contribuyeran con sus versiones de un pasado colectivo y presente en la búsqueda de solidaridad y consenso.

Volviendo a la cuestión de «narrar la verdad» en la música pumpin, las canciones examinadas nos recuerdan que puede haber más de un tipo de «verdad» para ser contada tras la violencia. Como señala Richard Wilson (2001) en su trabajo sobre la Comisión de la Verdad en Sudáfrica, los «paradigmas de la verdad» se pueden separar como mínimo en dos categorías: lo que él llama «la verdad forense», que consiste en hechos y evidencia, y «la verdad narrativa», que hace énfasis en la naturaleza personal o social, subjetiva y experimental de las verdades relatadas. Las sociedades posconflicto, argumenta, necesitan de las dos. Obviamente, las contribuciones de las canciones testimoniales a «la verdad forense» sobre los años de violencia en Perú son mínimas; muy pocas canciones testimoniales ofrecen detalles específicos sobre los acontecimientos durante la guerra y, como se ha señalado, muchos detalles importantes son omitidos o ignorados intencionalmente en los discursos testimoniales cantados. Sin embargo, la convergencia año tras año de ciertos temas en las canciones testimoniales —el abrumador sentimiento de tristeza y pérdida como respuesta a la violencia, la rabia sentida a profundidad e, incluso, el cinismo frente a la pobreza y la negligencia del gobierno o el abrazar la identidad de «víctima» para la región con la esperanza de asegurar derechos ciudadanos en tanto que sujetos dignos de simpatía— le da voz a una «verdad narrativa» muy poderosa, particular y de la que poco se reconoce cómo entendió y experimentó este conflicto un grupo de personas desde el corazón mismo de la región en donde todo comenzó.

Epílogo

En noviembre de 2006, Rider Gómez Zapata fue elegido regidor provincial de la provincia de Fajardo, en parte gracias a la reputación que había desarrollado a partir de su éxito en los concursos de canto. Por primera vez desde 1983, regresó a vivir a tiempo completo en Fajardo, con su familia creciendo, y a asumir sus deberes como miembro del gobierno provincial. Al mismo tiempo, su grupo de presentaciones Las Estrellas de San José fue forzado por los organizadores del concurso (bajo la presión de otros conjuntos) a retirarse de la competencia y a «dar a otros la oportunidad». En lugar de ello, fueron invitados a seguir presentando canciones como grupo que no compite para entretener al público entre las rondas del concurso. Incapaz de convencer a sus hermanas de hacer el largo viaje a la provincia para unirse a él para tal presentación, Rider se quedó sin un grupo con que presentar por primera vez en veinte años. Lo encontré en un pequeño local de la plaza en Huancapi, el día del evento, borracho y llorando. A pesar de las muchas dificultades que había soportado, esta fue la única vez en que lo vi beber hasta el exceso, y la única vez en que lo vi llorar. Cuando le pregunté qué lo molestaba, entre pedidos para que me uniera a ahogar sus penas sollozó que no tenía con quien cantar sus canciones.

Epílogo

LA VERDAD DEL ARTISTA: el dilema post-Auschwitz después de la era latinoamericana de las guerras sucias

Steve J. Stern

Hay preguntas difíciles que surgen después de una era de atrocidad masiva en nombre de la salvación nacional o de la revolución social, en su mayoría en contra de personas desarmadas. En primer lugar, e incluso si se deja de lado el problema de la memoria dividida sobre el pasado reciente, ¿es acaso posible «narrar la verdad» tras un reinado de violencia tan extrema, uno que desafía la imaginación humana? ¿O es la verdad una ilusión? ¿Es acaso una presunción que apenas si restaura una apariencia de normalidad?

En segundo lugar, si «narrar la verdad» es de hecho posible, ¿cómo puede el arte —en un sentido amplio que incluya literatura, *performance* y artes visuales— contribuir a su búsqueda? ¿Cómo entendemos la verdad cuando se considera toda su cultura expresiva? ¿Cuál es la verdad del artista?

Estas preguntas son urgentes desde la era de las «guerras sucias» latinoamericanas de finales del siglo XX. Así uno se refiera a los regímenes dictatoriales de las décadas de 1970 y 1980 en países del cono sur como Argentina y Chile, donde los gobernantes usaron el mito de una guerra para tener libertad de acción contra ciudadanos redefinidos como el enemigo o a los regímenes de guerra en los que, en efecto, se enfrentaron Fuerzas Armadas del Estado contra insurgentes armados, como en el Perú y Centroamérica en la década de 1980 y principios de 1990, los Estados organizaron guerras «sucias». La guerra sucia fue la zona de atrocidad —torturas, desapariciones misteriosas, cuerpos trozados, masacres—, en la que no se respetaron ni las reglas legales normales ni los tabúes culturales, ni siquiera las reglas de la guerra. También fue la zona en la que los Estados podían impugnar la verdad de los hechos negando su conocimiento o inventando tapaderas. La guerra sucia concedió al Estado el supuesto derecho de violar al que se interpusiera en el camino, al que pudiese servir como un aterrador ejemplo instructivo para los demás o al que hubiese servido de instrumento de complicidad o inteligencia. En la zona de la guerra sucia, el *shock* del evento que desafía la imaginación —la desaparición en Argentina que evapora la identidad y realidad de la persona, y la masacre en El Salvador que se dirige contra bebés y no solo adultos y jóvenes en aras de la crueldad gráfica cuando el pueblo es convertido en un pueblo fantasma— podía tener un valor positivo para los objetivos del régimen. Para el Estado y sus aliados paramilitares —y, en el caso peruano, también para Sendero Luminoso— los crueles actos de intimidación de la guerra sucia, aunque paradójicamente negados en algunas instancias, podían educar a la gente en que, de hecho, cualquiera que fuese la brutalidad necesaria para imponerla, una nueva realidad de dominación política y un nuevo orden social estaban llegando.[1]

El daño violento fue enorme. Las víctimas directas estrictamente definidas —los individuos asesinados o desaparecidos o torturados— fueron cientos de miles. En tan solo cinco países —Argentina, Chile, El Salvador, Guatemala y el Perú—, las varias comisiones de la verdad nos han dado como línea de base unas 340.000 personas, y quizás hasta 430.000 personas (hay que tener en cuenta que el punto de referencia para estos cinco países excluye otros casos notables en los que una línea de base cuantitativa es más difícil de determinar, como ocurre, por ejemplo, con los regímenes de tortura en Brasil y Uruguay, la guerra sucia no declarada en el México de la década de 1970, la represión del régimen de Somoza para detener la insurrección sandinista, seguida por la guerra «contra» para debilitar la revolución en Nicaragua en las décadas de 1970 y 1980, y la intensificación del ciclo de los conflictos armados y el terrorismo de Estado presente en Colombia desde la década de 1980). Incluso niveles

1. La dimensión internacional de los regímenes de guerra sucia fue fundamental y ha recibido una renovada atención. Véase Joseph y Spenser 2008, Grandin y Joseph 2010, Sikkink 2011.

de mayor magnitud aplican a aquellos que sufrieron otras formas intensas de violencia, como las que supusieron las operaciones masivas y las redadas que temporalmente convirtieron las barriadas urbanas de Chile en cárceles colectivas de tratos crueles y degradantes; las campañas de tierras arrasadas que llevaron a los pobladores rurales en El Salvador y Guatemala al exilio y al desplazamiento, y la cruel represalia y las redadas asesinas contra comunidades rurales peruanas, que también generaron una fuga masiva. Dicho de otra manera, las familias sobrevivientes y las comunidades directamente afectadas por la violencia represiva ascendieron a millones de personas. En algunas regiones del Perú y Guatemala con un gran número de pueblos indígenas, respetadas comisiones de la verdad consideraron genocida la escala y la dinámica racial de la violencia.[2]

---

2. Los números de referencia de los muertos, desaparecidos y torturados en los cinco países provienen de un conteo parcial, incompleto, a partir de los informes de las comisiones de verdad. Los números de los reportes que producen cerca de 340.000 víctimas como un estimado mínimo probado son los siguientes: Argentina con 8960 desaparecidos, Chile con 40.277 desaparecidos o asesinados o torturados (los muertos y desaparecidos ascienden a 3197 en los informes de la década de 1990, y 30 casos adicionales en un informe de 2011; los presos políticos encarcelados verificados eran 27.255 en el informe de 2004 y subieron con 9795 casos adicionales, probados y reconocidos en el informe actualizado de 2011), El Salvador con más de 22.000 muertos o desaparecidos, Guatemala con alrededor de 200.000 muertos o desaparecidos, y Perú con cerca de 69.280 muertos o desaparecidos. Estas cifras suman un total de 340.517 víctimas. Sin embargo, como lo reconocieron los informes de Argentina y El Salvador, las comisiones de la verdad lidiaron con evidencias de que muchos más casos se habían producido, más allá de los que habían logrado ser denunciados de forma individual y suficientemente documentados para ser certificados oficialmente. Como lo señaló el informe argentino, «[s]abemos también que muchas desapariciones no han sido denunciadas, por carecer la víctima de familiares, por preferir estos mantener reservas o por vivir en localidades muy alejadas de los centros urbanos, tal como lo comprobó esta comisión en sus visitas [en] el interior del país, muchos familiares de desaparecidos nos manifestaron que durante los pasados años ignoraban dónde dirigirse» (véase la sección «Advertencia» en la apertura del cap. 2 del informe; la cita de la edición en línea se encuentra más adelante).
   El informe de Chile sobre la tortura hizo una observación similar acerca de la dificultad de registrar y contar todo el universo de casos, dadas las dificultades de muchas víctimas de presentarse, después de haber sufrido una humillación extrema. En dos países —Guatemala y el Perú—, las comisiones incluyeron en sus cifras una metodología de estimación para complementar el trabajo de caso individualizado. Si uno se aferra a una metodología conservadora para los otros tres países, las estimaciones ajustadas mínimas son las siguientes: para la Argentina,

Hacia la década de 1990 y principios de 2000, el dilema de la posatrocidad empieza a notarse tan pronto los regímenes de guerras sucias

---

20.000 desaparecidos es el punto medio en el rango comúnmente aceptado de entre 10.000 y 30.000 desaparecidos; para Chile, los 64.000 muertos, desaparecidos o torturados toman en cuenta 60.000 como línea de base conservadora (a medio camino entre 50.000 y 70.000) para la tortura y 4000 como línea de base (a medio camino entre 3500 y 4500) para las muertes y desapariciones; para El Salvador, la estimación ampliamente aceptada es de 75.000 muertos. Estos ajustes podrían elevar el total de los cinco países a 428.280. En este contexto, una estimación conservadora de entre 340.000 y 430.000 víctimas es un orden de magnitud razonable para los muertos, desaparecidos y torturados en los cinco países. Probablemente sea subestimada, además, en vista de la ausencia, excepto en el caso de Chile, de una contabilidad sistemática de las personas torturadas que sobrevivieron. Para los cinco países en su conjunto, el marco de tiempo considerado puede construirse como un periodo de dos décadas desde principios de la década de 1970 hasta principios de la de 1990, con variaciones en los periodos de guerra sucia específicos de cada país. Cabe señalar que otros países que entraron en la guerra sucia siguieron una temporalidad significativamente más allá de esta periodización general. En Brasil, por ejemplo, los militares derrocaron la democracia en 1964 y la represión se endureció notablemente en 1968, mientras que en Paraguay el régimen de Alfredo Stroessner comienza ya en 1954 pero se une al esquema transnacional de guerra sucia sudamericana conocida como Operación Cóndor en la década de 1970. Para América Latina en su conjunto, se puede pensar en la era de la guerra sucia que se examina aquí como el periodo de las «largas» décadas de 1970 y 1980, sin dejar de advertir que las cronologías de los distintos países varían. Para los informes oficiales y las cifras de Argentina, Chile, El Salvador, Guatemala y el Perú, respectivamente, consultar los siguientes sitios web: <www.desaparecidos.orgn/arg/CONADEP/nuncamas/indice.html>, (última consulta: 10/06/2012); <www.indh.cl/informacion-comision -valech>, (última consulta: 10/06/2012); <www.usip.org/files/ElSalvador-Report.pdf>, (última consulta: 10/06/2012); <shr.aaas.org/guatemala/ceh/mds/spanish/toc.html>, (última consulta: 10/06/2012); y <www.cverdad.org.pe>, (última consulta: 10/06/2013). Para un contexto adicional en el caso de Chile, donde las cifras se desarrollan a través de un proceso acumulativo que involucra cuatro informes oficiales diferentes —un informe pionero de comisión de la verdad en 1991 sobre muertes y desapariciones, un informe de seguimiento sobre muertes y desapariciones en 1996, una nueva comisión de la verdad sobre prisión política y tortura en 2004, y un informe de seguimiento para considerar nuevos casos de tortura, muertes y desapariciones en 2011— y donde el informe de la tortura también provocó críticas por algunos residentes de las poblaciones (vecindarios de gente urbana pobre y obrera, que muchas veces eran comunidades iniciadas a través de invasión de tierra marginal urbana) y activistas de derechos humanos acerca de la exclusión de la consideración de la violencia masiva y brutal durante los allanamientos en las poblaciones, véase también Stern 2010: 65-98, 286-297, 325-329, 390-392, n.° 3, 465 n.° 72.

dieron paso a frágiles acuerdos de paz en América Central, complicadas transiciones democráticas en los países del cono sur y la derrota de Sendero Luminoso y una eventual transición democrática en el Perú. Cuestiones de política pública definieron una dimensión importante del dilema. ¿Cómo debería documentar la verdad de lo que pasó una sociedad cuya memoria política acerca del régimen anterior se encuentra profundamente dividida? ¿Qué significaba para la legitimidad del régimen que siguió al periodo de atrocidad esa búsqueda de la verdad? ¿Qué significó para las víctimas y sus comunidades, o para la justicia? ¿Un ejercicio de comisión oficial de la verdad podría construir una base para más verdad y justicia, o sería una fórmula para el cierre y abandono?[3]

La otra profunda dimensión, que se mezcla con cuestiones de política pública pero no se reduce a estas, era cultural. Aquí las preguntas planteadas a principios de este ensayo y a lo largo del libro son cruciales. Teniendo en cuenta los extremos de lo que pasó, ¿era realmente posible narrar la verdad? Si la sola exposición de los hechos no fue suficiente para aprehender lo que había pasado, ¿qué podrían hacer el arte y la cultura expresiva en todo este proceso? En términos culturales y políticos, están en juego la elaboración de un nuevo sentido común y de un nuevo imperativo moral, ocasionados por una experiencia devastadora.

No sorprende que el Holocausto diera lugar a algunas de las más profundas y difíciles reflexiones sobre la verdad y el arte. El problema no es propiedad de una sola región del mundo o experiencia histórica. Desde una perspectiva de historia mundial, podemos considerar que el problema de narrar la verdad a través del arte es el dilema post-Auschwitz, entendido como un tema que lamentablemente se repite en contextos

---

3. Sobre enfoques distintos de dos intelectuales activistas e influyentes, véase Méndez 1996, Zalaquett 1992; para la tensión entre el decir la verdad como fórmula para el cierre y como cuña para seguir abriendo y expandiendo el trabajo de la justicia, Stern 2010; sobre comisiones de la verdad en un contexto comparativo, Hayner 2011. Para investigaciones pioneras sobre la cambiante voluntad de respuesta de los actores judiciales, que incluyen dinámicas tanto nacionales como transnacionales, véanse Collins 2010, Huneeus 2010, Lutz y Sikkink 2001, Sikkink 2012. Para una historia sobria, perspicaz y aleccionadora sobre la justicia internacional, Cruvellier, Voss y Shiavi 2010.

distintos. Como Saúl Friedlander (1992) lo señaló en un sugestivo ensayo, el historiador de la Shoah debe resistirse a «la tentación del cierre», dado que la narrativa que construye depende del factor «exceso», y este sobrepasa el análisis. La labor de análisis intelectual puede construir una cierta cantidad de aportes valiosos, rigurosamente fundados en los datos empíricos. Pero trabajar únicamente en esta dimensión, desde la narración analítica, también crea el riesgo de un efecto protector, de entumecer la experiencia o insensbilizarnos frente a ella, y así impedir su comprensión. Hay algo adicional que supera la palabra, que pertenece a la memoria y a los sentidos más profundos del evento —y que tiene que atravesar nuestra defensa, desbaratar de vez en cuando la distancia—. Una narrativa que sella la historia es engañosa (Friedlander 1992a: 52).

Este libro es relevante sustancial y teóricamente. Es relevante porque plantea preguntas profundas acerca de la verdad y el arte en el caso del Perú después de la guerra de las décadas de 1980 y 1990 con Sendero Luminoso. También lo es porque, al analizar el caso peruano, enriquece y problematiza otras reflexiones generales sobre el arte y la sociedad.

* * *

Consideremos el dictamen más famoso sobre el arte y la sociedad en relación con las atrocidades del siglo XX: «El escribir poesía después de Auschwitz es una barbaridad». Durante más de medio siglo, el aforismo de Theodor Adorno ha llamado la atención. Su carácter irresistible parece deberse a que condensa un dilema contemporáneo: el peso de vivir con el legado de régimenes de violencia organizada de manera tan masiva y extrema, pero que, al mismo tiempo, se hallan tan estrechamente asociados con la modernidad. Evidentemente, este hecho desborda nuestra capacidad para describir o comprender, para no hablar de aceptar o de seguir adelante. Lo descomunal del delito hace que sea inconmensurable con lo que pensamos que se puede saber en la vida normal: crea un tiempo que está más allá del tiempo normal; pone en peligro la fe en el futuro y el progreso, es decir, la modernidad. No es simplemente por razones de taxonomía legal que lo que pasó es un «crimen contra la humanidad» sino porque asalta, fundamentalmente, la idea de lo humano. Como lo escribió Hannah Arendt, los actos de la maldad radical parecieran «trascender el dominio de los asuntos humanos y la potencialidad del poder humano, destruyendo ambos radicalmente».[4]

La observación de Adorno resume la demoledora sensibilidad. Tras los tiempos de la maldad radical que crean experiencias más allá del límite, la expresión humana y la actividad artística se quedan cortas. La representación es un espejismo: pretender que la cultura puede redimir su propio fracaso es un absurdo; considerar que el arte es posible es caer en un consuelo ilusorio y barbárico.

No obstante la perspicacia del dicho de Adorno, existe el riesgo de convertir su dicho en un cliché universal, en vez de situarlo en un contexto histórico particular. Cuando Adorno escribió sus palabras en 1949, el objetivo era romper la autocomplacencia —la creencia irreflexiva, casi como un acto de fe sagrada, en el retorno a una restaurada cultura alemana en la República Federal—. En un sentido más amplio, el punto iba a la sensación de que Auschwitz era la metáfora final y el clímax de la historia moderna. Una historia de catástrofe, evidente desde la Primera Guerra Mundial, había acercado la humanidad cada vez más a la sociedad total de la «prisión al aire libre», acompañada de la «reificación de la mente». Incluso en Occidente, la cultura era la no-verdad y el crítico cultural era preso de la sociedad que lo creó. La oración alemana original que contenía la famosa frase trató de plantear esa sensibilidad más matizada y compleja: «La crítica cultural se halla frente al último paso de la dialéctica de la cultura y la barbaridad: el escribir la poesía después de Auschwitz es una barbaridad, y esta situación

4. Para las citas, véase «Cultural Criticism and Society», en Adorno 1981: 34, Arendt 1959: 216. Para reflexiones sobre la tesis de Adorno hechas por estudiosos de la literatura, véase Bernard-Donals y Glejzer 2001; y, para una inversión interesante, Bartov 2000: 211-212. Sobre el pensamiento de Adorno en su contexto y sobre su significado y los aspectos controvertidos en su propia época, véase las fuentes en la n.° 5.

también debilita el entender y plantear por qué es imposible escribir la poesía hoy en día». Adorno trabajó durante décadas para crear una filosofía de la «dialéctica negativa», que despojara la dialéctica de cualquier resultado positivo.[5]

Cuando Adorno declaró la barbarie de la poesía se refería especialmente a la poesía lírica o, en términos más amplios, al proyecto de una cultura redentora. Su posición fue más ambivalente y fluctuante —más paradójica— que en el mero plano aforístico. «El hecho de que la cultura hasta ahora ha fracasado», advirtió en 1944, «no justifica prolongar su fracaso, tirando a la cerveza derramada la harina buena que todavía queda». Continuamente relacionado con escritores y artistas, construyó una vida que incluía a los que lucharon seriamente con lo que el arte podría ser después de la catástrofe y se vio a sí mismo atraído hacia el estudio de la música y la estética. En su conclusión de 1966 a la *Dialéctica negativa*, Adorno (1973 [1966]) concedió que había exagerado el dilema en un sentido —pero a la vez planteó que lo había subestimado en otro—. La tortura y el sufrimiento producen el derecho a gritar y a expresar, y, «por eso[,] quizás haya sido equivocado decir que después

---

5. Para las citas, véase Adorno 1981: 34; y, para la frase alemana que enmarca el problema de la poesía y Auschwitz de una manera más compleja que la corta frase que llegó a ser un dicho casi cliché, Adorno 1975: 65. Es interesante notar que los traductores de Adorno eran conscientes de que la «notable flexibilidad sintáctica» del alemán podía crear un proceso de pensamiento al interior de la frase —una dinámica tensión de pensamiento dentro de la oración— en contraste con la convención sintáctica de idiomas como el inglés; véase, al respecto, el ensayo preliminar de uno de los traductores, cfr. Jäger 2004: 186; Weber 1981: 13, para el caso específico de la oración alemana en que aparece el famoso dicho de Adorno. Para la obra maestra sobre la dialéctica, véase Adorno 1973. Doy las gracias a Geneviève Dorais por su asistencia en la investigación sobre Adorno y sus círculos intelectuales, y reconozco mi deuda intelectual con tres obras claves sobre la vida y el pensamiento de Adorno en su contexto: Claussen 2008 [2003], esp. cap. 8 (sobre la fecha, el estilo de la conferencia y el contexto del ensayo de Adorno «Cultural Criticism and Society» [1981: 261]); Müller-Doohm 2005 [2003], esp. parte. 4; Jäger 2004 [2003]. Para un excelente análisis del aforismo de Adorno, atento al lenguaje, al sentido que le da a la dialéctica y a su pensamiento global, Hofmann 2005. Para útiles antologías sobre el pensamiento y la obra de Adorno, véanse Adorno 2003, Gibson y Rubin 2002, Huhn 2004.

de Auschwitz uno no debe escribir poesía». Lo que seguía siendo válido, sin embargo, era la cuestión de «si después de Auschwitz uno puede seguir viviendo —especialmente quien escapó por accidente, quien en realidad debería haber muerto [...] Su mera supervivencia exige una frialdad, ese principio básico de la subjetividad burguesa, sin la cual no pudo haber pasado Auschwitz». Pero a la vez, y sin embargo, la humanidad tenía que enfrentar y asumir un «nuevo imperativo categórico», que llamaba a las personas a «arreglar sus pensamientos y sus acciones de manera que Auschwitz no se repita».[6]

En otras palabras, Adorno luchaba con y contra su propio dicho. Trató de rescatar el arte de alguna manera. Asumió el arte como un proyecto de implacable tensión entre la realidad y la imaginación —«la hendidura entre lo que los seres humanos están destinados a ser y lo que el orden del mundo les ha hecho ser»—. El arte tenía algún valor de verdad en la medida en que destruyera la mentira. «El concepto de una resurrección cultural después de Auschwitz es ilusorio y absurdo», escribió en 1962. «Pero justamente porque el mundo ha sobrevivido a su propio colapso, de todas maneras necesita el arte para escribir su historia inconsciente. Los artistas auténticos [...] son aquellos en cuya obra tiembla todavía el mayor horror».[7]

Una primera contribución importante de este libro es que, al demostrar la urgencia y lo perspicaz del arte de relatar la verdad, nos invita a contextualizar, quizá más que a tratarlo como una realidad universal o transhistórica, el aforismo que flota en el aire al considerar la narrativa en el momento posterior a la atrocidad. Este punto, una premisa en la elocuente introducción de Cynthia Milton, gana fuerza en los estudios de caso que le siguen. En el largo plazo, la idea de Adorno era condenar el arte en tanto que imposibilidad y afirmarlo, al mismo tiempo, como la única posibilidad. El arte corre el riesgo de caer en la mentira de la

6. Para las citas, véase Adorno 1978: 44, 1973 [1966]: 362-363, 365. Véase también la n.° 7, aquí.

7. Para citas y aclaraciones de Adorno sobre sus posturas sobre el arte y la poesía lírica, estoy especialmente en deuda con el agudo análisis de Müller-Doohm 2005 [2003], esp. 356, 403-405, 470-474; también es útil Nikolopoulou 2006.

restauración y la redención. Sin embargo, también ha demostrado que es indispensable para romper el silencio y la indiferencia en medio de la mentira. Este libro nos empuja a ver y aceptar el perdurable valor de esta paradoja.

* * *

Consideremos las implicaciones de este libro para una segunda aproximación al arte y la sociedad, centrada en el artista. Los latinoamericanos —escribió Jean Franco (1970 [1967]) en *The Modern Culture of Latin America*, una historia magistral que sintetiza e interpreta la expresión artística y literaria en América Latina desde finales del siglo XIX— han «visto generalmente al arte como una expresión de toda la persona del artista: un ser que vive en una sociedad y, por eso, tiene una inquietud colectiva además de individual». La idea del arte por sí mismo no se tradujo tan fácilmente en un supuesto cultural relativo a «la neutralidad moral o la pureza del arte». De hecho, la legitimidad del arte como «una tradición autopropagadora en que los nuevos movimientos surjan como soluciones a problemas técnicos» era más fuerte en Europa (Franco 1970 [1967]: 11).

El punto de Franco era sutil, más de énfasis relativo que de contraste absoluto. Era un intento de entender los temas de la técnica, la autenticidad y el imperativo en su contexto social y político. El objetivo no era establecer un contraste simplificado entre Europa y América Latina como ámbitos estéticos gobernados de manera rígida por una sensibilidad artística individualista, la una, y consciente de la cuestión social, la otra. Por el contrario, su análisis resaltó la importancia de las experiencias de vida en Europa y las influencias cruzadas para los escritores y artistas de América Latina, así como la ironía de que algunos latinoamericanos buscaran en el arte una especie de exilio o refugio mental. Sin embargo, cualquiera que sea la postura del artista, la cuestión social ejerció una influencia fundamental en la legitimidad y el tema de la obra. La expectativa cultural empujó al letrado hacia el rol de mentor de la sociedad. En este contexto, negarse a responder era, en sí mismo, una respuesta. Y la cuestión social seguía sin resolverse y continuaba siendo profundamente explosiva —las estructuras de injusticia y atraso provocaban controversias, el definir quiénes conformaban la comunidad nacional también resultaba conflictivo y problemático, y los proyectos del nacionalismo y la revolución inspiraban diversos imaginarios—. De ello se deriva que América Latina experimentara una historia constante de «nuevos puntos de partida» artísticos: rupturas en vez de un trabajo de tradición artística inmanente. Los artistas asimilaron, adaptaron o inventaron técnicas para responder a la «situación social nueva» que los definía.[8]

En esta perspectiva, mucho antes del desastre de la guerra de Sendero Luminoso, los artistas latinoamericanos fueron empujados a vivir la tensión, a veces sinérgica, entre el arte como una invención creativa o un refugio en sí mismo, y el arte como una inquietante intervención inspirada por una condición social. Algunos navegaron la tensión creando un área para respirar —la distinción explícita entre la declaración cívica ofrecida en el rol de celebridad o guía de la sociedad, y el trabajo creativo que requiere espacio para la invención, la ambigüedad y el juego—. El espacio creativo no era reducible a un pronunciamiento político o a una mentalidad cerrada, incluso si la cuestión social ejercía una influencia, fuera esta directa o indirecta. En *Cien años de soledad* (1967), Gabriel García Márquez dijo algo profundo sobre la masacre de las bananeras de 1928 en Ciénaga, evento histórico que constituye el clímax de la novela, pero el mundo de Macondo no se redujo a la política laboral de las plantaciones de plátano. Gracias a que ganó estatura internacional, García Márquez explicaría que, como latinoamericano cuyas novelas le habían creado una reputación, «la única opción que tengo es ser un político de emergencia». Hacer lo contrario era inaceptable, «teniendo en cuenta todo lo que está pasando en América Latina». Si bien esta actividad no era la misma cosa que crear literatura, aceptar el premio Nobel de 1982 y describir el horror político que afligía a América del Sur y América Central significaba que él también le haría eco al

8. Para las citas véase Franco 1970 [1967]: 11-12.

punto de Jean Franco sobre cómo la cuestión social es una inspiración para la técnica literaria. «Poetas y mendigos, músicos y profetas, guerreros y malandrines, todas las criaturas de aquella realidad desaforada hemos tenido que pedirle muy poco a la imaginación, porque el desafío mayor para nosotros ha sido la insuficiencia de los recursos para hacer creíble nuestra vida».[9]

Dicho de otra manera, las situaciones vividas en América Latina a veces dieron vuelta a Adorno: la barbaridad inspira el arte.

* * *

Sin embargo, la interpretación de Franco (1970 [1967]) también surgió en un contexto histórico particular: los años sesenta en el sentido de «década larga». Su perspicaz estudio fue publicado en una edición revisada en 1970, después de una primera edición en 1967. Hay en ello una convergencia entre la América Latina que experimentó un tiempo político tumultuoso de proyectos revolucionarios y la que ganó reputación internacional en literatura y arte con el *boom*. Esta fue la América Latina en la que el debate político a menudo se enmarcaba en los términos de tener que optar entre la reforma y la revolución, y en la que la relación del artista con la sociedad había recuperado una fuerte resonancia política. La década comenzó con la Revolución cubana de Fidel Castro en 1959 y se cerró con la elección de Salvador Allende en Chile en 1970. Al mismo tiempo, García Márquez era aclamado internacionalmente por *Cien años de soledad*, publicada en 1967, y los escritores de América Latina llamaron la atención y fueron traducidos como fenómeno literario mundial. En 1967, el novelista guatemalteco

9. Para el comentario sobre «un político de emergencia», véase Dreifus 1983; y, para el discurso dado el 8 de diciembre de 1982, «Gabriel García Márquez-Nobel Prize Lecture», en <www.nobelprize.org>, (última consulta: 06/04/2012). Para una fascinante historia que advierte sobre los peligros de reducir la vida a la política del trabajo bananero o a su famosa expresión literaria, hecha por García Márquez, véase LeGrand 1998.

Miguel Ángel Asturias, cuyas novelas sobre el dictador-presidente y los pueblos maya del maíz fusionaron sensibilidades políticas y artísticas, ganó el premio Nobel de Literatura. En 1971, el poeta chileno y comunista Pablo Neruda, que apoyó a Allende y, por tanto, retiró su propia candidatura presidencial, también ganó el Nobel.[10]

El momento pasó; más precisamente, dio paso a las pesadillas. En la «larga» década de 1960 no solo se produjo el debate político entre los proyectos de reforma y revolución, sino también su antítesis: el policidio. Una ola de violentas dictaduras de derecha se afianzó en América del Sur en la década de 1960, ferozmente comprometidas con crear un nuevo estilo de gobierno militar: no con el papel transitorio de intervenir y responder a una emergencia, y después ceder paso de nuevo a los civiles, sino con el de instalar un proyecto transformativo de fondo, erradicar de una vez por todas las viejas formas de pensar, movilizar a la población y hacer política. En sus momentos más grandiosos o pretenciosos, los nuevos regímenes se vieron a sí mismos como los grandes líderes del Occidente y de la Guerra Fría. Sus métodos eran represivos y educativos al mismo tiempo —no solo tortura, asesinato y desapariciones, sino también modernidad, ley y progreso—. Las nuevas juntas militares de Argentina, Brasil, Chile y Uruguay no solo estaban dirigidas a terminar con la presencia de comunistas en la sociedad —y con la presencia de los disidentes, fueran de izquierda o de centro, que eran aliados *de facto*, fueran conscientes o no, de la subversión comunista—, sino también a crear ciudadanías educadas para aceptar un nuevo orden tecnocrático. El camino que tomó el Perú hacia la pesadilla fue diferente. Una junta militar reformista llegó al poder en 1968 y dio paso a una junta conservadora en 1975, y luego vinieron, bajo la presión de los movimientos sociales, una transición democrática y la elección de un presidente civil en 1980. Pero más importante: la década de 1970 fue también el momento de la formación ideológica de Sendero Luminoso,

---

10. Si se lee como un documento de la época, Franco 1970 [1967] es un buen ejemplo de esta convergencia; para la sensibilidad de «reforma o revolución», un buen punto de partida es Petras y Zeitlin 1968; para el premio Nobel de Literatura, véase la lista en <www.nobelprize.org>, (última visita: 06/04/2012).

en sus inicios un partido de izquierda de menor importancia, y culminó con el lanzamiento de una guerra revolucionaria que durante la década de 1980 fue sorprendentemente brutal, resistente y expansiva. Al mismo tiempo, las guerras civiles produjeron un infierno de violencia en América Central, especialmente en Guatemala y El Salvador, donde el régimen militar se involucró en campañas de tierra arrasada.[11]

La nueva era destruyó la convergencia anterior. En un estudio acertadamente titulado *The Decline and Fall of the Lettered City* (*El ocaso y la caída de la ciudad letrada*), Jean Franco (2002) consideró las consecuencias culturales en el largo plazo de las dictaduras de guerra sucia y las guerras civiles que se extendieron durante la guerra fría latinoamericana en las décadas de 1970 y 1980. En la medida en que los regímenes violentos le abrieron paso a las transiciones democráticas en la década de 1990, lo que quedó fue una profunda transformación consolidada bajo su supervisión: el surgimiento de un esquema más neoliberal de la economía y la cultura que alteró la relación del individuo con la sociedad. El mercado era la metáfora y la relación fundamental, y la cultura era ahora «aplastantemente el terreno del entretenimiento y de las actividades cómodas que, a su vez, producen la crítica "lite" que nunca desafia la doxa». Las presunciones modernistas y estatistas que alguna vez propusieron utopías, así como el artista letrado o el intelectual, se habían derrumbado. La comercialización reinaba, y el trabajo cultural serio se retiró a los márgenes. A pesar de lo sombrío, Franco se negó a concluir de manera pesimista, «porque algo en medio de las ruinas sigue vivo, aunque fuera solo un esfuerzo de voluntad».[12]

El colapso no fue del todo malo, ya que lo que destruye también puede liberarnos. Menos asfixiadas por presunciones sobre el Estado y la modernidad, y menos atadas a un partido político o a una utopía, nuevas voces de expresión, diálogo e insistencia pueden surgir desde los

---

11. Para una visión general de los acontecimientos, véase Rabe 2012 y las otras fuentes citadas aquí el inicio de este epílogo; para el concepto de policidio, véase Stern 2004: esp. xxii-xxiii, 31-32, 180-181, n.° 27; y, para los matices en relación con el «genocidio», Stern 2010: 99-105.

12. Para las citas, véase Franco 2002: 261, 275.

márgenes, y ellas llevan a nuevos ciclos de la cultura del testimonio o dan testimonio de la verdad desde las experiencias de vida de pueblos indígenas, mujeres, activistas de derechos humanos, gays, ecologistas y parias de la clase baja como las prostitutas y los habitantes de calle.[13]

Una segunda contribución importante de este libro es que nos permite contextualizar la crisis de la alta cultura y la relación del artista con la sociedad de otra manera, en un marco más holístico y culturalmente incluyente. La crisis surgió en distintos contextos y momentos históricos en Europa y América Latina, pero Adorno y Franco también tenían algo en común: los dos trabajaron fundamentalmente con la alta cultura, a pesar de que Franco fue sensible a la «seducción de los márgenes» y ambos aportaron pruebas de su crisis. Aunque pioneros y perspicaces, sus retratos fueron incompletos (Franco 2002: 201).

Al analizar el arte del relato de la verdad, los autores de este libro nos permiten ver ese «algo en medio de las ruinas [que] sigue vivo». Tan pronto ampliamos nuestro campo de visión para incorporar la cultura popular, así como la alta cultura y los corredores del medio, podemos discernir lo que no se ha perdido: un espacio de insistencia en un arte que plantea la cuestión social —su peso, su urgencia, su verdad— sigue surgiendo en América Latina. No obstante, este espacio está poblado por diferentes actores, incluidos muchos de origen popular.

Los diversos estudios son bastante claros en este punto. Víctor Vich y Cynthia Garza nos invitan a considerar cómo manifestaciones de la «alta cultura», como la novela y el teatro, podrían derribar la distancia social y la complacencia. Formas narrativas que de otra manera podrían ser descartadas como «arte popular» —la novela gráfica analizada por

---

13. Franco (2002: 201-219) ofrece un perspicaz análisis. Para una formulación clásica de la formación de nuevas hibrideces culturales en América Latina, véase García-Canclini 1995, cf. Monsiváis 1997. La voz testimonial subalterna más internacionalmente conocida de América Latina en las décadas de 1980 y 1990 fue la de la guatemalteca Rigoberta Menchú, quien ganó el premio Nobel de la Paz en 1992, pero cuyo testimonio también desató una controversia acerca de la verdad. Para una excelente discusión véase Arias 2001, quien respondió a Stoll 1999. Para el texto testimonial en una edición que circuló extensamente en el mundo de habla inglesa, véase Menchú 2009 [1984].

Luis Rossell, Alfredo Villar y Jesús Cossio, o las canciones pumpin de carnaval investigadas por Jonathan Ritter— adquieren prominencia en este libro en tanto que arte urgente: un testimonio cuya fusión conmovedora de verdad e imaginación nos abre a ver y escuchar, de alguna manera a permitirnos sentir en vez de huir de los dolores de una experiencia devastadora. Sin embargo, el colapso de una jerarquizada frontera estética entre lo «alto» y lo «bajo» no es suficiente para capturar el clima artístico y su vitalidad. En el espacio de la insistencia social de un arte de la posatrocidad emergen nuevas metodologías como los dibujos etnográficos de Edilberto Jiménez, cuyo punto de partida es justamente el «testimonio en colaboración» con las comunidades y los actores sociales de base. Nuevos actores artísticos se apropian de un género preexistente y lo adaptan a nuevos públicos, como en el cine de Palito Ortega, quien insiste en su entrevista con Ponciano Del Pino en que su cine, inspirado en la vida y el miedo en Ayacucho, es singularmente adecuado en tanto que espejo en el que los habitantes de la sierra pueden encontrarse a sí mismos y a sus experiencias. Nuevos agentes, incluidas las ONG, promueven el arte popular como valioso e imprescindible, tal como ocurre en los concursos de arte popular y conmemorativo analizados por Cynthia Milton y Ricardo Caro Cárdenas, respectivamente. Y «desde arriba» también surgen nuevos imperativos de autenticidad cultural entre los actores sociales y hasta oficiales, como en la llamativa presentación de María Eugenia Ulfe sobre la transformación del retablo, el arte «popular» de las pequeñas cajas pintadas de trípticos con las puertas abiertas. Se transforma el retablo chico en un escenario gigantesco para la entrega ceremonial del informe de la Comisión de la Verdad y Reconciliación a las comunidades y gente de Ayacucho.

El colapso de las estrictas fronteras entre lo alto y lo bajo, y el surgimiento simultáneo de nuevos intermediarios que median de otra manera las relaciones entre el artista y la sociedad no es un fenómeno totalmente nuevo. Una de las características de la efervescencia política y cultural en América Latina en la larga década de 1960 fue justamente el deseo de expandir el círculo de la expresión artística válida. El descubrimiento y la promoción de lo popular abrieron la puerta estética a los nuevos estilos y los nuevos artistas —a la expresión «popular» y sus creadores—. Para entender el relato de la verdad después de los tiempos de la atrocidad, lo que puede ser más iluminador no es tanto la idea de una crisis de la alta cultura y la ciudad letrada, sino la del cambiante equilibrio entre actores artísticos cuyos capitales sociales son dramáticamente variados mientras desarrollan su trabajo creativo. Así como los actores de la sociedad civil, que a veces parecen marginales, asumieron la carga de presionar al Estado posatrocidad para que no se conformase con un cierre rápido en los trabajos de los derechos humanos relacionados con verdad, justicia y memoria cultural, los artistas de origen popular o que se hicieron solos también asumieron con fuerza el imperativo de crear un arte que se niegue a la mentira. En ambos casos, la conexión con otros países y con las ONG también ha sido significativa. Los artistas y agentes presentados en este libro nos ayudan a ver y a considerar este cambiante equilibrio, pero ellos no surgieron de la nada.[14]

* * *

Como Milton lo observa en sus ensayos, la expresión artística ofrece, tras la atrocidad, diferentes formas de conocer y de dar testimonio de

---

14. En mi investigación sobre el caso chileno de transición democrática, una de las conclusiones centrales a las que llegué es que las sinergias conflictivas entre actores de la sociedad civil y actores estatales resultan cruciales para el avance acumulativo sobre las cuestiones concernientes a la verdad, la justicia y la memoria de los derechos humanos. Sin embargo, también fue claro que los momentos de sinergia creativa eran transitorios. Durante esta historia de tantos altibajos, los actores de la sociedad civil a menudo llevan la carga de presionar por la cuestión de la memoria e insistir en la ampliación del trabajo sobre los derechos humanos en vez de conformarse con un punto de cierre. Para el caso de Chile y perspectivas comparativas e internacionales relacionadas, véase Stern 2010: 360-383. Para sugerentes investigaciones recientes en la que se documentan crecientes círculos de actores sociales que recurren a la técnica artística, independientemente de que su trabajo sea reconocido como «arte», para impulsar temas de la memoria y la concientización en el dominio público, incluso si las relaciones con los actores estatales siguen siendo problemáticas, véase Feld, Stites Mor y Huyssen 2009; Jelin y Longoni 2005; Stites Mor 2012.

la experiencia —atrayendo de ese modo a la gente hacia lo que de otra manera podría permanecer desconocido o ser dejado de lado—. El arte multiplica los caminos expresivos que podemos tomar para de alguna manera imaginar, percibir y transmitir las verdades de una realidad cuyo factor «adicional» (el «exceso» de Friedlander) es tan extremo que parecería que desafía lo real y lo creíble. Los ensayos de este libro proveen estudios de caso —cimentados en la realidad local e importantes cada uno por sí mismo y también por su diversidad colectiva— de cómo la expresión artística en una sociedad posatrocidad puede llegar a ser un imperativo moral de decir la verdad.

En conjunto, los ensayos también aportan algo más. Una tercera contribución importante de este libro es que demuestra la profunda conexión —como hilos entretejidos, que producen efectos mutuos entre sí— de la estética, la autenticidad y la empatía en crear un impactante arte de reclamar y relatar la verdad en una sociedad poscolonial, en una sociedad como la peruana, en donde la «colonialidad» de las relaciones sociales sobrevivió a la dominación española y no solo provocó conflictos sino sensibilidades nacionales fragmentadas. De hecho, las barreras a los reclamos de verdad eran enormes. Las divisiones sociales y los conflictos no eran solo económicos, sino también etnoraciales; no solo nacionales, sino también regionales y lingüístico-culturales; no solo recientes, sino también arraigados históricamente. Dicho de otro modo, un desafío estético central del arte como herramienta para relatar la verdad ha sido cómo generar autenticidad y cómo suscitar empatía a pesar de la división social profunda para lograr «arrastrar», así, a las personas y sus imaginarios hacia experiencias desconocidas y difíciles. La creación de tal dinámica no ha sido una tarea fácil, precisamente porque la nación peruana, especialmente en su legado de guerra y atrocidad en el periodo que va de la década de 1980 a la de 1990, se mantuvo como una sociedad de sectores sociales «todavía colonizados» y de sectores que «todavía colonizan».

Los aportes del libro sobre las influencias mutuas de la estética, la autenticidad y la empatía que nutren formas artísticas de conocer la verdad y de dar testimonio sobre ella surgen por acumulación, como un *leitmotiv* a través de los estudios de caso. Consideremos la autenticidad: Milton y Ulfe muestran, de distintas maneras, que, hasta para una comisión de la verdad que intenta proveer una narrativa solemne y no ficticia de lo que pasó, fue fundamental una estética artística que evocara el «Perú profundo» de la sociedad de la sierra —para lograr que los serranos rurales le den sus testimonios a una comisión que viene de Lima, para proveer una legitimidad mayor en la entrega del informe en la sierra y para continuar suscitando la verdad y los reclamos de reparación social después de la entrega del informe—.

Consideremos la empatía: Jiménez y el equipo de Rossell, Villar y Cossío muestran que para comunicar verdades lo suficientemente poderosas como para desmantelar la mentira conveniente, impedir el impulso de apartar la mirada del horror y, de alguna manera, superar la brecha creada por las divisiones sociales, los artistas han logrado unir lo feo de la historia con una estética de la humanización. De este modo, invitan al lector-espectador a seguir adelante, pero han logrado este objetivo desde ángulos distintos. Los dibujos etnográficos de Jiménez se focalizan en la experiencia desde los ojos de los comuneros rurales en Chungui. Sus representaciones y textos son profundamente inquietantes, pero el impacto de la violencia se siente a través de unas técnicas que invitan a que el lector se identifique en vez de insensibilizarse: la voz de primera persona colaborativa, que crea la sensación de «estar allí»; escenas tan conmovedoras como la del reclutamiento forzado de niños, que reducen la posibilidad de sencillamente convertir a las víctimas en la otredad política; y el drama de la angustia humana en comuneros que deben resolver sus propios problemas en medio del gran miedo que les produce entregarse para ser protegidos y, al mismo tiempo, arriesgarlo todo porque los otros asumirán que son senderistas.

Los coautores de la novela gráfica *Rupay* se enfocan en los periodistas de Lima que fueron asesinados por comuneros de Uchuraccay en 1983 como presuntos senderistas. Ellos convierten a los limeños en los sujetos simpáticos de una historia misteriosa dentro de otra historia misteriosa. Los periodistas bromean entre sí acerca de su propia falta de condición física —mientras hacen la dura caminata por los Andes, subiendo hacia arriba para investigar una masacre que había pasado en la comunidad de Huaychao—. De pronto, al llegar a la comunidad de Uchuraccay, encuentran su catastrófico destino, su asesinato por los propios comuneros, que llega a ser otro misterio sin resolver. De vez en cuando, la alternancia de los paneles de cómic con algunos paneles de fotografía documental no solo nos invita a asumir la realidad de las víctimas limeñas como seres humanos (antes) vivos, sino que también refuerza sutilmente la empatía porque evita caer en estereotipar a los indígenas. En efecto, ya no son los comuneros «ignorantes» o «salvajes», que a menudo habitan las narrativas oficiales de la nación.

Consideremos, por último, la estética: la investigación de Garza sobre el teatro experimental de Yuyachkani presenta una transformación artística del medio para romper las convenciones «normales» de la actuación y de la visualización, y quizás de la vida cotidiana misma, que de lo contrario podrían permitirnos tomar distancia de la experiencia de poder violento, en vez de acercarnos a él y asumirlo como propio. Sin embargo, el punto central no es el experimento estético por sí mismo, es decir, el desarrollo del arte en su sentido inmanente como técnica e imaginación; el punto es anclar la violencia en la historia más larga para volverla profundamente auténtica —el problema está atado a quiénes somos como pueblo *histórico*; no se trata de una cuestión pasajera acerca de en quiénes nos hemos convertido recientemente—. El punto también es alcanzar una frontera de disolución entre «tu cuerpo» y «mi cuerpo» que pueda liberar una capacidad antes desconocida para asumir la experiencia empática. De una manera diferente, la entrevista-ensayo de Del Pino a Ortega también señala intrincadas relaciones multidireccionales. Por un lado, lo que enciende la imaginación estética es el imperativo moral —el deber social de crear una voz artística que pueda capturar las verdaderas experiencias de los peruanos marginados pero auténticos que, de otra manera, serían invisibles, obviados o estereotipados por una nación limeño-céntrica—. Por el otro, lo que define el éxito estético es que los serranos ordinarios pueden verse finalmente en la pantalla de una manera que genera reconocimiento e identificación. Como lo pone Ortega, la pasión testimonial de su trabajo proviene de «una obligación moral de contar historias que no fueron creadas desde mi cabeza, sino desde la realidad. Las he vivido en Ayacucho».

* * *

La formación de la memoria es también la formación del silencio. La memoria no es el simple recuerdo de los acontecimientos pasados, sino una evocación de su significado como experiencia humana. En muchas de las sociedades que han atravesado un periodo de atrocidad, entre las que se incluye el Perú, la cuestión de la memoria —establecer cuáles son los hechos claves indiscutibles y los significados que hemos heredado de la era de violencia aterradora— es conflictiva e, incluso, explosiva; provoca las batallas por la legitimidad sociopolítica, por las demandas de reparación social, por la rendición de cuentas legales y criminales, y por la futura dirección de la política y la sociedad. En una sociedad transicional posatrocidad, un campo de la memoria puede emplear algunos hechos y significados que consideran la verdad como garrote para golpear al otro, su contraparte. Por otro lado, dentro de una determinada comunidad o campo de la memoria que ha sufrido la violencia represiva, algunos temas pueden dividir y, por ello, poner en riesgo la coherencia interna necesaria para alcanzar la reparación. En pocas palabras, el aspecto de «batalla sociopolítica» de la memoria puede producir delicados temas tabú.[15]

Además, la experiencia personal del trauma —la humillación extrema y dolorosa que socava la integridad de la persona y produce vergüenza— también puede producir dificultades para relatar. El trauma puede no encajar bien en una narrativa integral de vida, convirtiendo a la persona en un alma dividida, atrapada entre el yo destrozado de la memoria profunda del «otro tiempo» y el yo reconstruido que navega el tiempo banal de todos los días. Aun si la persona que reconstruye su vida encuentra una manera de crear una vida narrativa más integral y, en efecto, se siente obligada a dar testimonio, algunos aspectos de la

---

15. Para una discusión teórica sobre las luchas por la memoria como un trabajo que opone distintos marcos selectivos de significado y, por lo tanto, vincula la dinámica de formar memoria con la dinámica de formar silencio, véase Jelin 2002a, Stern 2004; y, para una perspectiva sobre el silencio como forma de comunicación, Jaworski 1997.

experiencia pueden seguir siendo tan sensibles y retadores que también se convierten en silencio.[16]

Las artes de relatar la verdad, incluso si abren maneras alternativas de saber y de ser testigo, no escapan a las dinámicas sociopolíticas y personales que reproducen el silencio: la sensación de peligro que rodea el tema tabú. En una sociedad de batallas por la memoria para darle forma al presente y al futuro, el remordimiento acerca de las decisiones pasadas de una persona o una comunidad es una de las áreas en las que es más difícil intervenir. En el caso peruano, el tema sensible por excelencia ha sido la complicidad en la fabricación del terror —sea en alianza con Sendero Luminoso al construir su puesto de avanzada en algunas comunidades rurales o con el Estado y su letal campaña de guerra sucia—.

Una cuarta contribución importante de este libro es que nos permite «ver» cómo el silencio, especialmente los tabúes en los discursos públicos sobre los secretos a voces que no se deben reconocer, tuvo un impacto en la creación del arte. Tanto para el proceso de narrar la verdad artística como para el de narrar la verdad por otros medios, la dialéctica de la memoria y el silencio fue poderosa. Recordar necesariamente implicó selectividad: un enfoque en lo que era más importante recordar con respecto a la experiencia de la violencia represiva y en las razones por las que lo era. El otro lado de la moneda fue el silenciamiento de algunos aspectos del pasado que podrían convertirse en un instrumento perverso utilizado para negar los hechos claves de la represión o para evadir la responsabilidad por el sufrimiento de las víctimas.

Como con los otros aportes de este libro, la mutua constitución de memoria y silencio es un punto que gana fuerza porque surge una y otra

16. Sobre silencios en íntimos contextos familiares e intergeneracionales véase, aparte de las fuentes en nota anterior, Jelin y Kaufman 2006, esp. Kaufman, «Lo legado y lo propio»; para el silencio como defensa personal contra la humillación tras la tortura y la violencia sexualizada, como un hallazgo importante en el proceso de comisión de la verdad chilena sobre prisión política y tortura, Stern 2010: 293-297; sobre el yo dividido entre la vida «profunda» y la vida cotidiana «normal», estoy en deuda con Delbo 1990 [1985] y la brillante elaboración inspirada por ella en Langer 1991.

vez como *leitmotiv*, aunque con variaciones, a través de varios ensayos. La matizada historia de Ritter sobre la canción pumpin demuestra que solo con su resurgimiento después de su represión inicial en la región de Fajardo, a principios de la década de 1980, hubo un giro hacia una estética testimonial, definida en contraste con lo que era antes una estética de protesta que había sido en parte instrumentalizada por Sendero Luminoso y en parte aceptada por los comuneros. Al rastrear las representaciones conmemorativas de la resistencia militar contra Sendero Luminoso en la comunidad de Sacsamarca, Caro Cárdenas analiza cómo los actores sociales y los temas difíciles generaron una cambiante dialéctica de memoria y parodia, por un lado, y de discreción y silencio, por el otro.

Estos capítulos contribuyen a un interesante grupo de nuevos microestudios, a la vez históricos y antropológicos, de comunidades de la región de Ayacucho. Estos sacan a la luz las historias de las fisuras y los anhelos en las comunidades andinas que sentaron las bases para las complejas, fluctuantes y divididas respuestas locales a Sendero Luminoso en la década de 1980 —entre las que se incluyen las bases de apoyo transitorio y parcial, las ambiguas instancias de complicidad coercitiva y de «adaptación-en-resistencia», y las dinámicas de transición hacia la resistencia organizada—, así como el fraticidio dentro de la comunidad. Este último creó en ella un legado de secretos delicados después de la guerra. Como lo muestra brillantemente Olga M. González en su estudio de Sarhua y su famoso arte de las tablas, al arte también se lo puede analizar como una memoria narrativa cuyos silencios —en este caso sobre circunstancias relacionadas con la desaparición de un comunero, el asesinato de otro y las actitudes iniciales de la comunidad hacia Sendero— abren la puerta al descubrimiento de la historia interior profunda de una comunidad y sus secretos necesarios (González 2011b).[17]

---

17. Para otros microestudios pioneros, véanse Del Pino 2003, Gamarra Carrillo 2010, Heilman 2010, La Serna 2012, Theidon 2004; y, para una investigación micro desde las perspectivas de la historia urbana y del arte, Tamayo 2003, Ulfe 2011, respectivamente. Sobre la «adaptación-en-resistencia» como un lente para considerar las posturas de las comunidades hacia Sendero Luminoso, véanse

En otros casos, la meta del arte es justamente poner al descubierto el silencio que desvía la mirada de otros tipos de complicidad o que se vuelve una forma distinta de dar testimonio del sufrimiento violento. En ambos casos, el estudio de Vich sobre la novela *La hora azul* de Alonso Cueto es revelador. Adrián Ormache, el abogado protagonista, descubre un secreto de familia que trae a la luz la realidad de la violación como arma y supuesta prerrogativa militar durante las campañas estatales de guerra sucia en la sierra. Al mismo tiempo, su atracción hacia Miriam, la víctima sobreviviente, y su hijo Miguel, quien es posiblemente el medio hermano de Adrián, lo pone en contacto con un tipo diferente de silencio: el de una víctima cuyo silencio habla en voz alta de una experiencia más allá de las palabras.

Este libro nos pone cara a cara con la dialéctica de la memoria y el silencio presente en las artes de relatar verdad. Al mismo tiempo, el libro no pretende agotar toda la gama de temas potenciales y, de este modo, produce sus propios silencios. Como señala Milton, el libro no trata de las memorias de los actores militares o de los militantes de Sendero Luminoso. Estos actores no solo importan porque hicieron la guerra, sino también porque generaron simpatizantes y no solo opositores, y porque sufrieron una violencia que los podría convertir en víctimas o, a los ojos de algunos, en víctimas y héroes al mismo tiempo. Esas simpatías y ambigüedades alimentaron lo divisivo de la cuestión de la memoria y complicaron las respuestas sociales al arte. Como han mostrado Katherine Hite y otros autores, *El Ojo que Llora*, uno de los memoriales más conmovedores a las víctimas de la violencia de la guerra creado después de que la CVR entregó su informe en el año 2003, tenía un gran poder de empatía —pero también, precisamente por esa razón, una enorme capacidad para concentrar el conflicto—. Situado en un parque limeño en la céntrica municipalidad de Jesús María, *El Ojo que Llora* es una escultura centrada en la Pachamama, nuestra madre tierra andina, en forma de una gigante y apesadumbrada piedra, del tipo encontrado en la costa andina y de tiempos preincaicos. De hecho, es una

---

Stern 1998: 119-257, esp. Degregori 1998, Del Pino 1998. Asimismo, Degregori 2012[2000], cap. 5.

Pachamama adolorida, dentro de la cual aparece un «ojo», una pequeña roca de la que continuamente sale agua. Del ojo de la Pachamama van goteando lágrimas sin parar, que terminan cayendo a una pileta que rodea la escultura. Para llegar a la piedra, es necesario emprender una caminata lenta a través de un laberinto de dolor y de memoria, conformado por sendas delimitadas por bandas de unas 32.000 rocas más pequeñas que representan una víctima cada una, lisas por efecto del sol y el mar andino. Entre ellas unas 27.000 rocas tienen inscripciones pintadas de los nombres y edades de las víctimas individuales y el año de su muerte o desaparición.

Sin embargo, ¿quién podría ser incluido legítimamente entre las víctimas? ¿Deberían los nombres incluir prisioneros senderistas sometidos a masacres en incursiones militares a las cárceles? ¿Deberían incluir soldados, algunos de ellos conscriptos jóvenes? Tales preguntas provocaron rabia y condujeron a ataques físicos. El más notorio tuvo lugar en septiembre de 2007, cuando los asaltantes golpearon a un guardia y procedieron a aplastar piedras y a tirar pintura de color naranja en la Pachamama (Hite 2012: esp. 42-62).[18]

Un silencio adicional tiene un carácter regional. ¿Avanzaron con más intensidad las artes de relatar la verdad en Lima metropolitana y en Ayacucho —precisamente las dos regiones que figuran con fuerza en este libro—? Lima fue el centro cultural, mediático y político de la nación que oficialmente patrocinó una comisión para descubrir, documentar y contar la verdad. Por su parte, Ayacucho fue la región andina que dio a luz a Sendero Luminoso como grupo político coherente, así como la primera que experimentó una matanza genocida. Sin embargo, la guerra se expandió con el tiempo hacia otras regiones —no solo a otras regiones andinas como las provincias de la sierra central al norte de Ayacucho y al este de Lima, sino también a regiones selváticas y grupos amazónicos como los asháninka, que también sufrieron masacres devastadoras. ¿Hasta qué punto la verdad artística fue en estas regiones menos pronunciada? ¿Hasta qué punto sus comunidades tenían menos

18. Veáse también Drinot 2009, Milton 2011a.

oportunidad en el periodo posterior al conflicto de insistir en algún apoyo del Estado o de las ONG para elaborar su verdad artística?[19]

Una de las contribuciones pioneras de este libro, entonces, no es únicamente que permite que veamos cómo la formación de la memoria artística está vinculada a la formación del silencio. Sus aportes también nos permiten percibir y hacer nuevas preguntas, y así empezar a interrogar otros silencios.

* * *

Entonces, ¿cuál es la verdad del artista? Por supuesto que, en un nivel, la pregunta es profundamente engañosa. Como muestra este libro, hay muchos artistas y muchas verdades artísticas sobre la experiencia y el significado de la violenta atrocidad —y su continua presencia como algo aún fundacional en la construcción de la sociedad posatrocidad—.

Sin embargo, en otro nivel, el de la aspiración y el dilema, la pregunta desafía una salida tan sencilla como aquella. En América Latina, cuyos artistas e intelectuales han estado lidiando con el problema de su relación con la cuestión social por tanto tiempo, la respuesta de «muchos artistas y muchas verdades» no convence plenamente. Llevada muy lejos, puede sonar a evasión, un paso inaceptable hacia la autocomplacencia. A principios del siglo XXI, el factor de inaceptabilidad es aún más contundente, justamente porque la era de la guerra sucia creó, como legado y como batalla por la memoria, una versión latinoamericana del dilema post-Auschwitz. En efecto, un legado de la era fue una ecléctica gama de actores artísticos, de diversos orígenes sociales, muchos de los cuales son, al mismo tiempo, testigos y sobrevivientes.

---

19. Sobre la cuestión de la memoria en el contexto asháninka, véase Villapolo 2003; y, para los contextos más amplios de la expansión de la guerra hacia las regiones de la sierra central y de la selva al norte de Ayacucho, por un lado, y hacia el sur hasta Puno, por el otro, véanse Manrique 1998, Rénique 1998.

Y es aquí donde está la verdad del artista. El arte ocurre en la intersección de la experiencia y la imaginación. En el Perú posatrocidad y en otras sociedades posatrocidad de América Latina, el dilema de Adorno en su sentido matizado y paradójico ha vuelto a ser de interés. Es el dilema y la aspiración que el artista socialmente comprometido no puede evitar. ¿Cómo y por qué nos podemos imaginar lo que pasó? Una vez que encontramos una manera de imaginar lo que pasó, ¿cómo y por qué lo podemos convertir en imperativo moral y fuerza que da vida?

La verdad del artista es el dilema en sí mismo. La imposibilidad del arte como medio para captar plenamente una experiencia que va más allá de los límites no anula su imperativo por ser la única posibilidad. El peligro de que el arte se deslice hacia un proyecto redentor de cierre no cancela el imperativo de imaginar la terrible brecha entre aquello en que los humanos terminan por convertirse y aquello a que están destinados a ser. Al entrar en esa brecha, el arte nos invita a ver y, de alguna manera, a asumir lo veraz de una experiencia que, de lo contrario, es demasiado difícil mirar. Es una brecha y una verdad que nos rompe, y al hacerlo, sin embargo, puede inspirar la pregunta difícil que a la vez afirma la vida: ¿qué haremos con el imperativo creado con esta experiencia? El corazón se estremece y, sin embargo, sigue latiendo.

BIBLIOGRAFÍA

A'NESS, Francine

2004 «Resisting Amnesia: Yuyachkani, Performance, and the Postwar Reconstruction of Peru». *Theatre Journal*, vol. 56, n.° 3, pp. 395-414.

ABU-LUGHOD, Lila

1991 «Writing Against Culture». En Richard Fox (ed.). *Recapturing Anthropology* (pp. 137-162). Santa Fe: School of American Research Press.

ACEVEDO, Juan

1984 *Para hacer historietas*. Madrid: Editorial Popular.

ADAMS, Jacqueline

2002 «Art in Social Movements: Shantytown Women's Protest in Pinochet's Chile». *Sociological Forum*, vol. 17, n.° 1, pp. 21-56.

ADORNO, Theodor W.

1973 [1966] *Negative dialectics*. Londres: Routledge & Kegan Paul.

1975 *Gesellschaftstheorie und Kulturkritik*. Fráncfor del Meno: Suhrkamp.

1978 *Minima moralia: reflections from damaged life*. Londres, Nueva York: Verso.

1981 *Prisms*. Cambridge: MIT Press.

2003 *Can one live after Auschwitz?: a philosophical reader*. Palo Alto: Stanford University Press.

Agosín, Marjorie
1996 *Tapestries of Hope, Threads of Love: The «Arpillera» Movement in Chile, 1974-1994*. Santa Fe: University of New Mexico Press.

Aguirre, Carlos
2009 «¿De quién son estas memorias? El archivo de la Comisión de la Verdad y Reconciliación del Perú». *Jahrbuch für Geschichte Lateinamerikas*, vol. 46, n.º 1, pp. 135-165.

Allen, Catherine
2002 *The Hold Life Has: Coca and Cultural Identity in an Andean Community*. Washington, D. C.: Smithsonian Institution Press.

Alphen, Ernst van
1998 *Caught by history: Holocaust effects in contemporary art, literature, and theory*. Palo Alto: Stanford University Press.

Amnistía Internacional
2004 *Peru: The Truth and Reconciliation Commission-A First Step Towards a Country Without Injustice*. Londres: Amnesty International Publications.

Ansión, Juan
1986 *Anhelos y sinsabores: dos décadas de políticas culturales del Estado peruano*. Lima: GREDES.

1990 «Presentación». En Bonilla, Carillo, Plaza y Prado 1990: 13-25.

Arendt, Hannah
1959 *The human condition*. Chicago: University of Chicago Press.

Arguedas, José María
1980 [1964] *Todas las sangres*. Buenos Aires: Editorial Losada.

Arias, Arturo (ed.)
2001 *The Rigoberta Menchú Controversy*. Mineápolis: University of Minnesota Press.

Aroni Sulca, Renzo Salvador
2006 «"Aprendimos a convivir con los senderistas y militares": violencia política y respuesta campesina en Huamanquiquia, 1980-1993». *Investigaciones Sociales*, año X, n.° 17, pp. 259-283.

Auge, Marc
1998 *Las formas del olvido*. Barcelona: Editorial Gedisa.

Barrantes, Rafael y Jesús Peña
2006 «Narrativas sobre el conflicto armado interno en el Perú: la memoria en el proceso político después de la CVR». En Félix Reátegui (coord.). *Transformaciones democráticas y memorias de la violencia en el Perú* (Colección Documentos de Trabajo/Serie Reconciliación n.° 2). Lima: IDEHPUCP.

Bartov, Omer
2000 *Mirrors of destruction: war, genocide, and modern identity*. Nueva York, Oxford: Oxford University Press.

Bell, John
1999 «Rediscovering Mask Performance in Peru: Gustavo Boada, Maskmaker with Yuyachkani». *The Drama Review*, vol. 43, n.° 3, pp. 169-181.

Bennett, Jill
2005 *Empathetic Vision: Affect, Trauma, and Contemporary Art*. Palo Alto: Stanford University Press.

Bernard-Donals, Michael F. y Richard Glejzer
2001 *Between Witness and Testimony: The Holocaust and the Limits of Representation*. Albany: State University of New York Press.

Beverley, John
1996 «The Real Thing». En Georg Gugelberger (ed.). *The Real Thing: Testimonial Discourse and Latin America* (pp. 266-286). Durham: Duke University Press.

Bickford, Louis
2007 «Unofficial Truth Projects». *Human Rights Quarterly*, vol. 29, n.º 4, pp. 994-1035.

Bilbija, Ksenija, Jo Ellen Fair, Cynthia E. Milton y Leigh A. Payne (eds.)
2005 *The Art of Truth-Telling about Authoritarian Rule*. Madison: University of Wisconsin Press.

Bonilla, Jenifer, Hugo Carillo, Nelly Plaza y Liliana Prado (eds.)
1990 *Imágenes y realidad a la conquista de un viejo lenguaje*. Lima: Comisión Coordinadora Nacional del Concurso Nacional de Dibujo y Pintura Campesina.

Brett, Guy
1986 *Through Our Own Eyes: Popular Art and Modern History*. Filadelfia: New Society Publishers.

BUENO-HANSEN, Pascha
2010 «Engendering Transitional Justice: Reflections on the Case of Peru». *Journal of Peacebuilding and Development*, vol. 5, n.º 3, pp. 61-74.

BURKE, Peter
2001 *Eyewitnessing: the Uses of Images as Historical Evidence*. Ithaca: Cornell University Press.

BURT, Jo-Marie
2007 *Political Violence and the Authoritarian State in Peru*. Nueva York: Palgrave Macmillan.

2009 «Guilty as Charged: The Trial of Former Peruvian President Alberto Fujimori for Human Rights Violations». *The International Journal of Transitional Justice*, vol. 3, n.º 3, pp. 384-405.

2014 «The Paradoxes of Accountability: Transitional Justice in Peru». En Steve Stern y Scott Straus (eds.). *The Human Rights Paradox. Universality and Its Discontents* (pp. 148-174). Madison: University of Wisconsin Press.

CALA BUENDÍA, Felipe
2012 «Truth in the Time of Fear: *Adiós Ayacucho's* Poetics of Memory and the Peruvian Transitional Justice Process». *The International Journal of Transitional Justice*, vol. 6, n.º 2, pp. 344-354.

CÁNEPA KOCH, Gisela
2006 «Representación social y pintura campesina: reflexiones desde la antropología visual». En Museo de Arte de San Marcos. *Imágenes de la tierra: archivo de pintura campesina* (pp. 8-15). Lima: Museo de Arte de San Marcos.

2010 «The Public Sphere and Cultural Rights: Culture as Action». *É-misférica*, vol. 6, n.º 2. Disponible en: <http://hemisphericinstitute.org/hemi/fr/e-misferica-62/canepa-koch>.

CASTRILLÓN, Alfonso
1978 «¿Arte popular o artesanía?». *Historia y cultura*, n.º 10, pp. 15-21.

CECCONI, Ariana
2011 «Dreams, Memory, and War: An Ethnography of Night in the Peruvian Andes». *The Journal of Latin American and Caribbean Anthropology*, vol. 16, n.º 2, pp. 401-424.

CLADEM-Comité de América Latina y el Caribe para la Defensa de los Derechos de la Mujer
1999 *Nada personal: reporte de derechos humanos sobre la aplicación de la anticoncepción quirúrgica en el Perú*. Lima: Comité de América Latina y el Caribe para la Defensa.

Claussen, Detlev
2008 [2003] *Theodor W. Adorno: one last genius*. Cambridge: Harvard University Press.

Colectivo Yuyarisun
2004 *Rescate por la memoria: Ayacucho*. Lima: Colectivo Yuyarisun, Ministerio Británico para el Desarrollo International, Organización Holandesa para la Cooperación International al Desarrollo.

Collins, Cath
2010 *Post-Transitional Justice: Human Rights Trails in Chile and El Salvador*. Pensilvania: Pennsylvania State University Press.

Connerton, Paul
1989 *How Societies Remember*. Cambridge: Cambridge University Press.

Conquergood, Dwight
1988 «Health Theater in a Hmong Refugee Camp: Performance, Communication, and Culture». *TDR*, vol. 32, n.° 3, pp. 174-208.

Contreras, Carlos
1996 *Maestros, mistis y campesinos en el Perú rural del siglo XX*. Documento de trabajo n.° 80. Lima: Instituto de Estudios Peruanos.

2004 *Aprendizaje del capitalismo*. Lima: Instituto de Estudios Peruanos.

Coronil, Fernando
2004 «Seeing History». *Hispanic American Historical Review*, vol. 84, n.º 1, pp. 1-4.

Corporación Japonesa de Radiodifusión (NHK)
1977 *Unforgettable Fire: Pictures Drawn by Atomic Bomb Survivors*. Nueva York: Pantheon Books.

Coxshall, Wendy
2005 «From the Peruvian Reconciliation Commission to Ethnography: Narrative, Relatedness, and Silence». *PoLAR: Political and Legal Anthropology Review*, vol. 28, n.º 2, pp. 203-222.

Cruvellier, Thierry, Chari Voss y Michael Schiavi
2010 *Court of Remorse*. Madison: University of Wisconsin Press.

Cueto, Alonso
2005 *La hora azul*. Lima: Anagrama, Peisa.

Cummins, Thomas
2002 *Toasts with the Inca: Andean Abstraction and Colonial Images on Quero Vessels*. Ann Arbor: University of Michigan Press. [Hay traducción al español: *Brindis con el Inca: la abstracción andina y las imágenes coloniales de los queros*. Lima: Fondo Editorial de la Universidad Nacional Mayor de San Marcos, 2004].

CVR-Comisión de la Verdad y Reconciliación
2003a *Informe final*. 9 vols. Lima: CVR. Disponible en: <http://www.cverdad.org.pe>.

2003b *Ayacucho, el Informe final 1980-2000: una compilación del Informe final de la Comisión de la Verdad y Reconciliación*. Lima: Oxfam-DFID, SER.

2004 *Hatun Willakuy: versión abreviada del Informe final de la Comisión de la Verdad y Reconciliación, Perú*. Lima: Comisión de la Verdad y Reconciliación.

Degregori, Carlos Iván
1989a *Qué difícil es ser Dios: ideología y violencia política en Sendero Luminoso*. Lima: El Zorro de Abajo Ediciones.

1989b «Entre los fuegos de Sendero y el Ejército: regreso de los "pischtacos"». En Juan Ansión (ed.). *Pishtacos, de verdugos a saca ojos* (pp. 109-114). Lima: Tarea Educativa.

1990 *Ayacucho 1969-1979: el surgimiento de Sendero Luminoso*. Lima: Instituto de Estudios Peruanos.

1991 *Violencia política y respuestas desde la sociedad y desde el Estado: el caso peruano*. Nueva York: Columbia University, New York University Consortium.

1993 «Identidad étnica, movimientos sociales y participación política en el Perú». En Alberto Adrianzén, Jean Michel Blanquer, Ricardo Calla, Carlos Iván Degregori, Pierre Gilhodes, Patrick Husson, Jean Pierre Lavaud, Jorge León Trujillo, Rodrigo Montoya, Daniel Pécaut, Eduardo Pizarro y Alberto Rocha (eds.). *Democracia, etnicidad y violencia política en los países andinos* (pp. 113-133). Lima: Instituto Francés de Estudios Andinos, Instituto de Estudios Peruanos.

1998 «Harvesting Storms: Peasant Rondas and the Defeat of Sendero Luminoso in Ayacucho». En Steve J. Stern, (ed.) 1998: 128-157.

2000 *La década de la antipolítica: auge y huida de Alberto Fujimori y Vladimiro Montesinos*. Lima: Instituto de Estudios Peruanos.

2002 «La palabra y la escucha: reflexiones sobre la Comisión de Verdad y Reconciliación». *Socialismo y participación*, n.° 94, pp. 93-98.

2004 «Heridas abiertas, derechos esquivos: reflexiones sobre la Comisión de la Verdad y Reconciliación». En Raynald Belay, Jorge Bracamonte, Carlos Iván Degregori y Jean Joinville Vache. *Memorias en conflicto: aspectos de la violencia política contemporánea* (pp. 75-85). Lima: Embajada de Francia en el Perú, Instituto de Estudios Peruanos, Instituto Francés de Estudios Andinos, Red para el Desarrollo de las Ciencias Sociales en el Perú.

2005 «Edilberto Jiménez: una temporada en el infierno» (prólogo). En Edilberto Jiménez Quispe. *Chungui: violencia y trazos de memoria* (pp. 13-16). Lima: COMISDEH (segunda edición en 2009 en coedición con el Instituto de Estudios Peruanos).

2012 [2000] *La década de la antipolítica. Auge y huida de Alberto Fujimori y Vladimiro Montesinos* (Obras Escogidas II). Lima: Instituto de Estudios Peruanos.

Degregori, Carlos Iván (ed.)

1996 *Las rondas campesinas y la derrota de Sendero Luminoso*. Lima: Instituto de Estudios Peruanos.

De la Cadena, Marisol

2000 *Indigenous Mestizos: The Politics of Race and Culture in Cuzco, Peru, 1919-1991*. Durham, NC: Duke University Press. [Hay traducción al español: *Indígenas mestizos. Raza y cultura en el Cuzco*. Lima: Instituto de Estudios Peruanos, 2004].

2003 «Discriminación étnica». *Cuestión de Estado*, n.° 32, pp. 8-9.

De la Jara Basombrío, Ernesto

2001 *Memoria y Batallas en Nombre de los Inocentes (Perú 1992-2001)*. Lima: Instituto de Defensa Legal.

Delbo, Charlotte
1990 [1985] *Days and memory*. Marlboro: Marlboro Press.

Del Pino, Ponciano
1998 «Family, Culture and "Revolution": Everyday Life with Sendero Luminoso». En Steve J. Stern, (ed.) 1998: 158-192.

2003 «Uchuraccay: memoria y representación de la violencia política en los Andes». En Carlos Iván Degregori (ed.). *Jamás tan cerca arremetió tan lejos: memoria y violencia política en el Perú* (pp. 49-93). Lima: Instituto de Estudios Peruanos.

2017 *En nombre del gobierno: el Perú y Uchuraccay: un siglo de política campesina*. Lima: La Siniestra.

Del Pino, Ponciano y Kimberley Theidon
1999 «"Así es como vive gente": procesos deslocalizados y culturas emergentes». En Carlos Iván Degregori y Gonzalo Portocarrero (eds.). *Cultura y globalización*. Lima: Red para el Desarrollo de las Ciencias Sociales en el Perú.

Dreifus, Claudia
1983 «Playboy Interview: Gabriel García Márquez». *Playboy Magazine*, febrero, pp. 65-77, 172-178.

Drinot, Paulo
2009 «For Whom the Eye Cries: Memory, Monumentality, and the Ontologies of Violence in Peru». *Journal of Latin American Cultural Studies*, vol. 18, n.º 1, pp. 15-32.

2011 *The Allure of Labor: Workers, Race, and the Making of the Peruvian State*. Durham: Duke University Press. [Hay traducción al español como *La seducción de la clase obrera: trabajadores, raza y la formación del Estado peruano*. Lima: Instituto de Estudios Peruanos, 2016].

Falconí, Carola, Edilberto Jiménez, y Giovanni Alfaro
2007 *Lluqanamarka: llaqtanchikpa yuyariynin; Lucanamarca: memorias de nuestro pueblo*. Lima: Comisión de Derechos Humanos.

Farmer, Sarah
2010 «Going Visual: Holocaust Representation and Historical Method». *The American Historical Review*, vol. 115, n.º 1, pp. 115-122.

FELD, Claudia, Jessica STITES MOR y Andreas HUYSSEN
2009 *El pasado que miramos: memoria e imagen ante la historia reciente*. Buenos Aires, Barcelona, México: Paidós.

FELD, Steven
1995 «Wept Thoughts: The Voicing of Kaluli Memories». En Ruth Finnegan y Margaret Orbell (eds.). *South Pacific Oral Traditions* (pp. 85-108). Bloomington: University of Indiana Press.

FELDMAN, Joseph P.
2012 «Exhibiting Conflict: History and Politics at the Museo de la Memoria de ANFASEP in Ayacucho, Peru». *Anthropological Quarterly*, n.º 85, pp. 487-518.

FELDMAN, Shoshana y Dori LAUB
1992 *Testimony: Crises of Witnessing in Literature, Psychoanalysis, and History*. Nueva York: Routledge.

FLAM, Gila
1992 *Singing for Survival: Songs of the Lodz Ghetto, 1940-45*. Chicago: University of Chicago Press.

FRANCO, Jean
1970 [1967] *The modern culture of Latin America: society and the artist*. Harmondsworth: Penguin.

2002 *The decline and fall of the lettered city: Latin America in the Cold War*. Cambridge: Harvard University Press.

FRANKLIN, Ruth
2011 «The Long View: A Rediscovered Master of Holocaust Writing». *The New Yorker*, 31 de enero, pp. 74-79.

FRIEDLANDER, Saul
1992a «Trauma, Transference and 'Working through' in Writing the History of the 'Shoah.'». *History and Memory*, vol. 4, n.º 1, pp. 39-59.

FRIEDLANDER, Saul (ed.)
1992b *Probing the Limits of Representation: Nazism and the «Final Solution»*. Cambridge: Harvard University Press.

GALEANO, Eduardo
2003 *Patas arriba: la escuela del mundo al revés*. Madrid: Siglo Veintiuno Editores.

GALINDO, Fortunato
1966 «Queja Andina» [Grabado por Edwin Montoya y Los Heraldos]. En *Queja Andina*. Lima: Odeon.

GAMARRA CARRILLO, Jefrey
2010 *Resiliencia social y cambio en comunidades campesinas afectadas por conflicto armado interno: el caso de las comunidades de Incaraccay y Tanquihua en la provincia de Cangayo, Ayacucho*. Lima: Instituto Peruano de Educación en Derechos Humanos.

GARCÍA, María Elena
2005 *Making Indigenous Citizens: Identities, Education, and Multicultural Development in Peru*. Palo Alto: Stanford University Press.

GARCÍA-CANCLINI, Néstor
1995 *Hybrid Cultures: Strategies for Entering and Leaving Modernity*. Mineápolis: University of Minnesota Press.

GAVILÁN, Lurgio
2012 *Memorias de un soldado desconocido. Autobiografía y antropología de la violencia*. Lima: Instituto de Estudios Peruanos y Universidad Iberoamericana. [Existe una segunda edición publicada en el año 2017: *Memorias de u soldado desconocido*. Lima: Instituto de Estudios Peruanos].

GELL, Alfred
1998 *Art and Agency: An Anthropological Theory*. Nueva York: Clarendon Press.

GIBSON, Nigel C. y Andrew RUBIN
2002 *Adorno: a critical reader*. Malden: Blackwell.

GILLIS, John R. (ed.)
1996 *Commemorations: The Politics of National Identity*. Princeton: Princeton University Press.

GLAVE, Luis Miguel y Jaime URRUTIA
2000 «Radicalismo político en elites regionales, Ayacucho 1930-1956». *Debate Agrario*, n.° 31, pp. 1-37.

GOLTE, Jürgen y Ramón PAJUELO (eds.)
2012 *Universos de memoria. Aproximación a los retablos de Edilberto Jiménez sobre la violencia política*. Lima: Instituto de Estudios Peruanos.

GÓMEZ-BARRIS, Macarena
2009 *Where Memory Dwells: Culture and State Violence in Chile*. Berkeley: University of California Press.

GONZÁLEZ, Olga
2011 *Unveiling Secrets of War in the Peruvian Andes*. Chicago: University of Chicago Press.

2013 «Scarf of Hope as a Warm and Performative Memorial for the Disappeared in Peru». *Anthropology News*, vol. 52, n.º 6, s. p.

GONZÁLES CARRÉ, Enrique, Jaime URRUTIA y Jorge LÉVANO
1997 *Ayacucho: San Juan de la Frontera*. Lima: Banco de Crédito.

GONZÁLEZ CUEVA, Eduardo
2004 «The Contribution of the Peruvian Truth and Reconciliation Commission to Prosecutions». *Criminal Law Forum*, n.º 15, pp. 55-66.

2006 «The Peruvian Truth and Reconciliation Commission and the Challenge of Impunity». En Naomi Roht-Arriaza y Javier Mariezcurrena (eds.). *Transitional Justice in the Twenty-First Century: Beyond Truth versus Justice* (pp. 70-93). Nueva York: Cambridge University Press.

GORRITI, Gustavo
1999 *The Shining Path*. Traducción de Robin Kirk. Chapel Hill: University of North Carolina Press.

2003 *La batalla*. Lima: Instituto de Defensa Legal.

GRANDIN, Greg y Thomas KLUBOCK
2006 «Editors' Introduction». *Radical History Review*, n.º 97, pp. 1-10.

GUERIN, Francis y Roger HALLAS (eds.)
2007 *The Image and the Witness: Trauma, Memory and Visual Culture*. Londres: Wallflower Press.

GUGELBERGER, Georg (ed.)
1996 *The Real Thing: Testimonial Discourse and Latin America*. Durham: Duke University Press.

HAYNER, Priscilla
2011[2001] *Unspeakable Truths: Confronting State Terror and Atrocity*. 2.ª ed. Nueva York: Routledge Press.

Heilman, Jaymie Patricia
2010 *Before the Shining Path: Politics in Rural Ayacucho, 1895-1980*. Palo Alto: Stanford University Press.

Hershberg, Eric y Felipe Agüero
2005 *Memorias militares sobre la represión en el Cono Sur: visiones en disputa en dictadura y democracia*. Madrid: Siglo Veintiuno Editores.

Hirsch, Marianne
2012 *The Generation of Post-Memory: Writing and Visual Culture after the Holocaust*. Nueva York: Columbia University Press.

Hite, Katherine
2007 «The Eye that Cries': The Politics of Representing Victims in Contemporary Peru». *A Contracorriente*, vol. 5, n.º 1, pp. 108-134.

2012 *Politics and the Art of Commemoration: Memorials to Struggle in Latin America and Spain*. Londres, Nueva York: Routledge Press.

Hofmann, Klaus
2005 «Poetry after Auschwitz – Adorno's dictum». *German Life and Letters*, vol. 58, n.º 2, pp. 182-194.

Huber, Ludwig
2002 *Consumo, cultura e identidad en el mundo globalizado: estudio de caso en los Andes*. Lima: Instituto de Estudios Peruanos.

Huerta, Alex
2001 «Incas y españoles bailando un alegre huayno: el humor en una representación teatral en los Andes». En Gisela Cánepa Koch (ed.). *Identidades representadas, performance, experiencias y memoria* (pp. 309-330). Lima: Pontificia Universidad Católica del Perú.

Huhn, Tom
2004 *The Cambridge companion to Adorno*. Cambridge: Cambridge University Press.

Huneeus, Alexandra
2010 «Judging from a Guilty Conscience: The Chilean Judiciary's Human Rights Turn». *Law and Social Inquiry*, vol. 35, n.º 1, pp. 99-135.

Huyssen, Andreas
2003 *Present Pasts: Urban Palimpsests and the Politics of Memory*. Palo Alto: Stanford University Press.

INSTITUTO DE ESTUDIOS PERUANOS
1992 *El retablo ayacuchano: un arte de los Andes*. Lima: Instituto de Estudios Peruanos.

ISBELL, Billie Jean
1988 «Violence in Peru: Performances and Dialogues». *American Anthropologist*, vol. 100, n.º 2, pp. 282-292.

JÄGER, Lorenz
2004 *Adorno: a political biography*. New Haven, Londres: Yale University Press.

JAMESON, Fredric
2004 «The Politics of Utopia». *New Left Review*, n.º 25, pp. 35-54.

JAWORSKI, Adam
1997 *Silence: interdisciplinary perspectives*. Berlín, Nueva York: Mouton de Gruyter.

JELIN, Elizabeth
2002a *Los trabajos de la memoria*. Buenos Aires: Siglo Veintiuno Editores.

2002b *Las conmemoraciones: las disputas en las fechas «in-felices»*. Madrid: Siglo Veintiuno Editores.

2003 *State Repression and the Labors of Memory*. Traducción de Judy Rein y Marcial Godoy-Antativia. Mineápolis: University of Minnesota Press.

JELIN, Elizabeth y Susana G. KAUFMAN (eds.)
2006 *Subjetividad y figuras de la memoria*. Madrid y Buenos Aires: Siglo Veintiuno Editores.

JELIN, Elizabeth y Victoria LANGLAND
2003 *Monumentos memoriales y marcas territoriales*. Madrid: Siglo Veintiuno Editores.

JELIN, Elizabeth y Ana LONGONI (eds.)
2005 *Escrituras, imágenes y escenarios ante la represión*. Madrid: Siglo Veintiuno Editores.

JIMÉNEZ QUISPE, Edilberto
2005 *Chungui: violencia y trazos de memoria*. Lima: Comisión de Derechos Humanos.

2009 *Chungui: violencia y trazos de memoria*. 2.ª ed. Lima: Instituto de Estudios Peruanos, Comisión de Derechos Humanos.

Johnson, Bruce y Martin Cloonan
2008 *Dark Side of the Tune: Popular Music and Violence*. Londres: Ashgate.

Kaneko, Anne (directora y productora)
2008 *Against the Grain: An Artist's Survival Guide to Peru* [documental]. Harriman: New Days Films.

Kelleher, Desmond
2008 «Much More than a Competition». *Irish Migration Studies in Latin America*, vol. 6, n.º 2, pp. 111-121.

Kernaghan, Richard
2009 *Coca's Gone: Of Might and Right in the Huallaga Post-Boom*. Palo Alto: Stanford University Press.

Koch, Gertrud
1989 «The Aesthetic Transformation of the Image of the Unimaginable: Notes on Claude Lanzmann's Shoah». *October*, n.º 48, pp. 15-24.

LaCapra, Dominick
1998 *History and Memory after Auschwitz*. Ithaca: Cornell University Press.

2001 *Writing History, Writing Trauma*. Baltimore: Johns Hopkins University Press.

Lane, Jill
2007 «Antígona and the Modernity of the Dead». *Modern Drama*, vol. 50, n.º 4, pp. 517-531.

2009 «Spatial Truth and Reconciliation: Peru, 2003-2004». En Michael J. Lazzara y Vicky Unruh (eds.). *Telling Ruins in Latin America* (pp. 135-146). Nueva York: Palgrave Macmillan.

Langer Lawrence L.
1991 *Holocaust Testimonies: The Ruins of Memory*. New Haven: Yale University Press.

Laplante, Lisa J.
2007 «The Peruvian Truth Commission's Historical Memory Project: Empowering Truth-Tellers to Confront Truth Deniers». *Journal of Human Rights*, vol. 64, n.º 4, pp. 433-452.

Laplante, Lisa J. y Kimberly Theidon

2007 «Truth with Consequences: Justice and Reparations in Post-Truth Commission Peru». *Human Rights Quarterly*, vol. 29, n.º 1, pp. 228-250.

Larrabure, Cecilia

2007 *Ciertos vacíos: un ensayo fotográfico sobre orfandad, violencia y memoria en el Perú*. Lima: Pontificia Universidad Católica del Perú.

La Serna, Miguel

2012 *The Corner of the Living: Ayacucho on the Eve of the Shining Path Insurgency*. Chapel Hill: The University of North Carolina Press.

Laub, Dori

1992 «Bearing Witness or the Vicissitudes of Listening». En Shoshana Feldman y Dori Laub (eds.). *Testimony: Crises of Witnessing in Literature, Psychoanalysis, and History*. Nueva York: Routledge.

Lauer, Mirko

1982 *Crítica de la artesanía: plástica y sociedad en los Andes peruanos*. Lima: Centro de Estudios y Promoción del Desarrollo.

Lazzara, Michael J.

2006 *Chile in Transition: the Poetics and Politics of Memory*. Gainesville: University of Florida Press.

Lazzara, Michael J. (ed.)

2011 *Luz Arce and Pinochet's Chile: Testimony in the Aftermath of State Violence*. Nueva York: Palgrave Macmillan.

Lefranc, Sandrine

2004 «Reconnaître les violences politiques en Amérique du Sud: Le cas de la Commission vérité et réconciliation au Pérou». *Esprit*, pp. 1-8.

LeGrand, Catherine

1998 «Living in Macondo: Economy and Culture in a United Fruit Company Banana Enclave in Colombia». En Gilbert M. Joseph, Catherine C. LeGrand y Ricardo D. Salvatore (eds.). *Close Encounters of Empire: Writing the Cultural History of U.S.-Latin American Relations* (pp. 333-368). Durham: Duke University Press.

Lehrer, Erica y Cynthia Milton

2011 «Witnesses to Witnessing». En Erica Lehrer, Cynthia E. Milton y Monica Eileen (eds.). *Curating Difficult Knowledge: Violent Pasts in Public Places* (pp. 1-19). Londres: Palgrave Macmillan.

Leiby, Michele

2009 «Digging in the Archives: The Promise and Perils of Primary Documents». *Politics & Society*, vol. 37, n.º 1, pp. 75-99.

Lemlij, Moíses y Luis Millones

2004 *Las tablas de Sarhua: arte, violencia e historia en el Perú*. Lima: SIDEA.

Lerner, Salomón

2004 *La rebelión de la memoria: selección de discursos, 2001-2003*. Lima: IDEHPUCP/CNDDHH/CEP.

Lizárraga, Karen

1990 «El registro andino: construyendo un modelo propio». En Bonilla, Carillo, Plaza y Prado 1990: 213-221.

Loew, Camila

2007 «Traumatic Identity in Contemporary Catalan Testimonies». En Frances Guerin y Roger Hallas (eds.). *The Image and the Witness* (pp. 23-36). Londres: Wallflower Press.

Longoni, Ana

2008 *El siluetazo*. Buenos Aires: Adriana Hidalgo Editora.

Lutz, Ellen y Sikkink, Kathryn

2001 «The Justice Cascade: The Evolution and Impact of Foreign Human Rights Trials in Latin America». *Chicago Journal of International Law*, vol. 2, n.º 1, artículo 3.

Macera, Pablo

2009 «El mate de la conquista: ¿arte protesta?». En su *Trincheras y fronteras del arte popular peruano* (pp. 205-210). Lima: Fondo Editorial del Congreso del Perú.

Maclear, Kyo

1999 *Beclouded Visions: Hiroshima-Nagasaki and the Art of Witness*. Albany: State University of New York Press.

Mallon, Florencia

2002 «Editor's Introduction». En Rosa Isolde Reuque Paillalef. *When a Flower is Reborn: The Life and Times of a Mapuche Feminist*. Durham: Duke University Press.

Manrique, Nelson

1998 «The War for the Central Sierra». En Stern, ed. 1998: 267-306.

2002 *El tiempo del miedo: la violencia política en el Perú, 1980-1996*. Lima: Fondo Editorial del Congreso del Peru.

Marlin-Curiel, Stephanie
2009 «Truth and Consequences: Art in Response to the Truth and Reconciliation Commission». En Richard Cándida Smith (ed.). *Text and Image: Art and the Performance of Memory* (pp. 37-62). New Brunswick, Londres: Transaction Publishers.

Masiello, Francine
2001 *The Art of Transition: Latin American Culture and Neoliberal Crises*. Durham: Duke University Press.

Matos Mar, José
2004 *Desborde popular y crisis del Estado*. Lima: Fondo Editorial del Congreso de la República.

Mayer, Enrique
1991 «Peru In Deep Trouble: Mario Vargas Llosa's "Inquest in the Andes" Reexamined». *Cultural Anthropology*, vol. 6, n.º 4, pp. 466-504.

Menchú, Rigoberta
2009 [1984] *I, Rigoberta Menchú: an Indian woman in Guatemala*. Londres, Nueva York: Verso.

Méndez, Cecilia
2005 *The Plebeian Republic: the Huanta Rebellion and the Making of the Peruvian State, 1820-1850*. Durham: Duke University Press. [Hay traducción al español: *La república plebeya: Huanta y la formación del Estado peruano 1820-1850*. Lima: Instituto de Estudios Peruanos, 2014].

Méndez, Juan E.
1996 *Accountability for Past Abuses*. Documento de Trabajo n.º 233. Boone: Kellogg Institute For International Studies.

Mendizábal, Emilio
2003 *Del Sanmarkos al retablo ayacuchano: dos ensayos pioneros sobre arte tradicional peruano*. Lima: Universidad Ricardo Palma, Instituto Cultural Peruano Norteamericano.

Mendoza, Zoila
2008 *Creating Our Own: Folklore, Performance, and Identity in Cuzco, Peru*. Durham: Duke University Press.

Milton, Cynthia
2007 «At the Edge of the Peruvian Truth Commission: Alternative Paths to Recounting the Past». *Radical History Review*, n.º 98, pp. 3-33.

2008 «Images of Truth: Art as a Medium for Recounting Peru's Internal War». *A Contracorriente*, vol. 60, n.º 2, pp. 64-103.

2011a «Defacing Memory: (un)tying Peru's memory knots». *Memory Studies*, vol. 4, n.º 2, pp. 1-16.

2011b «Parallel Lies?: Peru's Cultural Memory Battles Go International». *E-misférica*, vol. 7, n.º 2. Disponible en: <http://archives.cerium.ca/Parallel-Lies-Peru-s-Cultural>.

2014 «Curating memories of armed state actors in Peru's era of transitional justice». *SAGE Journals*, vol. 8, n.º 3, pp. 361-368.

2018 *Conflicted Memory. Military Cultural Interventions and the Human Rights Era in Peru*. Madison: The University of Wisconsin Press.

Milton, Cynthia y María Eugenia Ulfe
2011 «Promoting Peru: tourism and post-conflict memory». En Ksenija Bilbija y Leigh A. Payne (eds.). *Accounting for Violence: Marketing Memory in Latin America* (pp. 207-234). Durham: Duke University Press.

Minow, Martha
1998 *Between Vengeance and Forgiveness: Facing History after Genocide and Mass Violence*. Boston: Beacon Press.

Monsiváis, Carlos
1997 *Mexican Postcards: Critical Studies in Latin America*. [Nueva York]: Verso Books.

Montoya, Rodrigo, Luis Montoya y Edwin Montoya
1998 *Urqukunapa Yawarnin: la sangre de los cerros*. 2.ª ed. Lima: Universidad Nacional Federico Villarreal.

Moodie, Ellen
2010 *El Salvador in the Aftermath of Peace: Crime, Uncertainty and the Transition to Democracy*. Filadelfia: University of Pennsylvania Press.

Moraña, Mabel
2012 El Ojo que Llora: biopolítica, nudos de la memoria y arte público en el Perú de hoy. *Latinoamérica* [online], n.º 54, pp. 183-216. Disponible en: <http://bit.ly/2CYW7nn>.

Morán Reyna, Pablo E.
2006 *Complot contra los militares: las falsedades de la C. V. R.* Lima: AMC Editores.

Morris, Leslie
2001 «The Sound of Memory». *The German Quarterly*, vol. 74, n.º 4, pp. 368-378.

Mosely, Erin
2011 «Visualizing Apartheid: Art, Memory, and Reconciliation during South Africa's Transition to Democracy». En Erica Lehrer et ál. (eds.). *Curating Difficult Knowledge: Violent Pasts in Public Places* (pp. 128-143). Londres: Palgrave Macmillan.

Müller-Doohm, Stefan
2005 [2003] *Adorno: a biography*. Cambridge: Polity Press.

Muñoz, Hortensia
1998 «Human Rights and Social Referents: the Construction of New Sensibilities». En Steve J. Stern (ed.). *Shining and Other Paths: War and Society in Peru, 1980-1995* (pp. 447-469). Durham: Duke University Press.

Museo de Arte de San Marcos
2006 *Imágenes de la tierra: archivo de pintura campesina*. Lima: Museo de Arte de San Marcos.

Nikolopoulou, Kalliopi
2006 «As If: Kant, Adorno, and the Politics of Poetry». MLN 121, pp. 757-773.

Nora, Pierre
1989 «Between Memory and History: Les Lieux de Memoire». *Representations*, n.º 26, pp. 7-24.

O'Connell, John y Salwa Castelo-Branco (eds.)
2010 *Music and Conflict*. Urbana: University of Illinois Press.

Ortega, Julio
1986 *Adiós, Ayacucho*. Lima: Mosca Azul Editores.

Palmer, David S.
1992 *The Shining Path of Peru*. Nueva York: St. Martin's Press.

PAJUELO, Ramón
2006 «Miradas del horror: la violencia política en las pinturas campesinas». En Museo de Arte de San Marcos 2006: 94-111.

PETRAS JAMES F. y Maurice ZEITLIN
1968 *Latin America, reform or revolution? A reader*. Greenwich: Fawcett Publications.

PNUD-PROGRAMA DE LAS NACIONES UNIDAS PARA EL DESARROLLO
2006 *La provincia de Víctor Fajardo en Ayacucho: información para el desarrollo humano*. Lima: Programa de las Naciones Unidas para el Desarrollo.

POOLE, Deborah y Geraldo RÉNIQUE
1992 *Peru: time of fear*. Londres, Nueva York: Latin American Bureau.

POOLE, Deborah e Isaías ROJAS-PÉREZ
2011 «Memories of Reconciliation: Photography and Memory in Postwar Peru». *E-misférica*, vol. 7, n.º 2. Disponible en: <http://hemi.nyu.edu/hemi/pt/e-misferica-72/poolerojas>.

PORTOCARRERO, Gonzalo y Patricia OLIART
1989 *El Perú desde la escuela*. Lima: Instituto de Apoyo Agrario.

QUIJANO, Aníbal
2004 «Colonialidad del poder, eurocentrismo y América Latina». En Ramón Pajuelo y Pablo Sandoval (eds.). *Globalización y diversidad cultural: una mirada desde América Latina* (pp. 228-281). Lima: Instituto de Estudios Peruanos.

RABE, Stephen G.
2012 *The killing zone: the United States wages Cold War in Latin America*. Nueva York: Oxford University Press.

RAZETTO, Mario
1982 *Don Joaquín: testimonio de un artista popular andino*. Lima: Instituto Andino de Artes Populares.

RÉATEGUI CARRILLO, Félix
2006 «Violencia y ficción: mirar a contraluz». En Gustavo Faverón (ed.). *Toda la sangre: antología de cuentos peruanos sobre la violencia política*. Lima: Grupo Editorial Matalamanga.

REGALADO DE HURTADO, Liliana

2007 *Clío y Mnemosine: estudios sobre historia, memoria y pasado reciente.* Lima: Pontificia Universidad Católica del Perú, Universidad Nacional Mayor de San Marcos.

RÉNIQUE, Gerardo

2010 «"People's War", "Dirty War": Cold War Legacy and the End of History in Postwar Peru». En Greg Grandin y Gilbert M. Joseph (eds.). *A Century of Revolution: Insurgent and Counterinsurgent Violence during Latin America's Long Cold War* (pp. 309-337). Durham: Duke University Press.

RÉNIQUE, José Luis

1998 «Apogee and Crisis of a Third Path: Mariateguismo, People's War, and Counterinsurgency in Puno, 1987-1994». En Steve J. Stern (ed.), 1998: 307-338.

2003 *La voluntad encarcelada: las «luminosas trincheras de combate» de Sendero Luminoso del Perú.* Lima: Instituto de Estudios Peruanos.

2004 *La batalla por Puno: conflicto agrario y nación en los Andes peruanos. 1866-1995.* Lima: Instituto de Estudios Peruanos.

REUQUE PAILLALEF, Rosa Isolde

2002 *When a Flower is Reborn: The Life and Times of a Mapuche Feminist.* Durham: Duke University Press.

REYES, Adelaida

1999 *Songs of the Caged, Songs of the Free.* Filadelfia: Temple University Press.

2010 «Asymmetrical Relations: Conflict and Music as a Human Response». En John O'Connell y Salwa Castelo-Branco (eds.). *Music and Conflict* (pp. 126-138). Urbana: University of Illinois Press.

RIAÑO ALCALÁ, PILAR Y ERIN BAINES (COMPS.)

2012 «Transitional Justice and the Everyday: Micro-Perspectives of Justice and Social Repair». *International Journal of Transitional Justice*, 6, n.º 3.

RICHARD, Nelly

2007 *Fracturas de la memoria: arte y pensamiento crítico.* Buenos Aires: Siglo Veintiuno Editores.

RITTER, Jonathan

2002 «Siren Songs: Ritual and Revolution in the Peruvian Andes». *British Journal of Ethnomusicology*, vol. 11, n.º 1, pp. 9-42.

2006 «Complementary Discourses of Truth and Memory: The Peruvian Truth Commission and the *Canción Social Ayacuchana*». *Diagonal: Journal of the Center for Iberian and Latin American Music*, vol. 2. Disponible en: <http://www.cilam.ucr.edu/diagonal/issues/2006/Ritter.pdf>.

[En prensa] *We Bear Witness With Our Song: The Politics of Music and Violence in the Peruvian Andes*. Oxford: Oxford University Press.

RITTER, Jonathan y Martin DAUGHTRY (eds.)

2007 *Music in the Post-9/11 World*. Nueva York: Routledge Press.

ROJAS, Isaías

2008 «Para comprender Putis y Cabitos: sueño con serpientes». *Ideele*, n.º 187, pp. 77-82.

ROSSELL, Luis, Alfredo VILLAR y Jesús COSSIO

2008 *Rupay: Historias de la violencia en el Perú*. Lima: Contracultura.

2009 *Rupay: historias de la violencia política en Perú, 1980-1984*. Madrid: La Oveja Roja.

ROTHBERG, Michael

2000 *Traumatic Realism: The Demands of Holocaust Representation*. Mineápolis: University of Minnesota Press.

2009 *Multidirectional Memory: Remembering the Holocaust in the Age of Decolonization*. Palo Alto: Stanford University Press.

ROWE, William y Vivian SCHELLING

1991 *Memory and Modernity: Popular Culture in Latin America*. Nueva York: Verso.

RUBIO ZAPATA, Miguel

2008 *El cuerpo ausente*. Lima: Grupo Cultural Yuyachkani.

RUBIO ZAPATA, Miguel y Luis A. RAMOS-GARCÍA

2001 *Notas sobre teatro*. Lima: Grupo Cultural Yuyachkani.

Sánchez, Gonzalo y María Elvira Escallón
2007 «Memoria, imagen y duelo: conversaciones entre una artista y un historiador». *Análisis Político*, vol. 20, n.º 60, pp. 60-90.

Sánchez, Juan Martín
2005 «*Hatun Willakuy*, importancia del relato en la política: comentarios al Informe Final de la Comisión de la Verdad y Reconciliación del Perú». *Nueva Sociedad*, n.º 197, pp. 54-68.

Saona, Margarita
2009 «The Knowledge that Comes from Seeing: Yuyanapaq and the Peruvian Truth and Reconciliation Commission». *Hispanic Issues On Line*, vol. 4. Disponible en: <http://bit.ly/2mwDBMY>.

Scarritt, Arthur
2008 «The Rattle of Burnt Bread: Indigenous Immobilization and Land Loss in the Peruvian Highlands, 1982-2003». Tesis de Doctorado, University of Wisconsin-Madison.

Scarry, Elaine
1985 *The Body in Pain: The Making and Unmaking of the World*. Nueva York: Oxford University Press.

Schapp, Andrew
2001 «Guilty Subjects and Political Responsibility: Arendt, Jaspers and the Resonance of 'the German question' in Politics of Reconciliation». *Political Studies*, vol. 49, n.º 4, pp. 749-766.

SER-Asociación Servicios Educativos Rurales
2005a *Rescate por la memoria, Ayacucho: canción, poesía, narración, historieta, fotografía, ensayo, y dibujo pintado*. Lima: SER, Oxfam-DFID.

2005b *Rescate por la memoria, Huancavelica: canción, dibujo pintado, historieta, fotografía, narración y poesía*. Lima: SER, Oxfam-DFID.

2007 *Rescate por la memoria, Sacsamarca: trabajos presentados en el II Homenaje a las Víctimas de la Violencia Política, Mayo 2004*. Lima: Asociación Servicios Educativos Rurales.

Sikkink, Kathryn
2012 *Justice cascade: how human rights prosecutions are changing world politics*. [Nueva York]: W. W. Norton Company.

Sontag, Susan

2003 *Regarding the Pain of Others*. Nueva York: Picador.

Spivak, Gayatri

1988 «Can the Subaltern Speak?». En Cary Nelson y Lawrence Grossberg (eds.). *Marxism and the Interpretation of Culture* (pp. 271-313). Urbana: University of Illinois Press.

Stern, Steve J.

1998 «Beyond Enigma: An Agenda for Interpreting Shining Path and Peru, 1980-1995». En Steve J. Stern (ed.) 1998: 1-9.

2000 «De la memoria suelta a la memoria emblemática: hacia el recordar y el olvidar como proceso histórico (Chile, 1973-1998)». En Mario Garcés et ál. (eds.). *Memoria para un nuevo siglo: Chile, miradas a la segunda mitad del siglo XX* (pp. 11-33). Santiago de Chile: Ediciones LOM.

2004 *Remembering Pinochet's Chile: On the Eve of London*. Durham: Duke University Press.

2008 «Las paradojas de la verdad: Perú, Chile y sus comisiones de verdad en perspectiva comparada». Conferencia magistral en el V Aniversario de la entrega del *Informe Final* de la CVR. Conferencia Internacional: «Inequidades persistentes, memoria, justicia y reformas institucionales en una sociedad posconflicto». 20 de agosto.

2010 *Reckoning with Pinochet: the memory question in democratic Chile, 1989-2006*. Durham: Duke University Press.

Stern, Steve J. (ed.)

1998 *Shining and Other Paths: War and Society in Peru, 1980-1995*. Durham: Duke University Press.

Stites Mor, Jessica

2012 *Transition Cinema: Political Filmmaking and the Argentine Left since 1968*. Pittsburgh: University of Pittsburgh Press.

Stoll, David

1999 *Rigoberta Menchú and the story of all the poor Guatemalans*. Boulder: Westview Press.

Strassler, Karen

2006 «Children as Witnesses of History in post-Suharto Indonesia». *Visual Anthropology Review*, vol. 22, n.º 2, pp. 53-70.

TAMAYO, Ana María

2003 «ANFASEP y la lucha por la memoria de sus desparecidos (1983-2000)». En Carlos Iván Degregori (ed.). *Jamás tan cerca arremetió lo lejos: Memoria y violencia política en el Perú* (pp. 95-134). Lima: Instituto de Estudios Peruanos.

TAYLOR, Diana

2003 *The Archive and the Repertoire*. Durham: Duke University Press.

TAYLOR, Lewis

2006 *Shining Path: guerrilla war in Peru's northern highlands*. Liverpool: Liverpool University Press.

THEIDON, Kimberly

2002 «Traumatic States: Violence and Reconciliation in Peru». Tesis de Doctorado, University of California, Berkeley.

2003 «Disarming the Subject: Remembering War and Imagining Citizenship in Peru». *Cultural Critique*, n.º 54, pp. 67-87.

2004 *Entre prójimos: el conflicto armado interno y la política de la reconciliación en el Perú*. Lima: Instituto de Estudios Peruanos.

2007 «Gender in Transition». *Journal of Human Rights*, vol. 6, n.º 4, pp. 453-478.

2012 *Intimate Enemies: Violence and Reconcilation in Peru*. Filadelfia: University of Pensylvania Press.

TODOROV, Tzvetan

1998 *Les abus de la mémoire*. París: Arléa.

TURINO, Thomas

1991 «The State and Andean Musical Production in Peru». En Greg Urban y Joel Sherzer (eds.). *Nation-States and Indians in Latin America* (pp. 259-285). Austin: University of Texas Press.

1993 *Moving Away from Silence: Music of the Peruvian Altiplano and the Experience of Urban Migration*. Chicago: University of Chicago Press.

UBILLUZ, Juan Carlos, Alexandra HIBBETT y Víctor VICH

2009 *Contra el sueño de los justos: la literatura peruana ante la violencia política*. Lima: Instituto de Estudios Peruanos.

ULFE, María Eugenia

2006 «Reflexiones sobre los usos del testimonio en la esfera pública peruana». En Gisela Cánepa y María Eugenia Ulfe (eds.). *Mirando la esfera pública desde la cultura en el Perú* (pp. 208-212). Lima: Consejo Nacional de Ciencia, Tecnología e Innovación Tecnológica.

2011 *Cajones de memoria: la historia reciente del Perú en los retablos andinos.* Lima: Pontificia Universidad Católica del Perú.

URBANO ROJAS, Jesús y Pablo MACERA

1992 *Santero y caminante.* Lima: Editorial Apoyo.

VARGAS LLOSA, Mario

1984 *Historia de Mayta.* Barcelona: Seix Barral.

1993 *Lituma en los Andes.* Barcelona: Planeta.

VERGARA, Albilio

2005 «La memoria de la barbarie en imágenes». En Jiménez 2005: 17-38.

2010 *La tierra que duele de Carlos Falconí: cultura, música, identidad y violencia en Ayacucho.* Ayacucho: Universidad Nacional de San Cristóbal de Huamanga.

VERGARA, Abilio y Chalena VÁSQUEZ

1988 *¡Chayraq! Carnaval ayacuchano.* Ayacucho: Centro de Desarrollo Agropecuario.

1990 *Ranulfo, el hombre.* Ayacucho: Centro de Desarrollo Agropecuario.

VICH, Víctor

2002 *El caníbal es el Otro: violencia y cultura en el Perú contemporáneo.* Lima: Instituto de Estudios Peruanos.

2005 «Desobediencia simbólica performance, participación y política al final de la dictadura fujimorista». En Alejandro Grimson y Ana María Ochoa Gautier (eds.). *La cultura en las crisis latinoamericanas* (pp. 63-80). Buenos Aires: Consejo Latinoamericano de Ciencias Sociales.

VILLAPOLO HERRERA, Leslie

2003 «Luchas locales, comunidades e identidades». En Elizabeth Jelin y Ponciano Del Pino (comps.). *Senderos del desengaño: construcción de memorias, identidades colectivas y proyectos de futuro en una comunidad Asháninka* (pp. 145-174). Madrid: Siglo Veintiuno Editores.

WEBER, Samuel

1981 «Introduction». En Adorno 1981: 9-15.

WEISSERT, Markus

2014 «Entre dos fuegos – Iconografía y narrativa de las "Casas de Memoria" en Ayacucho». En Klaus Schäffauer et ál. (comps.), *Perú: Medios, memoria y violencia*. Lima: Universidad Antonio Ruiz de Montoya.

WEISMANTEL, Mary J.

2001 *Cholas and Pishtacos: stories of race and sex in the Andes*. Chicago, Londres: University of Chicago Press. [Hay traducción al español: *Cholas y pishtacos: relatos de raza y sexo en los Andes*. Lima, Popayán: Instituto de Estudios Peruanos, Universidad del Cauca].

WHITE, Hayden

1987 *The Content of the Form: Narrative Discourse and Historical Representation*. Baltimore: The Johns Hopkins University Press.

WILDE, Alex

1999 «Irruptions of Memory: Expressive Politics in Chile's Transition to Democracy». *Journal of Latin American Studies*, vol. 31, n.º 2, pp. 473-500.

WILSON, Richard

2001 *The Politics of Truth and Reconciliation in South Africa: Legitimizing the Post-Apartheid State*. Cambridge: Cambridge University Press.

YEZER, Caroline

2007 «Anxious Citizenship: Insecurity, Apocalypse and War Memories in Peru's Andes». Tesis de Doctorado, Duke University.

2008 «Who Wants to Know? Rumors, Suspicions, and Opposition to Truth-telling in Ayacucho». *Latin American and Caribbean Ethnic Studies*, vol. 3, n.º 3, pp. 271-289.

YOUNG, James

1994 *Texture of Memory: Holocaust Memorials and Meaning*. New Haven: Yale University Press.

2000 *At Memory's Edge: After-Images of the Holocaust in Contemporary Art and Architecture*. New Haven: Yale University Press.

YOUNGERS, Coletta

2003 *Violencia política y sociedad en el Perú: historia de la Coordinadora Nacional de Derechos Humanos*. Lima: Instituto de Estudios Peruanos.

Zalaquett, Jose

1992 «Balancing Ethical Imperatives and Political Constraints: The Dilemma of New Democracies Confronting Past Human Rights Violations». *Hastings Law Journal*, vol. 43, n.º 6, pp. 1425-1438.

Zelizer, Barbie

2001 *Visual Culture and the Holocaust*. New Brunswick: Rutgers University Press.

SOBRE LOS AUTORES

Ricardo Caro Cárdenas es licenciado en Sociología de la Pontificia Universidad Católica del Perú, y posee una maestría en Historia de la Universidad Nacional Mayor de San Marcos, habiendo desarrollado su tesis sobre el tema del conflicto armado interno en Huancavelica. Fue miembro del equipo de la Memoria Histórica de la Comisión de la Verdad y Reconciliación (2001-2003) y participó en proyectos como el de Rescate por la Memoria y en organismos no gubernamentales especializados en la promoción de los derechos humanos, así como también en la ONG Servicios Educativos Rurales.

Jesús Cossio es historietista y dibujante desde hace más de una década. Ha publicado en varias revistas peruanas y latinoamericanas, y participó en la escritura de dos libros sobre el tema de las violaciones de los derechos humanos durante el conflicto interno peruano: *Rupay: historias gráficas sobre la violencia política, 1980-1984* (2008, 2009), como coautor, y *Barbarie: Comics sobre la violencia política, 1985-1990* (2010), como autor. Ha sido invitado a exposiciones y ferias como Viñetas con altura, 1990 (La Paz) y Viñetas sueltas, 2009 y 2010 (Buenos Aires).

Ponciano Del Pino es historiador, posee un doctorado en historia de la Universidad de Wisconsin-Madison, y es director del Grupo de Memoria del Instituto de Estudios Peruanos. Ha llevado a cabo extensas investigaciones de campo con sobrevivientes del conflicto armado que convulsionó la región de Ayacucho, y es autor de varias publicaciones sobre la memoria, violencia y reconstrucción, incluyendo los volúmenes coeditados *Las rondas campesinas y la derrota de Sendero Luminoso* (1996), y *Luchas locales, comunidades e identidades* (2002), y también *Etnografías de la violencia: Ayacucho pasado y presente* (2013). Su libro más reciente, *"En nombre del Gobierno". El Perú y Uchuraccay: un siglo de política campesina*, ganó en 2018 el Premio Iberoamericano.

Cynthia M. Garza es antropóloga, cuenta con un doctorado del Stone Center for Latin American Studies de la Tulane University. Su trabajo de disertación examinó el tema de las peñas criollas, espacios de actuación que funcionan como archivo y santuario para una comunidad que se esfuerza por preservar su identidad cultural en una ciudad cambiante, Lima. Ella también ha publicado investigaciones sobre la comunidad garífuna de Nueva Orleáns en el periodo de exilio después del huracán Katrina. Ambos proyectos tratan de los paisajes urbanos en mutación, la incapacidad del gobierno para responder a cambios súbitos y la cultura local en tránsito. Garza enseña antropología cultural y estudios latinoamericanos en la Universidad de Loyola en Nueva Orleáns.

Edilberto Jiménez Quispe es periodista y antropólogo formado en la Universidad Nacional de San Cristóbal de Huamanga, Ayacucho. Es uno de los más reconocidos fabricantes de retablos del Perú, habiendo ganado varios premios. Jiménez ha participado en conferencias en Inglaterra, Alemania y Japón, y sus retablos han sido exhibidos en los Estados Unidos, España, Francia, Argentina, Chile, Ecuador, Colombia y México. Es director del periódico *Retablo: Arte y Cultura*. Entre 2002 y 2003 Jiménez fue miembro del equipo Centro-Sur de la Comisión de la Verdad y Reconciliación. Es autor de *Chungui: Violencia y trazos de memoria* (2005, 2009), y coautor de *Lluqanamarka:Llaqtanchikpa yuyariynin (Lucanamarca: Memorias de nuestro pueblo)* (2007), y *Artesanía de Ayacucho* (1987). Asimismo, fue protagonista de la película documental *Chungui: Horror sin lágrimas* (2009).

Cynthia E. Milton es profesora de historia latinoamericana en la Université de Montréal (Canada). Es autora de *Conflicted Memory: Military Cultural Interventions and the Human Rights Era in Peru* (2018), y coeditora de *The Art of Truth-Telling about Authoritarian Rule* (2005) y *Curating Difficult Knowledge: Violent Pasts in Public Places* (2011). Ha recibido el premio Bolton-Johnson por su libro *The Many Meanings of Poverty: Colonialism, Social Compacts, and Assistance in Eighteenth-Century Ecuador* (2007). En 2016, fue nombrada presidenta del Colegio de Nuevos Académicos del College of the Royal Society of Canada.

Jonathan Ritter es profesor asociado de música y exdirector del Programa de Estudios Latinoamericanos de la Universidad de California, Riverside. Como etnomusicólogo especializado en la música indígena y afrohispana de la región andina, es coeditor con Martin Daughtry de *Music in the Post-9/11 World* (2007) y autor de *We Bear Witness with Our Song: The Politics of Music and Violence in the Peruvian Andes* (en prensa).

Steve J. Stern es profesor emérito de historia de la Universidad de Wisconsin-Madison, donde enseña historia de Latinoamérica. Es autor de *Shining and Other Paths: War and Society, 1980-1995* (1998) y *Reckoning with Pinochet: The Memory Question in Democratic Chile, 1989-2006* (2010), ambos publicados por la Duke University Press. Ha recibido el premio Bolton-Johnson por su libro *Battling for Hearts and Minds: Memory Struggles in Pinochet's Chile, 1973-1988* (2006), fue elegido miembro de la American Academy of Arts and Sciences, y ha recibido el título de Doctor Honoris Causa de la Pontificia Universidad Católica del Perú.

María Eugenia Ulfe es antropóloga de la Pontificia Universidad Católica del Perú (PUCP), cuenta con un Máster en Arte de las Américas, Oceanía y África de la Universidad de East Anglia (Sainsbury Research Centre), Norwich, Inglaterra (1995). Es doctora en Human Sciences por la Universidad George Washington, Washington D. C., Estados Unidos (2005). Es también profesora asociada en el Departamento de Ciencias Sociales y directora de la Maestría en Antropología Visual y de la Maestría en Antropología en la Escuela de Posgrado de la PUCP. Dirige el Grupo de Investigación Interdisciplinario en Memoria y Democracia. Es profesora honoraria en la Universidad Nacional de San Cristóbal de Huamanga. Entre sus publicaciones figuran *Danzando en Ayacucho: Música y ritual del Rincón de los Muertos* (Instituto de Etnomusicología, Lima, 2004); con Gisela Cánepa ha publicado *Mirando la esfera pública peruana desde la Cultura* (Lima, Concytec, 2006); *Cajones de la memoria: la historia reciente del Perú en los retablos andinos* (Lima, PUCP, 2011), *¿Y después de la violencia qué queda? Víctimas, ciudadanos y reparaciones en el contexto post-CVR en el Perú* (CLACSO, Buenos Aires, 2013), con Rocío Trinidad, *En busca de reconocimiento. Reflexiones desde un Perú diverso* (Lima: PUCP, 2017).

Víctor Vich es profesor principal de la Pontificia Universidad Católica del Perú y de la Escuela Nacional Superior de Bellas Artes en Perú. Entre 1994 y 1995 fue profesor en la Universidad Nacional de San Cristóbal de Huamanga. Ha sido profesor invitado en varias universidades de EE. UU. como Harvard, Berkeley y Madison. Es autor de varios libros sobre la violencia política entre los que destacan: *El caníbal es el otro. Violencia y cultura en el Perú contemporáneo* (2002), *Contra el sueño de los justos: la literatura peruana ante la violencia política*" (con Alexandra Hibbett y Juan Carlos Ubilluz, 2009) y *Poéticas del duelo: ensayos sobre arte, memoria y violencia política* (2015). Fue miembro del equipo curatorial del Lugar de la Memoria, la Tolerancia y la Inclusión Social (LUM) en el Perú. Con Gustavo Buntinx dirige la serie "Partes de guerra" que da a conocer las repuestas que el arte peruano ha venido produciendo sobre dicho periodo. Son ya cuatro los volúmenes publicados: *Tarata* (2009), *Cantuta* (2010), *Anamnesia* (2012) y *El Frontón* (2014).

Alfredo Villar estudió lingüística y literatura en la Pontificia Universidad Católica del Perú. Ha publicado ficción y poesía, y es coautor con Jesús Cossio de *Rupay: Historias gráficas sobre la violencia política, 1980-1984* (2008, 2009). Ha participado en conferencias y exhibiciones sobre el arte amazónico y publicará próximamente un libro sobre la pintura amazónica con Christian Bendayán.

Made in United States
North Haven, CT
10 November 2026

22091536R00206